축구에 관한 모든 것
11 월드컵

축구에 관한 모든 것 시리즈
11 월드컵

초판 1쇄 발행 _ 2013년 12월 9일
지은이 _ 김정훈
펴낸이 _ 김명석
편집인 _ 김영세
그 림 _ 김교민
마케팅 _ 정지희
제작인쇄 _ 정문사
펴낸곳 _ 도서출판 엘티에스 출판부 "사람들"
등 록 _ 제2011-78호
주 소 _ 서울시 관악구 신림동 103-117번지 5F
전 화 _ 02-587-8607
팩 스 _ 02-876-8607
블로그 _ http : //blog.daum.net/ltslaw
이메일 _ ltslaw@hanmail.net

* 이 책의 판권은 지은이와
  도서출판 엘티에스 출판부 "사람들"에 있습니다.
  양측의 서면 동의 없는 무단전재 및 복제를 금합니다.
* 저자와의 협의하에 인지는 생략합니다.
* 축구에 관한 모든 것 시리즈(전50권)는
  2014년 6월 브라질 월드컵 전후로 완간할 계획입니다.
* 축구에 남다른 열정을 가진 분이라면 누구나
  이 시리즈의 저자가 될 수 있습니다.

ⓒ 2013
저자 이메일 edu_tuning@naver.com
ISBN 978-89-97653-71-3 14690
정가 20,000원

Series 11

축구에 관한 모든것

11 월드컵

김정훈 저

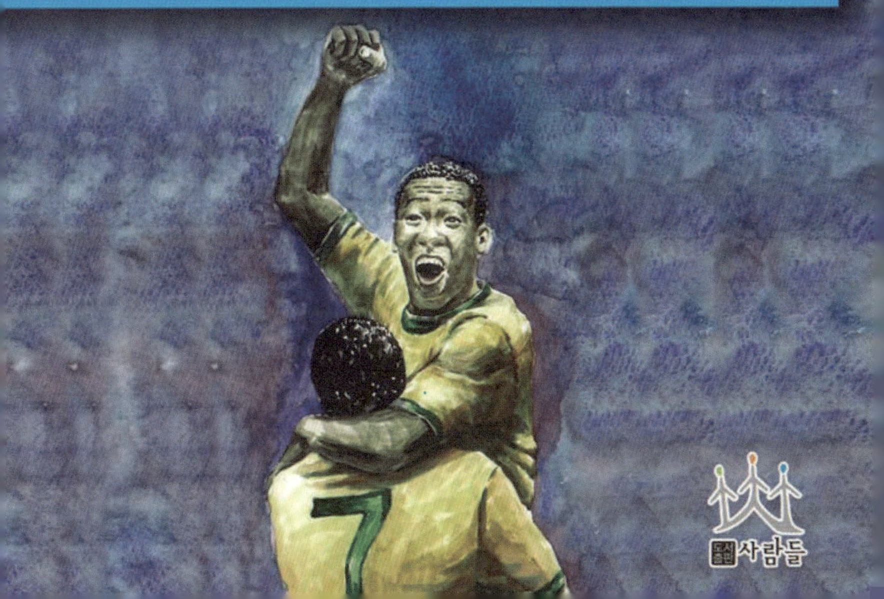

차 례

[서문] "월드컵, 스포츠 축제의 시작이자 끝"

제1장 월드컵과 FIFA   11

1. 마케팅 판매 ··· 16
2. TV 중계권료 ··· 19
3. 월드컵 규모의 확대 ·· 23
4. 개최국 선정 ··· 26
5. 월드컵 규정의 변화 ·· 30
6. 선수 교체와 카드 제도 ··· 31
7. 승부차기 제도 ·· 32
8. 고의(故意) 백패스에 대한 제한 ····································· 33
9. 골든골과 실버골 ··· 33
10. 오프사이드 룰의 변화 ··· 35

제2장 월드컵의 역사   73

1. 월드컵의 탄생 ·· 39
2. 1930 우루과이 월드컵 ·· 44
3. 1934 이탈리아 월드컵 ·· 62
4. 1938 프랑스 월드컵 ··· 83
5. 1950 브라질 월드컵 ··· 96
6. 1954 스위스 월드컵 ·· 116
7. 1958 스웨덴 월드컵 ·· 139

8. 1962 칠레 월드컵 ·················· 161
9. 1966 잉글랜드 월드컵 ·················· 183
10. 1970 멕시코 월드컵 ·················· 203
11. 1974 서독 월드컵 ·················· 232
12. 1978 아르헨티나 월드컵 ·················· 257
13. 1982 스페인 월드컵 ·················· 284
14. 1986 멕시코 월드컵 ·················· 321
15. 1990 이탈리아 월드컵 ·················· 350
16. 1994 미국 월드컵 ·················· 376
17. 1998 프랑스 월드컵 ·················· 416
18. 2002 한일 월드컵 ·················· 450
19. 2006 독일 월드컵 ·················· 477
20. 2010 남아공 월드컵 ·················· 507

•2014 월드컵지역 예선 결과　　　　　　　　　　　　542

[발문] 당신이 알고싶어 하는 월드컵 – 온사이드 필진 Dutchman　544

필자 서문

"월드컵, 스포츠 축제의 시작이자 끝"

전 세계의 모든 스포츠 제전들 중에서도 가장 큰 영향력을, 그리고 가장 압도적인 영향력을 갖는 것이 바로 월드컵이다. 올림픽과 비교해보더라도 시청 인구, 투자 자본의 규모, 수익성 등 거의 모든 면에서 우위를 점할 정도이니 월드컵이라는 스포츠 이벤트가 가지는 '존재감'이란 그야말로 '독보적'인 것일 수밖에 없다. 이 순간 떠오르는 의문점이 하나 있다.

"축구는 어떻게 월드컵과 같은 거대한 규모의 국가 대항전을 탄생시킬 수 있었을까?"

그 질문의 답은 의외로 간단한데, 세계에서 가장 큰 스포츠가 축구이기 때문이다. 축구 안에는 대규모의 국가대항전이 형성되고 유지될 수 있는 자원과 자본과 인구와 관심이 존재한다. 그러나 이러한 답변은 순환논리적이다. '그렇다면 왜 축구가 세계에서 가장 큰 스포츠가 되었는지'에 대한 의문이 제기될 수밖에 없고, 이를 다시 되짚어보면, 그것은 결국 '월드컵의 존재'라는 결론으로 귀결되기 때문이다. 결국 월드컵이 있었기에 축구가 세계 최대 규모의 스포츠가 될 수 있었다는 얘기다. 그렇기에, 축구의 역사는 곧 월드컵의 역사이다.

월드컵이 어떻게 이토록 거대해지고, 중요한 위치를 점하게 되었는지를 알기 위해서는 월드컵의 역사, 월드컵 그 자체의 시간에 따른 변화 과정을 살펴볼 수밖에 없다. 이 책은 이에 대한 명증한 이해를 위한 것이다.

그리고 이 책은 가치중립적이지 않다. 명증한 이해를 위해서는 대상에 대한 평가가 수반되며, 평가라는 것은 필연적으로 특정한 관점에 기반할 수밖에 없다. 모두가 이견을 갖지 않을, 합의된 것만이 서술의 대상이 된다면, 대상에 대한 이해의 범위는 그만큼 제한적일 수밖에 없다. 더군다나 모든 것을 서술할 수 없는 이상, 서술의 대상은 한정되기 마련이고, 범위에 정하는 과정 자체가 이미 당파성을 띤 것이다. 과거에 있었던 일이라는 이유 하나만으로는 역사의 대상이 될 자격을 얻는 데에 마땅하다고는 할 수 없으며, 따라서 특정한 과거만이 선별되고, 나머지는 배제된다. 즉, 모든 이를 만족시키는 서술을 하지는 않을 것이다. 그런 것은 가능하지도 않고, 바람직하지도 않다.

이는 이 책이 '공공연하게 정치적인' 것을 표방하는 정도까지는 아니더라도, 정치적으로 초연하게 서술하지 않았음을 의미한다. 모든 대상이 모든 각도에서 정치적으로만 운용되지도 않았지만, 어떠한 대상도 어떤 각도에서든 정치적인 맥락과 무관하지 않다. 축구 역시 마찬가지로, 축구가 항상 정치적인 것은 아니었지만, 항상 정치와 무관했던 것도 아니었다. 더군다나 월드컵은 국가대항전이며, 국제적인 맥락 속에서 발전해왔다는 점을 고려할 때, 정치적 맥락을 제거하는 것은 월드컵의 핵심을 제거하는 것과 같다.

룰의 혁신과 같은 것 역시 기술적으로만 다룰 대상은 아니다. 많은 사람들이 축구의 룰은 처음부터 지금의 그것과 같았을 거라고 생각하곤 하지만, 실제로 축구의 룰은 고정 불변한 것이 아니었다. 가령, 만약 1970년 월드컵에서의 옐로카드의 도입이나 1994년 월드컵에서 골키퍼에게 향하는 백패스에 대한 제한 조치가 없었다면, 축구는 지금 우리가 보고 있는 것과는 상당히 다른 형태가 되었을 것이다. 때때로 특정한 시기에는 특정한 필요가 발생하며, 이에 따라 룰의 혁신이 요구되는 일도 종종 벌어지는 것이다.

이 책은 백과사전이 아니다. 물론 그렇다고 해서 편협함을 지향하는 것은 아니다. 지면과 정력의 한계로 제한된 범위 내에서는 가능한 한 다양한 -선수, 사건, 전술, 흐름, 맥락, 배경 등- 논점들을 다루었고, 보편적인 관심사를 외면하지 않고 서술했다. 이런 식의 서술 방식이 방법적인 엄밀성과 서술의 통일성을 희생시킨다는 지적이 있을 수 있다. 그러나 각각의 주제에 대한 독자의 이해를 증진시키는데 있어, 실질적인 의미값을 가지는 것이 아닌 원칙적인 사항들을 미리 정해놓고 이를 엄격하게 고수하려 드는 것보다는, 때때로 가십거리를 언급한다든가, 파격적인 서술을 가한다든가, 논쟁거리를 던진다든가 하는 방식이 효과적일 수 있다. 일부러 무질서한 서술을 하려는 것은 아니다. 균형감각을 잃지 않아야 하겠지만, 상황에 따라 선택할 수 있는 다양한 접근 방식들에 대해 미리 제한을 가해 차단시키는 것도 적절치 않을 것이다. 전문적인 서술에 비해 형식이나 엄밀성에 있어 많은 미숙함이 있으리라 생각된다. 그러나 아마추어에게 주어진 자유가 갖는 강점 또한 무시할 수 없을 것이다. 아마추어이기에 독자에게 더 편하게 다가갈 수 있으리라 생각되며, 이 글이 읽는 이들에게 조금이나마 보탬이 되었으면 하는 바람이다.

제1장
월드컵과 FIFA

제1장 월드컵과 FIFA

지난 해 5월, 남수단이 7년 만에 국제 축구 연맹(FIFA)의 새로운 회원국으로 가입하면서 FIFA 회원국의 숫자는 209개국이 되었다. 국제 연합(UN)의 회원국이 193개국에 그치고 있다는 점을 고려하면, FIFA는 UN를 뛰어넘는 범세계적 기구임은 분명하다. 아마 UN이 유명무실화 되는 일은 있을 수 있어도 FIFA가 유명무실화 되는 일은 없을 것이다.

항상 그런 것은 아니지만, 보통의 경우 권력과 지위는 자본으로 환원되곤 한다. 따라서 FIFA의 위세 역시 그들의 재정 규모와 수입을 검토하는 것으로 짐작해볼 수 있다. 2012년 공개된 FIFA의 재정 보고서에 따르면, FIFA의 2012년 한 해의 매출은 총 11억6천600만 달러(약 1조3000억 원)였다. 이 중 순수익은 8천900만 달러(약 990억 원)이며, 유보금은 2011년 12억9천300만 달러(약 1조4400억 원)에서 13억7천800만 달러(약 1조5400억 원)로 증가했다. 특히 2003년부터 2010년까지는 가파른 상승세가 지속되어 왔다. 2003년 FIFA의 매출은 5억7500만 달러(약 6500억)에 불과했으며, 유보금은 854억에 머물렀지만, 2010년의 매출은 12억9100만 달러(약 1조4500억)로 7년 만에 2배 이상으로 성장했으며, 유보금은 12억8000만 달러(약 1조4400억)로 20배 가까이 증가했다.

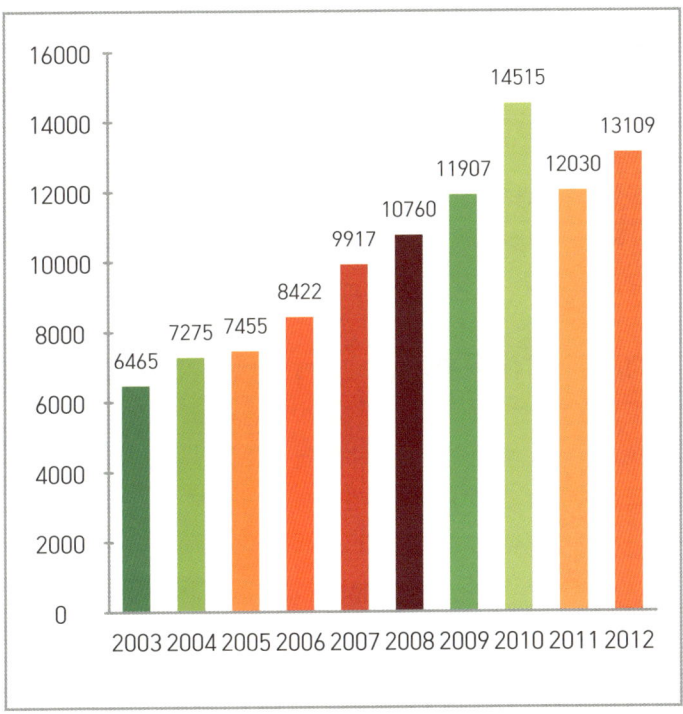

FIFA의 연간 수입액(2013년 7월 18일 원-달러 환율 기준. 1USD = 1124.4KRW)

그러나 FIFA의 운영은 투명성과는 거리가 멀다. 내년 재정 보고서가 발표되기는 하지만, FIFA의 최고의결기관인 집행위원회조차 중계권료나 스폰서와 관련하여 구체적인 사항이 기록된 장부들을 열람할 수 없으며 오직 FIFA의 회장과 사무총장 두 명만이 열람권을 가진다는 점에서 신뢰성이 떨어진다. 인건비 역시 파악하기 어렵다. 2012년 재정 보고서에서 FIFA회장 등 중요 인사들의 보수는 밝혀지지 않았다.

그럼에도 불구하고 FIFA의 위상은 흔들림이 없다. FIFA 회장은 세계 축구 행정의 수장으로서, 각국의 행정부 수반에 상응하는 대우를 받는다. 영국의 저널리스트 데이비드 옐롭이 아벨란제 전임 FIFA 회장을 두고 "태양왕 루이 14세가 '짐이 곧 국가'라고 했다면 그는 '자신이 곧 세계'라고 여겼다."고 말할 정도였다.

FIFA는 때때로 각국의 내정에 개입하기도 한다. 가령, 2007년 FIFA는 남아공 정부에 2010년 월드컵 기간 동안에 FIFA가 자국 내에서 거둔 수입에 대해 면세혜택을 주도록 강요했고, 그 결과 FIFA는 세금 한 푼 내지 않고 모든 월드컵 수익을 독점할 수 있었다. 정부의 독립적인 권한인 징세에 일개 스포츠 조직인 FIFA가 영향력을 행사한 것이다.

2010년 나이지리아에게 행한 조치도 좋은 예이다. 당시 나이지리아 국가대표팀이 월드컵에서 극도의 부진을 보이자 나이지리아 정부는 국가대표팀에 대한 개혁이 시급하다고 판단, 나이지리아 축구 협회에 국제 경기에 2년 간 출전하지 않을 것을 명령하는 동시에 협회의 지도부 임원을 대폭 물갈이 했다. 그러자 FIFA는 나이지리아의 축구 협회가 정부의 간섭 없이 운영될 때까지 나이지리아의 국가대표팀과 클럽팀의 국제대회 출전을 무기한 제한하기로 결정하며 나이지리아 정부를 압박했고, 결국 나이지리아 정부는 FIFA에 굴복하고 말았다.

물론 위와 같은 사례를 두고, 스포츠에 대한 국가의 지나친 개입과 자율성의 제한에 대해서 FIFA가 적절히 방어했으며 이를 통해 스포츠가 내셔널리즘과 같은 이데올로기나 현실 정치의 도구로 전락하는 것을 막을 수 있다고 말할 수도 있을 것이다. 그러나 필자가 주목하고자 하는 것은 FIFA가 특정 국가의 정부조직을 억누를 수 있는 권력을 보유하고 있다는 사실이다.

그리고 그 중심에는 월드컵이 있다. 적어도 제1세계 차원에서는 국제전이 자취를 감추면서 사실상 타국과의 전쟁과 정복을 통해 자국의 단일성을 공고히 하고 국가적 역량을 과시하는 식의 정치 현상은 사라졌다. 그러면서도 세계적인 행정기구가 부재하여 느슨한 국제질서가 유지되고 있는, 홉스식으로 말하자면 커먼웰스가 없이 각국이 서로에 대해 자연상태에 놓여져 있는 현재, 월드컵은 모의 '국제전'의 장이자 세계 단위의 사교계로서 기능하고 있다. 1940년대의 세계대전에서나 수행하던 일을 1950년 이후에는 월드컵이 수행했으며, 냉전 시기 UN 안보리가 상임이사국 간의 알력 속에서 갈지자 행보를 거듭하는 동안 월드컵은 참가국을 매번 늘려나가며 성장일로를 걸어왔다. 그리하여 2010년 월드컵에서 FIFA는 총 36억5500만 달러이 매출을 올렸으며(약 4조1100억 원) 그 중 순수익은 23억5700만 달러(약 2조6500억)에 달했다. 2014년 월드컵 예선에는 총 203개국이 참가했는데 이는 사실상 전 세계를 아울렀다 해도 무방할 정도였다. 현 시점에서 월드컵을 외면한다는 것은 국제 질서로부터의 도태를 의미하는 것과 같다. 그렇기에 축구 행정에 대한 독점권과 완전한 독립성을 갖고 있는 FIFA를 외면할 수 있는 정부 기구는 세계 어디에도 존재하지 않는 것이다.

1. 마케팅 판매

물론 처음부터 FIFA에게 이런 지위가 자연적으로 주어진 것은 아니다. 월드컵의 규모가 커져감에는 의도적이고 인위적인 과정이 뒤따랐다. 그 전기가 된 것이 1974년, 주앙 아벨란제의 FIFA 회장 취임이었다. 그 이전까지의 FIFA가 순수한 단체였다고 말한다면 지나친 미화가 될 수도 있겠지만, 분명 아벨란제 이후와 비교했을 땐 상대적으로는 덜 상업적이었다. 실제로 아벨란제 취임 이전인 1970년대 FIFA의 잉여자금은 고작 30달러에 불과했다. 그 당시만 해도 FIFA가 월드컵을 통해 얻는 수입이라고는 입장권 판매료 정도가 전부였기 때문이다.

1970년 멕시코 월드컵 당시, 입장권 판매 수입은 전체 월드컵 수입의 80%에 달했다. 즉, 당시만 하더라도 정부 보조금이나 상업적 수익 등과 연관이 깊지 않은 다국적 기업 및 방송사보다는 관중이나 현지인들과 같은 직접적인 대회 참가자들의 선호 위주로 대회가 조직되었음을 알 수 있다. 다소 '미니멀' 할지언정, 그만큼 건전하고 전통적이었다.

이러한 흐름은 아벨란제의 주도 하에 1974년 월드컵부터 변화한다. 초국적 기업들의 자금 지원을 받아 제3세계 국가들의 표를 확보하여 FIFA 회장 선거에서 승리를 거뒀던 아벨란제는, 자신의 지지기반을 유지하기 위해서는 그들에게 댓가를 지불해야 했고 그에 따라 이익의 증가와 이권의 확대는 필연적일 수밖에 없었다. 새로운 수입원이 된 것은 마케팅 권리와 결부된 공식 스폰서 후원금과 TV 방송 중계권료로, FIFA는 양 부문의 수입을 막대하게 늘리며 월드컵의 규모를 증가시켰다.

먼저 성장한 것은 공식 스폰서 부문이었다. 1974년 월드컵에서 입장권 수입이 전체 비율에서 차지하는 정도는 44%로 대폭 감소했고, 상당 부분의 수입은 마케팅 권리에 대한 판매로 충당이 되었다. 1978년 아르헨티나 월드컵 대회부터 FIFA는 경기장 광고판을 기업들에게 판매하기 시작했다.

가장 괄목할만한 변화는 1982년에 있었다. 1982년 스페인 월드컵에서 FIFA는 이전까지 각 개최국의 월드컵 조직위원회가 가지고 있던 월드컵 마케팅에 관한 일체의 권한을 회수한 다음 이것을 초국적 거대 기업체들을 근간으로 삼고 있는 대행사들에게 매매하여 위탁하는 방식으로 수입을 늘렸다.

이러한 일련의 과정에서 핵심적인 역할을 수행한 자가 독일 스포츠용품 제조업체인 아디다스의 회장이었던 호르스트 다슬러(Horst Dassler)였다. 다슬러의 경영 하에서 아디다스는 FIFA와의 후원 계약을 통해 FIFA에 후원금을 전달하고, 그 댓가로 월드컵 공인구·유니폼·축구화 등에 대한 독점적인 권리와 광고 권한을 얻어 이윤을 확보했다.

이와 관련하여 '인터내셔널 스포츠 & 레저(ISL)' 사(社)의 활동은 주목할 만하다. 처음에 다슬러는 아디다스 회사 내의 선전부에서 스포츠 마케팅 관련 사업을 관장하도록 하였으나, 사업 규모의 증대로 인해 점차 독립적인 회사의 필요성이 증대됨에 따라 일본의 광고대행사 '덴츠'와의 합작을 통해 ISL이라는 스포츠 마케팅을 전문으로 하는 회사를 설립했다. ISL은 1982년, FIFA로부터 월드컵 마케팅 공식 대행사로 지정된 이래 2001년 파산하기 이전까지 월드컵을 비롯한 여러 스포츠 행사에 대한 마케팅 권한과 중계권 등을 독점적으로 대행했다.

월드컵은 4년마다 한 번씩 열리고, 중요한 국제 축구대회 역시 4년을 주기로 중심으로 이뤄진다는데 착안한 ISL은, 4년을 1주기로 하는 '인터사커-4(intersoccer-4)' 프로그램을 내놓게 된다. 4년에 한 번씩 열리는 월드컵 52경기[1]와 유로 15경기, 그리고 4년 동안 매년 개최되는 유럽의 양대 대회인 유러피언 컵[2]과 컵 위너스 컵[3]의 매 시즌 결승전 8경기 등, 4년 간 총 75개 경기에 대한 마케팅 권한을 사들인 뒤, 이를 패키지로 판매한 것이다. 실제로 1986년 월드컵에서 ISL은 4,500만 프랑을 지불하며 FIFA로부터 모든 공식 대행 권리를 획득했고, 이 권리를 다시 12개국의 대형 기업들 -코

---

[1] 현재는 64경기
[2] European cup. 현 챔피언스 리그의 전신.
[3] UEFA Cup winner's cup. 각국의 리그 컵 우승팀이 출전 자격을 가졌던 유럽 단위의 클럽 대항전으로, UEFA컵과 함께 통합되어 현재는 유로파 리그로 이어졌다.

카콜라와 같은- 에 되파는 방식으로 2억 스위스 프랑의 수익을 냈다. 기업들은 월드컵을 후원해주는 대가로 광고 노출을 약속받았다. 그만큼 월드컵에 대한 기업들과 대자본의 영향력은 증대되었으며, 월드컵 행정이 이해관계에 의해 좌우될 위험성도 크게 늘어났다.

이것은 기우가 아니었다. 이러한 이권의 틈바구니 안에서 FIFA 회장은 ISL에게 수백만 달러의 뇌물을 전달받곤 했다. 실제로 2012년 7월 아벨란제 전 FIFA 회장과 그의 사위였던 히카르도 테이셰이라 전 FIFA 집행위원 겸 브라질축구협회(CBF) 회장이 2001년 ISL로부터 금품을 수수했다는 내용의 문건이 공개된 바 있다. 이로 인해 아벨란제는 결국 명예회장직을 포기해야 했다.

2. TV 중계권료

그러나 가장 중요한 변화는 TV 중계권료의 막대한 증가였다. 물론, 비단 축구뿐만이 아니라 여타 스포츠에서도 TV가 차지하는 비중은 절대적이다. 현대적인 형태의 스포츠가 리그를 유지하기 위해서는 TV 중계가 필수적이다. TV 중계를 통해서 경기 콘텐츠는 공간의 제약을 극복하고 전 세계로 송신되며, 그에 따라 경기장을 찾은 관중만이 아니라 전국의, 나아가 지구 전 지역의 시청자를 수요자로 만든다. 방송국은 막대한 비용을 지불하고 TV 중계권을 획득하여 기업들에 대한 광고 판매를 통해 수익을 올리고, 기업들은 광고를 통해 상품을 홍보할 계기를 얻게 된다. 스포츠는 초국적이고 자본 의존적으로 변모하면서 상업성을 강하게 띠게 되었으며, 현지인들에게 기반을 두어야할 지역적 필요성은 상대적으로 엷어진다. 그리하여 중계권의 가치는 지속적으로 올라가고 있다. 시선이 곧 권력인 것이다.

월드컵의 경우, TV 중계권료는 1980년대 초까지는 보조적인 수입원에 불과했지만, 1980년대 초반의 세계적인 불황으로 인해 기업들이 스폰서 계약에 소극적인 자세를 취하자, FIFA는 이를 타개하기 위해 각국 방송사에 파는 중계권료를 크게 올리기 시작했다. 이렇게 시작된 흐름은 굴곡이 없었고, 중계권료는 곧바로 FIFA의 주 수입원이 되었다.

지금과 같은 중계권료 폭등의 계기가 된 것은 2002년 한일 월드컵이었다. FIFA는 2002년 월드컵부터 TV 중계권료에 대해 2개 대회를 패키지로 판매하는 전략을 택했다. 즉, 2002년 한·일 월드컵과 2006년 독일 월드컵 중계권을 결합상품으로 선보인 것이다. 2002 한·일월드컵을 13억 스위스 프랑(1조140억 원), 2006 독일월드컵을 15억 스위스 프랑(1조 2,600억 원)에 패키지로 묶어 28억 스위스 프랑(약 2조3천억 원)에 판매하였다. 이 수치는 이전 3개 월드컵인 1990년·1994년·1998년의 중계권료를 모두 합친 금액의 7배에 달하는 액수로 중계권의 희소성을 높임으로써 가격을 인상시킨 것이다. 이런 흐름은 2010년에도 이어져 남아공 월드컵 TV 중계권료는 24억 달러(약 2조7076억)에 달해 역대 최고 기록을 다시 갱신했다.

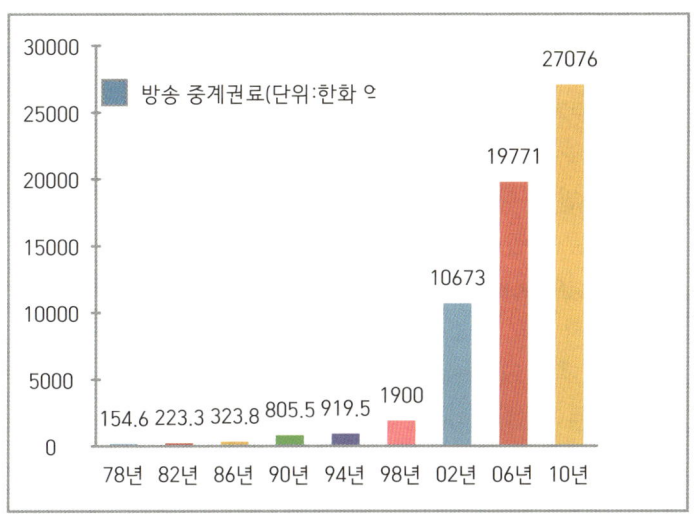

1978년 이후 월드컵 중계권료
(2013년 7월 18일 원-달러 환율 기준. 1USD = 1124.4KRW)

물론 전 세계적인 규모에서 행해지는 스포츠 이벤트에 대규모의 자본이 소요되는 것은 당연한 일이다. 그러나 모든 것이 항상 잘 되어가는 것만은 아니다. 플라톤의 말처럼 "그리하여, 이승에서도 그리고 앞서 우리가 말한 그 천년 동안의 여정에서도, 우리는 잘 살게 될 걸세"와 같은 낙관론이 항상 통용되는 것은 아니라는 얘기다.

가장 주된 비판은 축구가 경기의 템포와 시간을 TV가 조정하는 미국의 스포츠를 닮아갈 것이라는 의견이다. 축구 경기 일정은 TV의 편성에 맞추어질 것이고, 경기 자체도 광고를 위해 쪼개진다는 것이다. 좀 더 본질적인 비판은, TV

가 팬들을 보다 소비적으로 바꾸고, 경기의 내용적인 측면에 변질을 가져온다는 것이다. 아르헨티나의 은퇴한 축구선수인 호르헤 발다노는 다음과 같이 말하기도 했다.

"나는 복싱선수 카를로스 몬존의 트레이너인 브루사에게서 이런 말을 들었다. 복싱 선수가 TV에 중계될 때에는, 어디에 맞든 상관하지 않고 펀치를 많이 날리는 것이 필수적이라는 것이다. 그것은 왜냐하면 TV가 역동성을 원하기 때문이다. 축구도 마찬가지다. 경기는 필요 이상으로 격렬해진다. 남미 축구에서는 〈휴지(休止)〉라는 개념이 있다. 공격의 전조가 되는 심사숙고의 단계이다. 음악처럼 과열됨을 줄여주는 휴지의 순간들이 필요한 것이다. 하지만 문제는 이것이 TV의 논리 속에서는 무용하다는 것이다. TV 축구 중계에서 열기가 떨어지는 순간은 사람들에게 채널을 돌릴 때로 간주되어 버린다. 그러니 TV의 요구에 따라, 축구경기는 점점 더 조급해지게 된다."

또한, 중계권료의 지속적인 인상에 대한 부담은 고스란히 각국의 시청자들에게 전가된다. 1998년 프랑스 월드컵 때 190만 달러(약 21억)에 불과하던 중계권료는 2002년 한일 월드컵에서는 3,500만 달러(약 393억), 2006년 독일 월드컵에서는 2,500만 달러(약 281억)로 급상승하게 되었으며, 2010년 남아공 월드컵과 2014년 브라질 월드컵의 중계권료 합계는 총 1억4000만 달러(약 1,574억 원)에 달하기에 이르렀다. 높은 가격에 중계권을 매입한 방송사는 광고료의 인상, 케이블이나 인터넷 등에 대하여 높은 중계권 재판매 금액 책정, 중계 장비와 인력에 소요되는 비용의 절감 등으로 수익을 극대화하려 하며, 이는 전반적으로 시청료는 인상시키는 반면 중계 퀄리티는 떨어뜨림으로써 양질의 TV 중계에 대한 시청자들의 접근성을 방해한다.

지난 남아공 월드컵 중계권을 독점했던 SBS도 하나의 예가 된다. SBS는 높은 가격에 중계권을 독점 구매했고, 투자금을 회수하기 위해 이윤 중심적인 중계 정책을 폈다. 중계 인원의 부족으로 경기 중계의 질은 하락했고 방송사고가 잇따랐으며 케이블 TV나 DMB, 인터넷 중계 등에 고액의 추가 사용료를 받음으로써 2차 중계 가격을 인상시키고, 길거리 응원과 같은 공공장소에서의 월드컵 중계에 대해 자신들의 독점 중계권이 침해되었다고 주장하다가 비판을 받는 등 심각한 문제를 야기했다.

3. 월드컵 규모의 확대

FIFA는 마케팅과 TV 중계를 통해 새로운 수입원을 확보하는 한편, 월드컵 본선 참가팀을 늘림으로써 월드컵의 대회 규모 자체를 확대하는 방법을 통해 수익성을 크게 늘렸다. 1978년까지 본선 진출팀은 16팀에 불과했지만, 1982년 스페인 월드컵에는 24팀으로 늘어났고, 1998년 프랑스 월드컵에서는 32개 팀이 되면서 20년 만에 2배로 늘어났다.

여기에는 정치적인 배경을 간과할 수 없다. 1974년 FIFA 회장 선거 당시, 아벨라제는 아프리카를 비롯한 제3세계권의 지지를 받기 위한 주 공약으로 본선 진출국을 늘리고 늘어난 진출 티켓을 아프리카와 아시아 등에 부여하는 방안을 내세웠다. 하지만 아벨란제는 1978년 아르헨티나 월드컵에서 참가국을 16개국에서 20개국으로 늘리는데 실패하였고 1982년 월드컵이 되어서야 본선 진출국의 수를 늘릴 수 있었다. 그런데 이것은 스페인에게 막대한 예산을 강요하는 일이었으므로 그런 스페인을 설득하기 위해 3,600만 스위스 프랑이 소요되었다. 스페인이 얻은 이득은 그것뿐만이 아니었다. 스페인은 월드컵 본선 진출국을 24개국으로 늘리는 대신 아벨란제가 제3세계의 IOC 위원들에게 영향력을 행사하여 차기 IOC 회장으로 사마란치를 지원하도록 만든 것이다. 그 결과 IOC 회장으로 당선된 사마란치는 이후 스페인에게 1992년 바르셀로나 올림픽을 개최하게끔 도움을 주기도 했다.

1998년 프랑스 월드컵 때 이루어진 본선 진출국 32개국으로의 개편 역시 비슷한 과정을 거쳤다. 1994년 당시 자신의 수족이자 FIFA 사무총장을 맡고 있던 현 블래터 FIFA 회장에 의해 정치적 입지를 위협받고 있던 아벨란제는, 월드컵 본선 진출국을 32개국으로 늘릴 계획이라는 발표를 하면서 제3세계 국가들의 지지를 받아 다시 한 번 재선에 성공하며 FIFA 회장직을 유지했다.

물론 월드컵 본선 진출국이 늘어남에 따라 기존의 유럽-남미 일색의 경기에서 벗어나게 되면서 보다 대륙적·지역적 다양성이 증대되고 이색적인 팀들이 월드컵에 참가하여 화제를 낳게 되었으며, 경기수가 증가함에 따라 월드컵의 수익성도 향상된 것이 사실이다. 하지만 늘어난 경기 수만큼이나 지루함도 뒤따랐으며, 선수들의 부상 역시 잦아졌다.

여기에 상대적 약팀들의 비율이 늘어나면서, 대회 수준의 질적 저하를 불러왔으며, 과거에 비해 정밀하게 조직된 팀들 간의 경기를 찾아보기가 어려워졌다. 월드컵의 수익성을 증진시키려는 FIFA의 조처가 월드컵에서 흥행을 주도할만한 강호들 간의 명승부를 보기 힘들게 만들어버린, 아이러니한 결과였다.

또한, 약팀들은 강팀들을 상대로 승점을 확보하기 위해 수비에 몰두하며 무승부를 노리는 경향을 보였기 때문에 팀 간 전력 차의 증대는 대회에 전반적인 소극성을 불러일으켰다. 특히 2002년 월드컵에서 사우디아라비아가 독일에게 8-0의 기록적인 대패를 당한 이후로, 이러한 흐름은 한층 더 강화되었다. 이는 월드컵을 지루하게 만들었다. 국가대표팀은 클럽 축구와 달리 한 시즌에 소화하는 경기 수 자체가 적기 때문에 선수들이 부분 전술과 팀 전술의 완성도를 향상시킬 여유가 없다. 이는 적극적이고 공격적인 운영을 하는 데 있어 어려움을 가중시켰기에 국가대표팀의 감독들은 자연스럽게 대다수 경기에서 방어적이고 안정 일변도의 경기 운영을 하게 되었다. 따라서 화끈하고 역동적인 경기 양상은 접하기 어려워졌고, 양 팀 모두가 자기 진영에 틀어박힌 채 소극적인 플레이로 일관하는 경기가 늘어나고 말았다. 이는 기록으로도 알 수 있는데, 월드컵 본선 진출국이 32개 팀으로 늘어난 1998년 프랑스 월드컵을 시작으로 경기당 득섬률이 줄곧 하락해 왔다는 사실이다.

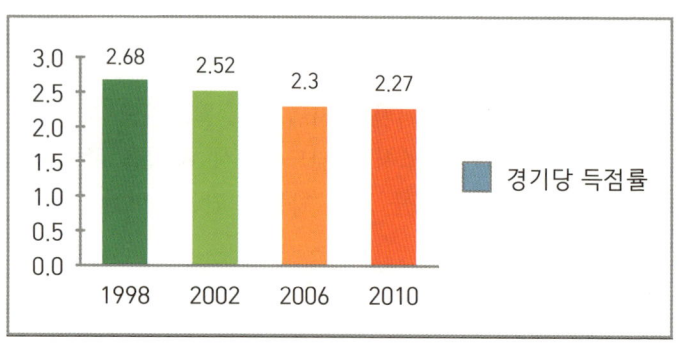

4. 개최국 선정

비록 최근 들어서는 실증적인 연구를 토대로 월드컵 개최의 경제·국제정치·사회적 효과에 대한 회의론이 대두되고 있으나, 지금까지 월드컵은 대부분의 국가들에게 경기 부양과 국가 위상의 제고, 사회 안정 등의 효과를 가져다준다고 인식되어 왔다. 따라서 월드컵 개최지 선정에는 언제나 치열한 경쟁이 뒤따랐다.

월드컵 개최국 선정에 있어서의 잡음은 초대 대회 때부터 불거졌다. 초창기 문제가 되었던 것은 유럽 국가들과 남미 국가들 간의 알력이었다. 진통 끝에 초대 대회 개최국이 우루과이로 확정되자 유치 경쟁에서의 탈락에 불만을 품은 이탈리아, 네덜란드, 스페인, 스웨덴은 우루과이까지의 이동거리가 멀다는 이유로 대회에 불참했고 여타 유럽 국가들 역시 참가에 회의적인 태도를 보였다. 결국 유럽 국가는 프랑스를 비롯한 4개국만이 우루과이 대회에 모습을 드러냈을 뿐이었다.

이에 반발한 우루과이를 비롯한 남미 국가들은 유럽에서 개최된 1934년 이탈리아 월드컵과 1938년 프랑스 월드컵을 보이콧했다. 특히, 1938년 월드컵의 경우, 1934년 월드컵이 유럽에서 개최되었으므로 남미 쪽이 개최를 맡을 순서라고 예상되었으며, 개최 조건에 있어서도 프랑스보다는 아르헨티나 쪽이 월드컵을 개최하기에 적합하다는 평가를 받고 있었다. 하지만 월드컵 개최국이 프랑스로 결정되자 우루과이와 아르헨티나를 비롯한 다수의 남미 국가들은 분개하며 월드컵에 불참했으며, 오로지 브라질만이 참가했다. 개최국을 둘러싼 소모적인 논란이 반복되자 FIFA는 1958년 스웨덴 대회 이후부터는 유럽과 남미가 한 번씩 번갈아가며 월드컵을 개최하는 것을 명시적인 원칙으로 삼았다.

이후로 대륙 간의 논란은 다소 잦아들었지만 그럼에도 '희생양'이 없진 않았다. 1938년 월드컵 개최에 실패한 아르헨티나는 12년 만에 재개된 1950년 대회 개최에도 적극적으로 나섰지만, 결국 FIFA는 브라질의 손을 들어줬고 이에 불만을 품은 아르헨티나는 1950년 대회 출전을 포기해버렸고, 1954년에도 연이어 불참했다. 아르헨티나는 1958년에도 개최 신청을 했지만 스웨덴에 패배했으며, 1962년에야말로 개최가 확실시되었지만 아르헨티나에 비해 제반 여건에서 모두 뒤처져 있던 칠레에게 밀렸다. 심지어 1970년 대회에서조차 아르헨티나가 월드컵 유치에 실패(FIFA는 1968년 올림픽을 개최하는 멕시코가 2년 뒤 월드컵을 개최하기에는 보다 수월할 것이라는 명목으로 아르헨티나가 아닌 멕시코로 낙점하였다)하자 일각에서는 FIFA가 아르헨티나에 대한 악감정을 가지고 있다는 소문이 나돌기도 했다. 비난 여론이 확산되자 FIFA는 1978년 대회 개최권을 일찌감치 아르헨티나에 넘겨주는 것으로 음모론을 무마시켰다.

한편 1982년에는 본래 1986년 대회 개최국으로 예정되어 있던 콜롬비아가 FIFA 측에 개최권을 반납하는 사상 초유의 사태가 일어났다. 콜롬비아는 1974년 6월에 이미 개최국으로 지정된 바 있었지만, 1982년 FIFA가 콜롬비아에 위원단을 파견하여 대회 준비 상황을 조사한 뒤 월드컵을 개최하기에 필요한 조건들을 충족시키지 못하고 있다고 평가했다. 결국 1983년 1월 콜롬비아 정부는 월드컵 개최를 포기했고, FIFA는 그 대회의 개최권을 멕시코에게 돌렸다. 하지만, 멕시코의 에밀리오 아스카라가가 〈텔레비자 멕시카나〉를 소유하고 있던 언론 재벌이었으며, 아벨란제와 개인적인 친분이 있었고, 이후 월드컵 중계를 담당하게 되었다는 점에서 멕시코를 개최지로 선정한 것은 이권에 따른 선택이라는 의혹을 받았다. 실제로 멕시코는 당시 800억 달러가 넘는 재정적자에 시달리고 있었으며, 인플레이션은 100%를 웃돌고 있었고, 페소화는 70%나 평가절하되는 등 월드컵을 유치하기에 적절하지 못한 거시 경제 지표를 보이고 있었다. 콜롬비아가 72억 달러의 외채 때문에 월드컵 개최권을 상실한 것을 생각할 때 개최국의 변경이 정치적 결정이라는 추측은 무리가 아니었다. 미국 역시 헨리 키신저 전 국무장관이 주축이 되어 월드컵을 유치하려 했지만, FIFA는 이를 진지하게 고려해보지도 않았다.

최근까지도 월드컵 개최지는 정치적인 이해관계와 이합집산에 의해 강하게 좌우되고 있다. 2002년 월드컵 개최국 선정 과정에서는 공동개최라는 파격적인 방안이 결정되었다. 본래 FIFA는 "월드컵 한 대회는 반드시 한 국가라는 범위 안에서 이루어져야 한다."는 규정을 가지고 있었다. 그러나 한국과 일본의 대회 유치 경쟁이 지나치게 과열되었고, 과거사로 인해 정치적으로 민감한 관계에 놓여 있던 양국에게 월드컵 유치전 패배는 곧 심각한 심리적 타격을 끼칠 뿐만이 아니라 양국 간의 관계악화를 초래할 것이라는 우려가 높아지면서 양국 간에 경쟁을 유발한 FIFA에 대한 비판 역시 드높아졌다. 이에 FIFA는 사태를 무마하기 위해 결국 한국과 일본이 공동으로 월드컵을 개최하는 것으로 가닥을 잡았고, 양국이 공동개최에 동의하면서 월드컵 역사상 최초로 한 대회를 두 국가에서 치르게 되었다.

2006년 월드컵 개최지 선정 과정은 한층 더 극적이었다. 독일과 남아프리카 공화국이 맞붙은 결선 투표에서 당초 남아프리카 공화국을 지지할 것으로 예측되었던 찰리 뎀시 오세아니아 축구 연맹(OFC)이 기권표를 던지면서 12:11로 독일이 한 표차의 근소한 승리를 거둔 것이다. 뎀시의 기권은 예상 밖의 일이었기 때문에 외압이나 댓가성 밀약이 오간 것이 아니냐는 의혹이 강하게 제기되기도 했다. FIFA는 마치 이를 보상해주는 것처럼 2010년 월드컵 개최국으로는 남아공을 선정했다.

한편 FIFA는 2004년 5월, 2010년 월드컵 개최국을 남아공으로 낙점한 직후, 개최지 선정에 있어 대륙 간 공평성을 꾀하겠다는 명목 하에 6개 대륙이 돌아가며 월드컵을 개최하는 것을 요지로 하는 대륙 순환 개최 원칙을 천명했다. 이에 따라 2014년 월드컵 개최지역은 남아메리카 대륙으로 결정되었다. 그러나 예상과는 달리 남미의 많은 국가들이 경제적 부담을 이유로 월드컵 개최에 대해 소극적인 태도를 취하면서, 오직 브라질만이 월드컵 개최지 경쟁에 단독 입후보하여 싱겁게 개최국으로 결정되었다. 이 때문에 FIFA는 2007년 10월30일, 고작 3년 만에 2018년 대회부터 대륙별 순환 제도를 폐지하고, 이전 두 대회를 치른 대륙을 제외한 모든 국가가 월드컵 개최 경쟁에 참여할 수 있도록 방침을 변경했다.

5. 월드컵 규정의 변화

월드컵의 규칙은 처음부터 고정적으로 주어진 것이 아니었으며, 항상 시대의 흐름에 맞게 바뀌어 왔다. 실제로 현재 축구팬들은 수비수가 인플레이 도중에 골키퍼에게 백패스를 했을 때 골키퍼가 손을 쓰지 않고 발이나 머리로 볼을 컨트롤 하려는 것을 자연스럽게 받아들이지만, 불과 20여 년 전만 하더라도 그런 상황에서 골키퍼는 손으로 볼을 잡을 수 있었다. 그렇듯 축구 규정은 지속적인 발전을 거듭해왔으며, 그 과정 속에 때로는 기존의 규칙과 부딪히며 갈등이 발생하기도 했다. 이럴 때마다 FIFA는 적절한 규정 확립을 위해 힘써야 했다.

6. 선수 교체와 카드 제도

(지금은 상상할 수도 없지만) 한 때 각 팀들은 경기에 참여하고 있던 선수가 부상으로 실려 나가더라도 벤치 멤버를 교체 투입하는 것이 불가능했다. 이 때문에 부상자가 발생했을 경우, 부상을 당한 선수가 억지로 경기를 뛰거나, 혹은 10명 이하의 선수로 상대팀을 맞상대해야하는 경우가 왕왕 생겼다. 그렇기에 상대팀 선수에게 부상을 입히는 것은 하나의 전술로 자리 잡았다.

실제로 1962년 월드컵은 대회 내내 거친 반칙이 거듭되며 대회의 질적 수준을 크게 떨어뜨리고 말았다. 대회 전체 득점은 이전 대회에 비해 37골이나 줄어들었고, 대회 개막 첫주 동안 16개 팀에서 부상자가 40명이나 나왔다. 기술은 실종되었고, 경기장에는 충돌과 폭력만이 남았다. 이는 1966년 월드컵에서도 마찬가지였는데, 파울 위주의 거친 플레이가 남발되면서 실종된 공격 축구와 하락한 득점률은 대회의 흥미를 떨어뜨렸다. 최고의 축구 스타였던 펠레는 1962년 월드컵과 1966년 월드컵에서 부상으로 인해 두 대회를 합쳐 4경기 밖에 뛰지 못했으며, 1966년 월드컵 포르투갈 전에서는 부상당한 채로 90분을 소화해야 했다.

거친 파울이 난무하고 선수들이 제 플레이를 펼치기 어려워지며 득점이 줄어든다는 것은 축구의 근간을 흔드는 것이었다. 이런 문제점을 해결하기 위해 1970년 멕시코 월드컵 때부터 선수 교체 제도가 처음으로 시행되었다. 두 명의 선수교체가 허용됨에 따라 감독들은 한층 다양한 전략을 구사하거나 선수들의 체력을 효과적으로 안배할 수 있게 되었다. 물론 부상을 입은 선수가 경기를 억지로 뛰거나 10명만으로 경기를 치르거나 하는 일 역시 없어지게 되었다.

또한, 반칙을 제재하기 위한 수단으로서 옐로카드로 경고를, 레드카드로 퇴장을 선언하며, 옐로카드가 2장 누적이 되었을 시 퇴장을 시키는 제도 역시 1970년 멕시코 월드컵에서부터 도입되면서 체계적인 징벌을 통해 심판이 경기를 통제하기에 용이해졌다. 이 때문에 1970년 월드컵은 이전의 월드컵들과는 달리 비교적 온건한 분위기에서 진행될 수 있었다.

7. 승부차기 제도

반드시 승패를 가려야하는 토너먼트에서 양 팀이 연장전을 치르고도 승부를 가리지 못했을 경우 이전에는 대체로 재경기를 치르는 것이 보통이었다. 월드컵에서는 재경기를 통해 토너먼트 승자를 가린 예가 없었지만 유러피언 컵과 같은 클럽 대항전에서는 이런 일이 종종 있었다. 그러나 재경기는 추가일정을 필요로 했고, 축구가 상업화될수록 이는 비효율적인 선택으로 받아들여졌다. 그로 인해 FIFA가 도입한 새로운 규정이 바로 승부차기 제도였다. 이는 1978년 아르헨티나 월드컵에서부터 처음으로 도입되었으나, 이 대회에서는 승부차기까지 간 경기가 없었다.

월드컵 본선 역사상 첫 승부차기는 4년 뒤 1982년 스페인 월드컵에서 행해졌다. 4강전에서 서독과 프랑스는 연장

전에서 3-3으로 승부를 가리지 못해 승부차기로 돌입했고, 승부차기에서 서독은 프랑스에 5-4로 승리를 거뒀다.

이후, 1994년 월드컵과 2006년 월드컵에서는 결승전에서 승부차기가 행해지기도 했다. 월드컵 우승팀이 승부차기 같은 우연한 방식으로 가려지는 것에 대한 비판이 생기자 최근 FIFA는 승부차기 폐지를 검토하고 있다.

8. 고의(故意) 백패스에 대한 제한

1990년 월드컵은 유례없는 극단적 수비와 지루한 승부차기의 연속이었다. 많은 팀들이 후방에 많은 인원을 배치하고 앞으로 나가지 않으려 들었고, 상대가 볼을 뺏기 위해 압박해오면 골키퍼에게 백패스를 하여 볼을 지켜내고 시간을 끄는 식의 소극적인 태도로 일관했다. 이에 FIFA는 적극적인 경기를 위해 1994년 월드컵부터는 고의적인 백패스에 대해 골키퍼가 손으로 공을 잡지 못하도록 하는 규칙을 제정했다. 이로써 수비진과 골키퍼는 볼을 돌려가며 시간을 끄는 식의 지루한 플레이를 할 수 없게 되었다. 이 조치는 성공을 거둬 1990년 월드컵 당시 2.21골에 불과했던 경기당 득점율이 1994년 월드컵을 통해 2.71골로 상승하는 계기가 되었다.

9. 골든골과 실버골

골든골은 양 팀이 정규 시간 동안 승부를 가리지 못하고 연장전으로 접어들었을 때 먼저 골을 기록한 팀이 승리를 획득하고 경기가 종료되는 방식으로, 연장전 30분을 소화함에 따라 발생하는 체력적 소모를 완화시키고, 연장전의 긴박감을 강화해주며, 승부차기라는 우연성이 짙은 방식으로 승부를 가리는 일이 줄어들 것이라는 점에서 많은 기대를 모았다. 1993년 FIFA에 의해 공식제도로 인정된 후, 1998년 프랑스 월드컵에서부터 정식으로 도입되었다.

월드컵 역사상 최초로 연장 골든골에 의해 승부가 판가름 난 경기는 98 월드컵 16강전 프랑스와 파라과이의 대결이었다. 0-0으로 90분 동안 승부를 가리지 못한 두 팀은 연장전에 돌입했고, 프랑스는 로랑 블랑의 골든골에 힘입어 1-0 승리를 거뒀다. 4년 뒤 2002년 대회에서도 대한민국과 이탈리아의 16강전, 세네갈과 스웨덴의 16강전, 터키와 세네갈의 8강전에서 골든골이 연달아 발생했다.

하지만 단 한 번의 실수가 바로 패배로 연결될 수 있다는 점은 큰 부담이었고, 이 때문에 연장전에 접어들었을 때 양 팀이 실점을 우려하여 서로 움츠려든 채 방어적이고 소극적인 플레이를 벌이면서 승부차기로 승부를 끌고 가려는 형태의 지루한 경기가 잦아졌다. 또한, 한 순간에 승부가 가려지는 것이 지나치게 싱겁다는 비판 역시 제기되었다.

그리하여 도입된 것이 실버골 제도이다. 연장전에서 골이 터지더라도 경기가 바로 종료되는 것은 아니며, 연장 전반에 골이 들어갔다면 연장 전반이 끝날 때까지, 연장 후반에 골이 들어갔다면 연장 후반이 끝날 때까지 경기를 지속하여 승자를 가리는 방식이었다. 그러나 2004년을 기점으로 이러한 골든골과 실버골 제도는 모두 폐지되었으며, 연장전은 종래의 방식으로 회귀하여 어떠한 경우에도 전후반 30분을 치르게 되었다.

10. 오프사이드 룰의 변화

오프사이드는 축구의 공격자 반칙 중 하나이다. 골라인을 기준으로 수비 측에서 두 번째로 골라인에 가까이 있는, 곧 수비 측의 선수 중에서 최후방에서 두 번째로 있는 선수를 기준으로 오프사이드 라인이 설정되며, 오프사이드 라인 안쪽으로 들어간 공격수, 즉 자신과 골라인 사이에 존재하는 상대 선수가 2명 미만인 경우 그 선수에 대해 '오프사이드 위치'에 있다고 규정한다. 반대로 자신과 골라인 사이에 존재하는 상대 선수가 2명 이상일 경우 '온사이드 위치'에 있다고 규정한다.

월드컵에서 오프사이드 룰은 여러 번 변경되었다. 이전까지는 오프사이드 라인과 동일선상에 서 있을 경우 그것을 오프사이드로 판정했으나, 1994년 월드컵에서는 보다 원활한 공격으로 더 많은 골이 터져 나오는 것을 장려하기 위해 오프사이드 라인과 동일 선상에 위치한 공격자를 온사이드로 판정하게 되었다. 이로 인해 오프사이드 트랩의 공략은 한층 용이해졌다.

가장 결정적인 변화는 2005년에 있었던 오프사이드 룰의 개정이었다. 이때, '플레이에 대한 방해(interfering with play)'와 '상대 선수에 대한 방해(interfering with an opponent)'는 보다 섬세하게 정의되었다. 먼저 '플레이에 대한 방해'는 오프사이드 포지션에 있는 선수가, 주심이 판단할 때 온사이드 포지션의 팀 동료 누구도 볼을 플레이할 기회가 없었을 때, 볼을 플레이하거나 터치한 것을 의미하는 것으로 정의되었다. 즉, 이때부터 플레이하거나 볼을 터치하지 않았다면 오프사이드 포지션에 있더라도 온사이드로 판정받게 되었다.

다음으로 '상대 선수에 대한 방해'는 상대 선수의 시선을 차단하거나 볼을 향하는 상대 선수와 충돌해 플레이 또는 플레이 가능성을 차단하는 것으로 정의되었다. 마찬가지로 상대 선수의 시선을 차단하지 않거나 충돌이 빚어지지 않았다면 아무런 하자가 없었다.

결론적으로 공격 측에서 오프사이드 파울을 피해 수비 측의 오프사이드 트랩을 공략할 방법이 다양해졌으며, 수비 측이 오프사이드 트랩을 활용하는 데에는 많은 난점이 발생했다.

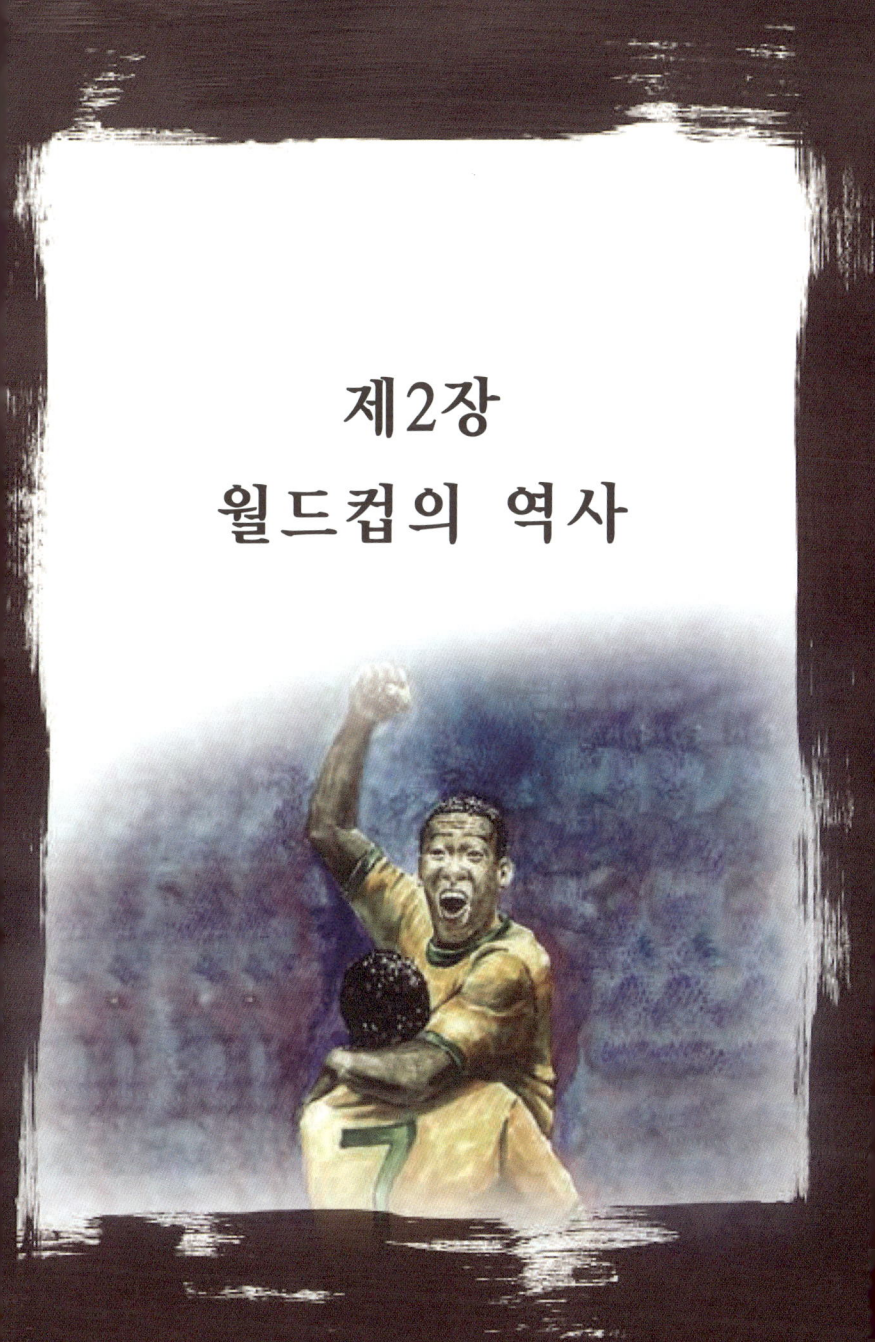

제2장
월드컵의 역사

제2장 월드컵의 역사

1. 월드컵의 탄생

잉글랜드에서 만들어진 축구가 유럽 및 남미로 널리 퍼져나가기 시작한 것은 19세기 중후반이었다. 그 후 19세기 말에 이르러서는 각국 간의 국제적인 경기들이 점차 보편화되었고, 올림픽에서도 1900년 대회부터 3회 연속 시범 종목으로 채택되어 세계 스포츠로서 발돋움할 수 있는 계기가 마련되었다. 축구의 인기가 잉글랜드에서 해외로 확산되면서, 일국의 범위를 넘어 축구를 관장할 수 있는 세계적인 차원의 통합 기구의 필요성이 대두되었다.

하지만 자신들이 축구의 본향이라는 것에 대해 드높은 자부심을 가지고 있던 잉글랜드에서는 굳이 격에 맞지 않는 여타 국가들간의 공조 아래 국제기구를 창설하는 것에 대해 소극적인 태도를 고수했으며, 이 때문에 세계 기구의 창설은 잉글랜드 축구협회(FA)가 아닌 다른 나라의 축구인사들의 주도로 이루어졌다.

결국 1904년 5월 21일 파리에서 프랑스의 주도로 스위스, 네덜란드, 벨기에, 덴마크, 스웨덴, 스페인 등 7개국의 참가로 '국제축구연맹(Fédération Internationale de Football

Association, FIFA)'이 창립되었다. 본부는 스위스 취리히에 두었고, 초대 회장으로는 프랑스 출신의 로베르 게랑이 선출되었다. 파리 총회에서는 유럽 15개국을 참가시켜 제1회 세계 선수권 대회를 스위스에서 개최하기로 했으며, 월드 챔피언십을 조직할 권리는 FIFA가 독점하기로 결정했다.

FIFA 초대 회장 로베르 게랑

이 결정을 토대로 FIFA는 1906년 스위스에서 올림픽과는 별개의 세계 축구 대회를 계획했지만, 이는 결국 실패로 끝났다. 잉글랜드를 비롯한 영연방의 4개국 정도를 제외하면 축구협회가 대표기관으로서 제대로 기능하고 있는 나라의 수가 극히 적었기 때문에 대부분의 국가들은 세계 축구 대회를 위해 대표팀을 운용하기가 쉽지 않았다. 또한, 유럽 각국의 축구 규칙이 완전히 통일되어 있지 않았다는 점 역시 큰 장애였다. 대회의 무산은 초대 회장이었던 로베르 게랑이 물러나는 계기가 되었으며, 후임으로는 잉글랜드 출신의 다니엘 벌리 울펄이 새 회장이 되었다. 이는 축구의 본산으로서의 지위를 확고히 하고 있던 잉글랜드의 지원 없이 FIFA가 기능할 수도, 〈세계 축구〉란 것이 구성될 수 없다는 것을 보여주는 사건이었다.

울펄 회장은 잉글랜드의 룰을 기준으로 하여 축구의 룰을 통일시켰고, 국제올림픽위원회(IOC)와의 협상을 통해 축구를 1908년 런던 올림픽부터 정식종목으로 채택시켰다. 또한, 1909년에 남아공을, 1912년에 아르헨티나와 칠레를, 1913년에 미국을 FIFA에 가입시킴으로써 FIFA는 그럭저럭 세계 축구 연맹으로서의 외양을 갖추게 되었다.

FIFA의 2대 회장 울펄

이러한 흐름은 월드컵 축구 대회의 개최로 이어질 뻔했지만, 이 계획은 1914년부터 1918년까지 지속된 제1차 세계대전으로 인해 잠시 보류되고 말았고, 설상가상으로 울펄 회장이 1차 세계대전 종전 직전(1918년 10월)에 건강악화로 숨을 거두면서 FIFA 주관의 세계 단위 축구 대회의 시작은 또 한 번 요원해졌다.

FIFA는 1914년 올림픽 축구 대회를 〈세계 아마추어 축구 선수권〉으로 공인했고, 1920년부터 1928년까지 IOC와 공조하여 세 번의 올림픽 대회의 관리를 책임지는 식으로 어중간하게나마 국제 축구 대회를 운영하는 방향으로 선회했다. 그러나 IOC는 올림픽 정신으로서의 아마추어리즘에 근거하여 프로 선수들의 출전을 금지시켰고, 클럽 축구가 정착되고 있었던 주요 유럽 국가들은 프로 선수를 내보낼 수 없는 올림픽에 매력을 느끼지 못하고 있었기 때문에 당시 올림픽에서의 축구는 세계 최고 수준의 대회가 될 수 없었다. 이로 인해 1924년 파리 올림픽과 1928년 암스테르담 올림픽에서는 유럽의 참가국 수가 줄기 시작했다.

또한 많은 유럽 국가들이 1차 세계대전기에 적대 관계에 있었다는 점도 큰 문제였다. 특히, 축구의 종주국으로서의 자부심을 가지고 있던 영국인들에게 패전국과 함께 축구 대회를 치르는 것은 정서적으로 받아들일 수 없는 일이었다. 결국 영국의 4개 축구협회는 1920년에 일제히 FIFA로부터 탈퇴해버렸으며 이로써 FIFA의 영향력은 심대하게 줄어들었다.

사면초가의 상황에서, 프랑스 축구 연맹 회장과 FIFA 회장을 동시에 역임하고 있던 줄 리메와 프랑스 연맹의 사무총장 앙리 들로네, 이 두 명의 프랑스인들이 FIFA가 주관하는 독자적인 세계 축구 대회를 다시 추진하기 시작했다. 이들의 노력이 결실을 거두어 1920년 FIFA 앤트워프 총회에서 월드 챔피언십 계획이 승인되었고, 1924년 파리 올림픽을 앞두고 보다 진일보한 논의가 이루어졌다. 그리고 1926년 로마에서 열린 FIFA 총회에서 프랑스 축구협회 사무총장 들로네는 "이제 축구가 올림픽이라는 작은 울타리 안에서 감금돼 있을 시기는 지났다. 많은 나라에서 프로축구가 생기고 있다. 아마추어만 출전하는 올림픽 무대에서 각국이 최선을 다할 수 없다. 프로와 아마추어가 모두 참가해서 진정한 세계축구챔피언을 가리는 대회를 만들 때가 되었다."며 독자적인 축구 대회를 만들 것을 강도 높게 제안했다.

때맞춰 1932년에 있을 LA 하계 올림픽을 조직하는 과정에서 아마추어리즘과 결부된 논쟁이 벌어졌다. 노동자계급 선수가 올림픽에 출전할 경우, 그동안의 임금을 보상해야 하는지 여부에 대한 것이었는데, 이에 대해 국제축구연맹은 그러한 보상을 한 선수도 아마추어로 간주할 수 있다고 보았으나, IOC는 이를 인정하지 않았다. 결국 FIFA와 IOC는 의견차를 좁히지 못하면서 축구는 올림픽 종목에서 제외되었다.

그리하여 1928년 5월26일 열린 암스테르담 FIFA 총회에서 아마추어 선수뿐만 아니라 프로 선수들도 참가를 허용하는, 올림픽과는 별개의, FIFA가 주최하는 세계 단위 축구 대회 계획을 두고 최종 표결이 행해졌다. 결과는 찬성 25표 대, 반대 5표. 이로써 최초의 세계 단위 축구 대회가 만들어지게 되었다.

이에 줄 리메는 자신의 사재를 들여 아벨 라플뢰르라는 프랑스 조각가에게 의뢰해 우승 트로피를 제작토록 했다. 이것이 훗날 줄 리메 컵이라고 명명되는 골든 니케 트로피였다.

줄 리메(좌측)와 앙리 들로네(우측). 앙리 들로네는 훗날 유럽 선수권 대회를 창설하게 된다.

골든 니케(Golden Nike). 1946년 줄 리메의 FIFA 회장 25주년 재직을 기념하여 줄 리메 컵이라고 명명되었으며, 1970년에 줄 리메 컵을 3회 우승한 브라질에 의해 영구 소유되었으나, 1983년 도난당한 뒤 용해되어 음지에서 매매되었다.

2. 1930 우루과이 월드컵

∴ 개최 경쟁

초대 월드컵 개최를 놓고 이탈리아, 네덜란드, 스페인, 스웨덴, 우루과이 등 5개국이 경쟁에 뛰어들었다. 우루과이는 월드컵이 개최되는 해가 자국의 건국 100주년이 되는 해였기 때문에 어떻게든 월드컵을 유치하기 위해, 모든 참가국들의 여행 경비와 체류 비용을 무상으로 제공한다는 파격적인 조건을 내걸었고, 이 덕분이었는지 초대 대회의 개최지는 우루과이로 결정되었다.

하지만 대회 준비 과정은 매끄럽지 못했다. 가장 문제가 된 것은 참가국을 확보하는 문제였는데, 대회가 시작되기 불과 두 달 전까지도 그 어떤 유럽팀도 참가하려 하지 않았다. 유치 경쟁에서 탈락에 불만을 품은 이탈리아, 네덜란드, 스페인, 스웨덴은 우루과이까지의 이동거리가 멀다는 이유로 대회에 불참했고, 여기에 오스트리아, 헝가리, 독일, 스위스, 체코슬로바키아 같은 축구가 가장 발달된 지역의 국가들 역시 불참 의사를 밝혔다. 축구의 종주국 잉글랜드는 아예 FIFA를 무시했으며, 벨기에, 루마니아, 유고슬라비아, 프랑스 등의 국가들 또한 참가를 꺼렸다. 대회가 파행으로 갈 위기에 놓이자, 줄 리메와 우루과이 정부는 간절하게 유럽 국가들을 설득했고 그 결과 벨기에와 루마니아에 대한 참가 동의를 이끌어냈으며 줄 리메의 모국인 프랑스 역시 합류키로 했다. 여기에 유고슬라비아가 동참하기로 함으로써 유럽 참가국은 4개국으로 확대되었고, 그로써 유럽 팀이 전원 불참하는 사태는 간신히 모면할 수 있었다. 그러나 실상 이들은 정상급의 팀이 아니었다. 가령 프랑스의 경우 당시 감독이었던 가스통 바루와 수비의 핵심이었던 마누엘 아나톨이 불참했고, 그 때문에 코치였던 카우드롱이 감독을 맡아야 했다. 월드컵 최초의 득점자이기도 한 프랑스의 뤼시앵 로랑은, 1998년, 참가 과정을 다음과 같이 회상했다.

우루과이 월드컵에 참가하기 위해 꽁드 베르드 호에 탑승한 프랑스 대표팀

"우리는 갑판에서 간단한 운동과 트레이닝을 했다. 코치는 전술에 대한 어떠한 말도 하지 않았다."

그 외 나머지 팀들은 모두 신대륙의 팀들로, 아르헨티나, 미국, 브라질, 칠레, 멕시코, 볼리비아, 페루, 파라과이였다. 그렇게 총 13팀의 참가가 확정되었다. 이 13개의 참가국들은 4개의 조로 나뉘었고, 시드는 우루과이, 아르헨티나, 브라질과 미국에게 배정되었다. 대회는 조별로 풀리그를 치른 뒤 승점에 따라 각 조의 1위는 준결승에 진출하는 방식으로 진행되었다. 승리시 획득 승점은 2점이었고, 무승부는 1점이었다. 조 편성은 다음과 같았다.

- A조 : 아르헨티나, 칠레, 프랑스, 멕시코
- B조 : 유고슬라비아, 브라질, 볼리비아
- C조 : 우루과이, 루마니아, 페루
- D조 : 미국, 벨기에, 파라과이

참가를 결정한 유럽팀들은 대회를 치르기 위해 남미로 이동했다. 루마니아 선수단은 제노바에서 꽁드 베르드 호를 타고 떠났는데, 이 배에는 줄 리메와 우승 트로피, 그리고 벨기에의 장 랑게뉘와 앙리 크리스토프, 프랑스 파리 출신 토마스 발베이 등 3명의 심판도 탑승하고 있었다. 1930년 6월 21일에 빌프랑슈 쉬르 메르에서 프랑스 선수단을 태웠고, 이어 바르셀로나에서 벨기에 선수단이 합류했다. 배가 6월 29일에 리우 데 자네이루에 도착했을 때 브라질 국가대표팀도 합류했고, 우루과이에는 대회 개막 9일 전인 7월 4일에 도착하였다. 유고슬라비아는 마르세유에서 우편 운송선인 플로리다 호를 타고 우루과이에 도착하였다.

대회 진행

초대 대회이니만큼 운영에 있어 많은 시행착오를 거쳐야 했다. 일단 경기장이 제대로 준비되지 못했다. 1929년 바르셀로나 FIFA 총회에서 공식적으로 개최가 확정된 후, 우루

1930년 월드컵의 엠블럼

과이는 우루과이의 독립 100주년을 기념하기 위해서 몬테비데오 도심에 장대한 100주년 스타디움을 8달 만에 건설할 계획을 세웠다. 그러나 우기로 인해 공사가 지연되었고, 결국 개막일인 7월13일까지 100주년 경기장은 완성되지 못했다(7월18일 완공). 이로 인해 초반 몇 경기는 페냐롤 클럽과 나시오날 클럽의 경기장에서 치러졌다. 이후의 경기는 오직 100주년 경기장 한 곳에서만 진행되었으며, 대회의 범위는 몬테비데오를 벗어나지 않았다. 그러다보니 A조에서는 칠레와 프랑스가 경기를 끝낸 지 30분 만에 같은 구장에서 다음 경기인 아르헨티나와 멕시코의 경기가 열리기도 했다.

몬테비데오의 Estadio Centenario. 100주년 경기장이라는 뜻이다. 이후 우루과이의 클럽팀인 페냐롤의 주 경기장이 된다.

나시오날 클럽의 홈 구장인 Estadio Gran Parque Central

당시 페냐롤 클럽의 홈 구장이었던 Estadio Pocitos

이런 혼란 속에서도 7월13일 일요일 오후, 프랑스와 멕시코는 포시토스 스타디움에서 정상적으로 개막전을 가졌다. 이 경기에서 프랑스의 골키퍼 알렉스 테포는 월드컵 역사상 처음으로 부상을 당해 경기장 바깥으로 실려 나가는 불명예스런 기록을 남겼으며[4], 뤼시앵 로랑은 월드컵 최초의 득점자로 기록되었다. 그러나 월드컵의 세계 최초 득점자라는, 오늘날의 사람들이 흔히 영광스러운 것으로 여길 법한 개념은 당시의 사람들에게는 그토록 영예로운 것으로 받아들여지진 못했다. 1998년 뤼시앵의 회고는 당시 월드컵의 위상이 어떠했는지를 말해준다.

월드컵 최초의 득점자인 프랑스의 뤼시앵 로랑

"우리는 멕시코와 경기를 치르고 있었고, 남반구는 당시 겨울이었던 탓에 눈이 오고 있었다. 내 동료 중 한 명이 공을 중앙에 놓았고 나는 공의 흐름을 천천히 쫓아가 오른발로 발리슛을 때렸다. 모든 사람들이 기뻐했지만 우리는 그라운드 위에 나뒹굴지는 않았다. 아무도 당시 역사가 쓰여지고 있었다는 것을 실감하지 못했기 때문이다. 서둘러 악수를 하고 우리는 경기를 다시 진행했다. 보너스가 있던 것도 아니었다. 우리 모두는 당시 끝까지 아마추어들이었다."

아마추어라는 표현은 그저 비유일 뿐만 아니라 실제 현실에 정확히 부합하는 것이기도 했다. 상당수의 선수들이 파트타이머이거나 아마추어 무대에서 활동하던 선수들이었다.

---

[4] 당시에는 선수교체 제도가 없었기 때문에 라이트 하프인 샹트렐이 골키퍼 역할을 대신했다.

만년의 뤼시앵 로랑. 그는 1998년 90세의 나이로 프랑스가 자국에서 열린 월드컵에서 우승하는 것을 직접 목격하였다.

최초의 부상선수인
알렉스 테포

특히, 당시 브라질의 주장이었던 프레지뉴는 축구 뿐 아니라 배구, 농구, 수구, 하키, 육상 선수로도 활동했을 정도였다.

심판진의 구성에 있어서도 전문성 시비가 있었다. 대회의 이해 당사자가 아닌 독립적인 인원이 심판으로 선발되어야 한다는 기본 원칙조차 지켜지지 않았다. 각각 볼리비아와 루마니아의 감독을 맡고 있던 울리세스 사우체도와 콘스탄틴 러둘레스쿠이가 아르헨티나 대 프랑스 전에서 부심을 보는 해프닝을 연출했으며, 주심인 아우메이다 레구는 프랑스의 마르셀 랑지예르가 결정적인 득점 기회를 잡았을 때 경기 종료 시간보다 6분 일찍 종료 휘슬을 불어버리는 실수를 저질렀다. 프랑스 선수들이 강력하게 항의하자 레구는 판정을 번복하고서 샤워를 하던 선수들까지 다시 데려와 경기를 속개시켰지만, 이미 경기의 흐름은 끊어졌고, 그대로 경기가 종료되었다. 사우체도는 아르헨티나와 멕시코의 경기에 주심을 보기도 했는데, 그는 이 경기에서 페널티킥을 다섯 개나 선언했으나 그 중 세 개는 격렬한 항의를 받을 정도였다. 그럼에도 불구하고 그는 결승전에서도 부심을 보았다.

최초의 퇴장은 루마니아와 페루 간의 경기에서 나왔다. 페루의 주장이었던 플라시도 갈린도는 수시로 상대 선수와 충돌을 일으켰고, 이를 보다 못한 주심은 후반 25분 그에게 퇴장을 선언했다.

최초의 퇴장자인 플라시도 갈린도

폭력은 개인의 차원에서 머무르지 않고 집단적인 형태를 띠기도 했다. A조의 아르헨티나와 칠레의 경기 중반, 루이스 몬티는 칠레의 수비수 아르투로 토레스를 걷어찼다. 그로 인해 양 팀의 경기는 심각하게 거칠어졌고, 곧 그라운드에서 패싸움이 벌어졌다. 이 싸움은 경찰이 와서 상황을 수습할 때까지 30분 가량 계속되었고, 월드컵 역사상 최초의 난투극으로 기록되었다.

월드컵은 좌충우돌했고, 대회 운영에서나 참가 팀의 수준에서 미숙하기 짝이 없었지만, 그럼에도 불구하고 두각을 나타내는 팀은 있었다. 조별 예선이 마무리되고, 아르헨티나, 우루과이, 미국, 그리고 유고슬라비아는 각 팀의 조에서

1위를 차지하여 준결승전에 올라왔다. 준결승 대진은 아르헨티나 vs 미국, 우루과이 vs 유고슬라비아로 정해졌다.

조별리그

	승	무	패	득	실	차	승점
아르헨티나	3	0	0	10	4	6	6
칠레	2	0	1	5	3	2	4
프랑스	1	0	2	4	3	1	2
멕시코	0	0	3	4	13	-9	0

	승	무	패	득	실	차	승점
유고	2	0	0	6	1	5	4
브라질	1	0	1	5	2	3	2
볼리비아	0	0	2	0	8	-8	0

	승	무	패	득	실	차	승점
우루과이	2	0	0	5	0	5	4
루마니아	1	0	1	3	5	-2	2
페루	0	0	2	1	4	-3	0

	승	무	패	득	실	차	승점
미국	2	0	0	6	0	6	4
파라과이	1	0	1	1	3	-2	2
벨기에	0	0	2	0	4	-4	0

이미 축구 강국으로 부상해 있던 브라질이 탈락한 것은 다소 이변으로 여겨졌는데, 그들은 시종일관 유고슬라비아

월드컵에서 최초의 해트트릭을 기록한 버트 페이드노드

에게 끌려 다니며 무기력하게 1-2로 패했다. 1925년 이후로 국제경기를 가지지 않은 것이 원인으로 지목되었다. 미국은 의미 있는 기록을 둘이나 남겼다. 골키퍼 지미 더글라스는 벨기에에게 실점을 허용하지 않고 3-0 승리를 이끌면서 월드컵 최초의 무실점 기록자가 되었으며, 공격수 페이드노드는 파라과이를 3-0으로 이긴 경기에서 월드컵 역사상 최초의 해트트릭 기록자가 되었다.

4강

> 아르헨티나 6-1 미국
> 우루과이 6-1 유고슬라비아

준결승에 진출한 네 팀 중에서 가장 우승이 유력해 보인 쪽은 우루과이였다. 그들은 개최국이기도 했고, 이미 1924년과 1928년에 올림픽에서 2연패를 달성한 바 있었다. 비록 우루과이에 축구를 전파한 것은 영국의 축구 선수들 및 영국계 학교였지만, 그들은 직선적이고 체력을 강조하는 영국식 스타일에 안주하지 않고 자신들만의 스타일을 입혀 좀 더 기술적인 축구를 구사하였다. 그 결과 그들의 플레이를 본 사람들로부터 이미 그들이 종주국인 영국의 축구를 넘어섰다는 평가를 듣기도 했다. 훗날 유러피언 컵을 창조한 〈레 퀴프〉의 편집장 가브리엘 아노가, 1924년 올림픽에서 5

경기를 치르며 20득점을 기록하는 동안 2실점 밖에 허용하지 않으며 금메달을 획득한 우루과이의 모습을 두고 "공을 받고 다루는 데 있어 놀라운 기교를 보여주었고, 우아하면서도 빠르고 변화무쌍하며, 강하면서도 효율적인 아름다운 축구를 창조했다. 영국과 우루과이를 비교하는 것은 서러브레드(전문 경주마)와 농장 말을 비교하는 것과 같다."라며 찬사를 보낼 정도였다.

그리고 우루과이는 월드컵에서도 그러한 기대에 걸맞은 모습을 보여주었다. 그들은 비록 조별 예선 첫 경기인 페루와의 경기에서는 후반 20분에야 한 골을 넣으며 간신히 1-0 승리를 거뒀지만, 루마니아를 상대로는 전방의 4명의 공격수가 차례로 골을 넣으며 4-0으로 손쉬운 승리를 거두었다. 준결승에서 우루과이는 유고슬라비아를 상대로 레프트 인사이드 포워드[5]인 세아가 해트트릭을 기록하는 등, 압도적인 실력을 과시하며 6-1의 대승을 거두고 결승에 올라갔다.

그들의 상대팀은 아르헨티나로 결정되었다. 이들 역시 만만치 않은 팀이었는데, 아르헨티나는 우루과이와 비슷한 시기에 비슷한 방식으로 영국 축구를 전파 받았고, 역시 비슷한 과정을 거쳐 영국 축구와는 다른 자신들의 축구 스타일을 만들어내어 〈크리올 화〉를 이뤄냈다고 평가받았다. 우루과이가 1924년 파리 올림픽을 우승한 직후, 아르헨티나는 자신만만하게 우루과이에게 도전장을 던지고 두 차례의 경기를 가져 종합 스코어 3-2로 승리를 거둔 바 있었다. 그리

---

[5] 2-3-5 포메이션에서 왼쪽 윙어와 센터 포워드 사이에 자리잡은 공격수

고 4년 뒤인 1928년 암스테르담 올림픽에서는 양 팀이 결승전에서 만났고, 이번엔 우루과이가 2-1로 설욕했다. 양국의 수도인 부에노스아이레스와 몬테비데오는 이미 세계 축구의 중심이었다. 월드컵에서도 아르헨티나는 강팀으로서의 면모를 보이며 프랑스와 멕시코, 칠레에게 전승을 거두었고, 준결승에서는 미국을 상대로 6-1의 승리를 거두어 결승에서 우루과이를 상대하게 되었다.

결승전

> 우루과이 4-2 아르헨티나

결승전은 7월30일이었다. 양쪽 선수들과 팬들이 라이벌 의식을 강하게 느꼈기 때문에 결승전의 분위기는 자연스럽게 달아올라 있었다. 아르헨티나 축구 팬들은 보트 10대를 타고 부에노스아이레스에서 몬테비데오로 이동하기로 되어 있었지만, 모든 사람이 이동하기엔 보트가 모자랐고 나머지 사람들은 다른 배들을 구해서 몬테비데오로 넘어가려 했다. 그 결과 만 명이 넘는 아르헨티나 팬들이 몬테비데오에 성공적으로 도착했으나, 일부가 물에 빠져 익사하는 일이 벌어지기도 했다. 아르헨티나의 핵심 선수였던 루이스 몬티는 살해 협박을 받았고, 보안상의 이유로 경기장의 수용 인원은 축소되었다. 하지만 경기 시작 2시간이나 남았음에도 불구하고 경기장은 빽빽하게 들이찼다. 이날 9만3천명의 공식 관중 수가 집계되었는데, 이는 100주년 경기장의 최다 수용 인원인 9만 명을 넘어서는 기록이었다.

사소한 부분에서조차 두 이웃 국가 사이의 다툼은 끊이지 않았는데, 양쪽 팀은 모두 자국 내에서 만들어진 볼을 사용할 것을 주장했고 이 때문에 FIFA는 전반에는 아르헨티나의 축구공을, 후반에는 우루과이의 축구공을 사용하도록 중재하여 갈등을 조정했다.

결승전 당시 시합구. 좌측이 전반에 사용된 아르헨티나의 공이며, 우측이 후반에 사용된 우루과이의 공이다.

심판의 선임에 있어서도 차질이 빚어졌다. 심판들은 이 경기에서 신변의 위협을 이유로 주심을 맡기를 회피했고, 이 때문에 경기를 시작하기 직전까지도 주심이 정해지지 않았다. 결국 벨기에의 장 랑게뉘가 이 날 경기의 주심으로 결정되었다. 그는 주심을 보는 대신 자신의 신변을 지키기 위해서 경기가 끝나면 자신이 안전하게 떠날 수 있게끔 한 시간 안에 몬테비데오 항구에 보트를 대기시켜 달라고 요구했고 이를 보장받았다. 이런저런 소동들 때문에 경기 시간은 예정보다 1시간30분이 지연된 15시30분에 시작됐다.

두 팀 모두 기술에는 자신이 있는 팀이었지만, 아르헨티나 쪽이 좀 더 개인기를 중시했으며, 우루과이는 〈라 가라 차루아(la garra charrua)〉로 일컬어지는 '투지'를 중시하는 경향이 있었다. 먼저 포문을 연 것은 우루과이로 라이트 윙인 도라도의 슛이 골키퍼 보타소의 몸 아래를 통과해 레프트 하프인[6] 후안 에바리스토를 지나치면서 선취골을 올렸다. 하지만 아르헨티나는 곧바로 반격을 해왔고 발 빠른 라이트 윙이었던 페우셀레는 발레스트레로를 꼼짝 못하게 만드는 슈팅으로 동점을 만들어냈다. 이를 계기로 아르헨티나는 하프타임이 될 때까지 주도권을 잡았고, 그 사이 스타빌레가 추가골을 넣으며 리드를 잡았다. 우루과이의 주장인 호세 나사시는 스타빌레가 오프사이드 위치에 있었다며 심판에게 항의했으나 이는 받아들여지지 않았다.

하지만 후반 들어 경기는 완전히 바뀌었다. 우루과이는 신체능력 위주의 플레이를 펼치기 시작했고, 아르헨티나는 활로를 찾을 수가 없었다. 경기 후 이탈리아의 기자 지아니 브레라는 이를 두고서 "아르헨티나가 풍부한 상상력으로 우아한 경기를 펼치긴 했지만, 뛰어난 기술도 전술을 버리게 되면 소용없다는 것을 보여주었다. 플라테 강을 사이에 둔 두 팀은 우루과이가 부지런한 개미라면 아르헨티나는 한가로운 매미다."라고 평할 정도였다. 어린 바라요는 무릎 부상

---

[6] 당시 우루과이는 전형적인 2-3-5 포메이션을 썼고, 하프는 3의 자리에 위치해 있는 선수들을 의미했다. 레프트 하프는 3의 자리에서 왼쪽에 서 있는 선수였다.

을 당하면서 윙으로 밀려날 수밖에 없었으며, 그곳에서 우루과이의 풀백[7] 마스체로니에 의해 완전히 무력화되었다. 결승 직전에 살해 협박을 받았던 몬티는 그 영향 탓인지 그의 본모습을 보여주지 못했고, 스타빌레는 3-1로 만들 수 있었던 찬스를 놓쳤다. 우루과이의 하프 헤스티도와 페르난데스는 공격에 합류하기 위해 자주 전진을 시도했다.

57분, 스카로네의 영리한 로빙 패스가 아르헨티나의 풀백인 델라 토레와 판테르노스테르의 머리 위를 넘겼고, 레프트 인사이드 하프인 세아가 볼을 받아 땅볼슛을 때렸다. 골키퍼인 보타소가 몸을 날렸지만 손이 미치지 못했고, 동점이 되었다.

10분 뒤, 마스체로니는 바라요의 볼을 탈취한 뒤 왼쪽의 이리아르테에게 패스를 주었고, 이리아르테는 측면에 치우친 위치에서 보타소를 깜짝 놀라게 하는 슈팅으로 득점에 성공하며 우루과이가 앞서나가기 시작했다. 스타빌레와 바라요는 다시금 동점 기회를 맞았지만 아쉽게 무산되었다. 종료 직전, 도라도는 외팔이 선수[8]인 카스트로에게 크로스

---

7) 2-3-5의 풀백은 오늘날의 의미와는 달리 측면 수비수가 아닌 2명의 수비수를 일컫는다. 이 2-3-5 포메이션의 3에서 정가운데에 위치하는 센터 하프가 풀백의 사이로 들어오면서 WM(3-2-2-3) 포메이션으로의 이행이 일어났고, 원래 최후방 수비를 담당하던 풀백은 센터 하프의 양 측면에 위치하게 되었다. 이후 WM에 기반한 축구에서 한 명의 수비적인 미드필더가 추가로 내려와 4백이 형성되었고, 이후 풀백은 측면을 전담하는 수비수로 의미가 이행하였다.
8) 그는 13살에 전기톱을 다루다 사고로 오른팔이 절단되었다. 별명 역시 외팔이를 뜻하는 엘 망코 (El manco)였다.

를 했고, 카스트로는 델라 토레를 공중에서 제압한 뒤 헤딩으로 득점에 성공했다. 곧 종료 휘슬이 울렸고 우루과이 선수들은 특별히 제작된 우승컵을 처음으로 수여받는 영광을 누렸다. 우루과이 홈팬들과 선수들은 우승의 기쁨에 도취되었으며, 우루과이 정부는 이를 자축하며 경기 다음날인 7월 31일을 국가 공휴일로 지정했다.

우승 당시 우루과이 선수들의 모습

⚽ 에필로그

그러나 모든 것이 환희 속에서 마무리된 것은 아니었다. 아르헨티나의 수도 부에노스아이레스에서는 우루과이 영사관을 향해 군중들이 돌을 던져대면서 폭동이 발생했다. 이로 인해 아르헨티나는 우루과이와 잠정적으로 단교했다.

대회 개최 과정에서 발생한 알력 역시 잠재적 문제 요소로 남게 되었다. 우루과이는 거의 모든 대회의 경비를 무상

프란시스코 바라요의 100번째 생일 자리. 그는 6개월 뒤 타계했다.

으로 제공한다는 파격적인 조건을 내세웠음에도 유럽 국가들이 대회 참가를 보이콧하자 이들에 대해 반감을 가졌으며, 이후에 유럽에서 개최한 1934년과 1938년 월드컵에 불참하게 되었다.

그 밖에 진행과정에서 발생한 운영상의 과실, 참가국의 부족과 대회 규모의 협소함, 심판과 선수 등 참가 당사자들의 전문성 문제 등에서 1930년 초대 월드컵은 '세계 축구 대회'라는 품격에 미달하는 모습을 보였다.

첫 우승팀 멤버 중 최후의 생존자는 에르네스토 마스체로니로 1984년에 76세의 나이로 사망했다. 그리고 2010년, 아르헨티나의 대표 선수였던 프란시스코 바라요가 100살의 나이로 사망하면서 초대 월드컵은 '경험의 영역'을 벗어나 '역사의 영역'으로 접어들었다.

⚽ 기록 및 수상

- 총 득점 : 18경기 70골 (경기당 3.89골)
- 총 관중 수 : 434,500명 (경기당 24,139명)
- 최다 득점 팀 : 아르헨티나(5경기 18득점)
- 최저 득점 팀 : 볼리비아, 벨기에(2경기 0득점)
- 최다 실점 팀 : 멕시코(3경기 13실점)
- 최저 실점 팀 : 우루과이(5경기 3실점)
- 골든볼[9] : 호세 나사찌(우루과이)

- 실버볼 : 기예르모 스타빌레(아르헨티나)
- 브론즈볼 : 호세 안드라데(우루과이)
- 골든 글러브 : 엔리케 바예스테로스(우루과이).
- 골든부트 : 기예르모 스타빌레(아르헨티나) - 8골
- 실버부트 : 페드로 세아(우루과이) - 5골
- 브론즈부트 : 베르나르 파테노드(미국) - 4골

⚽ 베스트 팀

- 골키퍼 : 엔리케 바예스테로스(우루과이)
- 수비수 : 호세 나사찌(우루과이), 밀루틴 이브코비치(유고슬라비아)
- 미드필더 : 루이스 몬티(아르헨티나), 알바로 헤스티도(우루과이), 호세 안드라데(우루과이)
- 공격수 : 페드로 세아(우루과이), 엑토르 카스트로(우루과이), 엑토르 스카로네(우루과이), 기예르모 스타빌레(아르헨티나), 베르나르 파테노드(미국)

---

9) 1982년 월드컵에서 처음으로 골든볼을 수여하기 시작했고, 그 이전의 대회들은 소급하여 수상한 것으로, 대회 당시에 수상한 것은 아니었다.

3. 1934 이탈리아 월드컵

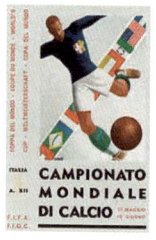

1934년 월드컵의 공식 엠블럼.

⚽ 대회 개최지 선정

FIFA 집행위원회는 개최국 선정에 착수했다. 대회가 더 이상 하나의 도시에 국한되어 치러질 수는 없다는 것이 명백해졌지만, 월드컵을 치를 수 있을 정도의 인프라와 자원을 갖춘 도시들이 있는 국가는 많지 않았다. 8번의 회의를 가졌지만 개최지 선정은 난항을 겪었고, 결국 최종 결정은 1932년 10월9일에 있을 스톡홀름 FIFA 총회에서 내려지게 되었다. 이탈리아의 경우 그들은 많은 국영 스타디움을 가지고 있었고, 특히 베니토 무솔리니는 월드컵을 파시즘의 정치적 프로파간다로 활용할 생각이었기 때문에 이탈리아 유치위원회가 FIFA 총회의 모든 개최비용을 지불하게 하고 FIFA 관계자와 참가국 선수에게 철도 요금 무료 및 할인 혜택을 제공하는 등 적극적으로 유치에 나섰다.

FIFA는 무솔리니의 의도를 알고 있었기 때문에 이탈리아를 개최국으로 지정하는 것을 꺼렸지만, 세계 대공황의 여

베니토 무솔리니

파로 인해 개최를 희망하는 국가가 많지 않았고, 이탈리아를 제외하고 유일한 유치 경쟁 참여국이었던 스웨덴마저 개최를 포기하자 어쩔 수 없이 이탈리아를 개최국으로 선정했다. 이탈리아 정부는 개최가 확정되자마자 350만 리라의 긴급 예산을 편성하여 대회 개최 준비에 들어갔다.

예선 과정

32개국이 대회 참가 신청을 했지만 본선 진출팀은 그보다 적어야 했기 때문에 지난 대회와 달리 예선을 통해 일부 팀들을 탈락시켜야 했다. 그리하여 최초의 월드컵 지역 예선이 치러졌다. 총 16장의 진출권 중 12장이 유럽에 할당되었고, 3장이 아메리카에, 그리고 한 장이 터키를 포함한 아프리카와 아시아에 할당되었다(본선 진출권이 유럽 국가에 대한 과도하게 편중되었다는 지적이 뒤따랐다). 예선은 지리적 분포에 따라 16개 조로 나뉘어 치러졌다.

두 번째 월드컵은 초대 대회보다 참가팀이 늘어났다는 점에서 고무적이긴 했지만, 몇몇 유력한 강호들이 불참하며 아쉬움을 남겼다. 대표적으로 초대 우승팀인 우루과이가 유럽 국가들이 1930년에 불참한 것을 불쾌히 여긴데다 때마침 선수들이 파업을 일으키기노 했기 때문에 대회에 불참했다. 그 결과, 1934년 월드컵은 디펜딩 챔피언이 참가하지 않은 유일한 월드컵으로 남게 되었다. 또한 축구 종가인 잉글랜드도 참가를 거부했다. 당시 FA의 장이었던 서트클리프는 다음과 같이 말했다. "잉글랜드, 스코틀랜드, 웨일즈, 아일랜드는 로마에서 열리는 월드컵보다 훨씬 더 나은 자신들만의 국제 대회를 가지고 있다." 그러나 이는 우위에 선 자가 자신의 위엄을 드러내는 발언이라기보다는 위엄을 잃은 이의 신경질적인 자기 방어에 가까웠다. 1931년 잉글랜드는 파리에서 프랑스에게 2-5로 패하며 체면을 구겼으며, 비슷한 시기 유고는 메이슬의 지휘 하에 여러 국가대항전에서 좋은 모습을 보였다. 〈원더팀〉이라고 불리던 오스트리아는 〈종이인간〉이라는 별명을 가진 창조적인 포워드 진델라르를 앞세워 스코틀랜드를 5-0으로 농락했었다. 1932년엔 잉글랜드가 오스트리아를 상대해 승리를 거두긴 했지만 4-3 스코어가 말해주듯 자신들의 홈에서 고전을 면치 못한 경기였다. 영연방 지역이 더 이상 축구의 중심지가 아니라는 것은 분명해졌으며, 그들이 가지고 있던 축구의 종주국이라는 권위는 땅에 떨어졌다. 그들은 18세기에 볼테르에게 조롱당하던 신성로마제국의 처지와 크게 다를 것이 없었다.[10]

개최국으로서 자동 진출이 보장되어 있었음에도 불구하고 이탈리아는 예선을 치를 것을 자청했다. FIFA는 그들의 요청을 수락했고, 이는 개최국이 자동 출전권을 포기한 유일한 사례로 남았다. 칠레와 페루는 기권했으며 이로 인해 아르헨티나와 브라질은 부전승으로 본선에 진출하게 되었

---

[10] "스스로 신성로마제국이라 칭하였고 아직도 칭하고 있는 이 나라는, 신성하지도 않고, 로마도 아니고, 제국도 아니다."

다. 그리하여 이탈리아, 독일, 스페인, 네덜란드, 헝가리, 체코, 스웨덴, 오스트리아, 스위스, 이집트, 아르헨티나, 브라질 등 15개국의 월드컵 진출이 확정되었다. 그러나 예선은 대회 직전까지도 완료되지 못했는데, 멕시코의 경우 지역예선 상대팀이었던 미국이 경기 엔트리를 늦게 제출한 관계로 대회 개막 3일 전에 로마에서 지역예선 경기를 벌여야 했다. 멕시코는 3주 동안 배를 타고 로마까지 갔지만, 그곳에서 미국에게 패해 본선 진출에 실패, 본선에서 단 한 경기도 치르지 못한 채 3주 동안 다시 본국으로 돌아가야 했다. 이렇게 미국이 마지막 본선 진출국이 되면서 대회 개막 직전에서야 본선에 참가할 16개 팀이 확정이 되었다.

- 유럽(12장) : 오스트리아, 벨기에, 체코슬로바키아, 프랑스, 독일, 헝가리, 이탈리아, 네덜란드, 루마니아, 스페인, 스웨덴, 스위스
- 아메리카(3장) : 브라질, 아르헨티나, 미국
- 아프리카&아시아(1장) : 이집트

대회의 준비

무솔리니에게 있어 월드컵은 자신의 위업을 과시할 결정적인 장이었기 때문에, 대회의 준비에 많은 공을 들였고 기초 시설 투자에 열성적이었다. 이로 인해 꽤나 발전적인 성취를 이룬 것도 있었다. 그는 파시즘 체제를 홍보할 목적으로 9개국에 15개의 라디오 채널로 경기를 중계하게끔 했는데, 이로써 최초의 국제적인 월드컵 중계가 이루어지게 되었다. 또한, 우루과이 월드컵과는 달리 국가 전체에 고루 분

포된 8개의 구장을 사용하여 다수의 경기를 소화할 수 있는 조건이 만들어졌다. 이 방식은 이후의 월드컵에서도 이어졌다. 활용된 경기장은 다음과 같다.

좌측은 볼로냐의 Stadio Renato Dall'Ara, 우측은 제노바의 Stadio Luigi Ferraris

플로렌스의 Stadio Giovanni Berta(좌). 1991년 Stadio Artemio Franchi라는 이름으로 변경되었다. 우측은 트리에스테의 Stadio Littorio

밀란의 Stadio San Siro(좌)와 나폴리의 Stadio Giorgio Ascarelli(우)

로마의 Stadio Nazionale PNF(좌)는 국가 파시스트 당 경기장이란 의미이며, 투린의 Stadio Benito Mussolini(우)는 이름 그대로 무솔리니 경기장이란 뜻으로, 두 경기장은 전후 파시즘 체제를 대변하는 건물이었다.

그러나 모든 것이 순조롭지만은 않았다. 당시 이탈리아는 지역감정 문제에 시달리고 있었는데, 뿌리 깊은 남북갈등 뿐만 아니라 유벤투스와 인테르 밀란 간의 갈등으로 인해 대표팀의 통합에 어려움을 겪고 있었다. 그러나 해결 방법은 예기치 못한 방향에서 왔다. 이탈리아의 주장이자 주전 골키퍼였던 유벤투스의 지안 피에로 콤비는 인테르의 골게티였던 주세페 메아차를 깔보며 그 누구라도 자신을 돌파하여 골을 넣지 못할 것이라고 말했다. 메아차는 이를 도전으로 받아들였고, 몇 주 뒤에 국가대표팀 훈련에서 콤비를 상대로 바이시클 킥 득점을 해냈다. 이에 콤비는 그것은 공식 경기가 아니라면서 재도전을 신청했다. 얼마 뒤인 1933년 5월25일, 밀라노의 아레나 시비카에서 열린 암브로시아나 인테르와 유벤투스의 경기가 있었는데 여기서 메아차는 콤비를 상대로 두 골을 뽑아냈다. 두 번째 실점을 허용한 콤비는 바로 일어나서 메아차에게 악수를 청하였고, 이를 계기로 국가 대표팀 내의 분열은 봉합되었다.

주세페 메아차(좌)와 지안피에로 콤비(우)

 또한, 무솔리니는 우승 가능성을 높이기 위해서 위해 지난 대회에서 준우승을 거뒀던 아르헨티나의 핵심 선수인 오르시와 구와이타, 몬티를 이탈리아로 귀화시켜 국가대표팀에 합류시켰고, 이로써 초민족주의에 기반한 파시스트 체제 속에서 국적 불명의 혼성팀이 구성되었다. 스페인의 철학자 호세 오르테가 가세트가 "파시즘은 강력한 국가의 용광로인 척 하지만, 파괴적인 분파나 비밀 결사처럼 국가의 해체에 아주 도움이 되는 수단을 이용한다. 우리가 어떤 길을 거쳐 파시즘에 접근하든 그것은 모순되는 것, 다시 말해 A이면서도 A가 아닌 것임을 알게 된다."고 말한 것처럼, 파시즘은 전체적인 통일성 속에서도 모순적인 행태를 보인다는 아이러니함이 드러났다.

이탈리아의 월드컵 2연패를 이끈 감독 비토리오 포초

 순수한 이탈리아의 순수하지 않은 축구대표팀의 감독을 맡은 사람은 비토리오 포초였다.

1934 월드컵에서 이탈리아의 센터 하프로 뛰며 진델라르를 효과적으로 막아냈던 아르헨티나인 루이스 몬티.
그는 1930년 월드컵 결승전에서 살해협박을 받기도 했다.

그는 2-3-5 포메이션의 좌우 인사이드 포워드가 아래로 내려와 보다 유연한 역할을 수행토록 하는 2-3-2-3, 혹은 'WW'라고 불리는 〈method〉 포메이션을 적극적으로 활용하는 등 전술적인 세련됨을 추구하고 있었다. 아르헨티나에서 귀화한 몬티는 이 포메이션에서 센터하프로 기용되었지만 전통적인 2-3-5 포메이션의 센터하프와는 달리, 마치 현대의 수비형 미드필더처럼 깊숙한 지점에서 움직였다.

하지만 포초는 그저 기술적인 지도자는 아니었다. 그는 팀의 운영에 있어 파시즘적이고 군국주의적인 색채를 거리낌 없이 드러냈는데, 헝가리와 친선경기를 가지기 위해 부다페스트로 이동하던 도중에 고리치아[11]에 있는 1차 세계대전 전적지와 레두피그리아에 있는 추모 공동묘지를 방문했으며, '피아베 강'[12]이라는 군가를 부르며 선수들을 행진을 시키기도 했다.

---

11) 1차 세계대전 당시 이탈리아가 오스트리아-헝가리 제국으로부터 할양받은 영토였다.
12) 1차 대전 당시 피아베 강은 이탈리아와 오스트리아-헝가리 제국 사이의 주 전장터 중 하나였다.

이러한 태도는 이탈리아 팀의 스타일에 적절히 부합되는 것이었다. 이탈리아는 기술적으로는 주변의 유럽 국가들에 비해 대단할 것이 없었지만, 신체의 강인함과 강한 투지를 앞세운 플레이를 통해 우세를 점하곤 했으며, 자신들의 플레이를 전개해 상대를 압도하기보다는 상대가 펼치는 플레이를 막으며 승리하기를 즐겼다. 이러한 이탈리아 팀을 두고 1932년 〈로 스타디아〉 지는 다음과 같이 서술했다.

"파시스트 시대 10년 만에 젊은이들은 전투와 싸움, 나아가 축구에 알맞게 단련되었다. 용기, 결단, 검투사 같은 자부심, 그리고 선택 받은 인종이라는 감정까지도 떨쳐 버릴 수 없다."

⚽ 대회 진행

대회는 조별 리그 없이 처음부터 녹아웃 토너먼트 방식으로 치러졌다. 90분 동안 승부가 가려지지 않았을 경우 30분의 연장전이 주어졌으며, 연장 동안에도 승부가 나지 않았을 때에는 다음날 재경기를 가지기로 했다. 1라운드에서는 상대적으로 강팀으로 평가받던 아르헨티나, 브라질, 독일, 이탈리아, 네덜란드, 오스트리아, 체코슬로바키아, 헝가리에게 시드가 배정되었다.

⚽ 16강

이탈리아 7-1 미국	스페인 3-1 브라질
헝가리 4-2 이집트	오스트리아 3-2 프랑스
체코슬로바키아 2-1 루마니아	스위스 3-2 네덜란드
스웨덴 3-2 아르헨티나	독일 5-2 벨기에

1라운드의 8경기는 5월27일 오후 4시30분에 동시 킥오프 되었다. 개최국이자 우승후보였던 이탈리아는 국가 파시스트당 경기장에서 미국을 상대하게 되었는데 경기 시작 전에는 무솔리니에 대한 파시스트식 경례가 행해졌다. 이탈리아가 강팀이긴 했지만 미국 역시 우루과이 월드컵에서 준결승에 올랐을 정도로 만만치 않은 실력을 보유한 팀이었기에 이탈리아에 크게 밀리지 않을 것이라는 게 일반적인 예상이었다. 그러나 막상 경기가 시작되자 이탈리아는 스키아비오가 해트트릭을 기록하는 등 전반에만 3골을 넣는 압도적인 전력을 보여주며 미국을 7-1로 꺾고 무솔리니를 만족시켰다. 뉴욕 타임스의 특파원은 "시카고의 줄리우스 줄리언의 호수비 덕에 그나마 스코어를 그 정도로 유지한 것"이라고 썼다. 여기에는 정치적인 영향도 있었는데, 무솔리니가 대회를 앞두고 선수단에게 '우승하지 못하면 사형'이라는 전보를 보내 선수들에게 공포심을 심어 주었던 것이다.

남미의 강호인 아르헨티나와 브라질은 놀랍게도 1회전에서 탈락했다. 이는 그들이 무솔리니의 독재정지에 항의하기 위해 2진 선수를 내보냈기 때문이었다. 특히 무솔리니에 의해 주축 선수들을 빼앗긴 아르헨티나는 1930년 대회 준우승 멤버를 한 명도 출전시키지 않을 정도로 대회에 대해 미온적인 태도를 보였고, 결국 스웨덴에게 2-3으로 패하며 탈락하게 되었다. 브라질은 스페인에게 시종일관 압도당하며 1-3의 패배를 당했다.

오심 논란도 끊이지 않았다. 프랑스와 오스트리아의 경기는 승패를 가리지 못하고 연장으로 넘어갔는데, 연장 후반 3분 오스트리아의 지알은 오프사이드를 범하며 골을 넣었고, 이에 부심은 오프사이드 기를 들었다. 그러나 네덜란드 출신인 주심 판 무어셸은 이를 골로 인정하는 오심을 범했다. 경기가 끝난 후 판 무어셸은 "밀라노에서 벌어진 스위스-네덜란드 전에서 스위스가 네덜란드를 3-2로 격파했다는 소식에 충격을 받아 실수로 오심을 범했다."라고 밝혔다.

헝가리와 이집트의 경기에서도 비슷한 일이 벌어졌다. 유럽에서 명성을 떨치던 헝가리와 '그저 그런' 아프리카 팀이었던 이집트의 대결은 헝가리의 압승으로 끝날 것이라는 예측이 지배적이었고, 예상대로 헝가리가 27분 만에 2골을 넣었다. 그렇게 싱겁게 경기가 끝날 거라 생각했지만 이집트의 파우지가 2골을 몰아넣으며 분위기가 급변했다. 그리고 그 순간 파우지가 헝가리의 골문에 한 골을 더 넣으며 해트트릭을 기록했는데 어찌된 영문인지 주심은 이를 골로 인정하지 않았다. 당시 이집트의 골키퍼였던 무스타파 만수르는 2002년 BBC와의 인터뷰에서 심판이 의도적으로 이집트에게 엄청난 부당함을 행했다고 주장했다.

1934년 월드컵의 무스타파 만수르

"경기가 2-2였을 때, 나의 동료인 파우지는 중원에서 볼을 잡아 모든 헝가리 선수들을 지나치며 드리블했고, 세 번째 골을 성공시켰다. 그러나 심판은 오프사이드라면서 골을 취소시켰다!"

"헝가리의 네 번째 골은 나에게 범한 심한 파울에서 비롯된 것이다. 나는 크로스로 오는 볼을 잡았지만, 그들의 스트라이커는 무릎으로 나의 가슴을 가격했다. 그의 팔꿈치는 내 코를 부러뜨렸고, 그는 골라인 뒤로 나를 밀어내기조차 했다. 그런데도 이탈리아 심판은 파울에 대한 처벌을 하는 대신 1,500명의 성난 관중들의 아우성 속에서 득점 휘슬을 불었다. 다음날 모든 이탈리아 신문들은 그들의 심판을 비난했고, 그는 헝가리에게 다음 라운드 진출 티켓을 주었다고 시인했다."

이렇게 이집트가 헝가리에게 2-4로 패하면서, 공교롭게도 8강 진출팀 전원이 유럽팀으로 구성되었다. 이런저런 잡음이 끊이지 않으면서 대회의 평판은 8강이 시작될 즈음에 이미 엉망이 되어 있었다.

8강

| 이탈리아 1-1 스페인(재경기 1-0)　오스트리아 2-1 헝가리
| 체코슬로바키아 3-2 스위스　　　독일 2-1 스웨덴

스페인과 이탈리아의 8강전 경기는 5월31일에 열렸다. 경기 시작과 함께 이탈리아는 맹공을 펼치며 스페인을 밀어붙였다. 하지만 홈팬들의 기대와는 달리, 루이스 레게이로가 날린 발리슛이 이탈리아 골키퍼 콤비를 뚫어내며 스페인이 30분 만에 리드를 잡았다. 스페인은 리드를 유지하기 위해 전력을 다해 페널티 에어리어를 방어했지만, 이탈리아는 끊임없이 크로스를 퍼부었고, 공격수들은 상대팀 골키퍼 사모라의 주위로 몰려들었다. 결국 하프타임 직전인 전반 44분, 페라리가 골대 가까이에서 볼을 잡고 동점골을 넣었다. 후반 들어 이탈리아는 그들의 '숄더 차지 전술'을 구사하며 전반보다도 거친 플레이를 했고, 스페인은 여러 차례 위기에 몰렸지만 리카르도 사모라가 스페인을 구원해냈다. 그는 페라리, 메아차, 구아이타의 슈팅을 잇달아 선방해내며 이탈리아 홈팬들을 경악시켰다. 벨기에인 심판 루이스 바에르는 경기 내내 무능했는데, 그는 스키아비오의 페널티를 인정하지 않았고, 라푸엔테의 골을 무효로 선언하였으며, 루이시토 몬티에게는 수비에 대한 독점적인 권한을 부여한 것처럼 보였다. 사모라는 구타를 당해 다음 날로 예정된 재경기에 뛸 수 없게 되었다.

1934년 당시 스페인의 수문장이었던 리카르도 사모라. 매 시즌 프리메라 리가의 최고 골키퍼에게 수여되는 〈사모라 상〉은 이 사람의 이름을 딴 것이다.

그러나 이것은 시작일 뿐이었다. 재경기에서 이탈리아의 플레이는 1차전보다도 더 거칠어졌고 스페인 선수들은 여러 차례 악의적인 파울에 의해 괴롭힘을 당했지만, 이탈리아의 격렬한 플레이에 제동을 걸어야할 르네 메르세 삼판은 이를 방관했다. 이 처사는 매우 불공정한 것이었고, 그는 이러한 편파 판정으로 인해 조국 스위스의 축구협회로부터 정직 처분을 당할 정도였다. 결국 스페인은 3명의 선수가 부상을 당해 경기장 밖으로 실려 나가면서 8명의 선수로만 경기를 풀어나갈 수밖에 없었고, 그 결과 이탈리아의 1-0 승리를 막을 도리가 없었다.

⚽ 4강

> 이탈리아 1-0 오스트리아
> 체코슬로바키아 3-1 독일

준결승에 도달한 이탈리아는 6월3일, 우승 후보 1순위였던 '원더팀' 오스트리아와 만나게 된다. 오스트리아는 월드컵이 열리기 넉 달 전인 2월11일, 이탈리아의 홈인 투린에서 에이스 마티아스 진델라를 제외하고도 이탈리아를 4-2로 격파한 바 있었기 때문에 자신감에 찬 채로 경기에 나설 수 있었다.

당시 오스트리아의 에이스이자 다뉴비언 스쿨[13]의 최고 스타였던 마티아스 진델라

이 날의 경기는, 곧 우아한 오스트리아와 폭력적인 이탈리아의 충돌이었다. 때마침 이탈리아에게 유리하게도 밀라노에는 폭우가 내렸고, 질척해진 경기장에서 이탈리아는 심판의 편파 판정까지 등에 업은 채 그들이 좋아하는 거친 플레이를 유감없이 펼칠 수 있었다. 경기가 시작되고 하프타임이 거의 다 될 때까지 오스트리아는 단 하나의 슈팅도 날릴 수 없을 정도로 고전했다. 루이스 몬티는 이 경기에서 투지 넘치는 플레이로 진델라를 봉쇄하는 데에 성공하며 〈도블레 앙코(Doble ancho. 영어로는 Double wide)〉라는 자신의 별명을 증명해 보였다. 하지만 오점도 분명한 경기였음에 틀림없었는데, 몬티가 진델라를 막는 과정에서 숱한

---

13) 다뉴브(도나우) 강 유역에 있던 중부 유럽의 여러 국가들을 일컫는다. 당시 오스트리아, 헝가리, 체코슬로바키아 등의 중부 유럽 국가들은 가장 진보적인 형태의 축구를 구사했었다.

파울을 저질렀지만 심판의 휘슬은 침묵으로 일관했다. 오스트리아의 전설적인 스트라이커 요세프 바이칸은 "심판들도 이탈리아를 위해 뛰었다."며 비난했다.

이 경기의 유일한 득점은 오픈 플레이나 화려함과는 무관한 문전 혼전 상황에서 나왔는데 어찌 보면 자연스러운 귀결이라고도 할 수 있었다. 메아차는 오스트리아의 플라저가 볼을 잡자 그에게 슬라이딩 태클을 날렸고, 그와 부딪힌 플라저는 볼을 떨어뜨렸다. 그 공을 향해 구아이타가 달려 들어와 손쉽게 골을 넣었고, 스코어는 1-0이 되었다.

반대편에서는 체코슬로바키아가 독일을 3-1로 꺾고 결승에 진출했다. 준결승전에서 패한 뒤 돌아온 독일 선수들은 당시 독일의 정권을 장악한 아돌프 히틀러에 의해 집단 구속되고 말았다.

⚽ 결승

> 이탈리아 2-1 체코슬로바키아

결승전은 6월10일, 이탈리아의 수도 로마의 국가 파시스트당 경기장에서 펼쳐졌다. 비록 경기장이 완전히 채워지진 않았지만 총 5만 명이 넘는 관중이 입장했는데 이는 체코슬로바키아 선수들이 위협감을 느끼기에 충분한 숫자였다. 경기 시작 전에 두체에 대한 대대적인 경례가 있었으며, 이탈리아 관중들의 응원 분위기가 무르익으면서 분위기는 삼벌해졌다.

무솔리니에게 로마식 경례를 하고 있는 선수단과 심판진들

초반부터 이탈리아 선수들은 공을 다루는 것엔 관심이 없다는 듯 체코슬로바키아 선수들을 향한 파울에만 집중했다. 그들의 태클은 체코슬로바키아 선수들의 허리까지 오곤 했다.

후반에 접어들어서도 경기 양상은 변함이 없었다. 20분을 남기고 페라리는 터치라인을 타고 볼을 운반하던 푸치에를 향해 몸을 날렸고, 결국 푸치에는 잠시 경기장 밖으로 나갈 수밖에 없었다.

하지만, 잠깐의 휴식은 그 체코슬로바키아의 레프트 윙에게 호재로 작용했는데 그가 경기장으로 돌아온 뒤 얼마 지나지 않은 72분 경 낮게 깔리는 슈팅으로 득점에 성공한 것이다. 이탈리아 선수들의 사기는 급격히 떨어졌고 수비 역시 헐거워졌다. 이탈리아의 관중들도 자신들이 뒤지고 있다는 것을 참지 못하고 폭력성을 드러내기 시작했다. 기존의 응원 구호였던 '이탈리아를 위해 죽어라'는, 그냥 '죽어라'로 바뀌고 있었다.

체코의 수보트카는 골대를 때렸으며 네예들리의 슈팅은 아깝게 크로스바를 넘어갔다.

이탈리아 선수들에 의해 부상당해 실려 나가는 푸치에

그렇게 체코슬로바키아는 마지막 결정타를 먹이는데 실패했고, 그들이 골을 넣어야할 기회를 몇 번 놓치자 반대로 이탈리아가 동점골을 넣었다. 절체절명의 순간에 이탈리아를 구한 선수는 아르헨티나 출신 라이문도 오르시였다. 후반 36분, 구아이타의 크로스가 스키아비오의 머리에 맞고 굴절되었고, 페널티 박스 부근에 있던 오르시가 이를 받아 골문을 등진 상태에서 오른발로 골문 중앙을 향해 강하게 볼을 찼다. 그의 발을 떠난 공은 기묘하게도 오른쪽으로 방향을 바꾸더니 골키퍼의 손가락을 스치고 네트에 꽂혔다. 이 골은 볼의 궤적이 납득하기 어려울 정도로 크게 휘었기 때문에 〈플루크 골(Fluke goal : 낚시바늘 골)〉이라고도 불렸다.

다음날, 오르시는 사진 기자들을 위해 똑같은 장면을 연출하려 했지만 20여 차례의 킥에도 불구하고 볼은 전혀 꺾이지 않고 똑바로 날아갔다. 그러나 기적이 재현 가능한 것

공식 경기에서 최초의 플루크 골을 성공시킨 라이문도 오르시.

이든 아니든, 기적이 이미 일어났다는 것이 중요했다. 오르시의 골로 이탈리아는 지옥에서 탈출할 수 있었고, 이 대회 세 번째 연장전이자 결승전 첫 연장전이 시작되었다. 연장전이 시작한지 얼마 안 된 5분 무렵, 체코슬로바키아의 페널티 에어리어 안에서 주세페 메아차의 크로스 패스를 받은 스키아비오가 슈팅을 날려 득점에 성공했다. 2-1로 역전하며 이탈리아는 자신감을 되찾았고, 그 이후로는 그들의 페이스대로 경기를 진행시킬 수 있었다. 최후의 순간에 이탈리아인들의 체력적 우위는 체코슬로바키아의 기술과 정교함을 이겨냄으로써 이탈리아는 1934년 월드컵의 챔피언이 되었다.

경기 직후 우승을 자축하는 1934년 월드컵 결승전의 이탈리아

이탈리아의 우승이 확정되는 순간 경기장이 어찌나 격앙되었는지 체코슬로바키아의 골키퍼였던 안타 자보는 "경기는 졌지만 우리 11명은 살았다."라고 안도할 정도로 관중들은 광기에 휩싸여 있었다. 당초 '우승하지 못하면 사형'이라는 협박을 보냈던 무솔리니는 대중의 앞에서 자신의 승리를 과시할 수 있었으며, 우승한 이탈리아 선수단에게 선수 1인당 150만 파운드의 보너스와 자동차를 제공하고 병역을 면제시켰다.

에필로그

이탈리아는 5경기 3실점이라는 '짠물 수비'로 세계 챔피언의 자리에 올랐다. 이것은 1966년 6경기에서 3실점을 거둔 잉글랜드와, 1994년 7경기에서 3실점을 거둔 브라질과 함께 대회 최소 실점 기록으로 오랜 기간 남아 있었지만, 결국 1998년, 철의 포백을 앞세워 7경기에서 단 2실점만을 기록한 프랑스에 의해 깨졌다(이후 이탈리아와 스페인이 이 기록을 거듭 경신했다).

이탈리아 월드컵은 무솔리니의 정치적 개입 및 그로 인한 편파 판정이나 폭력적인 경기 매너 등에 의해 많은 논란을 일으켰으며, 월드컵이 파시즘을 홍보하는 수단으로 전락되었다는 비판을 받았다. 그러나 체계적인 지역 예선 제도를 시행한 것이나 전국적으로 많은 경기장을 활용한 것, 국제적인 중계가 시도되었다는 것 등 제반 체계의 측면에서는 많은 발전을 이뤄내었다는 점에서 이후 월드컵의 근간을 세운 대회로서 평가받을 수 있었다. 변화와 발전은 단선적이고 직렬적으로 이어지기보다는 중층적이고 병렬적인 흐름 속에서 이루어지고 있었다.

⚽ 기록 및 수상

- 총 득점 : 17경기 70골 (경기당 4.12골)
- 총 관중 수 : 358,000명 (경기당 21,059명)
- 최다 득점 팀 : 이탈리아(4경기 12득점)
- 최저 득점 팀 : 미국, 브라질, 루마니아(1경기 1득점)
- 최다 실점 팀 : 독일(4경기 8실점)
- 최저 실점 팀 : 루마니아(1경기 2실점)
- 골든볼 : 주세페 메아짜(이탈리아)
- 실버볼 : 리카르도 사모라(스페인)
- 브론즈볼 : 올드리크 네예틀리(체코)
- 골든 글러브 : 리카르도 사모라(스페인)
- 골든부트 : 올드리크 네예틀리(체코) - 5골
- 실버부트 : 에드문드 코넨(독일), 안젤로 스키아비오(이탈리아) - 4골
- 브론즈부트 : 라이문도 오르시(이탈리아) - 3골, 레오폴드 키엘홀츠(스위스) - 3골

⚽ 베스트 팀

- 골키퍼 : 리카르도 사모라(스페인).
- 수비수 : 하신토 킨코세스(스페인), 에랄도 몬셀리오(이탈리아).
- 미드필더 : 루이스 몬티(이탈리아), 아틸로 페라리스(이탈리아), 레오나르도 실라우렌(스페인).
- 공격수 : 주세페 메아차(이탈리아), 라이문도 오르시(이탈리아), 엔리케 과이타(이탈리아), 마티아스 진뎉라(오스트리아), 올드리크 네예틀리(체코).

4. 1938 프랑스 월드컵

⚽ 개최 및 참가

1936년 8월13일 열린 베를린 FIFA 총회에서 프랑스는 독일과 아르헨티나의 경쟁을 이겨내고 1938년 대회의 개최국으로 선정되었다. 그러나 이전의 두 대회와 마찬가지로 정치적인 문제와 국가 간의 알력으로 개최국 선정에 대한 뒷이야기가 터져 나왔다. 당초 개최지는 유럽과 남미 두 대륙 사이에서 번갈아가며 돌아갈 것이라고 예상되었다. 여기에 프랑스는 재정적인 어려움을 겪고 있었고 경기장 시설이 열악했던 반면, 아르헨티나는 월드컵을 개최하기에 최적의 조건을 갖춰놓고 있었기 때문에 프랑스의 대회 유치 결정은 남미의 분노를 유발했다. 특히 우루과이는 여전히 1930년의 유럽 국가들의 출전 거부에 대해 반감을 가지고 있었기 때문에 지난 대회에 이어 재차 불참을 선언했다. 대회 유치 경쟁에서 탈락한 아르헨티나 역시 저항의 의미로 참가를 거부했다. 스페인은 스페인 내전이 한창이었기 때문에 참가가 불가능했다. 그 대신 폴란드, 노르웨이, 쿠바, 네덜란드령 동인도가 새로이 대회에 합류했다. 이 대회는 2차 세계대전으로 월드컵이 중단되기 이전의 마지막 대회였다.

⚽ 예선과 준비 과정

지난 대회 때는 개최국이었던 이탈리아가 자진해서 예선을 치루긴 했지만 FIFA는 개최국에게 다시금 자동 진출권을 주었으며, 전 대회 우승국에게도 자동 진출권을 주기로 결정하며 프랑스와 이탈리아가 자동으로 본선에 진출하게 되었다.[14] 이것은 타이틀 홀더가 자동 진출권을 획득한 최초의 사례였다. 그 외의 참가국은 총 37개국이었고, 12개 조로 나뉘어 지역 예선을 치렀다. 배정된 자동 진출권 2장을 제외한 나머지 14장 중, 11장이 유럽에 배정되었고, 오직 2장만이 아메리카에 할당되었으며, 한 장은 아시아의 몫이었다. 그 결과 16개의 본선 진출 국가 중 비유럽 국가는 단 3개국에 그쳤는데 브라질, 쿠바, 네덜란드령 동인도[15]가 그들이었다. 이를 두고 남미는 줄 리메가 모국인 프랑스가 자칫 예선을 탈락할 것을 우려하여 특혜를 주고 있으며, 월드컵은 그 이름에 걸맞지 않은 유럽만의 축구대회가 될 것이라고 비판했다.

직전 올림픽 대회의 우승팀인 오스트리아는 월드컵 예선에 참가하여 이를 통과했지만, 3월13일 안슐루스가 발표되고 오스트리아가 독일의 영토로 귀속되면서 원더팀은 공중분해되었고, 많은 오스트리아 선수들이 독일 팀으로 들어갔다.

---

14) 2002년 월드컵에서 프랑스가 조별 예선에서 탈락하자 2006년 대회부터는 이전 대회 우승팀에 대한 자동 진출권은 없어졌다.
15) 지금의 인도네시아

안슐루스, 곧 독일과 오스트리아의 합병. 이로써 당시 유럽에서 손꼽히는 강호였던 오스트리아의 원더팀은 해체되었고, 주축 선수들은 나치 독일의 국가대표팀으로 들어가게 되었다.

- 유럽(12장) : 벨기에, 체코슬로바키아, 프랑스, 독일, 헝가리, 이탈리아, 네덜란드, 노르웨이, 폴란드, 루마니아, 스웨덴, 스위스
- 아메리카(2장) : 브라질, 쿠바
- 아시아(1장) : 네덜란드령 동인도

비록 유럽 일색의 대회였지만, 쿠바, 네덜란드령 동인도, 폴란드, 노르웨이 등 새로운 참가국들이 늘어났다는 것은 긍정적인 요소였다. 그러나 노르웨이는 1994년까지, 폴란드와 네덜란드령 동인도는 1974년까지 월드컵에 등장하지 않았다는 점에서 진정 의미 있는 결실이라고 말하기는 어려웠다.

준비 상황이 지지부진했던 프랑스는 열악한 경기장 시설 등으로 인해 개최권을 박탈당할 뻔했으나, 줄 리메의 주도 하에 대규모 경기장 확장 및 신축 공사에 착수하고 대회 개막 직전까지 밤샘 작업을 반복한 끝에 제대로 된 시설을 완비하면서 정상적으로 대회를 개최할 수 있었다. 그들은 이

전 대회에서 이탈리아가 전국 각지의 경기장에서 경기를 치렀던 것을 참고하여 총 11개의 경기장을 마련했다. 경기장의 목록은 다음과 같다.

앙티브의 Stade du Fort Carré(좌)와 보르도의 Parc Lescure(우)

르 아브르의 Stade Cavée Verte(우). 현재는 Stade Jules Deschaseaux라는 이름으로 바뀌었다. 좌측은 릴의 Stade Victor Boucquey

마르세유의 Stade Vélodrome 경기장(좌)과 툴루즈의 Stade Chapou(우). Stade Chapou는 현재 Stadium Municipal라는 이름으로 바뀌었다.

파리의 Parc des Princes(좌)와 Stade Olympique de Colombes. 현재는 Stade Olympique Yves du Manoir이라는 이름으로 바뀌었다.

랭스의 Vélodrome Municipal(우). 현재 이름은 Stade Auguste Delaune
좌측은 스트라스부르의 Stade de la Meinau

리옹의 Stade Gerland. 오스트리아와 스웨덴의 경기가 예정되어 있었으나 오스트리아가 독일에 합병되어 기권하면서 이곳에서는 단 한 경기도 치러지지 않았다.

4. 1938 프랑스 월드컵

대회 진행

이전 대회와 마찬가지로 조별리그 없는 16강 녹아웃 토너먼트 방식으로 대회가 치러졌고 독일, 프랑스, 이탈리아, 체코슬로바키아, 헝가리, 쿠바, 브라질이 시드를 배정받았다.

라트비아는 오스트리아가 속해 있던 지역 예선 그룹에서 2위를 차지했기 때문에 진출 자격을 획득할 수도 있었지만, FIFA의 초대를 받지 못했고 결국 오스트리아의 자리는 공석으로 남았다. 그 덕분에 1라운드에서 오스트리아와 맞붙기로 예정되어 있던 스웨덴은 부전승으로 2라운드에 진출했다.

16강

프랑스 3-1 벨기에
브라질 6-5 폴란드
스위스 1-1 독일 (재경기 4-2)
쿠바 3-3 루마니아 (재경기 2-1)

이탈리아 2-1 노르웨이
체코슬로바키아 3-0 네덜란드
헝가리 6-0 네덜란드령 동인도
스웨덴 부전승

6월 5일 오후, 1라운드 8경기가 동시에 치러졌다. 1라운드를 통해 펼쳐진 시합들 중 눈에 띄었던 것은 단연 스위스의 선전이었다. 스위스는 독창적이고 발전적인 전술을 구사하며 승승장구했다. 스위스의 코치 칼 라판은 'verrou(빗장)'이라고 알려진 수비 전술을 창안했는데, 1명의 베로우어(verrouller)의 앞에 3명의 수비수를 세우고, 그 앞에 센터 하프와 좌우 인사이드 포워드를 내려 이중 삼중의 겹을 쌓는 전술이었다. 이는 훗날 이탈리아 '카테나치오'의 기원이 되었으며, 베로우어는 '리베로'로 계승되었다.

한편, 독일은 합병한 오스트리아로부터 8명의 선수를 데려옴으로써 스쿼드의 질을 향상시켰기 때문에 그들의 우세가 점쳐졌다. 그러나 막상 펼쳐진 경기에선 예상과는 다른 양상이 이어졌다.

빗장 시스템의 창안자 칼 라판

볼트 포메이션

독일의 가우첼이 선취점을 올릴 때까지만 해도 경기는 모두의 예상대로 흐르는 것처럼 보였다. 그러나 전반 종료 직전, 스위스의 미넬리가 페세르의 패스를 중간에서 커트했고, 이를 아마도에게 연결해주었다. 아마도는 곧장 크로스를 올렸고 그 공을 받은 바레글렌이 헤딩슛으로 마무리하며 동점을 만들었다. 후반과 연장 내내 독일은 스위스를 몰아붙였지만 소득을 올리지 못했고, 승부는 4일 뒤 재경기를 통해 결정짓게 되었다.

재경기에서도 독일은 스쿼드의 우위를 통해 경기를 주도했고, 그 결과 전반 22분 만에 2-0의 리드를 잡았다. 스위스는 레프트 윙인 조지 에비가 머리에 부상을 당해 실려 나가는 등 패색이 짙어보였다. 그러나 발라쉬에크가 하프타임 직전에 만회골을 넣고, 후반 19분에는 빅켈이 로빙슛으로 동점을 이끌어내며 경기의 분위기는 급격히 뒤바뀌었다. 거기에 바레글렌이 후반 30분과 33분에 잇달아 두 골을 추가하며 스위스는 기적 같은 역전극을 이뤄냈다. 그렇게 8강 진출국은 독일이 아닌 스위스로 정해졌다. 히틀러의 관심을 받으며 야심만만하게 월드컵에 참가한 독일은 1라운드도 통과하지 못한 채 탈락하게 되었고, 이는 독일 대표팀의 월드컵 역사상 처음이자 마지막이었다.[16] 분노한 히틀러는 독일 대표팀 선수들 전원을 구속해버렸다.

한편, 이탈리아는 비록 고전하긴 했지만 연장 승부 끝에 노르웨이를 2-1로 잡고 8강에 올라가면서 독일과의 명암이 엇갈렸다.

⚽ 8강

> 이탈리아 3-1 프랑스　브라질 1-1 체코슬로바키아(재경기 2-1)
> 헝가리 2-0 스위스　스웨덴 8-0 쿠바

오스트리아의 기권으로 인해 8강으로 직행한 스웨덴은, 쿠바를 상대로 8-0의 대승을 거두면서 역사상 유일하게 단 한 경기만 치르고 준결승에 올라간 팀이 되었다. 벨기에를 물리치고 올라온 프랑스는 이탈리아에게 패하면서 2경기 만에 자국에서 개최되는 월드컵에서 탈락했고, 헝가리는 스위스를 꺾었다.

---

16) 독일은 이 대회를 제외한 모든 대회에서 8강 이상까지 올라갔다.

프랑스와의 경기 전에 파시스트 경례를 하고 있는 이탈리아 선수단

체코슬로바키아와 브라질은 연장 끝에 승부를 가리지 못하고 다음날 재경기를 가졌다. 이 경기에서 브라질은 전 대회 준우승팀인 체코슬로바키아를 상대로 전력상 우위를 보이면서 2-1로 이기고 준결승에 진출했다. 그것은 월드컵 역사상 마지막 재경기였다.

4강

| 이탈리아 2-1 브라질   헝가리 5-1 스웨덴

6월16일의 준결승에서, 이후의 월드컵에서 숙적이 될 이탈리아와 브라질이 역사적인 첫 번째 격돌을 가졌다. 8강전에서 체코슬로바키아와 격전을 가졌던 브라질은 체력 안배를 위해 스타 플레이어 레오니다스를 쉬게 했지만, 이는 이탈리아의 전력을 오판한 덕분에 행한 '실수'였다. 후반 10분, 이탈리아는 콜라우시가 오른쪽에서 올라온 크로스를 선취골

로 연결하며 앞서나갔고, 5분 뒤엔 메아차가 도밍구스 기아의 실책으로 얻은 PK를 성공시키며 2-0을 만들었다. 페라시오의 코너킥을 받은 로메우가 브라질을 위한 만회골을 넣긴 했지만, 이탈리아는 리드를 놓치지 않고 무난히 결승에 진출할 수 있었다.

반대쪽에서는 헝가리가 스웨덴을 5-1로 꺾으며 그들의 상대가 되었는데, 지난 대회에 이어 다뉴비안 스쿨에 속하는 팀이었다. 다만, 헝가리는 수비의 핵심인 터프한 풀백 코라니가 준결승에서 부상을 당하면서 결승전에서 핸디캡을 안게 되었다.

⚽ 결승

> 이탈리아 4-2 헝가리

6월19일, 파리의 올림피크 콜롬버스 스타디움에서 결승전이 펼쳐졌다. 이탈리아는, 코라니의 부재로 인해 헝가리의 선발 멤버들이 수비 시 호흡이 맞지 않는 점을 적극적으로 노렸고, 전반 6분 만에 페널티 지역 중앙에서 완전히 프리로 놓여 있던 콜라우시가 페널티 에어리어 오른쪽 부근에서 날아온 크로스를 깔끔하게 마무리하며 1-0으로 앞서 나가게 되었다.
2분 뒤, 이탈리아 수비진이 헝가리의 공격을 막아내던 와중 클리어링 미스를 범한 볼이 헝가리의 슈팅으로 이어졌고, 이 슈팅은 수비수의 머리를 맞고 왼쪽으로 굴절되었다. 이 볼을 골문 왼쪽에서 대기하고 있던 티트코스가 니어 포스트로 빨려 들어가는 슈팅으로 연결하며 동점골을 터뜨렸다.

그러나 경기의 주도권은 여전히 이탈리아에게 있었고, 이전 경기까지 항상 위협적이었던 헝가리의 에이스이자 센터 포워드 조르지 사로시가, 이전 대회의 루이스 몬티의 뒤를 이어 센터 하프가 된 안드레올로에 의해 움직임을 제한 당했기 때문에 헝가리의 경기 운영은 엉망이 되었다. 헝가리의 윙어들이 열심히 볼을 운반하며 이탈리아 수비에게 약간이나마 위협감을 안겨주긴 했지만, 이탈리아의 거친 수비 때문에 그들이 볼을 잡을 기회는 몇 번 오지 않았다. 체력의 우위에 기반한 이탈리아의 강도 높은 공세가 이어졌고, 그에 따라 찬스가 다수 발생했다. 이탈리아는 헝가리의 문전이 마치 자신들의 점령지인양 골문 앞에서 득점 기회를 맞고도 볼을 돌렸고, 결국 메아차에게서 크로스를 받은 피올라가 기회를 놓치지 않고 추가골을 넣었다.

35분 경 콜라우시는 그의 두 번째 골을 넣으며 스코어를 3-1로 벌렸고, 이탈리아는 여유 있게 전반을 마무리했다.

후반 들어 조르지 사로시가 만회골을 기록하며 헝가리에게 희망을 불러일으켰고 이후로도 악전고투하며 반격을 시도해보았지만, 이탈리아의 조직적인 방어 앞에서 별 효과를 보지 못했다. 프랑스의 기자 장 에스케냐지는 이를 두고 "우리가 사랑을 나누거나 버스를 잡는 것처럼 경기를 할 수는 없다."고 말할 정도였다.

후반 37분, 비아바티의 역습에 이은 크로스가 피올라에게 정확히 연결되며 점수는 다시 벌어졌고, 이후 흐름의 변화 없이 경기는 마무리되었다.

골든 니케를 수여 받고 있는 메아차(좌)와 이탈리아 선수단(우). 우측 사진에서 트로피를 들고 있는 인물이 감독인 비토리아 포초이다.

골든 니케가 프랑스 대통령인 르브론으로부터 이탈리아의 주장 주세페 메아차에게 이양되었고, 그는 로마식 경례로 관중들에게 화답했다.

⚽ 에필로그

이탈리아가 월드 챔피언십에서 2연패를 기록한 뒤, 아르헨티나, 브라질, 독일은 1942년에 있을 차기 대회를 유치하기 위해 준비했다. 하지만 2차 세계대전의 발발로 인해 대회는 취소되었고, 다음 대회까지는 무려 12년을 기다려야 했다. 그 결과 이탈리아는 장장 16년 동안 타이틀 홀더로 남았다. 또한 FIFA 부회장인 이탈리아의 오토리노 바라시가 전쟁의 참화 속에서도 월드컵 트로피를 그의 침대 아래에 있는 신발 상자에 숨김으로써 추축국의 손으로부터 트로피를 지켜냈으며 그러한 노력이 헛되지 않아 종전 후 월드컵은 다시 부활할 수 있게 되었다.

기록 및 수상

- 총 득점 : 18경기 84골 (경기당 4.67골)
- 총 관중 수 : 483,000명 (경기당 26,833명)
- 최다 득점 팀 : 헝가리(4경기 15득점)
- 최저 득점 팀 : 네덜란드, 네덜란드령 동인도(1경기 0득점)
- 최다 실점 팀 : 쿠바(3경기 12실점)
- 최저 실점 팀 : 노르웨이(1경기 2실점)
- 골든볼 : 레오니다스(브라질)
- 실버볼 : 실비오 피올라(이탈리아)
- 브론즈볼 : 조르지 사로시(헝가리)
- 골든 글러브 : 프란티섹 플라니츠카(체코)
- 골든부트 : 레오니다스(브라질) - 7골
- 실버부트 : 조르지 사로시(헝가리), 줄라 젠겔레르(헝가리), 실비오 피올라(이탈리아) - 5골
- 브론즈 부트 : 지노 콜라우씨(이탈리아), 레오폴드 킬홀츠(스위스) - 4골

베스트 팀

- 골키퍼 : 프란티섹 플라니츠카(체코)
- 수비수 : 피에트로 라바(이탈리아), 알프레도 포니(이탈리아), 도밍구스(브라질)
- 미드필더 : 미켈레 안드레올로(이탈리아), 우고 로카텔리(이탈리아)
- 공격수 : 실비오 피올라(이탈리아), 지노 콜라우씨(이탈리아), 조르지 사로시(헝가리), 줄라 젠겔레르(헝가리), 레오니다스(브라질)

5. 1950 브라질 월드컵

1950년 브라질 월드컵의 공식 엠블럼

⚽ 개최국 및 유치 과정

제2차 세계대전으로 인해 1942년과 1946년 대회가 취소되면서 월드컵은 12년 동안 중단 상태에 있었다. 전쟁이 끝난 뒤 FIFA는 다시금 대회를 재개하기 위해 월드컵 개최지 선정 작업에 들어갔다. 그러나 전쟁의 여파로 인해 전 유럽은 초토화된 상태였고, 대부분의 유럽 국가들은 전후 복구를 최우선 과제로 설정하고 있었다. 자연히 이들은 대회를 개최할 여력도, 의향도 없었기에 FIFA의 교섭은 난항을 겪을 수밖에 없었다.

이때 브라질이 대회를 유치할 의사를 밝혔다. 브라질은 과거 1942년 대회를 두고 이미 FIFA와 대회 개최 교섭을 한 바 있었고, 두 번의 월드컵이 유럽에서 열린 바 있었기 때문에, 1950년 월드컵을 브라질에서 개최하는 것은 합리적이라고 주장하였다. 1946년 월드컵을 개최하기로 되어 있었으나 2차 대전의 여파로 인해 월드컵이 취소되며 개최에 실패했던 아르헨티나 역시 12년 만에 재개된 1950년 대회 개최에 적극적으로 나섰지만, FIFA는 브라질의 손을 들어줬고 이에 불만을 품은 아르헨티나는 결국 1950년 대회 출전을 스스로 포기해버렸다(1954년 대회에도 연이어 불참).

결과적으로 4번째 FIFA 월드컵의 개최국은 브라질로 결정되었고, 1930년 초대 대회 이후 20년 만에 남아메리카 대륙에서 열리는 대회로 남게 되었다. 또한, FIFA의 의장 줄리메의 재직 25주년을 기념하는 의미에서 해당 대회부터 대회의 명칭을 '줄 리메 컵'으로 명명하였다.

개최지를 선정한 것만으로는 충분하지 않았다. 참가국의 숫자를 늘리기 위해 FIFA는 여러 정부들에게 국가 대표팀을 보내줄 것을 인내심 있게 설득했고 이에 총 34개국이 응했다. 그렇게 자칫 대회가 사라질 수도 있었던 위기를 이겨낸 월드컵이 다시금 열리게 되었다.

브라질에서는 기대감이 워낙 컸기 때문에 조직위는 리우데 자네이루에 20만 명 이상의 관중을 수용할 수 있는, 세계에서 가장 큰 축구장인 마라카낭을 건설했다. 하지만 이전 대회들이 늘 그랬던 것처럼, 이 대회에서도 조직위는 허점을 드러냈다. 경기장은 제 시간에 건설되지 않았으며, 팀들은 도시에서 도시를 이동할 때마다 엄청난 거리를 이동해야만 했다.

마라카낭 경기장

참가 팀 및 예선 경과

불참 사유는 다양했다. 독일과 일본은 전범 국가로서 참가가 불허되었다. 하지만 이탈리아와 오스트리아는 제재를 받지 않았는데 특히나 이탈리아는 디펜딩 챔피언 자격으로 자동 진출권까지 얻었다.

아르헨티나는 월드컵 개최지로 선정되지 않은 것에 불만을 품고 예선 도중 불참 의사를 밝혔고, 그 외에 에콰도르와 페루도 불참을 선언했다. 이로써 남미 예선에 참가하게 된 팀은 칠레, 볼리비아, 파라과이, 우루과이, 이렇게 네 국가에 불과하게 되었고, 남아메리카에 배정된 티켓은 4장이었기 때문에 모두 부전승으로 본선에 진출하게 되었다.

유럽에서는 1934년 대회의 준우승팀인 체코슬로바키아와 1938년 대회의 준우승팀인 헝가리를 비롯한 '철의 장막' 동쪽의 공산권 국가들이 불참을 선언했다. 또한 오스트리아가 전력 미달을 이유로 불참을 선언했으며, 벨기에 역시 불참 대열에 합류했으므로 이들 대신 스위스와 터키가 진출하게 되었다. 그러나 터키 역시 재정 문제 및 남아메리카로 가는 여비의 문제로 불참하게 되었다. 많은 국가들이 불참 의사를 표명하자 FIFA는 이미 예선에서 탈락한 포르투갈과 프랑스로 빈자리를 채우려 했는데, 포르투갈은 이를 거부한 반면 프랑스는 승낙하였다.

그리고 잉글랜드가 월드컵에 참가하는 변화도 있었다. 영연방 지역의 경우 1883-84시즌부터 매년 행했던 브리티시 홈 챔피언십[17]이 지역 예선을 대체했다. 영연방 4개 팀 중에서 상위 2개 팀에게 본선 진출 자격이 주어졌는데, 다른 지역의 예선과 비교해보면 굉장히 유리한 조건이었다. 이는 FIFA가 축구의 종주국이라고 자처하던 잉글랜드를 월드컵에 참가시키기 위해 유인책을 제공하기 위한 것이었다. 그러나 대회 전, 스코틀랜드의 축구협회장인 조지 그래험은 스코틀랜드가 브리티시 홈 챔피언십에서 우승을 하지 못할 경우 줄 리메 컵에 참가하지 않겠다고 공언했는데, 결과적으로 스코틀랜드는 잉글랜드의 뒤를 이어 해당 대회에서 2위에 머무르면서 대회에 불참하게 되었다.

아시아에서는 필리핀과 인도네시아와 버마가 불참함으로써 인도가 부전승으로 본선에 진출했다. 최종 조편성은 다음과 같았다.

---

17) 잉글랜드, 스코틀랜드, 웨일즈, 북아일랜드의 4개국 축구 대회

- A조 : 브라질/유고슬라비아/스위스/멕시코
- B조 : 스페인/잉글랜드/칠레/미국
- C조 : 스웨덴/이탈리아/파라과이/인도
- D조 : 우루과이/볼리비아/프랑스

그러나 조 편성까지 끝난 시점에서 인도 축구 협회가 불참을 선언하고 만다. 경비와 연습 부족 및 FIFA가 맨발로 경기를 하는 것을 금지했다는 것 등이 그 이유였다. FIFA는 참가 경비의 대부분을 부담해주겠다고 권유했음에도 인도의 선택을 되돌릴 순 없었다. 대체팀으로 선발되어 D조에 배정받은 프랑스 역시 일정을 이유로 불참 의사를 밝혔다. 더 이상 대체할 팀도, 시간의 여유도 없었기 때문에 결국 대회는 16개 팀이 아닌 13개 팀으로 개막하였으며, C조에는 스웨덴, 이탈리아, 파라과이 세 팀이, D조에는 우루과이와 볼리비아 단 두 개의 팀만이 남아 있었다.

- 유럽(6장) : 잉글랜드, 이탈리아, 스페인, 스웨덴, 스위스, 유고슬라비아
- 아메리카(7장) : 볼리비아, 브라질, 칠레, 멕시코, 파라과이, 미국, 우루과이

대회 방식

브라질 대회 조직위는 16팀을 4개 팀씩 4개 조로 나누어 조별 풀리그를 펼친 뒤 조별 1위 팀을 결정하여 결선 리그로 올린 다음, 결선 리그 역시 풀리그 방식으로 우승팀을 가

리는 방식을 제안했다. 주된 이유는 금전적인 문제 때문이었다. 조직위는 경기장 및 기반 시설 투자 등 대회를 준비하는 데에 많은 자금을 썼기 때문에, 한 경기라도 더 많은 경기를 치르게 함으로써 경기장 입장권 수익을 최대한 증가시키려 하였다. 또한, 토너먼트 방식의 경우 1라운드에서 탈락하는 8개의 팀은 단 한 경기만을 치르고 본국으로 돌아가야 하는 반면, 조별로 풀리그를 진행할 경우에는 어느 팀이든 최소한 3경기 -물론 C조와 D조는 그렇지 않았지만- 를 치르는 것이 보장되어 있었기 때문에 먼 길을 온 유럽팀들이 대회가 시작하자마자 허무하게 돌아가는 것을 막을 수 있었다. FIFA는 처음엔 이 제안에 반대했지만, 이에 대해 브라질이 대회 개최 포기를 거론하며 강경하게 주장하자 이를 받아들일 수밖에 없었다. 따라서 1950년 대회에서는 여타 대회와는 달리 별도의 결승전이 없었다.

1930년 대회와 마찬가지로 승리 시 획득 승점은 2점, 무승부는 1점이었고, 복수의 팀들이 승점이 같아 1위를 가릴 수 없는 경우에는 골득실이나 다득점을 따지지 않고 플레이오프로서 최종 진출 결정전을 하기로 했다.

⚽ 조별 리그

	승	무	패	득	실	승점
브라질	3	0	0	8	2	5
유고	2	0	1	7	3	4
스위스	1	1	1	4	6	3
멕시코	0	0	3	2	10	0

	승	무	패	득	실	승점
스페인	3	0	0	6	1	6
잉글랜드	1	0	1	2	2	2
칠레	1	0	2	5	6	2
미국	1	0	2	4	8	2

	승	무	패	득	실	승점
스웨덴	1	1	0	5	4	3
이탈리아	1	0	1	4	3	2
파라과이	0	1	1	2	4	1

	승	무	패	득	실	승점
우루과이	1	0	0	8	0	2
볼리비아	0	0	1	0	8	0

대회 스케줄이 지극히 브라질 중심적이었다는 것은 의심할 여지가 없었다. 다른 팀들이 브라질 전역을 돌아다니는 고된 여정을 치르는 동안, 브라질은 여섯 경기 중 스위스와의 조별 리그 2라운드 경기를 제외한 나머지 모든 경기를 마라카낭 한 곳에서 치렀다. 또한 리우의 습한 기후 역시 원정팀들에겐 큰 부담이었다.

아직 채 완성되지 않은 마라카낭에서 멕시코와 브라질이 개막전을 가졌다. 브라질 선수들이 경기장에 들어섰을 때, 그들은 21발의 축포와 군중들이 쏘아올린 폭죽에 의해 환영받았다. 고무풍선이 하늘에 떠 있었고, 브라질의 군인들은 5,000마리의 비둘기를 하늘에 풀어놓았으며, 공중의 비행기들이 뿌리는 리플렛이 하늘을 뒤덮으며 경기장을 수놓았다.

이 대회에서 브라질의 포메이션은 변칙적이었기에 주목할 가치가 있다. 그들의 포메이션은 WM의 개량형인 대각선 전형으로, 기본적으론 WM과 매우 흡사하지만, 양쪽 하프백 중 한 명이 수비수들 가까이로 내려오고 그와 대각선 지점에 있는 인사이드 포워드 한 명이 공격 진영 가까이로 올라가면서 미드필더 4명이 기울어진 평행사변형 형태를 만든 것이었다.

브라질 뒤쪽으로부터 강한 순풍이 불고 있었고, 공은 가벼웠기 때문에 브라질의 패싱은 종종 부정확했다. 멕시코는 질서정연하게 방어할 수 있었고, 골키퍼 카바할은 믿기 힘든 선방을 몇 번 해냈다. 하지만 전반 30분, 인사이드 라이트 아데미르는 땅볼 슛으로 선취골을 올렸고, 홈 관중들은 로켓과 폭죽을 터뜨리며 대회의 첫 골에 환호했다. 기자들과 라디오 진행자들이 현장 인터뷰를 따내기 위해 경기장 안으로 뛰어들었고, 심판은 경기장이 정돈될 때까지 경기를 중단시켜야 했다. 경기는 원사이드하게 진행되었고, 이 경기가 A매치 데뷔전이었던 멕시코의 골키퍼 카바할은 혼자서 많은 골을 막아내야 했다.

브라질의 대각선 진형. 10번이 8번보다 약간 위로 올라갔고 6번은 4번보다 약간 뒤로 처져서 보다 수비적인 역할을 수행했다. 10번이 좀 더 올라가고 6번이 좀 더 내려오면서 이 포메이션이 4-2-4로 변형되는 것은 자연스러운 수순이었다.

브라질은 경기 내내 골포스트를 다섯 번이나 맞췄다. 후반전에는 반대로 맞바람을 맞게 된 덕에 브라질의 그라운드 패스는 한층 정확해질 수 있었고 그 결과 세 골을 더 득점할 수 있었다. 문제가 생긴 것은 다음 경기인 스위스 전이었다. 플라비우 쿠스타 감독은 상파울루 홈 관중들의 호응을 고려하여 상파울루 선수 셋을 기용했는데, 이는 (결과적으로) 감독의 실책이었다.

브라질은 경기 시작과 함께 알프레도의 강력한 슈팅으로 선취점을 올리는 데에는 성공했다. 그러나 스위스는 움츠러

들지 않았고 17분 경 패튼이 문전 혼전 상황에서 공을 밀어 넣으며 동점골을 넣었다. 이내 브라질의 발타사르에게 헤딩골을 허용하며 1-2로 뒤지게 된 스위스였으나 골키퍼 스투베르의 선방에 힘입어 더 이상의 실점을 기록하지 않은 채 브라질의 공격을 잘 막아냈다. 이후 스위스는 브라질을 집요하게 몰아붙였는데, 경기 막바지가 다 되어 레프트 윙어인 패튼이 여러 수비수를 돌파하고 골키퍼까지 제쳐내며 기적 같은 동점골을 터트렸다. 관중을 만족시키려 했던 플라비우 쿠스타는 오히려 성난 관중들의 분노의 표적이 되었고 이 때문에 경찰은 플라비우 쿠스타를 관중들로부터 보호해야만 했다.

유고슬라비아 전의 결과에 따라 다음 라운드 진출 여부가 판가름 날 것이었기 때문에 마라카낭에는 14만2천 명의 관중이 몰려들었다. 유고슬라비아에게 있어 불운이었던 것은 주축 선수 미티치가 경기 전에 튀어나온 대들보에 머리를 부딪쳐 부상을 당했다는 것이다. 유고슬라비아는 선수의 치료를 위해 경기를 지연시켜줄 것을 요청했지만, 심판이 이를 허용하지 않았고 결국 10명으로 경기를 시작해야 했다. 브라질은 스위스 전에서 문제가 노출된 대각선 전형을 포기하고 WM 전형으로 전환했다. 부상에서 돌아온 지지뉴가 발타사르를 대신하여 투입되었고, 아데미르는 이동형 중앙공격수의 역할을 재개했다. 여러 요인이 겹치자 스위스 전과는 다른 브라질만의 유려함이 나오기 시작했고 결국 2-0으로 승리하며 결선 진출을 확징지었다.

한편, 디펜딩 챔피언인 이탈리아는 결선 리그 진출에 실패하고 말았다. 당시 이탈리아는 8명의 토리노 선수들을 중심으로 구성되어 있었는데, 1949년 5월4일, 토리노 팀이 벤피카와 친선 경기를 치르고 돌아오는 도중 비행기 추락 사고를 당하면서 선수단 전원이 사망했다. 이 여파로 이탈리아는 스웨덴에게 2-3으로 패배하며 결선 진출에 실패했다. 이외에, 축구 종가임을 자처하며 월드컵을 보이콧 해왔다가 이 대회에서야 처음으로 모습을 드러낸 잉글랜드는 스페인에게 무기력한 0-2 패배를 당했고, 아마추어 선수들로 급조된 미국에게조차 0-1로 지는 등 졸전을 거듭하다 결선 진출에 실패했다. 이는 잉글랜드가 이미 세계 축구의 흐름에서 도태되었음을 증명하는 장면이었다. D조의 경우 우루과이와 볼리비아 밖에 없었기 때문에 볼리비아를 8-0으로 대파한 우루과이가 단 한 경기만을 치르며 바로 결선 리그로 직행했다.

결선 리그

좌측부터 지지뉴, 자이르, 아데미르

	승	무	패	득	실	승점
우루과이	2	1	0	7	5	5
브라질	2	0	1	14	4	4
스웨덴	1	0	2	6	11	2
스페인	0	1	2	4	11	1

조별리그를 불안하게 통과한 브라질은 스웨덴을 상대로 승리를 거두며 결선 리그를 시작했다. 스웨덴의 수비진은 언제나 견고하다고 잘 알려져 있었지만, 그들은 지지뉴/아데미르/자이르로 이루어진 브라질의 인사이드 포워드 3인방과 같은 강력한 상대를 마주해본 적이 없었다. 그들 셋의 신체조건은 빈약했지만, 그들의 볼 컨트롤과 패스의 교환은 그 당시 유럽팀들이 감당할 수 있는 수준을 넘어서 있었다. 특히 아데미르는 그 누구도 범접하기 힘든 엄청난 활약을 선보였다. 그는 이 경기에서 네 골을 넣으며 팀의 7-1 승리를 이끌었고, 이 경기 후 그 누구도 브라질이 챔피언의 자리에 오를 것을 의심하지 않았다.

한 번 불붙기 시작한 브라질의 기세는 다음 경기였던 스페인전에서도 이어졌고, 6-1의 승리를 거두었다.

이렇게 브라질은 강호 스페인과 스웨덴을 상대로 2승을 거두면서 결선 리그의 선두를 달리고 있었다. 스웨덴 전과 스페인 전에서의 브라질의 활약상을 지켜 본 이탈리아 기자들은 지지뉴를 가리켜 "양발로 그림을 그리는 필드 위의 레오나르도 다 빈치와 같은 선수"라는 극찬을 내렸고, 글랜빌은 "전술은 놀랍지 않지만 기술만큼은 최고인 미래의 축구"

라고 평했다. 세계 각국의 언론들 역시 지지뉴와 아데미르가 선보인 활약상에 찬사를 아끼지 않았다. 반면 우루과이는 스페인에겐 승리를 거두었지만 스웨덴과 비기면서 승점 1점 차 2위에 머무르고 있었다.

우루과이를 상대로 최소 무승부만 거두어도 되었기 때문에 브라질의 우승은 기정사실인 것처럼 보였다. FIFA의 회장 줄 리메는 경기가 끝나기 전부터 포르투갈어로 브라질의 승리 연설을 준비하고 있었고, 브라질 축구 연맹은 선수들의 이름이 적힌 22개의 우승 메달을 만들고 있었으며, 결승전을 치르기도 전에 〈Brasil os vencedore(Brazil The Victors)〉가 브라질의 우승 축하곡으로 정해졌다. 브라질의 일간지 〈세상〉은 브라질 대표팀의 사진을 1면 기사로 싣고는 "우리가 세계 챔피언이다!"라는 표제를 달 정도로 자신만만해 했다.

당시 〈세상〉지의 1면 기사

우루과이의 주축 선수였던 바레라는 결승전 당일 호텔에서 그 기사를 보고서 분개하여 호텔에 있는 모든 신문을 모은 뒤 팀 동료들과 함께 신문에 오줌을 누었다.

우루과이와의 경기 당일 모인 관중의 수는, 공식 관중 집계는 173,850명이었지만, 실제론 최소 22만 명을 넘었을 것으로 추정된다. 우루과이의 라이트 하프였던 줄리우 페레스는 경기장의 분위기에 압도되어 지나치게 긴장한 나머지 국가가 울려 퍼지는 동안 바지에 오줌을 쌌다고 한다. 경기에 앞서 리우의 시장인 안젤로 멘데스 데 모라에스는 우루과이는 전혀 안중에도 두지 않은 채 브라질의 우승이 결정된 것을 전제로 연설을 했는데, 이는 경기장 전체의 분위기, 나아가 경기를 지켜보고 있던 만인의 생각을 정확히 반영했다는 점에서 무례하다거나 호들갑이라고 할 수 없었다.

"월드컵의 승자, 그대는 브라질. 몇 시간 뒤면 수백만 동포들이 환호할 월드컵의 그대들이여. 지구상의 무적, 그대들이여, 어떤 상대보다도 뛰어난 그대들이여. 내가 먼저, 정복자인 당신들에게 경의를 표하는 바이다."

그러나 사실 우루과이는 그리 만만한 팀이 아니었다. 그들은 이미 이전에 브라질 땅에서 브라질과 세 번 경기를 가진 바 있었는데, 첫 게임은 4-3으로 이겼었고 나머지 둘은 2-3, 0-1로 석패했었다. 그렇기에 브라질의 감독 쿠스타는 패배의 가능성을 배제하지 않고 경각심을 유지했지만, 그렇다고 해서 사고가 발생하지 않는 것은 아니다.

브라질의 첫 공격 상황에서 우루과이의 안드라데는 지지뉴를 마크하여 볼을 코너로 걸어냈고, 마스폴리는 아데미르가 페널티 박스 정면에서 날린 강력한 슈팅을 막아냈다. 잠시 뒤 자이르에게도 기회가 왔다. 초반 상황이었지만 역시나 브라질의 공격엔 문제가 없다는 것을 알 수 있게 해주었다. 문제가 있었던 것은 수비였다. 비록 이전 게임들에서는 그들의 가공할만한 공격력 덕에 수비의 허점이 눈에 띄지 않았지만, 우루과이는 브라질 수비의 약점을 효과적으로 공략하고 있었던 것이다.

단순한 선수의 차원이 아닌 전술적인 차원에서 우루과이는 브라질에 대해 우위에 서 있는 부분이 있었다. 그 이전까지 WM을 쓰던 상대만을 접한 브라질은, 칼 라판 식의 1-3-3-3 볼트를 사용한 우루과이를 공략할 방도를 쉽게 찾아내지 못했다. 마티아스 곤잘레스는 수비진 뒤에 서서 스위퍼 역할을 했으며, 에우세비오 테헤라는 그의 앞에서 스토퍼의 임무를 수행했다. 슈베르트 감베타와 빅토르 안드레이드는 브라질의 좌우 윙인 치쿠와 알비누 프리아사를 맨마킹했고, 바레라와 좌우 윙어는 밑으로 내려와 한 줄의 수비벽을 추가했다. 훗날 지지뉴는 벨로스와의 인터뷰에서 다음과 같이 말했다. "1950년 월드컵 대회에서 난생 처음으로 WM으로 플레이했다. 스페인, 스웨덴, 유고슬라비아도 WM 전술을 썼다. 그리고 우린 그 팀들을 모두 물리쳤다. 하지만 우루과이는 WM이 아니었다. 우루과이는 한 명을 깊숙이 내리고 다른 한 명은 앞쪽에 두고 플레이를 했다."

우루과이는 수비적인 진형을 유지하면서 전황을 소강상

태로 만들었다. 우루과이의 수비수들은 브라질을 좌절시켰고 그중에서도 마스폴리는 그의 인생에 길이 남을 활약을 해냈다. 그리고 공격시에는 주로 자신들의 오른쪽, 곧 브라질의 왼쪽 측면을 공략했다. 공교롭게도 브라질은 레프트 하프인 다리우루를 다소 전진시켰고 라이트 하프인 바우어를 좀 더 수비에 치중하도록 배치했기 때문에 브라질의 왼쪽 측면 공간은 압박이 헐거운 곳이었고, 이 덕분에 우루과이의 라이트윙인 기지아는 자유로이 돌아다닐 수 있었다.

쉽지 않은 경기를 펼치는 와중에서도 브라질은 기어코 선취골을 뽑아냈다. 후반전이 개시된 직후, 우루과이의 수비수들이 왼쪽에 몰려 있을 때 아데미르의 백패스는 오른쪽의 프리아카에게 깔끔하게 들어갔고, 프리아카는 골키퍼까지 제치면서 우루과이의 골망을 뒤흔들었다. 브라질이 월드컵 우승의 문턱까지 도달하면서 마라카낭의 관중석은 열광하기 시작했다. 하지만 전반 내내 팽팽한 경기를 해냈다는 사실은 우루과이 선수들에게 상대의 홈 어드밴티지를 극복하고 승리할 수 있다는 자신감을 주었다.

66분, 바레라가 프리로 열려있던 오른쪽의 기지아에게 패스를 주었고, 기지아는 비고데를 돌파한 뒤 크로스를 올렸다. 이 볼을 받은 스키아피노가 주베날을 제치고 슛을 성공시키며 우루과이는 1-1 동점을 만들었다. 그 순간부터 우루과이는 승리에 대한 확신을 가졌고, 브라질은 패닉에 빠졌다. 그리고 79분, 기지아는 중잉에 있던 페레즈와 패스를 주고받으며 또다시 비고데를 따돌렸고, 그대로 페널티 에어리어로 진입했다. 브라질 골키퍼 바르보사는 첫 번째 실점 장면처럼 기지아가 크로스를 줄 거라 예상했지만, 기지아는 바르보사의 허를 찌르는 니어 포스트로 굴러 들어가는 땅볼 슈팅으로 득점에 성공하면서 역전을 시켜버렸다. 그리고 더 이상의 득점은 없었다.

에필로그

경기 종료 휘슬이 울리는 순간, 20만 명이 운집해 있던, 경기 내내 소란스러웠던 마라카낭 스타디움에는, 줄 리메가 '온 몸에 소름이 끼칠 정도의 적막감'이라고 표현할 정도의 섬뜩한 정적이 흘렀으며 권총 자살을 하는 이들의 총성만이 간간히 들려올 뿐이었다. 쿠스타는 "마라카낭의 침묵이 선수들을 떨게 만들었다."라고 말했고, 그것이 빈말이 아니라는 듯 우루과이 국가대표팀은 우승을 했음에도 불구하고 시상식이 끝나자마자 도망치듯 경기장을 빠져 나와 바로 귀국하였다.

브라질을 위해 만들어졌던 우승 기념 메달들은 모조리 폐기되었다. 우승 축하곡 역시 다시는 연주되지 않았다. 예정됐던 모든 우승 기념행사가 순식간에 취소됐다. 마라카낭 경기장에서는 관중 중 절반인 약 10만 명이 밤새도록 스탠드에 앉아 통곡했다. 브라질 전역에 조기가 계양되었고 권총 자살자들이 속출했으며 폭력 범죄가 일어났다. 이를 두고 브라질의 작가인 네우송 호드리게스는 "우리의 재앙, 우리의 히로시마"라며 우루과이 전에서의 패배를 일본의 히로시마 원폭 피격에 비유하여 비통함을 표현했다.

브라질 축구협회는 이 경기 이후 상의와 하의, 스타킹 모두 흰색이었던 유니폼을, 초록색과 노란색의 티셔츠, 파란색의 반바지 유니폼으로 바꾸었다(현재의 브라질 축구 국가대표팀 유니폼의 색깔이 그 당시에 바뀐 색깔이다).

브라질 유니폼의 변화

또한 협회는 이 경기에 뛴 모든 브라질 축구선수들을 국가대표에서 퇴출시켰다. 경기 시작 직전까지 세계 챔피언으로 숭배되던 선수들은 불과 두 시간 만에 국가의 역적으로 뒤바뀌었고, 그 중에서도 흑인 선수였던 비고데와 바르보사, 주베날이 분노한 대중들의 표적이 되었다. 골키퍼였던 모아시르 바르보사는 경기에서 패배한 책임을 물어 소속 프로팀에서도 방출되고 브라질 축구협회에 의해 영구제명까지 당한 끝에 더 이상 축구를 하지 못하게 되었을 정도였다. 그는 1963년에는 자신의 트라우마를 극복하기 위해 마라카낭의 골대를 태우는 의식을 거행하기도 했지만, 사람들의 인식에는 변함이 없었다. 심지어 20여 년 후, 가게에 들른 그를 기억한 어떤 여자가 자신의 아들에게 "저 사람을 봐. 브라질을 온통 울음바다로 만든 사람이야."라고 말했다고 한다. 그는 꽤 많은 시간이 흐른 후 브라질 국가대표 골키퍼 코치 자리에 지원했지만 월드컵 패배의 원흉이라는 이유로 거절당했고, 1993년에는 라디오 축구경기 중계자 자리를 맡으려 했지만 이조차도 브라질 축구협회에 의해 금지되었다. 그는 2000년에 79세의 나이로 사망하면서 '브라질에서는 아무리 큰 잘못을 저지른 범인도 30년 이상 형을 선고받지 않는데 나는 그 경기에서 패배했다는 이유만으로 50년을 복역했다.'라는 넋두리를 유언으로 남겼다.

당시 브라질의 골키퍼였던 바르보사

기록 및 수상

- 총 득점 : 22경기 88골(경기당 4.00골)
- 총 관중 수 : 1,043,500명(경기당 47,432명)
- 최다 득점 팀 : 브라질(6경기 22득점)

- 최저 득점 팀 : 볼리비아(1경기 0득점)
- 최다 실점 팀 : 스웨덴(6경기 15실점)
- 최저 실점 팀 : 잉글랜드(3경기 2실점)
- 골든볼 : 지지뉴(브라질)
- 실버볼 : 후안 스키아피노(우루과이)
- 브론즈볼 : 아데미르(브라질)
- 골든 글러브 : 로케 마스폴리(우루과이)
- 골든부트 : 아데미르(브라질) - 8골
- 실버부트 : 오스카르 미게스(우루과이), 에스타니슬라오 바소라(스페인) - 5골
- 브론즈부트 : 텔모 사라(스페인), 에스타니슬라오 바소라(스페인), 치쿠(브라질), 알시데스 기지아(우루과이) - 4골

베스트 팀

- 골키퍼 : 로케 마스폴리(우루과이)
- 수비수 : 에릭 닐손(스웨덴), 호세 파라(스페인), 빅토르 안드라데(우루과이)
- 미드필더 : 바우어(브라질), 자이르(브라질), 오브둘리오 바렐라(우루과이), 알시데스 기지아(우루과이),
- 공격수 : 지지뉴(브라질), 아데미르(브라질), 후안 스키아피노(우루과이)

6. 1954 스위스 월드컵

1954년 스위스 월드컵의 공식 엠블럼

❃ 개최국 및 유치 과정

1954년의 개최지는, 1946년 룩셈부르크 회의에서 논의되었다. 세계대전의 피해가 가장 컸던 유럽은 어느 나라도 유치 신청을 하지 않아 FIFA는 난관에 봉착하게 되었는데, 이때 스위스가 개최 신청서를 제출했다. 2차 세계대전 동안 중립국이었기 때문에 전화를 겪지 않았던 스위스가 가지는 매력은 분명했다. 또한, 1954년은 FIFA 창설 50주년이 되는 해였기 때문에 대회를 관장하는 국제 축구 연맹 본부가 있는 국가 -FIFA 본부는 취리히에 있다- 에서 열려야 한다는 공감대가 형성되었고 결국 스위스가 개최국으로 선정되었다.

❃ 참가 팀 및 예선 경과

1954년 대회는 아시아축구연맹(AFC)의 설립으로 인해 아시아(일본, 한국)와 아프리카(이집트)에서도 몇몇 팀이 참가하고, 2차 세계대전 후유증으로부터 벗어난 유럽 국가들도 월드컵에 강한 의욕을 나타내는 등 51개국이 참가 의사를 표명함에 따라 월드컵이 범세계적인 규모의 대회로 확대되는 전기가 되었다.

전 대회 우승팀인 우루과이와 개최국인 스위스가 자동진출하면서 16자리 중 두 자리가 먼저 채워졌다. 남은 14장의 본선 진출권 중 11장은 유럽에게, 두 장이 아메리카에게, 그리고 아시아에 1장이 분배되었다. 총 39개 팀이 예선에 참가해 13개의 지역 그룹으로 나뉘어졌으며, 각 그룹의 승자 13팀과 하나의 준우승팀을 포함한 14개 팀이 예선을 거쳐 본선에 진출했다.

- 유럽(12장) : 오스트리아, 벨기에, 체코슬로바키아, 잉글랜드, 프랑스, 헝가리, 이탈리아, 스코틀랜드, 스위스, 서독, 유고슬라비아, 터키
- 아메리카(3장) : 브라질, 우루과이, 멕시코
- 아시아(1장) : 한국

지역 예선 결과, 스코틀랜드와 터키, 한국이 처음으로 월드컵 본선에 진출하게 되었다. 1950년 대회에서 참가 제재를 당했던 서독 역시 예선을 통과했다. 반면 동독은 참가하지 않았는데, 1953년 동독 폭동[18]이 결정적인 영향을 줬다.

---

[18] 1953년 6월17일 소련 점령지구인 동독의 수도 동베를린에서 일어난 반공시위. 폭동이 일어나기 6일 전인 6월11일, 동독 정부는 9월의 서독 총선거를 넘무에 두고 독일 통일의 길을 트기 위하여 좀래이 강압적인 사회주의화 정책을 완화하는 새로운 조치를 발표하였으나, 소련군의 점령과 공산당의 지배에 근본적인 불만을 품고 있던 동베를린 시민들은 6월17일 봉기하여 공산당 본부와 기타 기관을 습격하였다. 이는 동베를린뿐만 아니라

1950년 월드컵 당시 3·4위 팀이었던 스웨덴과 스페인은 참가에 실패했다. 스페인은 터키에 의해 탈락했는데, 두 팀은 예선 3경기를 치루며 1승1무1패 동률을 이룬 뒤 추첨을 통해 진출국을 가리게 되었고, 그 과정에서 터키가 선택을 받았다.

대회 방식

　1954년 대회는 다소 특이한 방식으로 진행되었다. 먼저, 16팀은 4팀씩 4조로 나뉘었다. 각 그룹에는 두 개의 시드 팀이 배정되었고 시드 팀들은 시드 배정을 받지 못한 나머지 두 팀들과 경기를 펼쳤다. 시드 팀 간의 경기는 없었으므로 한 팀 당 조별 리그에서 2경기씩을 치르게 되었다. 승리 시에는 승점 2점이 주어졌고 무승부시에는 승점 1점이 주어졌다. 더 기묘한 것은, 조별 리그부터 연장전을 실시한 것인데, 연장전에서도 승패가 가려지지 않을 때에야 비로소 무승부로 처리되었다. 이렇게 2전을 치르고 난 뒤, 승점 1위와 2위를 차지한 팀이 토너먼트에 진출하게 되었고, 골득실은 고려하지 않았다. 상위 두 팀의 승점이 동률일 경우, 추첨에 의해 조 1위가 결정되었다. 하지만 2위와 3위가 승점에서 동률을 이룰 경우엔 플레이오프를 거쳐야 했다. 가장 이해하기 어려운 것은 8강 대진이었는데, 조직위는 각 조의 1위가 다른 조의 2위와 만나는 일반적인 시스템을 채택하지 않고, 조 1위는 1위끼리, 조 2위는 2위끼리 대진을 붙였다. 실

　동독 전역으로 확산되었으나, 소련군 전차부대의 출동으로 진압되었다.

제로, 조 1위로 8강에 진출한 헝가리는 우승후보였던 브라질과 우루과이를 연이어 상대해야 했던 반면, 조 2위였던 서독은 상대적으로 쉬운 대진을 받는 등 각 조의 1위에게 핸디캡이 주어졌다. 이것은 당시에도 비합리적인 방식이라고 여겨졌고, 이 때문에 다음 대회인 스웨덴 월드컵부터는 조 1위와 조 2위의 크로스 대진 방식으로 변경되었다.

토너먼트 경기에 대한 규정은 다음과 같았다. 90분 동안 승부를 가리지 못할 경우 30분의 연장전을 갖기로 했다. 만약 연장 이후에도 결과가 같다면, 어느 팀이 올라갈지는 추첨을 통해 가리기로 했다. 하지만, 결승전은 예외로 두고 해당 상황이 발생할 경우 재경기를 갖는 것으로 결정했다(그 재경기에서도 무승부일 경우에는 추첨으로 우승팀 결정).

시드는 오스트리아, 브라질, 잉글랜드, 프랑스, 헝가리, 이탈리아, 터키, 우루과이에게 주어졌는데, 이중 1회 출전국인 터키가 시드를 배정받은 것이 눈에 띈다. 사전에 시드 분배를 받은 팀이었던 스페인이 예선에서 터키에 밀려 탈락하는 바람에 터키가 스페인의 시드를 대신 받게 된 것이다. 이는, 시드 분배가 지역예선이 종료되기도 전에 정해지면서 생겨난 해프닝이었다.

∻ 대회 준비

스위스는 당시 세계대전에 의한 피해를 거의 입지 않았으며 경제상황 역시 나쁘지 않았기 때문에 대회 준비는 순조롭게 이루어졌다. 총 6개의 경기장이 준비되었다. 또한 스위스 월드컵은 TV로 중계된 첫 번째 월드컵이었다는 점에서 역사적인 의의를 가졌다. 바야흐로 월드컵이 전 세계적인 대회가 될 수 있는 물적·기술적인 토대가 마련된 것이다.

바젤의 St. Jakob Stadium(좌)과 베른의 Wankdorf Stadium(우)

제네바의 Charmilles Stadium(좌)과 로잔느의 Stade Olympique de la Pontaise(우)

루가노의 Cornaredo Stadium(좌)과 취리히의 Hardturm Stadium(우)

⚽ 조별리그

	승	무	패	득	실	승점
브라질	1	1	0	6	1	3
유고	1	1	0	2	1	3
프랑스	1	0	1	3	3	2
멕시코	0	0	2	2	8	0

	승	무	패	득	실	승점
헝가리	2	0	0	17	3	4
서독	1	0	1	7	9	2
터키	1	0	1	8	4	2
한국	0	0	2	0	16	0

	승	무	패	득	실	승점
우루과이	2	0	0	9	0	4
오스트리아	2	0	0	6	0	4
체코	0	0	2	0	7	0
스코틀랜드	0	0	2	0	8	0

	승	무	패	득	실	승점
잉글랜드	1	1	0	6	4	3
스위스	1	0	1	2	3	2
이탈리아	1	0	1	5	3	2
벨기에	0	1	1	5	8	1

월드컵 역사상 1954년 헝가리만큼 독보적이었던 우승후보도 없었다. 그들이 월드컵 직전까지 이어오고 있던 기록은 실로 인상적이다. 체코슬로바키아나 이탈리아, 스웨덴, 잉글랜드 등 축구 강국들을 상대하면서도 대승을 거두는 등

총 30경기에서 121골을 득점했다. 그 중에 가장 잘 알려져 있는 시합은, 1953년 11월25일 적지인 웸블리에서 열린 잉글랜드와의 경기에서 거둔 6-3 대승이다. 헝가리의 이 승리가 더욱 유명했던 것은, 이전까지 잉글랜드 팀은 적어도 자신의 홈경기에선 한 번도 패하지 않았기 때문이다.

당대 최강이라 칭해지는 팀이 늘 그렇듯, 헝가리 역시 세계 최고의 선수들을 가지고 있었다. 그로시치가 골문을 지켰고, 우아한 보지크가 경기를 리드했으며, 자카리아스는 그 뒤를 받쳤다. 히데쿠티는 센터하프를 괴롭히며 경기 내내 찬스를 만들어낼 수 있었으며, 치보르와 부다이는 일대일로 막기 힘든 윙어였고, 코치시는 전방에서 득점에 주력했으며, 푸슈카시는 어느 경기에서나 주인공이었다.

헝가리 '골든팀'의 멤버들. 좌측 상단부터 오른쪽으로 로란트 줄러, 부잔스키 제노, 히데쿠티 난도르, 코치시 산도르, 자카리아스 요세프 , 치보르 졸탄 , 보지크 요제프, 부다이 라즐로, 다시 왼쪽 아래부터 오른쪽으로 란토스 미할리, 푸슈카시 페렌츠, 그로시치 줄러.

최초의 월드스타, 푸슈카시 페렌츠

 선수의 자질 뿐만 아니라 전술의 측면에서도 헝가리는 혁신적인 팀이었다. 바로 직전 월드컵에서 그랬듯, 1954년 월드컵에서도 'WM 포메이션'은 거의 모든 팀이 사용하는, 정석과도 같은 전술이었다. 따라서 일반적인 경기는 WM과 WM의 대결 양상이었으며, WM은 상하가 동형인 포메이션이었으므로 각각의 선수가 대응되는 위치에 놓일 수밖에 없었기에 서로가 서로를 전담 마크하는 식의 경기가 이뤄지곤 했다. 가령, 센터하프인 5번은 상대편의 퍼스트 톱인 9번을 마크하고, 라이트 인사이드 포워드는 상대의 레프트 하프와 매치가 되는 식이었다. 그런데, 헝가리의 경우에는 배치 자체가 기존의 방식과 달랐다. 그들은 요즘 식으로 말하자면 3-2-1-4, 혹은 3-2-3-2에 가까운 포메이션을 썼는데, 이는 WM 포메이션에서 W를 뒤집은 형태로, 히데쿠티의 소속팀이었던 MTK의 감독 마톤 부코비가 즐겨 구사한 형태와 유사한 것이었다. 가장 주목할 만한 점은, 퍼스트 톱의 역할을 수행해야 할 히데쿠티가 현대의 딥라잉 스트라이커처럼 보다 후방 지역에 내려와 있었다는 것이다. 기존의 WM 포메이션에서의 관념대로라면 센터하프가 마크해야 할 9번 선수였던 히데쿠티가, 4명의 포워드 밑에서 자유로운 움직임을 보여주었기 때문에 상대팀 입장에서는 누가 히데쿠티를 마크해야할지 판단하기가 어려웠다. 더군다나 등번호 역시 통상의 관례와는 달랐으므로 헝가리 선수의 등번호만 가지고는 해당 선수의 정확한 포지션을 알기 어려웠다. 또한, 선수 전원이 전방에서 수시로 포지션을 바꿔가며 상대 수비를 교란했기 때문에 헝가리를 상대하는 팀들은 이들을 어떻게 상대해야할지 난감했다. 이런 전술은 즉흥적인 것이 아니라 영리한 전술가였던 헝가리의 감독 세베시에 의해 철저하게 계획된 것으로, 훗날 〈토탈 사커〉라고 불린 일련의 전술 스타일의 효시가 되었다.

헝가리는 터키, 서독, 한국이 속한 B조에 들어가게 되었고, 터키는 시드 팀이었기 때문에 한국과 서독을 상대하게 되었다. 첫 상대는 한국이었다. 6월17일 양 팀은 베른에서 경기하게 되었다. 이 경기는 월드컵 역사상 최악의 미스매치 중 하나로 꼽히는데, 헝가리의 지속적인 공격 속에서 한국은 중앙선을 넘는 것조차 어려워했으며 후반 막판에는 헝가리의 거듭된 공세에 경기 내내 시달린 한국 선수들이 근육 경련을 일으키며 의욕을 잃고 경기장에 주저앉는 일까지 벌어졌다.

1953년 11월25일 웸블리 경기 당시 헝가리와 잉글랜드의 포메이션. 부다이, 코치시, 푸슈카시, 치보르 등 4명의 포워드 밑에 히데쿠티가 자리 잡고 있고, 보지크가 경기를 지휘하며, 자카리아스는 3백과 보지크를 보조했다.

   종료 1분 전에조차 푸슈카시가 골을 추가하는 등 경기 내내 한국을 괴롭힌 헝가리는 해트트릭을 기록한 코치시와 멀티골을 기록한 푸슈카시 투톱을 앞세워 9-0의 대승을 거두었다.

   헝가리의 다음 상대인 서독은 결코 약팀이 아니었다. 서

6. 1954 스위스 월드컵

독은 터키를 4-1로 격파했었는데, 터키 역시 한국과의 패자부활전에서 7-0으로 승리할 정도로 강팀이었다.

그럼에도 불구하고, 서독의 감독인 제프 헤르베르게르는 헝가리를 상대로 승리를 따내기는 어렵다고 판단하고, 비길 것을 목표로 하며 주전들에게 휴식을 주고 리저브 자원들을 선발 출장시켰다.

결국, 전반 17분에 들어간 푸슈카시의 득점을 시작으로 헝가리는 경기 내내 서독의 수비를 박살낸 끝에 8-3의 승리를 거두었다. 코치시는 이 경기에서 네 골을 기록했으며, 푸슈카시는 1골 2어시스트, 히데쿠티는 2골 1어시스트를 기록하는 등 주전 모두가 고른 활약을 보였다. 그러나 헝가리의 승리를 소득 없는 것으로 만드는 사건이 발생하는데, 라이브리히의 거친 태클에 의해 팀의 핵심인 푸슈카시가 부상을 당한 것이다. 부상은 심각한 수준이었고, 이로 인해 토너먼트를 앞두고 있는 상황에서 헝가리는 에이스를 잃었다.

헝가리가 8강 진출을 확정지은 사이, A조에서는 전 대회 준우승팀인 브라질이 멕시코를 5-0으로 꺾은 뒤 유고슬라비아와 비기며 동반 진출했으며, C조에서는 전 대회 우승팀인 우루과이가 체코를 2-0으로, 스코틀랜드를 7-0으로 꺾으며 건재함을 과시했다. D조에서는 잉글랜드와 스위스가 8강 진출에 성공했으며, 이탈리아는 1라운드에서 탈락하며 전대회의 예선 탈락에 이어 부진을 거듭했다.

⚽ 8강

| 헝가리 4-2 브라질 | 우루과이 4-2 잉글랜드
| 서독 2-0 유고슬라비아 | 오스트리아 7-5 스위스

한국에 이어 서독을 꺾고 조 1위를 확정지은 헝가리는, 이 대회의 이상한 규정 덕분에 조 2위 서독에 비해 험난한 대진을 헤쳐 나갈 수밖에 없게 되었다. 8강 상대는 전 대회 준우승팀인 브라질이었다. 일주일의 휴식을 취한 뒤, 헝가리는 첫 경기가 펼쳐졌던 베른에서 브라질을 맞이하게 됐다.

푸슈카시의 결장은 큰 타격이었지만, 그럼에도 헝가리는 브라질보다 우위에 있는 것으로 보였다. 브라질은 경기 시작 즈음에는 잠시 공격적인 플레이를 했지만, 곧 헝가리의 공세에 압도당했다. 또한, 헝가리 특유의 강력한 전방 압박이 가해지자 브라질은 하프라인을 넘기기는 커녕 페널티 에어리어 안쪽에 감금당했다. 그리고 1950년 월드컵에서도 그랬듯, 브라질에게 있어 수비는 여전히 그들의 약점임이 드러났다. 헝가리는 전반 4분에 터진 히데쿠티의 강한 슈팅과, 7분에 성공시킨 코치시의 헤딩으로 두 골을 성공시키며 앞서나갔다.

히데쿠티가 골을 넣는 순간에 해프닝이 있었다. 브라질 선수 한 명이 히데쿠티의 팬티를 잡아 당겨 벗긴 것이다. 이에 양 팀 선수들이 충돌했고 이는 패싸움으로 번졌다. 경찰의 제지로 경기가 속개됐지만, 이미 이성을 잃은 양 팀 선수들은 공을 차기보다는 사람을 차는 것을 목적으로 덤벼들면서 경기는 폭력성을 띠기 시작했다.

이후 자우마 산투스가 PK를 성공시키며 브라질은 한 점을 만회했지만, 여전히 경기의 주도권은 헝가리에 있었다. 브라질은 어디를 틀어막아야 헝가리를 잠재울 수 있을지 알 수 없었다. 하프타임 이후로도 이러한 경기 흐름은 지속되었고, 그 와중에 브라질의 자우마 산투스는 코치시를 옆에 두고 볼을 클리어하려다가 실수로 핸들링 반칙을 범해 페널티킥을 허용하고 말았다. 이를 두고 양 팀 간에 다시금 격렬한 충돌이 일어나기도 했다. 페널티킥 키커로 나선 란토스는 왼쪽 상단으로 빠르고 정확한 슈팅을 날리며 득점에 성공했다.

 이후 브라질의 주리뉴와 헝가리의 히데쿠티가 한 골씩 주고받으며 경기는 헝가리의 3-1 리드로 진행되고 있었다. 그때 브라질의 추격골이 터졌다. 디디의 패스를 받은 주리뉴가 칭찬받아 마땅할 정도의 탁월한 아웃사이드 킥을 날리며 득점에 성공한 것이다.

 스코어가 팽팽해지자 선수들 간의 갈등도 한층 더 격화되었다. 바우어는 보지크를 넘어뜨렸고, 이에 보지크는 니우톤 산투스에게 반격을 가했는데 결국 보지크와 니우톤 산투스는 동반 퇴장당했다. 그럼에도 충돌은 끊이지 않아, 구스타브 세베시는 안면을 가격당했으며, 피네이로는 관중들이 던진 병에 얻어맞았다. 코치시에게 달려든 훔베르투 역시 퇴장 처분을 받았다.

 하지만 경기는 계속되었고, 경기 종료 2분을 남겨둔 상태에서 왼쪽에서 컷 인사이드 하던 코치시가 벼락같은 중거리 슛을 날렸다. 그리고 그것이 골로 연결되며 경기는 4-2 헝가리의 승리로 마무리되었다.

경기장에서의 선수들의 대결은 끝이 났지만, 경기 종료 후 라커룸으로 들어가는 헝가리 선수들을 브라질 선수들이 습격하며 충돌은 계속해서 이어졌다. 적잖은 선수들이 피투성이가 된 채로 실려 나가고 나서야 사태는 간신히 수습되었다. 이 경기의 주심이었던 아서 엘리스는 "그때까지 내가 심판을 본 경기 중 최고가 되리라고 기대했다. 하지만 경기는 완전히 기대에서 어긋나버리고 말았다. …경기는 정치·종교적인 어떠한 문제와 관련이 있었는지는 모르겠다. 하지만 양 팀 선수들은 마치 짐승 같았다. 불명예스러운 일이었다. … FIFA는 눈을 감고 있었다. 대다수 위원들은 멋진 곳으로 여행할 기회를 잃을까봐 두려워했다."고 회고했다. 사람들은 양 팀의 충돌을 두고 〈베른의 혈투〉라 불렀다.

한편, 잉글랜드는 우루과이에게 2-4로 패하며 자신들의 축구의 중심으로부터 얼마나 멀리 밀려나왔는지를 다시금 실감했으며, 스위스와 오스트리아의 8강전에서는 총 12골이 터지며 한 경기 최다 득점 기록이 수립되었다(오스트리아의 7-5 승리). 서독은 유고슬라비아의 호르바트의 자책골과 헬무트 란의 골에 힘입어 2-0의 무난한 승리를 거두고 4강에 진출했다.

☽ 4강진

> 헝가리 4-2 우루과이   서독 6-1 오스트리아

헝가리는 6월 30일 로잔에서 4강전을 치르게 되었다. 4강 상대는 디펜딩 챔피언 우루과이였다. 우루과이는 조별 예선과 8강전을 포함한 3경기에서 13득점 2실점을 했고, 헝가리는 3경기 21득점 5실점을 거뒀다. 각기 남미와 유럽의 정점에 있는 팀이었기에, 사실상의 결승전이었다.

비록 8강전 이후 사흘 밖에 휴식을 취하지 못하고 가진 경기였지만 헝가리의 경기력은 여전했다. 전반 13분, 첫 골이 터졌다. 후방에 있던 히데쿠티가 길게 감아 찬 롱패스를 코치시가 헤딩으로 받아 떨어뜨렸으며, 이것이 치보르에게 절묘한 패스로 이어졌다. 치보르는 침착하게 왼발로 슈팅을 밀어 넣어 득점에 성공했다.

한 번 리드를 잡은 헝가리는 주도권을 놓지 않았다. 후반이 시작되자마자, 부다이의 크로스를 히데쿠티가 헤딩슛으로 연결하여 한 골을 추가하면서 스코어는 2-0이 되었다. 8강과 마찬가지로 무난하게 헝가리가 승리를 해나가는 듯 했다.

그러나 남미 최강 우루과이 역시 호락호락하지 않았다. 우루과이는 몇 차례의 위기를 잘 넘기며 더 이상의 실점을 허용하지 않았고, 결국 후반 30분과 42분에 호베르크가 연속골을 넣으며 승부를 연장으로 끌고나갔다.

서로가 극도로 지친 상태였기 때문에, 연장은 소강상태로 흘러갔다. 그러나 헝가리는 이변을 허용하지 않았고, 또 다시 코치시가 경기를 결정지었다. 그는 114분 자신의 뒤편에서 전해진 패스를 받아 기회를 놓치지 않고 득점에 성공하며 균형을 깨뜨렸고, 경기 종료 1분 전에는 오른쪽에서 올라온 부다이의 크로스를 헤딩 슈팅으로 처리하면서 승부에 쐐기를 박았다. 비록 반대편에서 서독이 오스트리아를 상대로 6-1의 대승을 거두기는 했지만, 사람들은 전 대회 준우승팀과 우승팀을 연속으로 꺾은 헝가리의 상대가 될 만한 팀은 전 세계 어디에도 있을 수 없다고 생각했다.

⚽ 결승

▌ 서독 3-2 헝가리

헝가리는 4일의 휴식을 취한 뒤, 결승전을 치르기 위해 베른으로 갔다. 결승 상대는 조별 예선에서 8-3으로 물리친 바 있는 서독이었다. 이전 경기에서 양 팀의 전력 차가 너무 극심하게 나타났으며, 브라질과 우루과이를 물리치던 당시 드러난 헝가리의 기량이 너무나 압도적이었기 때문에 헝가리의 우승은 확실시되었다. 7월4일 오후5시, 훗날 〈베른의 기적〉으로 회자되는 역사적인 결승전은 그렇게 시작되었다.

전반 6분, 중앙 지역에서 헝가리의 보지크가 앞에 있는 코치시에게 짧은 패스를 연결해주었고, 코치시는 이를 슈팅으로 연결했다. 이 슈팅은 상대 수비를 맞고 왼쪽으로 흘러나갔고 그 볼을 잡은 푸슈카시가 간결한 왼발 슈팅을 날리며 스코어는 1-0이 되었다.

잠시 뒤, 서독의 콜마이어가 코치시를 따돌리기 위해 백패스를 한 것을 골키퍼 투렉이 실수로 놓쳤고, 뒤따라오던 치보르가 거저 득점을 챙겼다. 경기 시작 8분 만에 점수는 2-0으로 벌어졌고, 그렇게 조별 예선 때의 결과가 그대로 재현되는 듯 했다.

 그러나 2분 뒤, 서독은 반격의 신호탄을 쏘았다. 란은 왼쪽에서 크로스를 날렸고 헝가리 수비수 자카리아스는 이를 막기 위해 발을 뻗었으나 볼은 오히려 적절히 굴절되어 서독의 몰로크의 앞으로 떨어졌다. 몰로크는 방금 전 치보르가 그랬던 것처럼 거저 골을 챙겼고, 그렇게 서독이 한 점을 따라붙었다. 그리고 17분 경, 몰로크는 개인 돌파를 통해 코너킥을 따냈다. 서독의 코너킥이 올라왔고, 헝가리의 부잔스키가 골라인으로 이를 걷어내어 다시 코너킥이 되었다. 2번째 코너킥은 파포스트 쪽으로 날아갔는데, 골키퍼 그로시치는 장신인 슈하퍼와의 경합에서 밀려 자신의 머리 위로 지나가는 볼을 펀칭해내지 못했고, 란은 오른쪽으로 뛰어들어

발리슛을 때려 넣어 승부는 2-2 원점으로 돌아갔다.

이후 헝가리가 열심히 서독의 골문을 두드렸지만 별다른 소득을 얻지 못했다. 특히, 전반 23분, 히데쿠티가 찬 발리슛을 골키퍼가 얼떨결에 선방해낸 것이 결정적인 장면이었다. 잠시 뒤 히데쿠티는 다시 헤딩슛을 시도했지만 이번에도 골키퍼의 캐칭에 힘을 잃었으며, 잠시 뒤에 때린 날카로운 슈팅은 좌측 골포스트를 맞고 나왔다. 그 외에 코치시와 푸슈카시, 치보르 등이 번갈아 가며 한 수 위의 개인 역량을 바탕으로 위협적인 공격을 시도했다. 물론 서독 역시 당하고만 있었던 것은 아니어서 엑켈이나 몰로크, 르한, 발터 등의 선수들이 간간히 반격을 시도했다. 그러나 어느 팀도 득점에는 성공하지 못했고, 그 상태로 전반은 마무리되었다.

이 경기에 대해 흔히 알려진 이야기 중 하나는, 헝가리가 전날 과음을 해서 충분한 휴식을 취하지 못했다는 것과, 비로 인해 필드가 엉망이었다는 것이다. 헝가리 선수들은 피로 속에서 이전과 같은 움직임을 보여주지 못했으며, 비로 인해 엉망이 된 필드에서 헝가리 특유의 짧은 패스 위주의 빌드업은 위력을 잃었다. 그럼에도 불구하고 헝가리는 체력과 기술 모든 면에서 서독을 압도했다. 서독 선수들의 축구화가, 진흙탕이 된 경기장에서 활동하기에 여러모로 유리한, 아디다스에서 제공한 최신형 축구화였음에도 말이다.

경기를 총체적으로 고려할 때, 서독 선수들은 활력과 속도 면에서 헝가리 선수들을 전혀 따라잡지 못했다고 할 수 있다. 53분엔 헝가리의 토드가 골키퍼까지 제친 상태에서 시도한 슈팅을 콜마이어가 몸을 날려 걷어냈고, 잠시 뒤엔

서독의 우승 주역 헬무트 란

토드의 크로스를 코치시가 헤딩으로 연결했지만 크로스바를 때리고 나왔다. 67분엔 오른쪽에서 온 패스를 코치시가 흘려주며 서독 수비진을 혼란시켰고, 쇄도하던 푸슈카시가 코치시의 왼쪽으로 빠져 들어가며 볼을 받아 노마크 찬스를 맞이했다. 그러나 볼은 다시금 투렉의 선방에 막혔다. 78분에는 일대일 상황에서 투렉이 치보르를 막아냈고, 각이 좁은 상태에서 오른쪽에서 세컨볼을 받은 히데쿠티는 이를 허공으로 날렸다. 비록 헝가리가 찬스를 놓치긴 했지만, 경기의 흐름상 그 때까지도 서독의 승리란 상상하기 어려운 것이었다.

그러나 우세함이 항상 승리로 이어지는 것은 아니라는 진부한 법칙이 이 경기에서도 증명되었다. 문전 근처까지 깊숙하게 날아온 서독의 크로스를 헝가리의 란토스가 헤딩으로 클리어했지만, 이는 아크 서클 부근에 있던 서독의 란에게 떨어졌다. 란은 슈팅을 저지하기 위해 달려 나오는 란토스를 가볍게 따돌린 뒤 골대 구석으로 향하는 슈팅을 날렸고 그것은 그대로 득점이 되었다. 84분에 일어난 일이었다.

그러나 아직 승부는 끝난 것이 아니었다. 헝가리는 최후의 여력을 다해 서독을 궁지로 몰아넣었고, 87분 푸슈카시가 드라마틱하게 골문 안으로 볼을 넣었다. 그러나, 심판이 오프사이드를 선언하면서 푸슈카시의 득점은 무효 처리됐다. 이런 역경 속에서도 헝가리는 포기하지 않고 종료 직전인 90분에 찬스를 만들어냈다. 치보르가 2대1 패스를 토드와 한 번, 푸슈카시와 한 번 주고받으며 서독 수비진 전체를 붕괴시키고 페널티 에어리어 오른쪽에서 슈팅을 날린 것이다. 그러나 그 슈팅은 투렉의 기적 같은 선방에 막혔고, 이것으로 1954년 월드컵 우승팀은 서독으로 결정되었다.

결승전 승리 후 기뻐하는 서독 선수단

물론 서독은 우승할 자격이 있는 팀이었다. 또한, 전력의 우위가 승리를 가져다주지 못하는 경우는 종종 있으며, 게다가 헝가리에겐 패인으로 제시될만한 요소들이 분명 있었다. 헝가리의 팀컬러가 공격적이었다는 것은 그만큼 실점할 위험이 컸다는 것이며, 실제로 월드컵 내내 헝가리는 5경기에 27득점을 하는 동안 실점 역시 10점을 내줄 정도로 수비엔 문제가 있었다. 또한, 선납의 마음이 헝가리 선수들의 컨디션에 악영향을 주었다는 점도 무시할 수 없는 요인이다. 여기에 결승 당일 우천으로 인해 필드 상태가 좋지 못했다는 것과, 축구화를 비롯한 경기 장비의 측면에서 서독이 헝가리에 비해 우위에 있었단 점도 있었으며, 조 2위로서 토너먼트를 무난하게 거쳤던 서독에 비해 헝가리는 조 1위로서 당대 최고 수준의 팀인 브라질과 우루과이를 맞상대해야 했던 어려움도 있었다.

⚽ 에필로그

헝가리 패배의 원인이 대중에게 전파되자, 비난 여론이 대대적으로 일어났다. 선수들이 경기 전날 음주를 했다는 사실에 대중들은 분노했고, 선수들이 서독에게 벤츠를 지원받았다거나 정부가 서독으로부터 경제 지원 약속을 받고 승부를 조작했다거나 하는 루머가 생겨났다. '매직 마자르'의 수장인, 자신의 아버지를 자랑스러워하던 세베시의 아들은, 패배자의 자식이라는 이유로 학교에서 구타를 당했다. 정치적으로 곤란해진 헝가리 당국은 조사위원회를 결성하여 희생양을 골라내기로 했다. 골키퍼 그로시츠는 월드컵 시 상행위를 했다는 이유로 억류당해 조사를 받았고, 푸슈카시는 체중 관리를 못한 것을 꼬투리 잡혀 질책당했다. 정치적 선전 효과를 잃은 '골든팀'은 당국의 입장에서 골칫거리에 불과했다.

물론 매직 마자르가 월드컵 패배 이후 바로 무너진 것은 아니었다. 월드컵 직후부터 55년까지 1년 반 정도의 기간 동안 15승 3무를 거두는 등 건재한 모습을 보였다. 문제가 생기기 시작한 것은 56년부터였다. 터키에게 1-3의 충격적인 패배를 당한 이후 유고와 무승부를 거뒀으며 체코에게 패배했다. 그 후 벨기에에게 3-1의 리드를 지키지 못하고 30분 동안 4골을 허용하며 4-5로 역전패하는 무력한 모습을 보이자, 당국은 더 이상의 관용을 베풀지 않았고, 감독 세베시는 책임을 지고 자리에서 물러날 수밖에 없었다. 후임 감독으로는 MTK의 감독이자 세베시 밑에서 코치직을 수행하고 있던 부코비가 선임되었고, 그는 부임 후 첫 상대였던 포르투갈과 비긴 다음부터는 5연승을 달렸다. 다소 삐걱거리긴 했지만, 적어도 당대의 강자 반열에서 탈락할 정도로 망가지지는 않았던 것이다.

그러나 10월에 헝가리 혁명이 일어났고, 이에 대한 유혈 진압이 이뤄지면서 축구 역시 타격을 받았다. 스페인에서 친선 경기를 치르고 있던 푸슈카시와 치보르, 코치시 등 혼베드 소속의 선수들 몇몇은 스페인으로 망명했고, 여타 선수들도 20만 명의 망명자들 속에 섞여 헝가리를 떠났다. 국가대표팀은 풍비박산났고 팀을 재구성하기까지는 6개월이 걸렸다. 매직 마자르의 신화는 그렇게 막을 내렸다.

⚽ 기록 및 수상

- 총 득점 : 26경기 140골(경기당 5.38골)
- 총 관중 수 : 889,500명(경기당 34,212명)
- 최다 득점 팀 : 헝가리(6경기 27득점)
- 최저 득점 팀 : 한국, 체코슬로바키아, 스코틀랜드(2경기 0득점)
- 최다 실점 팀 : 한국(3경기 16실점)
- 최저 실점 팀 : 유고슬라비아(4경기 2실점)

- 골든볼 : 푸슈카시 페렌츠 (헝가리)
- 실버볼 : 코치시 산도르(헝가리)
- 브론즈볼 : 프리츠 발터(서독)
- 골든 글러브: 줄러 그로시치(헝가리)

최다 득점자

- 골든부트 : 코치시 산도르(헝가리) - 11골
- 실버부트 : 에리히 프롭스트(오스트리아), 막스 몰록(서독), 요셉 휘기(스위스) - 6골
- 브론즈부트 : 푸슈카시 페렌츠(헝가리), 히데쿠티 난도르(헝가리), 한스 슈하퍼(서독), 오트마르 발터(서독), 헬무트 란(서독), 카를로스 보르헤스(우루과이), 로베르트 발라만(스위스) - 4골

베스트 팀

- 골키퍼 : 줄러 그로시치(헝가리)
- 수비수 : 에른스트 오츠비르크(오스트리아), 자우마 산투스(브라질), 호세 산타마리아(우루과이)
- 미드필더 : 프리츠 발터(서독), 요셉 보지크(헝가리), 히데쿠티 난도르 (헝가리), 치보르 졸탄 (헝가리)
- 공격수 : 푸슈카시 페렌츠(헝가리), 산도르 코치시(헝가리), 헬무트 란(서독)

7. 1958 스웨덴 월드컵

1958년 스웨덴 월드컵의 공식 엠블럼

⚽ 개최국 및 유치 과정

이전까지 월드컵 개최지 선정은 매 대회마다 유럽과 남미 사이의 알력으로 인해 갈등과 논란이 끊이지 않았다. 이에 FIFA는 1958년 스웨덴 대회 이후부터는 유럽과 남미(추후 북중미포함)가 한 번씩 번갈아가며 월드컵을 개최하는 '대륙별 로테이션 시스템'을 도입하는 상호 타협적인 결정을 주도했다. 이 로테이션 시스템은 2002년 월드컵이 비유럽·비아메리카 지역인 한국과 일본에서 공동개최될 때까지 40여 년간 유지되었다.

이 대회에는 아르헨티나, 멕시코, 칠레, 스웨덴이 개최의사를 표했는데 그중 스웨덴의 대표단은 1950년 월드컵 결승을 전후하여 리우 데 자네이루에서 열린 FIFA 총회에서 다양한 로비를 펼쳤다. 그 덕분이었는지 FIFA는 1950년 6월23일, 차기 대회 월드컵 개최지로 스웨덴을 만장일치로 결정했다.

참가 팀 및 예선 경과

1958년 스웨덴 월드컵에서는 이전보다 대회 참가를 희망하는 국가들이 더욱 늘어나 총 53개국이 참여하게 되었다. 개최국인 스웨덴과 디펜딩 챔피언인 서독이 자동 진출권을 얻었고, 남은 14자리 중, 9자리가 유럽에, 세 자리는 남미에 배정되었으며, 한 자리는 북중미, 나머지 한 자리는 아시아와 아프리카에 주어졌다. 53개국은 14개 조로 나뉘어 지역예선을 치렀고, 각 조의 수위 14팀이 본선에 진출하게 되었다.

그러나 예선 중간, 부득이하게 규정을 손볼 수밖에 없는 일이 벌어졌는데, 아시아·아프리카 지역 예선에서 이스라엘과 맞붙을 예정이던 터키, 인도네시아, 수단이 모조리 기권하면서 이스라엘이 예선전을 1경기도 치르지 못하는 문제가 발생한 것이다. 규정대로라면 이스라엘은 자동으로 본선에 진출할 수 있는 상황이었지만, FIFA는 그 어떤 팀이라도 최소한 한 경기 이상의 예선을 치러야 한다는 입장을 밝혔다. 이스라엘이 경기를 가지도록 하기 위해서 FIFA는 대륙별 티켓 수를 유럽 11.5장, 아시아 및 아프리카 0.5장으로 조정했고, 아시아 및 아프리카 지역 예선의 1위 팀인 이스라엘은 유럽 지역 예선 2위 팀 중 추첨을 통해 결정된 팀과 특별 플레이오프를 치르도록 하였다. 이 결과, 웨일즈가 이스라엘과의 플레이오프에서 승리를 거두고 본선에 참가할 수 있었다. 이는 대륙 간 플레이오프를 도입한 최초의 사례였다.

그 외에, 전통적인 강호였던 이탈리아와 스페인, 우루과이 등이 탈락하는 이례적인 사태가 일어났다(이 대회는 이탈리아가 본선진출에 실패한 유일한 대회였다). 반면 1956년 멜버른 올림픽에서 금메달을 차지하며 유럽 축구의 강자로 급부상하고 있던 소련이 월드컵에 참가하게 되었으며, 아르헨티나는 1934년 이후 24년 만에 월드컵에 복귀했다.

- 유럽(11.5장) : 오스트리아, 체코슬로바키아, 잉글랜드, 프랑스, 헝가리, 북아일랜드, 스코틀랜드, 스웨덴, 소련, 서독, 유고슬라비아, (웨일즈)
- 남미(3장) : 브라질, 아르헨티나, 파라과이
- 북중미(1장) : 멕시코
- 아프리카·아시아(0.5장) : 진출 실패(이스라엘)

대회 방식

2월 8일, 스웨덴의 솔나에서 본선무대의 조 편성이 발표되었다. 대회의 진행 방식은 1954년과 비교해서 몇 가지 변화가 있었다. 본선에서 16팀이 4개의 조로 나뉘는 것까지는 같았지만, 이전 대회와는 다르게 일반적인 풀리그 방식으로 조별 예선을 치렀다. 그리고 각 조는 하나의 서유럽 팀, 하나의 동유럽 팀, 하나의 영연방 팀, 그리고 하나의 아메리카 팀으로 구성되었다. 상위 1·2위 팀의 승점이 같을 경우, 우열은 골득실에 의해 가려졌다. 만약 2·3위의 승점이 같을 경우, 그들은 2위를 가리기 위해 플레이오프를 거쳐야 했다. 만약 플레이오프에서조차 무승부가 나온다면 득실비에 의해 결정되었다. 득실비까지 같을 경우에는 추첨에 의해 가려지게 되었다. 이는 월드컵 역사상 최초로 진출을 결정함에 있어 득실비를 진출 요소 중의 하나로 도입한 사례였다.

그러나 대회 규정의 도입은 순조롭지만은 않았으며, 매우 어려운 논쟁이 뒤따랐다. 어떤 팀들은 플레이오프에 대해 비판을 제기했는데, 왜냐하면 플레이오프를 거치는 팀은 5일 동안 무려 3경기를 치러야 했기 때문이다. 이러한 문제 제기가 받아들여졌기 때문에, 조별 리그 2라운드가 진행되기 전에 FIFA는 모든 팀들에게 1954년처럼 2위 팀과 3위 팀은 플레이오프를 하기 전에 골득실을 따져 결정하겠다고 선언했다. 하지만 이는 스웨덴 축구 협회의 반발에 부딪혀 백지화되었다. 스웨덴 축구 협회가 반대를 표명한 표면상의 이유는 대회 중간에 규정을 변경할 수는 없다는 것이었지만, 이면에는 경기 수를 늘림으로써 수입을 증가시키려는 의도가 있었다. 그 외에, 지역에 따른 시드의 분배 역시 비판을 받았는데, 특히 오스트리아가 각각의 지역에서 가장 강한 팀들과 맞붙게 되었기 때문에 불만이 컸다.

각 조 1위를 1위끼리, 2위를 2위끼리 8강에서 만나게 했던 이전 대회의 부조리한 방식과는 달리, 이 대회에서는 토너먼트 1라운드인 8강전에서 각조 1위는 2위와, 2위는 1위와 교차해서 맞붙게 되었다. 네 명의 승자는 4강으로 갔고, 거기서 살아남은 두 팀이 결승에서 맞붙게 되었다.

대회 준비

스톡홀름의 Råsunda Stadium(좌)과 고텐베르크의 Ullevi(우)

말뫼의 Malmö Stadion(좌)과 에스킬스투나의 Tunavallen(우)

노르셰핑의 Idrottsparken(좌)과 산드비켄의 Jornvallon(우)

우데발라의 Rimnersvallen(좌)과 헬싱보리의 Olympia(우)

보로스의 Ryavallen(좌)과 할름스타드의 Örjans Vall(우)

외레브로의 Eyravallen(좌)과 베스테로스의 Arosvallen(우)

⚽ 조별리그

	승	무	패	득	실	비	승점
서독	1	2	0	7	5	1.4	4
북 아일랜드	1	1	1	4	5	0.8	3
체코	1	1	1	8	4	2	3
아르헨티나	1	0	2	5	10	0.5	2

	승	무	패	득	실	비	승점
프랑스	2	0	1	11	7	1.57	4
유고	1	2	0	7	6	1.17	4
파라과이	1	1	1	9	12	0.75	3
스코틀랜드	0	1	2	4	6	0.67	1

	승	무	패	득	실	비	승점
스웨덴	2	1	0	5	1	5	5
웨일즈	0	3	0	2	2	1.00	3
헝가리	1	1	1	6	3	2	3
멕시코	0	1	2	1	8	0.125	1

	승	무	패	득	실	비	승점
브라질	2	1	0	5	0	∞	5
소련	1	1	1	4	4	1	3
잉글랜드	0	3	0	4	4	1	3
오스트리아	0	1	2	2	7	0.29	1

6월8일 우데발라에서 브라질의 '페올라 호'는 월드컵 첫 경기를 가졌다. 상대는 전통적인 다뉴비안의 강자, 오스트리아였다. 팽팽한 경기가 되리라는 예상과 달리 브라질은 싱겁게 승리를 따냈다. 마졸라는 지지의 어시스트를 받아 성

공시킨 첫 골을 포함하여 두 골을 넣었고, 니우톤 산투스는 윙백으로서 공격에 가담하여 득점하였다. 당시로서는 강호라고 할 수 있는 오스트리아를 3-0으로 꺾으면서 브라질은 순조롭게 첫 발을 내디뎠다.

1958년 브라질 대표팀의 감독이었던 빈센트 페올라

2차전은 3일 뒤인 6월11일 고텐부르크에서 열렸다. 브라질의 첫 경기를 보고 그들의 기술적인 능력을 경계한 잉글랜드는 정면 승부는 어려우며 수비적인 운용만이 활로라고 판단했다. 축구 종가로서의 자존심을 내세우기에 그들은 세계 축구의 흐름으로부터 너무 뒤떨어져 있었다. 잉글랜드는 상대팀 에이스인 지지를 집중적으로 봉쇄했으며, 경기 내내

1958년 당시 신예였던 펠레와 가힌샤

수비 중심적인 자세로 임했다. 그럼에도 불구하고 마졸라와 바바는 골대를 두 번 맞췄고, 마졸라의 결정적인 헤딩슛 두 개는 잉글랜드 골키퍼 콜린 맥도날드의 선방이 아니었다면 모두 골이 될 수 있었을 정도로 위협적이었다. 하지만 끝내 브라질은 득점에 실패했고 그렇게 잉글랜드의 비기기 작전이 맞아 들어갔다. 결국 경기는 0-0으로 끝났다. 이 시합은 브라질이 득점을 기록하지 못한 최초의 월드컵 경기로 남게 되었다.

3차전은 6월15일, 2차전 장소와 동일한 고텐부르크에서 행해졌다. 조별리그의 마지막 상대는 소련이었고, 브라질은 최소한 비겨야 토너먼트 라운드에 진출할 수 있었다. 그리고 페올라는 출전 기회를 잡지 못하고 있던 가힌샤와 펠레 카드를 꺼내들었다. 비록 버스운전사 지원자들을 대상으로 심리 적응도를 평가하던 아마추어 심리 테스터였던 카르발랑이스가 펠레와 가힌샤가 경기에 출전하기에 부적합하다고 말했지만, 페올라는 "당신 말이 맞을 수도 있겠지만, 당신은 축구를 모르지 않느냐."라며 그의 주장을 간단히 일축하였다. 그리고 그는 상대에게 기선을 제압할 의도로 주장이자 에이스인 지지에게 일단 시작하자마자 가힌샤에게 볼을 보낼 것을 시시했다.

감독의 지시대로 경기 시작과 함께 가힌샤는 볼을 잡았다. 그리고 그는 마치 2008년 4월에 메시가 스콜스를 가지고 놀듯, 오른쪽 터치라인 근방에서 쿠즈네초프를 돌파하며 기회를 맞이했다. 수비수가 이를 걷어내며 스로인을 만들었고, 다시 볼이 가힌샤에게 갔다. 그리고 가힌샤는 기괴한 돌파를 통해 쿠즈네초프와 보이노프 2명의 수비수를 동시에 따돌리며 슈팅을 시도했다. 아쉽게도 이는 골대를 맞고 나왔지만, 페올라의 의도대로 기선은 제압할 수 있었다. 그리고 브라질 선수들은 이런 흐름을 놓치지 않았다. 지지는 문전으로 쇄도하던 바바에게 정교한 스루패스를 날렸고, 바바는 이를 매끄럽게 마무리하였다. 브라질이 3분 만에 리드를 잡게 된 것이다. 발롱도르를 창시한 인물인 가브리엘 아노는 이를 두고 축구 역사상 가장 위대한 3분이라고 말했다. 그리고 77분, 바바가 재차 한 골을 밀어 넣으며 경기는 2-0으로 마무리되었다.

페올라의 전술적 조치는 대성공이라 할 수 있었다. 가힌샤는 자신의 존재감을 만인에게 펼쳐보았다. 그리고 펠레는 비록 몇몇 좋은 찬스를 놓쳤지만, 신인 치고는 기대 이상의 움직임을 보여줬다.

잉글랜드와 승점에서 동률을 이루었던 소련은 플레이오프에서 잉글랜드를 1-0으로 꺾고 브라질에 이어 조 2위로 8강에 합류했다. 잉글랜드는 분투했지만 뮌헨 참사[19]로 인한 전력 약화를 극복하지 못했다.

그 외 다른 조에서는 스웨덴과 서독, 프랑스, 유고슬라비

---

[19] 1958년 2월6일 맨체스터 유나이티드 선수단이 탑승하고 있던 영국 유러피언 항공 609편 비행기가 귀국 도중 추락한 사고. 맨체스터 유나이티드 소속의 선수 8명을 포함하여 23명이 사망했다.

아 등 기존의 강호들이 무난히 토너먼트에 진출했고, 웨일즈와 북아일랜드가 플레이오프를 거쳐 각기 헝가리와 체코슬로바키아를 물리치며 그 뒤를 이었다.

8강

> 서독 1-0 유고슬라비아　스웨덴 2-0 소련
> 프랑스 4-0 북아일랜드　브라질 1-0 웨일즈

고텐부르크에서 열린 8강전, 브라질의 상대는 웨일즈였다. 웨일즈는 조별예선에서의 성적이 헝가리와 동률을 이뤘던 관계로 플레이오프를 거친 상태였는데, 그렇게 힘들게 진출한 8강전은 플레이오프 경기로부터 불과 이틀 뒤에 열리게 되었다. 엎친 데 덮친 격으로 웨일즈는 주전 스트라이커 존 찰스가 조별 예선에서 부상을 입어 교체 멤버인 웹스터를 대신 출장시킬 수밖에 없었다. 그리고 그는 클리프 존스가 만들어준 골 찬스 상황에서 옆그물을 때리면서 왜 그가 후보에 머무는 선수인지를 증명(?)해냈다. 비록 골키퍼인 켈시가 엄청난 활약을 하며 브라질의 공격수들을 여러 차례 잠재웠지만, 73분 펠레의 슛까지는 막을 수 없었다. 그 후 마졸라가 놀라운 오버헤드 킥으로 득점을 뽑아냈지만, 심판은 불명확한 이유로 이를 골로 인정하지 않았다. 1-0 경기이긴 했지만, 브라질은 지쳐있던 웨일즈를 간단히 압도하며 비교적 쉽게 승리를 싸냈다.

한편, 서독은 1954년 월드컵의 영웅 헬무트 란이 우측면에서 3명을 돌파한 뒤 골라인에 도달하여 각도가 없는 상태에서 골을 터뜨리며 얻은 한 골차 리드를 끝까지 지켜내며 유고를 꺾었고, 스웨덴은 소련을 상대로 고전했지만 함린과 시몬손이 각각 1골을 뽑아내며 2-0의 승리를 거두었으며, 프랑스는 퐁텐이 멀티골을 넣으며 맹활약한 덕에 북아일랜드에게 4-0의 대승을 거두었다. 그렇게 준결승전에 나설 4개의 국가들이 정해졌다.

4강

| 스웨덴 3-1 서독   브라질 5-2 프랑스

브라질은 4강까지 순조롭게 올라가는데 성공했다. 그러나 조별 예선 통과는 브라질의 전력을 감안할 때 당연한 결과라고 할 수 있었으며, 8강 상대였던 웨일즈 역시 강팀이라 하기엔 부족함이 있었다. 하지만 준결승전의 상대 프랑스는 지금까지 상대해 온 팀들과 달랐다. 그들에게는 레이몽 코파와 쥐스텐 퐁텐이라는 스타 플레이어들이 있었으며, 잘 조직된 WM 시스템으로 이미 예전부터 유럽에서 메인 스트림의 한 축을 담당하고 있었다. 5일 간의 휴식을 거친 6월 29일, 솔나의 라순다 스타디움에서 그들의 4강전이 열렸다.

먼저 포문을 열어 젖힌 쪽은 브라질이었다. 2분, 용크가 걷어낸 볼이 가힌샤를 맞고 나오자 용크는 태클로 이를 저지해 돌파를 막았다. 하지만 그 루즈볼은 지지에게 떨어졌고 지지는 정확하게 크로스를 페널티 에어리어 안쪽으로 보냈다. 바바는 가슴으로 그 볼을 트래핑하여 원바운드시킨 뒤 깔끔한 발리슛을 선보이며 선취골을 넣었다.

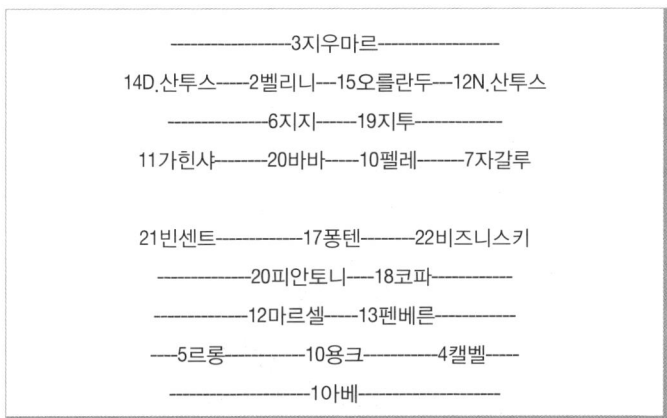

 프랑스도 곧바로 반격에 나섰다. 전반 9분, 퐁텐과 코파가 하프라인 부근에서부터 2대1 패스를 교환하며 전진했고, 코파의 라스트 패스가 브라질 수비의 뒷공간을 가르며 퐁텐과 골키퍼 사이로 굴러갔다. 퐁텐은 발을 먼저 갖다 대어 골키퍼를 따돌린 뒤 이를 득점으로 마무리지었고, 스코어는 1-1 동률이 되었다.

 하지만 그렇다고 흔들릴 브라질이 아니었다. 특히나 지지의 경기 지배력은 가히 독보적이었다. 물론 지지 이전에도 경기장 전체를 조망하면서 팀의 밸런스를 유지하고 공격 방향을 결정지으며 경기에 대한 통제를 주 업무로 하는 플레이메이커 유형의 선수가 존재했던 것은 사실이지만, 짧은 패스와 정확한 볼터치, 안정적인 키핑, 영리한 무브먼트와 포지셔닝을 토대로 점진적인 빌드업을 행해나갈 수 있는 선수는 지지 뿐이었다.

1958년 브라질의 중심이었던 지지

 브라질의 공세에 몰리기도 했지만, 프랑스는 그럭저럭 버텨나갈 수 있었다. 그것이 가능했던 가장 핵심적인 요인은 용크를 중심으로 한 3백이 견고하게 브라질의 공격을 저지해냈기 때문이다. 펠레가 특별한 전과를 거두지 못하고 있던 것도 이들 때문이었다. 그러나 전반 36분, 바바와 용크가 볼을 경합하는 과정에서 용크가 치명적인 다리 부상을 당했고, 그것으로 균형은 깨어지고 말았다. 당시에는 선수 교체라는 규정이 없었기 때문에 프랑스는 사실상 10명의 선수로 11명의 브라질 선수들을 상대해야 했다. 결국 39분, 지지의 강력한 중거리에 의해 브라질이 재차 리드를 잡았다. 2-1로 전반전이 마무리되었다.
 후반전이 시작되었고, 경기장을 넓게 쓰면서 느리더라도 확실하게 상대를 제압하는 브라질만의 특질이 52분 터진 3

번째 골 장면에서 잘 드러났다. 후방에서부터 넘겨진 패스가 중원에 있는 펠레에게 연결되었고, 펠레는 이를 자신보다 앞서 있던 바바에게 넘겨주었다. 바바는 왼쪽 풀백인 산투스에게 패스를 준 뒤 측면으로 침투하면서 2대1 플레이를 시도했고, 상대 수비는 측면 지역으로 나올 수밖에 없었다. 그는 다시 안쪽에 있는 펠레에게 패스를 했는데, 펠레는 마르셀에 의해 커트를 당했다. 수비수를 맞고 흐른 볼은 후방에 있던 지지에게 갔고, 지지는 마르셀을 가볍게 따돌린 뒤 슈팅을 시도했지만 이는 수비수를 맞고 굴절되어 측면에 머무르고 있던 바바에게 연결되었다. 바바는 크로스를 시도했는데 프랑스의 골키퍼 아베가 잡기에 좋은 방향으로 날아갔다. 그러나 아베는 이를 실수로 놓쳤고 아베 바로 앞에 있던 펠레가 루즈볼을 골로 연결했다. 3-1. 아직 경기는 끝나지 않았지만 수적인 열세에 놓여있는 프랑스에게 2골 차이는 만회하기 어려운 것처럼 보였다

64분 경, 경기 내내 그랬듯이, 프랑스의 롱패스가 하프라인도 넘지 못하고 브라질에 의해 차단되었다. 볼을 차단한 조르디는 앞에 있던 가힌샤에게 패스를 주었고 가힌샤는 마르셀을 제친 뒤 정확하게 펠레를 향하여 크로스를 주었다. 문전 5M 지점에서 볼을 받은 펠레는 슈팅을 날렸는데, 이것이 바바와 캘벨을 차례로 맞고 다시 펠레의 앞에 떨어졌다. 펠레는 다시 찬 슈팅은 정확히 마무리지었고, 스코어는 4-1로 벌어졌다.

경기 양상에 큰 변화는 없었다. 프랑스의 롱패스는 모두 하프라인 언저리에서 커트 당했고, 브라질은 여유를 가지면

서 경기를 풀어나갔다. 결국 75분에 중원에서 지투와 더불어 볼을 돌리던 지지가 타이밍을 잡고 전진 패스를 시도했고, 펠레는 이것을 허벅지로 트래핑한 뒤 떨어지는 볼을 향해 발리슛을 시도하였다. 볼은 골키퍼의 오른쪽으로 들어가서 네트를 흔들며 5-1이 되었다.

경기가 마무리되기 7분 전, 프랑스의 피안토니가 중앙에서 한 명의 수비수를 따돌리며 20M 가량을 전진한 뒤 아크 서클 부근에서 중거리슛을 시도하였고 이것이 득점으로 연결되긴 했지만 승부의 추를 되돌리기엔 시간이 너무나 부족했다. 결국 경기는 5-2로 종료되었고 브라질은 50년 이후 8년 만에 월드컵 타이틀에 도전할 자격을 얻었다.

⚽ 결승

> 브라질 5-2 스웨덴

결승은 6월 29일 솔나의 라순다 스타디움에서 치러졌다. 브라질의 상대는 개최국 스웨덴이었다.

전반 4분, 하프라인 근처에서 볼을 받은 스웨덴의 보르예손은 잠시 주위를 살피다가 전방으로 뛰어들고 있던 함린을 겨냥하여 길게 볼을 질러주었다. 이것이 절묘하게 브라질의 뒷공간을 오픈시켰고, 우측에서 볼을 받은 함린은 중앙에 있던 리드홀름에게 가볍게 크로스 패스를 했다. 리드홀름은 원터치로 볼을 안정시킨 뒤 큰 동작을 취하지 않은 채 마크맨 두 명을 투 터치만으로 따돌리면서 골문 좌측으로 패스하듯이 슈팅을 시도했고 이것은 스웨덴의 선취골로 연결되었다.

그러나 스웨덴이 앞서나가는 골을 기록한지 불과 4분 뒤, 브라질의 동점골이 터졌다. 페널티 에어리어 정면에서 세컨 볼을 리바운드해낸 지투는 이를 우측의 가린샤에게 넘겼고, 가린샤는 바깥쪽으로 치고 나가는 특유의 드리블을 통해 파를링을 제치면서 볼을 문전으로 올렸다. 이를 바바가 침착하게 넣었고, 승부는 원점으로 돌아갔다.

여기서 미리 지적해 둘 것은, 스웨덴이 브라질의 이전 상대였던 프랑스와 마찬가지로 당시의 정석이었던 WM시스템을 활용하고 있었다는 것이다. 이렇게 최후방 라인을 3명으로 커버하는 방식의 시스템은, 측면이든 중앙이든 공간이 열릴 수밖에 없었다. 3명의 수비를 넓게 벌리면 공격수에게 들어가는 크로스를 막기가 어려웠고 3명의 수비를 좁히면 상대의 양 윙은 자유로워졌다. 물론 스웨덴의 미드필더들이 가만히 있던 것도 아니고 수비 진형에 들어와 있기도 했지만, 미드필더의 수비가담이란 것은 수비수의 계획되고 예비된 위치선정이라든가 책임 마크에 비하면 상대를 저지하는 데에 있어 허술할 수밖에 없었으며, 설혹 상대의 공격을 효과적으로 차단한다고 해도 중원을 내줄 위험성이 다분했다.

결국 브라질의 가힌샤는 첫 번째 골 장면과 똑같은 방식으로 두 번째 골을 이끌어냄으로써 이러한 문제점들이 단지 이론적인 결함에 머무는 것이 아님을 실증해냈다. 지투의 패스를 받은 가힌샤는 마크맨인 액스밤을 앞에 둔 채 바깥쪽으로 치고 달리며 가까스로 크로스 각을 만들어냈고, 빠르게 굴러온 볼을 바바가 잘라 먹으며 브라질은 2-1로 리드를 잡았다.

후반이 시작되자마자 브라질은 경기를 압도하기 시작했으며, 이는 경기 막판까지 이어졌다. 55분, 모처럼의 스웨덴의 오른쪽 공략은 오우랜두에 의해 맥없이 차단당했고, 볼은 왼쪽에 위치해 있던 니우톤 산투스와 바바, 자갈루 사이에서 돌았다. 베리마크는 자갈루의 돌파를 완벽하게 막아내며 클리어링을 해냈고, 니우톤 산투스는 후방에서 이를 받은 뒤 지체 없이 중앙으로 롱 크로스를 날렸다. 펠레는 이를 가슴으로 트래핑하면서 파를링을 밀어냈고, 이어 구스타브손을 제친 뒤 발리슛을 통해 골을 기록했다.

추가 실점을 한 스웨덴은 상황을 반전시키기 위해 분투했지만, 열세의 원인이 정신력에 있던 것이 아니었기 때문에 큰 변화는 일어나지 않았다. 67분 자갈루의 추가골이 터졌다. 지지의 중거리슛이 스웨덴 베리마크를 맞고 왼쪽으로 굴절되자 자갈루는 경합 상황에서 돌진하는 상대 수비를 영리하게 제쳐낸 뒤 비스듬한 각도에서 슈팅을 시도했고 그것이 그대로 골이 된 것이다.

스코어가 벌어지자 브라질의 경기 운영은 다소 여유로워졌다. 지지가 경기를 컨트롤하면서 가힌샤를 칼날로 삼는 식의 브라질의 공격을 몇 차례 막아내던 스웨덴은, 펠레의 드리블을 끊어낸 뒤 전방에 있던 리드홀름에게 볼을 운반하는 데에 성공했다. 리드홀름은 골대로부터 40M 정도의 지점에서 브라질 수비수 7명이 사이에 있었음에도 페널티 에어리어 안에 있던 시몬센을 겨냥하여 일타일격의 패스를 시도했고, 패스는 성공적으로 이어져 시몬센의 발을 거쳐 골문으로 빨려 들어갔다. 4-2로 점수 차가 좁혀졌다. 그러나 그때는 이미 후반 35분 이상 지난 시점이었고, 스웨덴에게 더 이상의 기회는 오지 않았다.

트로피를 들고 우승 기념 사진을 찍고 있는 브라질 선수단.
좌측 상단부터 빈센트 페올라(감독), 자우마 산투스, 지투, 벨리니, 니우톤 산투스, 오를란두, 지우마르, 다시 좌측 하단부터 가힌샤, 지지, 펠레, 바바, 자갈루, 파울루 아마랄(피지컬 코치)

그리고 종료 휘슬이 울리기 바로 직전, 펠레는 레프트 사이드에 위치해 있던 자갈루에게 볼을 주고 나서 문전으로 침투해 들어갔고, 자갈루는 그를 겨냥해 크로스를 시도했다. 비록 헤딩은 정확하게 시도되지 못하고 빗맞았지만 그것이 오히려 오른쪽 골포스트로 아슬아슬하게 향하면서 득점이 되었다. 그와 동시에 경기 종료가 선언되었으며, 58년 스웨덴 월드컵의 결승전은 5-2 브라질의 승리, 그리고 브라질의 우승으로 마무리 되었다.

에필로그

 이 대회에서의 브라질의 우승은, 유럽에서 열린 월드컵을 비유럽 국가가 제패한 처음이자 마지막 사례로 남게 되었다. 역사상 처음으로 줄 리메 컵을 차지하면서 오랜 숙원을 풀게된 브라질 선수들은 우승이 확정된 직후 경기장을 질주했고, 브라질의 리우 데 자네이루와 상파울루에서는 수 백만 명의 시민들이 거리로 쏟아져 나와 기쁨을 나눴다. 우승의 주역인 페올라 감독과 브라질 대표팀 선수들은 대통령으로부터 명예시민 훈장을 수여받았다. 1970년까지 오래도록 이어질 브라질 헤게모니는 이렇게 시작되었다.

기록 및 수상

- 총 득점 : 35경기 126골(경기당 3.6골)
- 총 관중 수 : 919,580명(경기당 26,274명)
- 최다 득점 팀 : 프랑스(6경기 23득점)
- 최저 득점 팀 : 멕시코(3경기 1득점)
- 최다 실점 팀 : 프랑스(6경기 15실점)
- 최저 실점 팀 : 헝가리(3경기 3실점)
- 골든볼 : 지지(브라질)
- 실버볼 : 펠레(브라질)
- 브론즈볼 : 레이몽 코파(프랑스)
- 최우수 신예상[20] : 펠레
- 골든 글러브 : 헤리 그렉(북아일랜드)

---

20) Best Young Player Award. 2006년에 처음 수여되기 시작했으며, 1958년 월드컵부터 2002년 월드컵까지의 수상자는 인터넷 투표에 의해 선정되었다.

- 골든부트 : 쥐스트 퐁텐(프랑스) - 13골
- 실버부트 : 펠레(브라질), 헬무트 란(서독) - 6골
- 브론즈부트 : 바바(브라질), 피터 맥파랜드(북 아일랜드) - 5골

베스트 팀

- 골키퍼 : 헤리 그렉(북아일랜드).
- 수비수 : 벨리니(브라질), 니우톤 산투스(브라질), 자우마 산투스(브라질)
- 미드필더 : 지지(브라질), 군나르 그렌(스웨덴), 레이몽 코파(프랑스), 대니 블란치플라워(잉글랜드)
- 공격수 : 펠레(프랑스), 가힌샤(브라질), 쥐스트 퐁텐(프랑스)

8. 1962 칠레 월드컵

1962년 칠레 월드컵의 공식 엠블럼

⚽ 개최국 및 유치 과정

아메리카 축구협회는 1962년 월드컵이 남아메리카에서 열리지 않으면 대회를 보이콧하겠다는 의사를 밝혔다. 1954년과 1958년에 2번 연속으로 유럽에서 월드컵을 개최했기 때문에, 다음 월드컵을 남미에서 개최하는 것은 명분상 합당한 것으로 보였다. 1952년 헬싱키에서 열린 FIFA 총회에서 칠레가 월드컵 개최 의사를 밝히면서 아르헨티나와 독일의 뒤를 이어 월드컵 개최 경쟁에 참가하게 되었다. 이는 놀라운 시도였는데, 칠레는 스포츠 인프라 및 각국의 선수단이 체류할만한 숙박 시설 등 제반 조건이 낙후되어 있었으며, 특히나 2년 전인 1954년에 발생한 지진으로 큰 피해를 입은 상태였기 때문이다. 반면 아르헨티나는 다소간의 경제 위기를 겪기는 했지만 전통적인 경제대국이었으며, 일찍부터 축구가 발달되어 다른 남미 국가들에 비해 수준 높은 축구 인프라를 구축하고 있었다. 게다가 월드컵 개최를 위해 지난 6번의 대회에서 단 한 번도 빠지지 않고 유치 신청을 했었지만 그때까지도 월드컵을 개최하지 못했다는 점 역시 호소력이 있었다. 유럽 국가인 독일이 개최할 가능성은 없다고 봐도 무방했기 때문에 아르헨티나의 개최는 확정적인 것으로 보였다.

이 때문에 1956년 6월10일 포르투갈 리스본에서 열린 회의에서 아르헨티나의 대표인 라울 콜롬보는 자신감에 찬 어조로 "우리는 월드컵을 내일 당장이라도 시작할 수 있다. 우리는 필요한 모든 것을 가지고 있다."라며 아르헨티나의 경제적 우위를 강조했다. 하지만 다음 날, 칠레 축구 협회장 카를로스 디트보른이 전세를 역전시켰다. 그는 '개발도상국의 스포츠 발전을 촉진시킴을 목표로 한다'는 FIFA 규정의 2번 조항을 거론하면서, "우리가 월드컵을 개최해야만 한다. 왜냐하면 우리는 아무 것도 가진 것이 없기 때문이다!"라며 전날 콜롬보의 발언에 맞섰다. 디트보른의 열정적인 호소는 FIFA 위원들의 마음을 움직였다. 결국 칠레는 투표 결과에서 32대11로 앞서며 월드컵을 개최하게 되었다. 이로써 아르헨티나는 1930년 초대 대회 때부터 매 대회 월드컵 개최를 추진했지만 단 한 차례도 FIFA로부터 승인을 받지 못하게 되었다.

예선

57개 팀이 참가 신청서를 제출했고, 이 중 5개 팀이 이후 불참을 선언하며 총 52개 팀이 예선에 참가했다. 우승팀과 개최국에게 주어진 자동진출권을 제외한 14장의 티켓 중 8

장은 유럽에, 3장은 남미에 주어졌다. 나머지 3장은 대륙 간 홈 앤 어웨이 플레이오프를 통해 정해졌는데, 한 장은 유럽의 9조 1위팀과 아프리카 지역 1위, 다른 한 장은 유럽의 10조 1위팀과 아시아 지역 1위팀 간 경기의 승자에게 주어졌으며[21], 마지막 한 장은 파라과이와 북중미 지역 1위 팀 간의 경기의 승자에게 주어졌다. 이러한 대륙 간 플레이오프는 남미와 유럽을 제외한 비주류권의 대륙들에게 높은 진입 장벽을 두어 대회의 흥행을 저해하지 않으려는 FIFA의 의도가 있었고, 이 때문에 대다수의 아시아/아프리카 팀들이 불참하였다. 실제 결과 역시 의도대로 되어, 각 지역 1위팀이었던 아프리카의 모로코와 아시아의 한국, 북중미의 멕시코는 각각 스페인, 유고슬라비아, 파라과이에게 패해 진출에 실패했다. 이에 따라 1962년 월드컵은 유럽과 남미의 국가만이 본선에 참가한 유일한 월드컵 대회가 되었다.

유럽 지역에서는 전 대회 준우승팀인 스웨덴과 4강팀이었던 프랑스가 탈락하는 이변이 일어났다. 양 팀 모두 2위팀과 승점이 같아 재경기를 치르게 되었는데, 스웨덴은 스위스에게, 프랑스는 불가리아에게 각각 0-1로 패해 떨어지게 되었다. 그 외에 남미의 콜롬비아가 처음으로 본선에 참가하게 되었다.

- 유럽(8장 + 0.5x2) : 소련, 서독, 이탈리아, 스위스, 체코슬로바키아, 헝가리, 잉글랜드, 불가리아, (유고슬라비아), (스페인)

---

[21] 유럽의 각 조가 3팀으로 구성되어 있었던 것과 달리, 9조와 10조는 2팀으로 이루어져 있었다.

- 남미(5.5장) : 브라질, 칠레, 아르헨티나, 우루과이, 콜롬비아, (파라과이)
- 북중미(0.5장) : 진출 실패(멕시코)
- 아프리카(0.5장) : 진출 실패(모로코)
- 아시아·오세아니아(0.5장) : 진출 실패(한국)

대회 준비

칠레는 당초 대회 진행을 위해 8개의 경기장을 건설할 것을 목표로 하고 있었다. 그러나 대회 준비가 한창이던 1960년 5월22일, 지진 관측 이래 최고 기록인 진도 9.5의 발디비아 대지진이 일어났고, 이로인해 1,655명이 사망했으며 200여만 명의 이재민이 발생했다. 경기장 건설에도 차질이 빚어져 탈카, 콘셉시온, 탈카후아노, 발디비아 등 4개 도시의 경기장은 건설이 중단되었고, 결국 칠레는 단 4개의 경기장밖에 마련할 수 없었다.

대지진의 타격을 고려할 때 대회를 정상적으로 준비한다는 것은 불가능하다고 판단한 FIFA는 칠레가 1962년 대회를 개최하는 것을 재검토하려 했다. 이를 두고 볼 수 없던 디트보른은 칠레를 대표하여 "우리는 지진으로 모든 것을 잃었다. 이제 우리에게 남은 것은 월드컵 하나뿐인데 그것마저 빼앗아가려 하는가."라며 호소했고, 결국 FIFA는 재검토 의사를 철회했다. 간신히 개최권을 지켜낸 칠레는 어려운 가운데에서도 피해 복구와 시설 신축에 최선을 다했고, 그럭저럭 월드컵 개최 준비를 시일 내에 끝마칠 수 있었다.

산티아고의 Estadio Nacional(좌)과 비냐 델 마르의 Estadio Sausalito(우)

랑카과의 Estadio Braden Copper Co.(좌). 현재는 Estadio El Teniente라는 이름으로 바뀌었다. 우측은 디트보른의 이름을 딴 아리카의 Estadio Carlos Dittborn

당시 칠레 축구 협회장
카를로스 디트보른

칠레로서는 기적과도 같았던 월드컵 개최를 성공시킨 디트보른은 월드컵 개막을 앞둔 1962년 4월28일에 사망했으며, 칠레는 디트보른의 공헌을 기리기 위해 그의 이름을 따서 아리카의 경기장의 명칭을 붙였다.

대회 방식

대회의 진행 방식은 1958년 대회와 유사했다. 16팀이 4개씩 4조로 나뉘고, 브라질, 잉글랜드, 이탈리아, 우루과이 네 팀은 시드를 배정받았다. 각 조의 상위 두 팀이 8강으로 진출하기로 했다.

1승 당 승점은 2점이었으며 무승부에는 1점이 주어졌다. 1958년 대회와의 차이점은, 득점을 실점으로 나눈 득실비가 승점 동률 팀 간의 당락을 결정하는 요소가 되었다. 1958년에도 득실비는 사용되긴 했지만, 이는 오로지 1위를 가리기 위한 것이었으며 2위를 가릴 때에는 플레이오프를 행했고 플레이오프가 연장까지 이어진 이후에도 승부가 가려지지 않을 때에야 비로소 득실비가 사용되었다. 하지만 1962년 대회에서는 플레이오프를 모두 없애고 득실비로만 당락을 결정했다.

이것이 적용된 최초의 사례는 아르헨티나였다. 3경기에서 2득점 3실점으로 득실비가 0.67이었던 아르헨티나는, 3경기에서 4득점 3실점을 하여 1.33의 득실비를 기록한 잉글랜드에게 밀려 조별 예선에서 탈락하며 월드컵 역사상 최초로 득실비에 의해 탈락한 팀이 되었다.

토너먼트의 경우, 종전과 마찬가지로 정규시간 내에 승부가 나지 않으면 30분의 연장전이 주어졌다. 그래도 승부가 나지 않으면 추첨을 통해 승패를 가렸으며, 결승전에서 이러한 일이 일어날 경우엔 재경기를 하게 되었다. 다만 이 대회에서는 추첨도 재경기도 치러지진 않았다.

⚽ 조별리그

	승	무	패	득	실	비	승점
소련	2	1	0	8	5	1.6	5
유고	2	0	1	8	3	2.67	4
우루과이	1	0	2	4	6	0.67	2
콜롬비아	0	1	2	5	11	0.45	1

	승	무	패	득	실	비	승점
서독	2	1	0	4	1	4	5
칠레	2	0	1	5	3	1.67	4
이탈리아	1	1	1	3	2	1.5	3
스위스	0	0	3	2	8	0.25	0

	승	무	패	득	실	비	승점
브라질	2	1	0	4	1	4	5
체코	2	1	0	2	3	0.67	3
멕시코	1	0	2	3	4	0.75	2
스페인	1	0	2	2	3	0.67	2

	승	무	패	득	실	비	승점
헝가리	2	1	0	8	2	4	5
잉글랜드	1	1	1	4	3	1.33	3
아르헨티나	1	1	1	2	3	0.67	3
불가리아	0	1	2	1	7	0.14	1

그간 남미와 유럽은 개최지 선정이나 본선 진출 티켓 분배 등의 문제로 인해 적잖은 마찰을 빚어 온 바 있었다. 그러나 그 중 그 어떤 것도 1962년 대회에서 일어난 '산티아고 전투극'에 비견할 만한 것은 없었다.

전설의 산티아고 난투극은 안토니오 기렐리와 코라도 피지넬리라는 이탈리아 기자들이 쓴 공격적인 기사로 인해 촉발되었다. 그들은 월드컵이 다가오자 칠레를 취재하기 위해 방문했는데, 칠레에 대해 호의적인 기사를 써내기보다는 칠레의 지진 후의 참상과 궁핍함을 악의적으로 과장했으며, 칠레 여성들의 미모와 도덕성이 형편없다는 이유를 들면서 '칠레와 같은 나라에서 월드컵을 개최하는 것은 미친 짓'이라고 강도 높게 비난했다. 이들의 몰지각한 행동으로 인해 이탈리아에 대한 칠레의 여론은 극단으로 치달았으며 반 이탈리아 감정이 널리 퍼졌다. 결국 기렐리와 피지넬리는 신변의 안전을 위해 칠레를 떠나야 했으며, 며칠 뒤엔 산티아고의 바에서 이탈리아계 아르헨티나 기자가 이탈리아 인으로 오인 받아 집단 구타를 당하는 일이 발생하기도 했다.

이로 인해 칠레와 이탈리아 양국 선수들은 감정이 극히 악화된 채로 경기에 나섰다. 관중들의 분노도 엄청나서 양국 간의 경기가 열린 산티아고의 나시오날 경기장에는 6만 6천여 명의 관중이 들어찼다. 장내 분위기는 시작하기 전부터 긴장되어 있었다.

경기 시작 전부터 난투극을 예상한 이탈리아의 마짜 감독은 기술적인 유형의 선수였던 시보리와 리베라를 선발 명단에서 과감히 제외시켜버렸다. 마짜 감독의 예상은 조금도 틀리지 않았다. 양 팀 선수들은 경기 시작부터 눈살을 찌푸리게 만드는 거친 파울을 주고받았고, 잉글랜드 출신 켄 애스턴 주심의 킥오프 휘슬이 울린 후 불과 12분 만에 경기는 난장판이 되고 만다. 칠레와 이탈리아의 선수들은 축구보다는 격투에 가까운 파울을 주고받았다. 양 팀 선수들은 시작부터 불필요한 마찰을 빚었고 주심의 판정에도 필요 이상으로 민감하게 반응했다.

결국 첫 퇴장자가 전반 7분 만에 발생했다. 이탈리아의 수비수 지오르지오 페리니가 칠레의 호라니오 란다에게 거친 태클을 가하다 퇴장을 받은 것이다. 페리니는 애스턴 주심의 판정이 가혹하다며 거칠게 항의했다. 하지만 한 번 내려진 판정은 번복될 수 없었다. 억울함을 호소하던 페리니는 퇴장 명령을 받은 후에도 판정에 불복했고, 무장 경찰에 의해 강제로 끌려 나가기 전까지 경기장을 떠나지 않았다.

이른 시간대에 퇴장 선수가 발생하자 경기의 분위기는 더욱 과열되었다. 페리니가 퇴장당한 지 얼마 지나지 않아 란다가 자신이 당한 파울에 대한 보복으로 다른 선수를 공격했다. 그러나 애스턴 주심이 이를 묵인했고 이탈리아 선수들은 강력하게 항의했다. 경기장은 난장판이 되었고 분위기가 가라앉을 기미는 보이지 않았으며 애스턴은 통제력을 잃고 있었다. 잠시 뒤 칠레의 미드필더 리오넬 산체스는 심판의 눈을 피해 이탈리아의 수비수 마리오 다비드의 얼굴을 주먹으로 강타했고, 분개한 다비드는 곧장 산체스의 머리를 걷어찼다. 애스턴은 다비드를 퇴장시켰고 이탈리아는 9명으로 11명을 상대해야 하는 곤경에 처하게 되었다. 산체스는 여기에 그치지 않고 이번에는 이탈리아의 공격수 움베르토 마스키오의 코뼈를 주먹으로 부러뜨렸다. 1962년 대회에는 선수 교체 규정이 도입되기 이전이었으므로, 마스키오가 실려 나가자 필드에는 고작 8명의 이탈리아 선수가 남게 되었다. 홈 관중이 보는 앞에서 제대로 이탈리아를 약 올린 칠레 선수들과, 분통이 터진 이탈리아 선수들과의 패싸움은 이후에도 세 차례나 더 벌어졌고 그때마다 경찰이 투입되어 양 팀 선수들을 뜯어말려야 했다.

어수선한 분위기 끝에 경기는 11명이 뛴 칠레가 2-0 승리를 거뒀다. 안방에서 '악당'을 무찌른 선수들에게 홈 관중은 열렬히 환호했다. 경기의 지저분함 따위는 아무것도 아니었다. 어쨌든 칠레는 이 승리를 발판삼아 준결승전까지 진출했고, 이탈리아는 예선 탈락이라는 수모를 맛봤다. 이것이 월드컵 역사가 기록하고 있는 '산티아고의 전투'이다.

칠레에 패한 이탈리아는 결국 조별리그에서 탈락하는 수모를 당했다. 시보리와 마스키오를 비롯한 이민계 선수들을 4명이나 귀화시키는 한편, 의사, 유명 요리사, 마사지 전문사, 심리학자 등의 특별 스탭까지 구성하여 1962년 대회를 준비한 것 치고는 너무나 초라한 성적표가 아닐 수 없었다. 이탈리아는 탈락 이후에도 개최국 칠레를 강도 높게 비난하며 서로 간의 감정을 악화시켰다.

이렇게 시작된 남미와 유럽 간의 전쟁 분위기는 1962년 대회 내내 지속됐으며, 거친 반칙이 거듭되며 대회의 질적 수준을 크게 떨어뜨리고 말았다. 대회 전체 득점은 전 대회에 비해 37골이나 줄어들었고, 대회 개막 첫 주 동안 16개 팀에서 40명의 부상자가 나왔다. 이에 유럽 언론들은 1962년 대회를 '몰상식한 반칙이 난무하는 역대 최악의 월드컵'이라 표현하기도 했다. 산티아고의 〈클라론〉 지의 표제로 실린 〈세계대전〉이라는 말은 대회의 분위기를 단적으로 드러내는 것이었다.

비난이 쏟아지자 월드컵 조직 위원회는 16개국 감독을 소집해 모임을 가졌고, 이 자리에서 차후 폭력 사태가 발생하면 이 대회뿐만 아니라 FIFA 주관의 모든 국제 경기에 출전 금지를 내릴 것이라고 경고했다.

1962년 브라질 선수단

이렇듯 뒤숭숭한 분위기 속에서 치러지던 대회를 빛낸 것은 전 대회 챔피언 브라질이었다. 1958년의 주전 센터백이었던 벨리니와 오를란두가 1962년에는 마우루와 주지무의 조합으로 바뀐 것, 그리고 페욜라 대신 모레이라가 사령탑을 맡게 된 것을 제외하면 1958년 우승 당시의 주역들이 여전히 주전 멤버였다.

1962년 브라질의 포메이션

게다가 펠레는 앳된 티를 완전히 벗고 산토스를 이끌고 코파 리베르타도레스를 우승하며 단순한 일회성 깜짝 스타가 아닌 당대를 대표하는 선수임을 증명해내는 등 절정의 시기를 달리고 있었다. 같은 조에 멕시코와 스페인, 체코 등 강팀이 함께 속해 있기는 했지만 그 정도는 아무런 문제가 되지 않을 것으로 보였다. 하지만 첫 출발이 순조로웠던 것은 아니었다. 5월 30일 비냐 델 마르의 사우살리토 경기장에서 열린 멕시코와 조별리그 1차전 경기에서, 브라질은 조직적이고 끈끈한 멕시코의 플레이에 상당히 고전했다. 펠레는 멕시코 수비수들의 정교한 태클에 여러 번 볼을 헌납했으며, 가힌샤의 라이트 사이드 돌파는 분명 위협적이지만 지나치게 볼을 끌다 기회를 놓치곤 했다. 바바는 간간히 오는 볼을 키핑해서 전달할 뿐 대개의 경우 고립되어 할 수 있는 것이 없었으며, 디디의 플레이에서는 날카로움과 유연함이 느껴지지 않았다. 그래도 자갈루와 펠레의 골로 브라질은 2-0으로 귀중한 1승을 따냈다. 그러나 이 경기에서 펠레가 부상을 당하며 브라질은 큰 전력 손실을 우려하게 되었다.

3일 뒤, 같은 장소에서 열린 체코전은 양측 모두 실망스러운 무득점 무승부로 끝나고 말았다. 펠레는 이전 경기에서 발생한 사타구니 부상으로 불편해했으며, 결국 25분에 슈팅을 시도한 이후 쓰러졌다. 당시만 해도 교체 선수 제도가 없었기 때문에 그는 울며 겨자 먹기로 나머지 시간 동안 뛰어야 했고, 그의 재능을 보여줄 여지는 전혀 없었다. 사실상 10명으로 플레이한 브라질은 체코의 튼튼한 수비에 큰 힘을 쓰지 못했으며 결국 0-0의 무승부에 만족할 수밖에 없었다. 브라질과 체코가 1승 1무를 거뒀고, 마지막 상대인 스페인에게 브라질이 패할 경우 스페인이 브라질보다 윗 순위를 차지하게 될 것이었기 때문에 브라질은 초조할 수밖에 없었다.

그런 상황에서 6월 15일, 브라실과 스페인의 조별리그 최종전이 펼쳐졌다. 스페인의 감독이었던 에레라는 스피드와 유동성을 추구하기 위해서 델 솔, 산타마리아를 라인업에서 제외시켰는데 이 작전은 성과를 보이는 듯 했다. 스페인은 35분 경, 아델라르도가 수비수들의 마크를 당하면서도 20미터 거리에서 멋진 오른발 슈팅을 터뜨리며 리드를 잡았다.

후반 중반이 지나면서 스페인의 눈앞에선 승리가 아른거렸으며, 브라질은 조별 예선 탈락의 위기에 몰리는 순간이 왔다. 이때 푸스카스는 브라질의 오른쪽 지역에서 프리킥을 시도했고 이것이 수비수의 머리에 맞고 흐르자 페이로가 이를 엄청난 오버헤드 킥으로 연결시키며 스코어를 2-0으로 바꿔버렸다. 그러나 주심은 이해할 수 없게도 이를 골로 인정하지 않았고, 이에 브라질은 회생할 기회를 얻었다. 72분 경, 자갈루는 왼쪽의 공간으로 침투해서 크로스를 날렸으며, 펠레 대신 기용된 아마리우두가 이를 놓치지 않고 잘라 먹으며 동점을 만들었다. 그리고 막판에 빛을 발한 것은 가힌샤였다. 그는 수비수 두 명을 달고 뛰다가 가속을 붙인 뒤 크로스를 날렸으며, 동점골을 넣었던 아마리우두가 이를 헤딩으로 연결, 역전골을 만들어내며 이 경기의 영웅으로 떠올랐다.

한편 역사상 최고의 골키퍼로 평가받는 소련의 야신은 이 대회에서 실수를 연발하며 자존심을 구길대로 구겼다. 야신은 조별리그 3경기에서만 5골을 내줬으며, 콜롬비아와의 경기에서는 월드컵 역사상 유일무이한 '올림픽 골'[22]까지 내주는 수모를 당했다. 야신을 상대로 역사적인 골을 성공시킨 주인공은 콜롬비아 미드필더 마르코스 콜이었다.

---

22) 코너킥으로 직접 득점한 경우를 말한다. 1924년 올림픽 당시 아르헨티나의 세자레오 온사리가 우루과이를 상대로 이렇게 득점을 올렸기 때문에, 올림픽 골이라는 명칭이 붙었다.

부상으로 빠진 펠레를 대체하며
주전을 꿰찼던 아마리우두.
그는 펠레의 빈자리를 잘 메우며
토너먼트 진출을 확정지었고,
브라질의 월드컵 2연패에 공헌했다.

이밖에, 체코슬로바키아와 멕시코와의 경기에서는 체코슬로바키아가 바클라프 마섹이 15초 만에 터트린 골에 힘입어 승리를 거두었다.

8강

| 칠레 2-1 소련 | 브라질 3-1 잉글랜드 |
| 유고슬라비아 1-0 서독 | 체코슬로바키아 1-0 헝가리 |

조별 예선을 1위로 통과한 브라질의 8강 상대는 잉글랜드였다. 둘의 경기스타일을 간단히 요약하자면, 화려한 기술의 브라질과 선 굵은 패스와 스피드의 잉글랜드라고 말할 수 있었다. 전반 19분에 펼쳐진 장면은 브라질의 개인 기량 우세가 단적으로 드러난 장면이었다. 프리킥을 얻은 지투는 아크 서클 근처의 바바에게 볼을 연결했고, 바바는 원터치 패스로 왼쪽의 자갈루에게 넘겨주었다. 자갈루는 잉글랜드 수비수들을 상대로 볼을 지켜내며 아크서클 근처로 접근하다가 왼쪽 공간으로 빠져 들어가 있던 바바에게 다시 패스

를 주었고, 바바는 지투에게, 지투는 오른쪽의 자우마 산토스에게, 자우마 산토스는 다시 중앙의 디디에게 볼을 넘겨주었다. 볼을 받은 디디는 묘기에 가까운 볼터치로 마크맨을 간단히 벗겨낸 뒤 잉글랜드 수비를 한 번에 관통하는 스루패스를 날렸고, 아마리우두가 문전에서 볼을 받은 뒤 슈팅을 시도했지만 잉글랜드 골키퍼 스프링게트가 가까스로 실점을 막아냈다.

가힌샤의 활약은 절정에 달했다. 그는 하이네스가 골라인 근처에서 태클을 하기 전까지 세 명의 선수를 농락하며 기선을 제압했으며, 결국 30분 경 그는 자갈루의 코너킥을 헤딩으로 연결하며 선취골을 올렸다.

실점을 허용한 잉글랜드는 그리브스를 중심으로 보다 공세적으로 나갔다. 그러나 마우루를 비롯한 브라질의 4백은 튼튼했고, 오히려 36분에는 잉글랜드 수비의 패스미스로 인해 아마리우두에게 찬스가 나기도 했다. 38분, 잉글랜드가 우측면에서 프리킥 기회을 얻었고, 크로스를 받은 그리브스가 헤딩한 볼이 크로스바를 맞고 흘러나온 것을 히친스가 지체 없이 골문으로 밀어 넣으며 동점을 만들었다. 결국 전반전은 1-1로 마무리되었다.

브라질의 공세는 후반에도 멈추지 않았다. 53분, 스프링게트의 손을 맞고나온 가힌샤의 프리킥이 바바의 머리로 이어지며 브라질이 다시 앞서나갔고, 6분 뒤엔 가힌샤가 파포스트 상단을 향해 감아 찬 슈팅이 경악스러운 커브를 그리며 브라질의 세 번째 골로 연결되었다. 가힌샤는 해트트릭을 기록할 수 있었던 페널티킥 기회를 얻었지만 잉글랜드의 골키퍼 스프링게트가 그것을 막아냈다. 63분 경에는 아마리우두와 바바가 영리한 연계 플레이로 잉글랜드 수비 진영을 초토화시키고 단독찬스를 맞이하기도 했으니 잉글랜드는 다시금 세계와의 벽을 실감할 수밖에 없었다. 결국 경기는 브라질의 3-1 승리로 마무리되었다.

⚽ 4강

> 브라질 4-2 칠레
> 체코슬로바키아 3-1 유고슬라비아

전 대회 우승팀인 브라질과 개최국인 칠레 사이의 준결승은 막대한 이목을 집중시켜 이 대회 최고의 흥행 매치가 되었다. 경기의 균형은 예상보다 빨리 깨졌는데, 전반 9분경 가힌샤가 중거리 슛을 성공시킨 것이다. 칠레 역시 전반 19분 로하스의 슈팅으로 반격했지만 공은 골대를 맞고 튕겨 나오고 말았다. 그 후 브라질이 곧바로 반격에 나서 득점에 성공했지만 명백한 온사이드 상황이었음에도 불구하고 심판이 오프사이드를 선언하면서 골은 취소당했다.

그 후로도 양 팀의 치열한 공방전이 이어졌다. 그 가운데에 몇 번의 오심이 있었는데, 의도적이었는지 아닌지를 알기는 어렵지만 심판의 판정 자체는 명백하게 칠레 편향적이었다. 가힌샤의 골이 오프사이드라는 이유로 취소되었고, 칠레 선수의 핸드볼은 그냥 넘어갔으며, PK감인 파울이 페널티 에어리어 내 간접 프리킥으로 선언되었고, 드리블로 역습을 시도하던 아마리우두가 거친 태클을 당했지만 파울은 선언되지 않았다.

이러한 어려움 속에서도 브라질은 결실을 거뒀는데, 32분 경 가힌샤가 자갈루의 코너킥을 헤딩으로 성공하면서 추가 골을 넣은 것이다. 그러나 칠레는 경기를 포기하지 않았다. 하프타임 직전, 브라질을 상대로 공세를 퍼붓던 칠레는 좋은 지점에서 프리킥을 얻어냈고, 토로가 25미터 거리에서 시도한 직접 슈팅이 골로 연결, 칠레에게 희망을 주었다.

후반 초반, 가힌샤는 사이드 돌파로 코너킥을 얻어냈고, 바바는 이를 헤딩으로 연결하며 3-1을 만들었다. 다시 칠레의 리오넬 산체스가 조지무의 핸들링 덕에 받은 PK를 성공시키며 재차 한 골 차로 따라 붙었지만, 바바가 또 다시 자갈루의 크로스를 헤딩골로 연결시키며 칠레의 추격을 뿌리쳤다. 칠레가 동점을 만들기 위해 필사적이 되면서, 이 대회의 다른 경기들이 그랬던 것처럼 선수들의 플레이가 거칠어졌고, 급기야는 두 명의 선수가 실려 나갔다. 격앙된 상황에서 란다는 지투에게 파울을 범했고, 가힌샤는 그 보복으로 로하스를 걷어차면서 퇴장을 선고받았다. 경기장 밖으로 쫓겨나던 중 가힌샤는 관중들이 던진 병에 맞았다. 난투 속에서도 스코어는 변화 없이 4-2로 마무리되었다.

결승

| 브라질 3-1 체코슬로바키아

 월드컵 조직 위원회는 폭력 사태가 발생할 경우 이 대회 뿐만 아니라 FIFA 주관의 모든 국제 경기에 개인과 팀 모두 출전 금지를 내릴 것이라고 경고했지만, 브라질의 결승 진출 자격을 박탈해버림으로써 결승전도 없이 체코에게 부전승을 안겨준다는 것은 현실적으로 받아들일 수 없는 일이었다. 그렇기 때문에 초점은 준결승전에서 퇴장 당한 가힌샤의 결승선 출진 여부에 맞추어졌다. 브라질 당국과 축구협회는 가힌샤의 결승전 출전을 위해 적극적인 협상을 벌였고, 이에 가힌샤는 약간의 주의만을 받고 결승에서 뛰는 것을 허락받았다. 조직 위원회의가 수 주 전에 행한 결정은 결국 휴지조각이 되었다.

1958년 결승처럼, 브라질은 초반에 골을 내주고도 이를 역전시켰다. 체코슬로바키아는 15분 경 마소푸스트가 브라질의 배후로 침투하여 포스피칼의 영리한 킬패스를 받아 골을 넣으며 득점에 성공했다. 체코슬로바키아의 건장한 수비들은 리드를 가능한 한 오래 유지할 것이라고 기대되었지만, 불과 2분 뒤에 브라질에 동점골을 허용하고 말았다. 아마리우두가 좌측으로 파고들면서 올린 크로스를 스츠로프가 마무리하면서 원더골을 성공시킨 것이다.

체코슬로바키아는 브라질의 볼을 탈취하고 점차 찬스를 만들어내기 시작했다. 그 와중에 자우마 산토스가 핸드볼을 범했지만 이는 인정되지 않았다. 곧 브라질은 체코슬로바키아에게 골결정력 부족의 책임을 물었다.

환호하는 아마리우두와 가힌샤

지투가 아마리우두에게서 받은 크로스를 헤딩으로 연결하며 골을 기록한 것이다. 이어, 자우마 산토스의 크로스가 스츠로프를 맞고 루즈볼이 된 것을 바바가 넣었을 때 경기는 거의 마무리 된 것이나 다름없었다. 브라질은 펠레 없이도 여유 있게 월드컵 우승을 차지하면서 대회 2연패를 달성했다.

⚽ 에필로그

이번 대회의 결승전에서도 같은 결과가 나왔듯, 제 3회 대회를 제외하고 모든 결승전에서 선제골을 빼앗긴 팀이 역전승을 거두었기 때문에 '줄리메 컵 결승전은 역전승으로'라는 새로운 징크스가 축구팬들에게 인식되었다. 또한 브라질은 유럽과 남미에서 모두 우승을 달성한 유일한 팀이 되었다.

그러나 브라질 대표팀이 줄리메컵 2연패의 위업을 달성한지 불과 2년 만에 브라질에서는 군부 쿠데타가 일어났다. 자유와 열기는 짓밟혔고, 실종과 고문과 살인이 일상사가 되었다. 또한, 남미와 유럽 간의 갈등을 비롯한 잦은 충돌은 경기의 수준을 크게 떨어뜨렸으며, 역대 처음으로 경기당 득점은 3점대 아래로 떨어졌다.

⚽ 기록 및 수상

- 총 득점 : 32경기 89골(경기당 2.78골)
- 총 관중 수 : 899,074명 (경기당 28,096명)
- 최다 득점 팀 : 브라질(6경기 14득점)
- 최저 득점 팀 : 불가리아(3경기 1득점)

- 최다 실점 팀 : 서독(4경기 2실점)
- 최저 실점 팀 : 콜롬비아(3경기 11실점)
- 골든볼 : 가힌샤(브라질)
- 실버볼 : 요세프 마소푸스트(체코)
- 브론즈볼 : 레오넬 산체스(칠레)
- 최우수 신예상 : 플로리안 알베르트(헝가리)
- 골든 글러브 : 빌리암 슈로이프(체코 슬로바키아)
- 골든부트 : 가힌샤(브라질), 바바(브라질), 레오넬 산체스(칠레), 드라찬 예르코비치(유고슬라비아), 발렌틴 이바노프(소련), 플로리안 알베르트(헝가리) - 4골
- 실버부트 : 아마리우두(브라질), 라조스 티치(헝가리), 밀란 갈릭(유고슬라비아), 아돌프 셰러(체코슬로바이카) - 3골

⚽ 베스트 팀

- 골키퍼 : 빌리암 쉬로이프(체코)
- 수비수 : 자우마 산토스(브라질), 체자레 말디니(이탈리아), 발레리 보로닌(소련), 칼-하인츠 슈넬링거(서독)
- 미드필더 : 지투(브라질), 요세프 마소푸스트(체코)
- 공격수 : 바바(브라질), 가힌샤(브라질), 아마리우두(브라질), 레오넬 산체스(칠레)

9. 1966 잉글랜드 월드컵

1966년 잉글랜드 월드컵의 공식 엠블럼

⚽ 개최국 및 유치 과정

1956년 6월10일 스위스 리스본에서 열린 FIFA 총회에서 1962년 월드컵의 개최권이 남미의 칠레에게 돌아감으로써 1966년의 대회는 유럽에서 개최될 것이 자명해졌다. 이에 유럽의 국가들은 일제히 다음 대회 유치에 박차를 가하기 시작했다. 이 중 잉글랜드와 서독이 두각을 나타냈다. 서독에게 월드컵이란 전범 국가라는 과오를 씻고 국제 사회에 새로운 모습으로 어필하기에 좋은 기회였다. 그리고 7회 대회의 유치 경쟁을 통해 얻은 노하우나 축구 관련 기반시설도 잘 갖추어져 있어, 서독은 어느 정도 월드컵 개최를 확신하고 있었다.

그러나 잉글랜드 역시 남다른 각오로 경쟁에 참여하고 있었디. 월드컵 초창기에 축구 종가로서의 자만심에 젖어 있다가 지난 몇 차례의 월드컵에서의 실패로 현실 감각을 깨달은 잉글랜드는 1963년 잉글랜드 축구협회(FA) 창립 100

주년을 기념하는 동시에 뒤쳐진 자국의 축구 수준을 끌어올리기 위해 월드컵 유치에 총력을 기울였다.

1960년 8월22일 로마에서 열린 FIFA 총회에서 개최지 선정을 결정하기 위한 투표가 행해졌고, 이 투표에서 34표를 얻은 잉글랜드는 27표를 얻은 서독을 제치고 월드컵 역사 36년 만에 개최에 성공해냈다. 서독은 모든 것이 준비되어 있었지만 전범국가라는 멍에를 이겨내지 못하고 두 대회 연속 월드컵 유치에 실패하고 말았다.

대회 준비

이미 100년 가까이 축구의 전통을 이어온 잉글랜드는 기본적인 인프라의 측면에서는 나무랄 데가 없었다. 경기장의 마련에 있어서도 전국 각지에 있는 기존의 구장들을 활용하여 큰 어려움을 겪지 않을 수 있었다. 총 8개의 경기장이 사용되었다.

런던의 Wembley Stadium(좌)과 White City Stadium(우)

버밍엄의 Villa Park(좌)와 셰필드의 Hillsborough Stadium(우)

맨체스터의 Old Trafford(좌)와 리버풀의 Goodison Park(우)

선더랜드의 Roker Park(좌)와 미들스부르의 Ayresome Park(우)

1966년 잉글랜드 월드컵은 비록 흑백 화면이긴 했지만 세계 29개국으로 위성 TV 중계를 실시하는 등 역사상 처음으로 전 세계 단위로 TV 중계가 된 메이저 스포츠 이벤트로 남게 되었다. 또한 처음으로 '윌리'라는 공식 마스코트를 지정하는 등 전반적인 대회의 규모와 형식의 차원에서 현격한 발전을 이룸으로써 월드컵의 위상을 크게 제고시켰다.

최초의 월드컵 마스코트인 윌리(사자)

한편, 잉글랜드에서 열리는 1966년 FIFA 월드컵을 4개월 앞둔 1966년 3월20일, 웨스트민스터 센트럴 홀에서 일반인에게 개방된 줄 리메 컵 전시회를 하던 도중 줄 리메 컵이 도난당하는 사건이 발생하기도 하였다. 다행히 7일 뒤에 사우스 런던의 어퍼 노우드 교외에서 농부 코베트 씨의 개 피클스가 집 뒤뜰에서 줄 리메 컵을 발견했다. 줄 리메 컵을 훔쳐간 범인은 46세의 농부 에드워드 블레츨리로, 그는 생각지도 않게 사건이 크게 확대되자 겁을 먹고 트로피를 숲속에 버렸다. 이 사건으로 유명해진 개 피클스는 잉글랜드의 월드컵 우승 후 호텔의 축하파티에 참석하는 영광을 얻기도 하였다.

줄리메 컵을 찾아낸 강아지 Pickles

참가 팀 및 예선 경과

1966년 FIFA 월드컵은 총 16장의 본선 진출권 가운데 잉글랜드가 개최국 자격으로 자동 출전하고 브라질이 지난 대회 우승 팀 자격으로 자동 출전하게 되어 14장의 진출권을 놓고 팀들이 예선을 치렀다.

총 70팀이 예선에 참가하면서 역대 최다 참가국 기록을 경신했으며, 특히나 유럽, 남미, 아프리카, 아시아, 오세아니아 등 5대륙의 팀이 모두 참가한 첫 번째 대회가 됐다. 이때 FIFA는 아시아와 아프리카 팀들의 전력이 떨어진다는 이유로 아시아, 오세아니아, 아프리카 지역을 하나의 지역단위로 통합한 뒤 단 1장만의 티켓을 배정한 반면 유럽에게는 10장, 남미엔 4장, 북중미에 1장을 할당했다. 아시아와 아프리카 국가들은 1962년 대회 예선에서 유럽 팀과의 대륙 간 플레이오프를 강요받았던 것에 이어 1966년 대회에서도 노골적인 멸시를 당하자 강력한 반발을 보였으며, 이에 거의 모든 팀이 불참을 선언했다. 결국 한국, 북한, 필리핀, 남아공, 오스트레일리아만이 남게 되었다. 하지만 남아공은 아파르트헤이트 정책을 이유로 참가가 불허되었으며, 필리핀도 참가를 거절당했다. 여기에 한국은 예선 경기 개최국이 일본에서 캄보디아로 변경된 것을 이유로 하여 불참을 선언[23]하는 바람에, 북한과 오스트레일리아만이 예선을 치렀다. 결국 북한이 오스트레일리아와의 두 차례 맞대결에서 6-1, 3-1로 승리하며 본선에 진출하게 되었다. 이 밖에도 과테말라와 콩고가 FIFA로부터 출전을 거부당했다.

- 유럽(10장) : 잉글랜드, 서독, 불가리아, 프랑스, 포르투갈, 스위스, 헝가리, 소련, 이탈리아, 스페인
- 남미(4장) : 브라질, 칠레, 아르헨티나, 우루과이
- 북중미(1장) : 멕시코
- 아프리카 · 아시아 · 오세아니아(1장) : 북한

⚽ 조별리그

	승	무	패	득	실	득실비	승점
잉글랜드	2	1	0	4	0	∞	5
우루과이	1	2	0	2	1	2	4
멕시코	0	2	1	1	3	0.33	2
프랑스	0	1	2	2	5	0.4	1

---

[23] 표면적인 명목은 이러했으나, 실질적으로는 당시 국제 경기에서 29승 1패의 호조를 보이고 있던 북한에게 패배를 당하는 것을 꺼려서 불참했다는 의견이 지배적이다. 이로 인해 한국은 FIFA로부터 벌금 5,000달러의 징계를 받았다.

	승	무	패	득	실	득실비	승점
서독	2	1	0	7	1	7	5
아르헨티나	2	1	0	4	1	4	5
스페인	1	0	2	4	5	0.8	2
스위스	0	0	3	1	9	0.11	0

	승	무	패	득	실	득실비	승점
포르투갈	2	1	0	9	2	4.5	6
헝가리	2	1	0	7	5	1.4	4
브라질	1	0	2	4	6	0.67	2
불가리아	0	0	3	1	8	0.125	0

	승	무	패	득	실	득실비	승점
소련	3	0	0	6	1	6	6
북한	1	1	1	2	4	0.5	3
이탈리아	1	0	2	2	2	1	2
칠레	0	1	2	2	5	0.4	1

개막전은 잉글랜드와 우루과이의 경기였고 0-0 무승부로 끝났다. 이후 1982년 스페인 월드컵에서 벨기에가 아르헨티나를 상대로 득점하여 기록을 깰 때까지 세 번의 월드컵 동안 이 징크스가 이어졌다.

조별리그의 시작과 동시에, 브라질이 월드컵 3연패를 달성하고 줄리메 컵을 영구 소유하게 될 지에 대해 사람들의 이목이 집중되었다. 그들이 첫 경기에서 불가리아를 상대로 2-0의 승리를 거둘 때만 해도 브라질은 0순위 우승 후보였다. 비록 펠레가 경기 중 부상으로 다음 경기를 뛸 수 없게 되긴 했지만, 그건 지난 대회에도 있었던 일이었다. 그러나 다음 상대였던 헝가리에게 경기 내내 압도당하며 1-3으로 패배하면서부터 이야기는 달라졌다. 반면 같은 조에 있던 포르투갈은 헝가리를 3-1, 불가리아를 3-0으로 완파하며 기세 좋게 조 1위로 올라섰고, 결국 6월19일 양 팀은 리버풀의 구디슨 파크에서 조 1위 자리를 놓고 격돌하게 되었다.

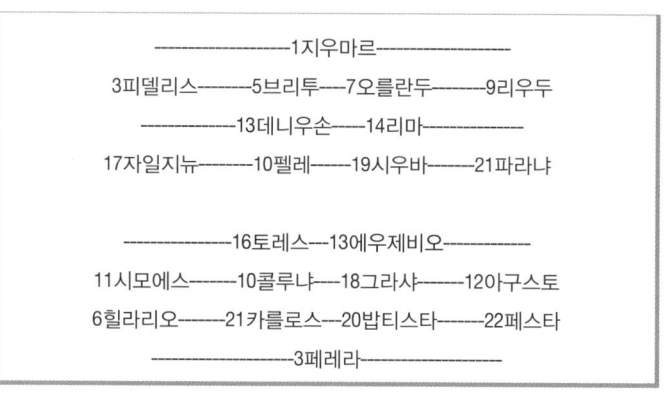

포르투갈의 에우제비우는 경기가 시작되자마자 강력한 프리킥으로 브라질 수비수들을 혼비백산하게 만들었으며, 5분경에는 시모에스와 2대1 패스를 주고받으며 페널티 박스 좌측으로 파고들어가 데니우손, 피델리스, 자이르지뉴를 완전히 농락한 뒤 위협적인 슈팅을 날렸다. 공세를 지속하던 포르투갈은 오래지 않아 결실을 맺었다. 전반 15분, 시모에스는 수비수들을 달고 볼을 끌고 들어가다가 좌측으로 빠지고 있던 에우제비우에게 패스를 주고, 자신은 문전으로 쇄도하며 에우제비우와 포지션 체인지를 시도했다. 에우제비우는 수비수 한 명을 가볍게 돌파해낸 뒤 니어 포스트로 크로스를 날렸고, 망가는 이를 펀칭해냈지만, 문전으로 들어오고 있던 시모에스가 튕겨 나온 볼을 그대로 헤딩슛으로 연결하며 선취골을 기록했다.

선취골을 넣자 포르투갈의 기세는 한층 더 올랐으며, 브라질은 속수무책으로 두들겨 맞는 것 밖에는 방법이 없었다. 포르투갈의 공격수 에우제비우, 시모에스, 콜루냐, 그라샤는 패스와 드리블을 반복하며 브라질 진영을 무참하게 유린했고, 브라질이 이를 파울로 끊었다 싶으면 에우제비우의 강력한 프리킥이 기다리고 있었다. 비록 펠레가 라인업에 포함되었지만 그는 포르투갈 수비수들의 강력한 태클에 고전하며 큰 힘을 발휘하지 못하다가 결국 부상을 당해 경기장 밖으로 나갔다.

26분, 브라질의 레프트백 리우두가 포르투갈의 우측면에서 에우제비우에게 거친 태클로 파울을 범하면서 포르투갈에게 프리킥이 주어졌다. 콜루냐가 시도한 프리킥은 토레스의 머리에 맞은 뒤 에우제비우에게 갔고, 에우제비우는 오를란두를 공중에서 제압하며 정확한 헤딩슛을 날려 스코어를 2-0으로 변경시켰다.

후반전에 브라질은 특유의 기술과 느린 템포의 이점을 충분히 활용하며 상황을 반전시키고 중원을 지배해나갔다. 포르투갈의 콜루냐와 그라샤는 운동 능력과 개인 기량에 있어서는 탁월했지만, 볼을 운반하고 빌드업을 지휘하는 데에는 특별한 장점이 없었기 때문에 브라질이 주도권을 장악하는 것을 막지 못했다. 이런 가운데, 에우제비우의 능력이 빛을 발했다. 그는 후반 4분, 페널티에어리어 좌측 골라인에서 망가의 간담을 서늘하게 하는 무각도 슛을 날렸고 후반 18분에는 드리블로 단독 역습을 가하면서 브라질의 수비진을 쑥대밭으로 만들기도 하는 등 볼을 잡을 때마다 인상적인 모습을 보여줬다.

1966년 월드컵의 득점왕 에우제비우

후반 중반, 브라질의 리우두가 한 골을 만회했지만 포르투갈의 에우제비우는 그들에게 추격을 허용치 않았다. 39분경 브라질의 왼쪽을 초토화시킨 다음 골키퍼를 맞고 나오는 강력한 유효슈팅을 보여준 에우제비우는, 코너킥 상황에서 월드컵 역사상 가장 파워풀하다고 평가되는 골을 넣으며 스코어를 3-1로 벌렸다. 결국 브라질은 무력하게 탈락[24]했으며, 포르투갈은 역사상 처음으로 월드컵 토너먼트에 진출하게 되었다.

---

24) 전 대회 우승국의 조별리그 탈락은 월드컵 역사상 세 번밖에 일어나지 않은 일이다. 1966년 대회의 브라질, 50년 대회의 이탈리아, 2002년 대회의 프랑스가 이에 해당된다.

이 밖에 A조에서는 개최국 잉글랜드가 멕시코와 프랑스를 각각 2-0으로 꺾고 우루과이와 함께 8강에 진출했으며, B조에서는 서독과 아르헨티나가 스페인과 스위스를 제물로 삼은 뒤 서로 비기면서 동반 진출했다. 이변이 벌어진 것은 D조였는데, 소련이 3승을 거둔 가운데 북한이 이탈리아를 꺾으면서 8강에 진출한 것이다. 북한에게 패배하며 조별예선에서 탈락하자 분노한 이탈리아인들은 새벽에 몰래 입국하는 대표팀을 기다려 썩은 토마토와 계란을 투척했다. 이 경기에서 이탈리아는 미드필더 불가렐리가 부상으로 실려나간 뒤 10명으로 싸워야 했고, 결국에는 0-1 패배를 당했다. FIFA는 이와 같은 사례가 반복되는 것을 막기 위해 1970년 대회부터 선수교체 제도를 도입하게 된다.

⚽ 8강

| 잉글랜드 1-0 아르헨티나 | 포르투갈 5-3 북한 |
| 서독 4-0 우루과이 | 소련 2-1 헝가리 |

8강에서 가장 흥미로운 경기는 북한과 포르투갈의 시합이었다. 북한은 한봉진이 오른쪽에서 크로스한 볼을 박승진이 왼발 아웃사이드 슈팅으로 이어가며 전반 1분 만에 선취골을 올렸다. 이른 실점에 포르투갈의 약점인 수비진이 흔들리기 시작했고, 이에 북한 양성국의 크로스를 이동운이 받아 추가골을 성공시켰다. 이이 포르투갈의 골키퍼 호세 페레이라가 또 다시 추가점을 허용하며 3-0이 되자 경기는 이미 종료된 것 같았다. 하지만 그 순간, 에우제비우가 힘을

발휘하기 시작했다. 그는 호세 어구스투가 보낸 스루 패스를 받아 한 점을 만회했다. 또한 그는 하프타임 직전 토레스가 얻어낸 PK를, 키커로 나서 성공시켰다. 후반전이 시작된 후 에우제비우는 3-3을 만드는 동점골마저 터트렸으며, 이어 또 한 번의 PK골을 성공시키며 스코어는 4-3이 되었다. 종료 무렵, 호세 어구스투가 에우제비우가 찬 코너킥을 헤딩골로 연결시키며, 5-3, 포르투갈은 승리를 확정지었다. 이 경기에서의 에우제비우는 포르투갈의 모든 득점에 관여하며 팀의 대역전극을 지휘했다.

반면 8강에서 가장 추악한 경기는 잉글랜드와 아르헨티나의 경기였다. 특히 전반 초반, 아르헨티나의 주장 라틴이 퇴장 당한 것은 편파 판정의 절정이었다. 서독 출신의 크라이틀라인 주심은 라틴이 자신에게 모욕을 했다는 이유로 라틴을 퇴장시켰는데, 중요한 것은 그가 스페인어를 전혀 모른다는 것이었다.[25] 영문조차 모르고 퇴장 명령을 받은 라틴은 경기장을 떠나지 않은 채 스페인어를 통역할 사람을 불러달라며 경기장을 떠나기를 거부했다. 그는 항의의 표시로 엘리자베스 여왕 전용의 레드 카펫 위에 앉았으며, 잉글랜드 월드컵 조직위원회에서 동원한 용역들은 라틴을 경기장 밖으로 강제로 끌고 나간 뒤 그를 구타했다.

---

25) 훗날 그는 라틴이 뭐라고 했는지는 모르겠지만 안 봐도 알 수 있는 것이라고 했다.

오심의 희생양이 된 안토니오 라틴

이로 인해 아르헨티나는 수적 열세에 몰렸지만 그럼에도 편파 판정은 계속 이어졌다. 결국 잉글랜드 페터스가 왼쪽에서 날린 크로스를 허스트가 헤딩 슈팅으로 득점하는 데 성공하면서 잉글랜드가 1-0의 승리를 거두었다. 경기가 끝난 뒤 아르헨티나는 FIFA가 남미 팀들에 대한 존중심이 결여되어 있다고 불만을 표했으며, 이러한 적개심은 인터 컨티넨탈 컵[26]에서 에스투디안테스와 같은 남미팀들이 유럽 팀들을 상대로 더티한 플레이를 하는 계기가 되었다.

⚽ 4강

┃ 잉글랜드 2-1 포르투갈　　　　서독 2-1 소련

---

[26] 유럽의 대륙 단위 클럽 대항전인 유러피언 컵 우승팀과 남미의 대륙 단위 클럽 대항전인 코파 리베르타도레스의 우승팀이 맞붙는 대회였다.

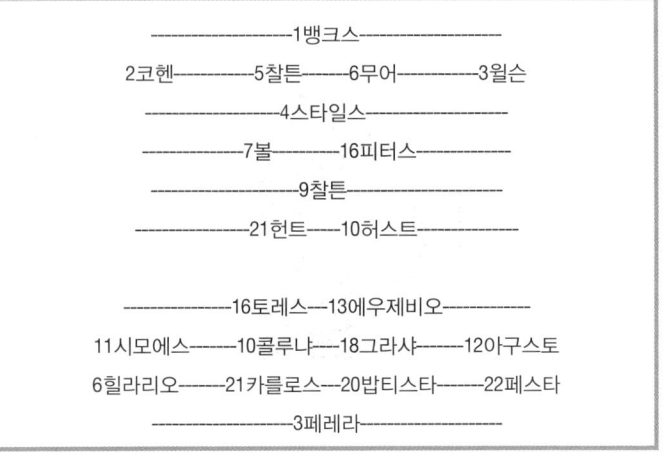

이런 과정을 거쳐 포르투갈과 잉글랜드가 4강에서 맞닥뜨리게 되었다. 포르투갈의 포워드 라인은 모두 벤피카 소속의 선수들로 구성되어 있었기에 굉장한 화력 응집력을 보여주었다. 반면, 그들의 수비는 여러 클럽의 선수들로 구성되어 있었던 터라 상대적으로 손발이 잘 맞지 않았다.

전반 30분, 최후방에 있던 잉글랜드의 윌슨이 중원을 생략하고 전방으로 한 번에 가는 롱패스를 시도했다. 볼은 교묘하게 포르투갈 수비수를 넘어 팀 동료 헌트에게 이어졌고, 포르투갈의 골키퍼 호세 페레라는 슬라이딩 태클로 헌트를 막아냈는데, 이 때 흘러나온 볼이 바비 찰튼의 앞으로 떨어졌다. 찰튼은 이를 골키퍼와 수비수 사이를 지나가는 슈팅을 만들어내며 득점에 성공했다.

실점을 허용한 후 포르투갈의 플레이가 한결 나아졌고,

그제서야 경기의 균형이 맞아 들어가게 되었다. 후반 들어 포르투갈은 그들의 기술을 사용해서 잉글랜드를 제압하려 했지만, 이 대회의 전반적 양상이 그랬듯, 근력이 기술을 이겼다. 후반 9분, 시모에스의 크로스가 잉글랜드의 스타일스의 오른팔에 맞았지만 핸들링은 선언되지 않았으며, 13분엔 에우제비우가 헤딩을 시도했지만 고든 뱅크스가 막아냈다. 결국 포르투갈의 공세는 점차 수그러들었고, 주도권은 다시 잉글랜드에게 돌아왔다.

결국 후반 33분, 첫 번째 골과 같은 패턴으로 잉글랜드의 두 번째 골이 들어갔다. 후방에서 코헨이 한 번에 넘긴 패스는 카를로스의 키를 넘겨 헌트의 발 앞에 떨어졌고, 헌트는 뛰어 들어오고 있던 바비 찰튼 앞으로 볼을 밀어주었으며, 바비 찰튼은 강력한 슈팅으로 두 번째 골을 뽑아냈다.

그럼에도 포기하지 않은 포르투갈은 잉글랜드 수비수 재키 찰튼의 실수를 이용해 PK를 얻어내며 한 골을 만회했지만 추격하기엔 시간이 너무 모자랐다. 결국 잉글랜드는 자국에서 열린 월드컵에서 결승에 진출하게 되었다. 반대편에서는 서독이 베켄바우어의 활약으로 소련을 꺾고 올라옴으로써 잉글랜드와 서독이 결승전을 벌이게 되었다.

⚽ 결승

> 잉글랜드 4-2 서독

　결승 장소는 웸블리 스타디움이었고, 그곳엔 약 98,000명의 관중이 들어찼다. 비가 내리는 가운데 시작된 결승전 경기에서 먼저 기선을 제압한 것은 서독이었는데, 전반 12분경 헬트가 좌측에서 날린 크로스를 잉글랜드 수비수 윌슨이 헤딩으로 클리어링한 것이 서독의 할러에게 떨어졌고, 할러가 강력한 슈팅으로 득점에 성공하며 서독이 앞서나갔다. 하지만 18분, 무어가 찬 프리킥을 허스트가 머리로 잘라 먹으면서 잉글랜드가 곧바로 동점을 만들었다. 허스트는 이에 그치지 않고 여러 번 서독의 공중을 유린했고, 서독의 골키퍼 틸코프스키는 그때마다 선방쇼를 벌여야 했다.

하프타임 이후 접어든 후반전 경기는 마치 1차 대전에서 양국 사이에 있었던 것을 연상케 하는 소강상태에 빠졌고, 산발적인 롱슛만이 간간히 있을 뿐이었다. 이런 교착 상태를 깨뜨린 것은 잉글랜드였다. 78분, 앨런 볼이 우측 코너에서 올린 코너킥을 받은 허스트가 중거리슛을 시도했고, 회트게스가 이를 넘어지며 막아내었다. 굴절된 볼은 문전으로 뛰어들던 피터스에게 도달했고, 그는 이를 침착하게 골문 안으로 슈팅을 때려 넣으며 역전골을 넣었다.

경기는 거의 끝나가고 있었고, 잉글랜드는 줄 리메 컵을 들어 올릴 수 있을 것 같았다. 하지만 후반 종료 직전, 서독의 에메리히가 먼 거리에서 시도한 강한 프리킥이 수비수의 몸에 맞고 흐르며 문전 혼전 상황이 벌어졌고, 골문 오른쪽으로 흘러가던 볼을 베버가 혼신의 힘을 다해 차 넣으면서 동점이 되었다. 결국 1934년 대회 이후 32년 만에 처음으로 월드컵 결승전은 연장전에 돌입하게 되었다.

그렇게 시작된 연장전에서 월드컵 사상 가장 큰 논란이 된 상황이 일어났다. 연장 전반 11분, 잉글랜드의 스타일스는 자국의 공격수를 겨냥하여 정확한 롱패스를 시도했고, 볼은 패스를 받기 위해 따라 들어가 우측 코너 부근에서 니어 포스트로 크로스를 올렸다. 자리를 잡고 기다리고 있던 허스트는 노마크 상황에서 볼을 컨트롤한 다음 슈팅을 시도했는데, 이 슈팅은 크로스바를 맞은 뒤 골라인에 맞고 골문 밖으로 튕겨 나왔다. 베버는 이를 골라인 밖으로 걷어냈지만, 주심은 부심인 토픽 바크라모프와 상의한 뒤 득점을 선언했으며, 이는 월드컵 역사상 최고의 오심으로 남았다.

경기 종료가 가까이오자 관중들은 경기장 안으로 들어오기 시작했는데, 마침 그 타이밍에 허스트가 니어 포스트 상단에 꽂히는 골을 넣으며 긴 혈투를 끝냈다. 경기를 중계하고 있던 BBC의 해설자인 케네스 울스텐홀름의 멘트는 득점 상황과 극적으로 맞아떨어지며 길이 전해지게 되었다.

"Some people are on the pitch. They think it's all over...[Hurst scores] It is now!"
(몇몇 사람들이 경기장에 있습니다. 그들은 끝났다고 생각합니다....[허스트가 득점에 성공] 그게 지금입니다!)

경기가 끝나고, 엘리자베스 2세가 잉글랜드의 주장인 바비 무어에게 트로피를 전달했다.

주장 바비 무어에게 줄 리메 컵을 수여하고 있는 엘리자베스 여왕

에필로그

그러나 우승 과정에서 벌어진 잉글랜드를 향한 편파 판정이나 홈 어드밴티지는 두고두고 비판의 대상이 되었으며, 1962년 월드컵에 이어 파울 위주의 거친 플레이가 남발되면서 실종된 공격 축구와, 하락한 득점률은 대회의 흥미를 떨어뜨렸다. 우승팀인 잉글랜드는 6경기에서 11골을 득점하면서 역대 최소 득점 우승팀[27]이 되었으며, 3실점 역시 최소 실점 우승 기록이었다.[28]

거친 파울이 난무하고 골이 줄어든다는 것은 축구의 근간을 흔드는 것이었다. 이에 대한 대응으로 FIFA는 1970년 대회부터 경고 1회를 받은 선수가 두 번째 옐로카드를 받을 시 경고 누적으로 퇴장을 당하는 옐로카드-레드카드 시스템을 마련했다. 대회가 가져다 준 문제의식이 현상의 개선을 불러왔다는 점에서, 1966년 월드컵은 명예혁명에 대해 제임스 2세가 그러했던 것처럼, 안티테제적인 기능을 수행했다.

기록, 수상

- 총 득점 : 32경기 89골(경기당 2.78골)
- 총 관중 수 : 1,635,000명(경기당 51,094명)
- 최다 득점 팀 : 브라질(6경기 14득점)
- 최저 득점 팀 : 불가리아(3경기 1득점)
- 최다 실점 팀 : 서독(4경기 2실점)

---

[27] 이 기록은 1982년 이탈리아가 7경기에서 12골을 득점할 때까지 유지되었으며, 2010년에 이르러 스페인이 7경기에서 8골을 득점하며 완전히 깨졌다.
[28] 이 기록은 브라질이 1994년에 7경기에서 3골을 내주며 깨졌다.

- 최저 실점 팀 : 콜롬비아(3경기 11실점)
- 골든볼 : 바비 찰튼(잉글랜드)
- 실버볼 : 바비 무어(잉글랜드)
- 브론즈볼 : 에우제비우(포르투갈)
- 최우수 신예상 : 프란츠 베켄바우어(서독)
- 골든 글러브 : 고든 뱅크스(잉글랜드)
- 골든부트 : 에우제비우(포르투갈) - 9골
- 실버부트 : 헬무트 할러(서독) - 6골
- 브론즈부트 : 제프 허스트(잉글랜드), 프란츠 베켄바우어(서독), 페렌츠 베네(헝가리), 발레리 포르쿠얀(소련) - 4골

베스트 팀

- 골키퍼 : 고든 뱅크스(잉글랜드)
- 수비수 : 조지 코헨(잉글랜드), 바비 무어(잉글랜드), 비센테(포르투갈), 실비오 마르솔리니(아르헨티나)
- 미드필더 : 프란츠 베켄바우어(서독), 마리오 콜루나(포르투갈), 바비 찰튼(잉글랜드)
- 공격수 : 알베르트 플로리안(헝가리), 우베 젤러(서독), 에우제비우(포르투갈)

10. 1970 멕시코 월드컵

☻ 개최국 및 유치 과정

9회 대회의 개최권을 놓고 경쟁에 돌입한 나라는 아르헨티나와 제3대륙 북중미의 멕시코였다. 전 대회인 8회 대회가 유럽에서 유치되었으므로 1970년 대회는 남미에서 치러지는 것이 당연시되고 있었고, 축구 산업과 국가 기간 시설에 있어서 아르헨티나가 멕시코보다 우위에 있었으며, 거기다 아르헨티나는 이미 7번이나 월드컵 개최가 불발되었기 때문에 개최가 유력했다.

하지만 1964년 10월8일 일본 도쿄에서 열린 FIFA 총회에서 선정된 개최 국가는 멕시코였다. FIFA가 내세운 이유는 너무나 단순했다. FIFA는 멕시코의 개최 선정 이유를 '1968년 올림픽을 멕시코가 개최했기 때문에 대회 유치에 별 문제점이 없어서'라고 발표했다. 이로써 아르헨티나는 8번이나 월드컵 개최를 시도하고도 한 번도 성공하지 못한 국가가 되었다.

그러나 멕시코를 제외한 그 어느 나라도 멕시코의 개최를 달가워하지 않았다. 멕시코의 여름은 고온 다습했으며, 해발 1천 미터가 넘는 고원지대가 많아 경기를 하기에 어려움이 많았다. 그러나 FIFA의 권위가 확고해지고 월드컵이 세계를 대표하는 대회가 된 이상, 지리적인 특성을 문제 삼아 월드컵을 불참할 나라는 이제 어디에도 없었다.

⚽ 공인구, 마스코트, 엠블럼

이 대회부터 월드컵 공인구가 사용되었다. 독일의 아디다스는 이 대회부터 월드컵 공식 후원사로 자리매김했으며, 기념비적인 첫 공인구의 이름은 '텔스타'였다.

마스코트인 '후아니토'는 멕시코 전통 모자인 솜브레로를 쓰고 축구를 하는 아이의 모습이었다.

1970년 멕시코 월드컵의 엠블럼

대회 준비

이 대회부터 컬러 TV 중계가 도입되면서 축구가 매스 TV 쇼가 되는 계기가 되었으며, 중계권료 수입이 중요한 문제로 떠올랐다. TV 시청률의 제고를 위하여 모든 경기는 유럽의 프라임 타임에 편성되었는데, 멕시코에서는 오후나 이른 저녁 시간이었다. 일몰 이전의 멕시코의 작열하는 열기와 극단적인 고도는 대부분의 팀들에게 신체적으로 큰 부담을 주었다.

기후 조건의 엄혹함 때문이든, 혹은 카드 제도의 도입 때문이든, 선수 교체의 허용 때문이든, 혹은 그 모든 것 때문이든 간에, 지나치게 거칠고 폭력적이며 신체경합이 잦아 지루했다는 평가를 받은 1962년과 1966년 월드컵과 달리, 멕시코 월드컵은 서독 대 이탈리아 전, 브라질 대 잉글랜드 전 같은 명경기들이 자주 나왔다.

멕시코는 대회를 위해 경기장을 개축했으며, 특히 아즈테카 스타디움은 11만5,000명을 수용할 수 있었다. 하지만 FIFA의 주된 걱정은 장소의 고도에 있었다. 어떤 경기장은 해발 2,680M의 고도에 있기도 했다.

과달라하라의 Estadio Jalisco(좌)와 레온의 Estadio Nou Camp(우)

멕시코 시티의 Estadio Azteca(좌)와 푸에블라의 Estadio Cuauhtémoc(우)

톨루카의 Estadio Luis Dosal

⚽ 참가 팀 및 예선 경과

1970년 FIFA 월드컵 예선에는 75개국이 참가 신청서를 제출하였다. 총 16장의 본선 진출권 중 개최국인 멕시코와 전 대회 우승국인 잉글랜드가 각각 자동 진출권을 배정받았으며, 나머지 14장의 진출권을 두고 지역 예선이 치러졌다. 유럽에는 8장, 남미에는 3장, 북중미와 아프리카와 아시아에는 각각 1장씩이 배정되었다. 진출국은 다음과 같았다.

- 유럽(9장) : 잉글랜드, 벨기에, 서독, 불가리아, 체코슬로바키아, 이탈리아, 스웨덴, 루마니아, 소련

- 남미(3장) : 브라질, 페루, 우루과이
- 북중미(2장) : 멕시코, 엘살바도르
- 아프리카(1장) : 모로코
- 아시아·오세아니아(1장) : 이스라엘

프랑스와 포르투갈, 아르헨티나, 스페인, 유고슬라비아가 예선을 통과하지 못했다. 모로코는 1934년 이집트 이후로 36년 만에 본선에 진출한 아프리카 팀이 되었다. 이스라엘과 엘살바도르 역시 월드컵 데뷔를 이루었다. 페루는 1930년 이후 40년 만에 돌아왔으며, 루마니아도 1938년 이후 처음으로 대회 본선 무대에 올랐다. 알바니아와 쿠바, 기니, 자이르는 FIFA로부터 출전을 거절당했으며, 북한은 기권했다. 그밖에, 엘살바도르와 온두라스의 적대적인 관계의 결과로 양국 사이에서 〈축구 전쟁〉[29]이 발발한 일도 있었다.

⚽ 대회 방식

전체적으로 1966년 대회와 크게 다르지는 않았지만, 승점이 같은 팀은 골 평균이 아니라 골득실에 의해 구분된다는 점에서 차이가 있었다.[30] 만약 골득실도 같다면 추첨으로

---

29) 월드컵 진출을 둘러싼 갈등이 전면전으로 촉발되어 온두라스와 엘살바도르가 100시간 동안 치렀던 전쟁. 이로 인해 양국의 농민 1,000여 명이 사망했다.
30) 위에서 언급한 골 평균의 정의는 총득점/총실점이다. 골 평균이 골득실로 바뀌게 된 이유는 실점이 0인 경우 득점이 적더라도 골 평균 값이 무한대가 되는 불합리한 점이 있기 때문이다. 가령 5득점 1실점(5/1=5)보다 1득점 0실점(1/0=∞)이 더 높다는 데에 문제가 있었다.

결정하였다. 만약 8강과 4강에서 연장 이후에도 무승부가 나온다면 무작위로 진출 팀을 결정했으며, 결승전에서 무승부가 나올 경우에는 재경기를 하기로 했다. 한편, 현재 축구 대회에서 보편적으로 사용되고 있는 옐로카드와 레드카드 제도, 선수 교체 제도가 이 대회부터 시행되었다. 두 명의 선수교체가 허용됨에 따라 감독들은 한층 다양한 전략을 구사하거나 선수들의 체력을 효과적으로 안배할 수 있게 되었으며, 부상을 입은 선수가 경기를 억지로 뛰거나 10명이 경기를 치르거나 하는 일이 없어지게 되었다.

조별리그

	승	무	패	득	실	차	승점
소련	2	1	0	6	1	5	5
멕시코	2	1	0	5	0	5	5
벨기에	1	0	2	4	5	-1	2
엘살바도르	0	0	3	0	9	-9	0

	승	무	패	득	실	차	승점
이탈리아	1	2	0	1	0	1	4
우루과이	1	1	1	2	1	1	3
스웨덴	1	1	1	2	2	0	3
이스라엘	0	2	1	1	3	-2	2

	승	무	패	득	실	차	승점
브라질	3	0	0	8	3	5	6
잉글랜드	2	0	1	2	1	1	4
루마니아	1	0	2	4	5	-1	2
체코	0	0	3	2	7	-5	0

	승	무	패	득	실	차	승점
서독	3	0	0	10	4	6	6
페루	2	0	1	7	5	2	4
불가리아	0	1	2	5	9	-4	1
모로코	0	1	2	2	6	-4	1

1970년 대회는 브라질을 빼놓고는 설명할 수 없다. 사실 대회 전 그들의 행보는 불안했다. 1966년 월드컵에서 역사상 최악의 부진을 보이며 조별 예선에서 탈락했던 브라질은 그 이후로도 많은 비판을 받고 있었다. 새로이 감독으로 선임된 사우다냐는 월드컵 지역 예선에서는 좋은 모습을 보여주며 우려를 불식시키는 듯 했지만, 1970년 3월, 월드컵을 앞두고 홈에서 가진 아르헨티나와의 평가전에서 충격적인 패배를 당하고 말았다(상대 아르헨티나의 수비수 로베르토 페르푸모는 "내가 겪은 브라질팀 중 최약체"라고 브라질을 조롱하기도 했다). 그 결과, 좌파와 우파, 친군부와 반체제로 나뉘어 치열한 갈등을 벌이던 브라질의 국민 여론은, 순식간에 통합되어 한 목소리로 대표팀을 성토했다. 결국 브라질의 군부 정권은 민심의 안정을 위해서는 1966년 월드컵에서의 실패를 1970년 대회에도 반복할 수 없다고 판단하고, 대회 시작 3개월 전 사우다냐 감독을 해임하는 특단의 조치를 단행했다. 축구에 있어 브라질은 언제나 승리자의 위치에 있어야 한다는 것이 전 브라질인의 생각이었다.

그러한 브라질의 새 감독으로 선임된 이는 1958년 월드컵과 1962년 월드컵 2연패 당시 레프트윙을 맡았던 자갈루였다. 자갈루는 지르송과 클루두아우두, 히베우리누, 또스따우, 펠레, 자이르지뉴 등 기술적 능력이 뛰어난 선수들을 한꺼번에 활용하는 방향으로 팀을 정비했다. 비록 브라질 언론은 지나치게 비슷비슷한 재능을 갖춘 선수들만 모여 있는 것이 아니냐는 우려의 목소리를 내놓았지만, 자갈루는 결과로 말할 것을 천명하고 자신감 있게 팀을 끌고 나갔다.

선수에 이어 감독으로도 월드컵을 제패한 마리우 자갈루

브라질은 6월3일 체코슬로바키아를 상대로 조별리그 1차전을 치렀는데 경기 초반 우왕좌왕하는 모습을 보였다. 결국 전반 11분 만에 체코슬로바키아의 페트라스에게 실점을 허용했을 때 관중들은 브라질이 수비에 큰 약점이 있는 것은 아닌가 하는 의문을 떠올렸다. 하지만 브라질은 전방에 최고의 공격 자원들을 보유하고 있었고, 결국 24분경 히베우리누가 파워풀한 프리킥으로 동점을 만들어냈다.

후반전, 체코슬로바키아의 페이스가 둔화되기 시작하자 브라질은 경이로운 골을 만들어냈다. 이 과정에서 핵심적인 역할을 수행한 것은 플레이메이커인 지르송이었다. 후반 14분, 지르송은 약 40M 짜리 긴 로빙 패스를 시도하여 볼을 펠레에게 보냈고, 펠레는 이를 가슴으로 트래핑한 뒤 상대 골키퍼가 막을 수 없는 발리슛을 날렸다.

1970 월드컵 당시 브라질의 플레이메이커였던 지르송

5분 뒤, 지르송은 바로 전 골 장면과 똑같은 방식으로 전방으로 길게 로빙 스루패스를 시도했고, 자이르지뉴가 영리하게 오프사이드 트랩을 깬 뒤 추가점을 성공시켰다. 자이르지뉴는 이후 한 골을 더 득점했고, 결국 브라질은 4-1의 대승을 거뒀다.

1970 브라질 팀의 포메이션

대회 전의 우려와는 달리, 브라질의 팀 구성은 꽤나 조화로웠다. 지르송이 빌드업을 리드하고, 클루두아우두는 그를 보조하는 동시에 수비 앞 선에서 저지선을 형성했다. 또한 카를루스 아우베르투는 측면에서 전방까지 볼을 운반하는 역할을 맡았는데, 공을 전진시키는 것은 이 셋으로도 충분했다. 후방에서부터 좋은 패스가 전달되었기 때문에 앞 선에 있던 4명의 공격수는 편하게 공격을 할 수 있었다.

또스따우와 펠레는 중앙과 측면을 넘나들며 수비를 교란시켰고, 이로써 자이르지뉴가 전방으로 뛰어 들어가기 좋은 공간을 창출해낼 수 있었다. 거기에, 드리블과 강력한 슈팅, 위협적인 패싱력, 빠른 롱킥을 두루 갖춘 히베우리누까지 있었으니 브라질의 공격 옵션은 다양했다.

좌측 상단부터 카를루스 아우베르투, 펠릭스, 피아짜, 브리투, 클루두아우두, 마르쿠 안토니우이며, 좌측 하단부터 자이르지뉴, 지르송, 또스따우, 펠레, 히베우리누

그 다음 상대인 잉글랜드는 체코슬로바키아보다는 좀 더 까다로웠다. 경기 초반 잉글랜드는 특유의 패스 게임을 펼쳐 보이며 볼 소유권을 거의 빼앗기지 않았고, 바비 무어는 정확한 수비와 수준 높은 경기 운영을 보여주며 브라질을

괴롭혔다. 그러나 전반 10분 경, 후방에서 날아온 스루패스를 받은 자이르지뉴가 골라인을 밟으며 크로스를 날렸고, 이것은 펠레의 머리에 정확하게 이어져 니어 포스트 안으로 빨려 들어가고 있었다. 이때 잉글랜드의 골키퍼 고든 뱅크스가 몸을 날려 가까스로 볼을 걷어내며 월드컵 역사에 길이 남을 믿기 힘든 선방을 보여줬고, 이는 후에 〈뱅크스의 마법〉이라고 불릴 정도였다.

펠레의 헤딩을 선방하고 있는 뱅크스의 모습

또스따우, 카주, 펠레의 공들인 공격 작업이 아쉽게 실패로 돌아갔지만 브라질은 끝내 득점에 성공했다. 60분경 또스따우의 돌파에 이은 크로스를 펠레가 적절히 떨어뜨려주자 자이르지뉴가 골을 성공시킨 것. 그 후에도 브라질은 여러 번의 좋은 찬스를 맞았지만, 추가점을 만드는 데에는 실패했다. 잉글랜드 역시 동점을 만들기 위해 필사적이었고,

실제로 골키퍼와 단독 찬스를 맞는 기회도 있었지만, 애슬과 볼은 그 찬스를 골로 연결시키지 못했다.

2연승으로 이미 토너먼트 진출을 확정지은 브라질은 마지막 경기에서 루마니아를 상대했다. 펠레는 프리킥을 성공시키며 선취점을 올렸으며, 파울루 세자르 '카주'가 사트마레아누를 제압한 뒤 니어포스트로 슈팅을 날리며 2-0을 만들었다. 루마니아의 드미라체가 두 명의 수비수를 제치고 득점을 뽑아내며 한 점을 만회했지만, 곧바로 펠레가 다시 한 번 도망가는 골을 성공시켰다. 뎀브로브스키의 골로 루마니아는 다시금 추격에 나섰지만 그들에게 주어진 시간은 너무나 짧았고, 결국 브라질은 3-2 승리를 거두었다.

잉글랜드 역시 체코슬로바키아와 루마니아를 각각 1-0으로 제압하고 브라질에 이어 2위로 조별리그를 통과했다. 루마니아는 조 3위로 대회를 마쳤고, 체코슬로바키아는 3전 전패로 최하위에 자리했다. 그러나 체코슬로바키아는 브라질과 루마니아를 상대로 리드를 잡기도 하는 등 조별리그의 흥미를 더하는 역할을 톡톡히 해냈다.

1조에서는 개최국 멕시코가 2승 1무를 기록하며 소련과 공동선두로 여유 있게 1조를 통과했다. 고온 다습한 기후와 높은 해발고도는 여러 팀들에게 장애요소였지만, 개최국인 멕시코에게만큼은 문제될 것이 없었다. 월드컵 본선에 처음 모습을 내비쳤던 엘살바도르는 경험부족을 드러내며 3전 전패를 당했다.

한편, 멕시코와 엘살바도르의 경기는 월드컵 본선에서 유럽이나 남미가 아닌 같은 대륙에 속한 국가끼리 맞붙은 역대 최초의 경기이기도 했는데, 이 경기에서 권총 결투로 인한 사망자가 나왔다. 전반 44분 엘살바도르가 얻어낸 프리킥을 멕시코 선수가 갑자기 걷어찼고, 공은 엘살바도르의 골문으로 들어갔다. 그러나 이집트인 주심 알리 칸딜은 이를 골로 인정하는 오심을 범했다. 엘살바도르는 판정에 항의하며 경기를 거부하다가 결국 복귀했지만 후반전에서 무력하게 무너지며 0-4로 패퇴했다. 이 때, 경기를 두고 "심판이 봐 줘서 이겼다." "우리가 실력으로 승리한 것이다."라고 논쟁하던 두 멕시코인이 그 자리에서 권총 결투를 행했고, 그로 인해 사망자가 발생했다.

2조의 국가들은 모두 빈공에 허덕였다. 이탈리아는 스웨덴과의 첫 경기에서 1골을 넣은 것 외에는 골을 기록하지 못했음에도 불구하고, 조별리그 3경기 동안 무실점을 기록하면서 1승 2무로 조 1위를 차지했으며, 우루과이도 단 두 골을 기록했을 뿐이지만 골득실에서 앞서 스웨덴을 제치고 8강 진출에 성공했다. 스웨덴은 월드컵 역사상 최초로 골득실 차이로 탈락한 팀이 되었다.

4조에서는 서독이 독주했다. 서독은 모로코를 상대로 선취골을 내주었지만, 후반에 우베 젤러와 게르트 뮐러의 잇따른 골로 역전에 성공했다. 다음 경기에서 서독은 뮐러의 해트트릭에 힘입어 불가리아를 5-2로 대파했고, 페루전에서도 뮐러가 해트트릭을 기록하며 3-1의 승리를 거두었다. 페루는 서독에 완패를 당하긴 했지만, 조별리그 개막전에서 불가리아를 3-0으로 꺾은 데 이어, 모로코를 상대로 쿠비야스가 2골을 넣는 등 10분 동안 3골을 터뜨리며 3-0의 승리를 거두고 8강에 합류했다.

8강

| 브라질 4-2 페루 | 서독 3-2 잉글랜드 |
| 이탈리아 4-1 멕시코 | 우루과이 1-0 소련 |

6월14일 12시, 브라질은 8강에서 테오필리오 쿠비야스가 힘을 발휘하던 페루와 상대하게 되었다. 초반에 펠레는 골포스트를 때리며 기세를 올렸다. 이 경기에서는 특히 또스따우의 활약이 인상적이었는데, 그의 어시스트와 골에 힘입어 브라질이 2-0으로 앞서 나가게 되었다.

페루는 추격에 나섰고, 이윽고 28분, 좌측에 있던 가야르도가 강력한 슈팅으로 놀라운 골을 뽑아내며 한 골을 만회했다. 하지만 전반적인 판세는 공격이 수비를 이기는 경기였고, 브라질의 화력은 막을 길이 없었다. 후반 6분, 자이르지뉴의 스루패스를 받은 펠레의 슈팅이 페르난데스와 루비노스를 맞고 굴절되자, 또스따우가 달려들어 볼을 잡아넣으며 세 번째 골을 만들어 스코어를 벌렸다.

70분, 춤피타스는 펠레가 패스미스를 범하자 이를 끊어내고 역습을 전개했다. 교체 투입되었던 소틸이 쿠비야스와 볼을 주고받으며 순식간에 전방으로 올라갔고, 문전 혼전상황에서 볼이 주인을 잃고 흐르자 쿠비야스가 페널티 에어리어 바깥쪽에서 땅볼슛을 시도하여 2-3으로 따라붙었다. 그러나 불과 5분 뒤 브라질의 히베우리누가 기가 막힌 로빙 스루패스로 페루의 수비진을 붕괴시켰고, 자이르지뉴가 배후 공간으로 돌진하여 루비노스를 농락하고 4-2를 만들며 페루에게서 희망을 앗아갔다.

같은 시각, 다른 쪽에선 서독과 잉글랜드가 혈전을 벌이고 있었다. 잉글랜드의 주전 골키퍼 고든 뱅크스가 〈몬테수마의 복수〉라고 흔히 말해지는 식중독 때문에 경기에 출전할 수 없었기에 후보 선수인 피터 보네티가 그 자리를 대신했다. 60분 동안, 잉글랜드는 경기를 완벽하게 장악했고, 2-0을 만들었다.

하지만 서독도 포기하지 않았다. 잉글랜드 수비수 쿠퍼에 의해 봉쇄되었던 리부다는 활기가 넘치는 그라보브스키로 교체되었고, 이와 동시에 서독은 오른쪽에서 찬스를 만들어 내기 시작했다. 베켄바우어는 멀베리를 오른쪽 코너에서 제압하고 지체 없이 슈팅을 날렸다. 볼은 보네티를 깜짝 놀라게 만들며 그의 다리 사이로 빠져나갔다. 곧이어 우베 젤러가 행운이 깃든 동점골을 터뜨렸는데, 뮐러를 겨냥한 백헤딩이 기묘하게도 골키퍼의 키를 넘기며 골대 안으로 빨려 들어간 것이다. 결국 전후반을 2-2로 마친 두 팀은 연장전에 접어들었다.

연장전, 서독의 그라보브스키가 지친 쿠퍼를 제친 뒤 크로스를 날렸다. 다소 길었던 그의 크로스는 반대쪽 코너에 도달했고, 이를 로어가 머리에 맞혀 패스한 것을 뮐러가 문전에서 발리슛으로 연결시키며 역전에 성공했다. 잉글랜드는 동점을 만들기 위해 반격을 시도하였고, 골을 얻어냈지만, 동점골이라고 생각했던 허스트의 슛은 인정되지 않았다.

이탈리아는 멕시코를 상대로 4-1의 대승을 거두며 4강에 진출했으며, 우루과이는 소련과의 연장 혈전 끝에 1-0의 신승을 거두었다. 그렇게 2개의 준결승전이 브라질vs우루과이, 이탈리아vs서독으로 짜여지며 마치 대륙 최강자를 가리는 듯한 매치업이 성사되게 되었다.

⚽ 4강

▌ 브라질 3-1 우루과이   이탈리아 4-3 서독

```
------------------1펠릭스------------------
4아우베르투----2브리투--3피아짜---16에베라우두
----------5클루두아우두---8지르송----------
7자이르지뉴---9또스따우--10펠레-----11히베우리누


11모랄레스--20코르테스---7쿠비야스---15폰테스
------------10마네이로--5카스티요----------
6무지카-----3마토사스---2안케타-----4우비나
--------------1마주르키에비츠--------------
```

6월17일 16시, 브라질과 우루과이의 준결승선 경기가 시작되었다. 1950년 월드컵에서 우루과이에게 입은 패배의 기

억으로부터 자유롭지 못했던 브라질은, 우루과이의 끈적끈적하고 견고한 수비에 거듭 볼을 차단당하며 주도권을 잡지 못하더니 결국 19분에 쿠비야스에게 선취골을 허용했다.

하지만 이때의 브라질은 1950년의 브라질과 달랐다. 자이르지뉴와 히베우리누, 카를루스 아우베르투 등이 살아나기 시작하며 브라질은 점차 우세를 점해나갔다. 결국 전반 종료 직전, 클루두아우두가 또스따우와 2대1패스를 주고받은 뒤 순식간에 문전으로 침투하여 득점에 성공하면서 브라질은 동점 상태로 하프타임을 맞이할 수 있었다.

경기는 후반으로 접어들었고, 브라질은 한층 나은 경기력을 보여주었다. 그리고 후반 31분, 자기 진영에서 폰테스의 패스를 차단한 자이르지뉴는 볼을 몰고 나오면서 역습을 시도했고, 펠레에게 볼을 넘겨준 뒤 자신은 전방으로 달려 들어갔다. 펠레는 옆에 있던 또스따우에게 볼을 넘겼고, 또스따우는 지체 없이 자이르지뉴에게 볼을 연결했다. 다시금 볼을 잡은 자이르지뉴는 수비수를 달고 있는 상태에서 속도와 힘으로 상대를 제압하고 강력한 슈팅을 시도하며 역전골을 넣었다. 그렇게 치열한 혈전의 균형이 깨어졌고, 경기 종료 직전에는 히베우리누가 통렬한 중거리슛으로 추가골을 터뜨리며 승부에 쐐기를 박았다.

같은 시각 펼쳐진 또 하나의 준결승전, 이탈리아와 서독의 대결은 월드컵 역사상 최고의 경기로 회자될 정도의 명승부였다.

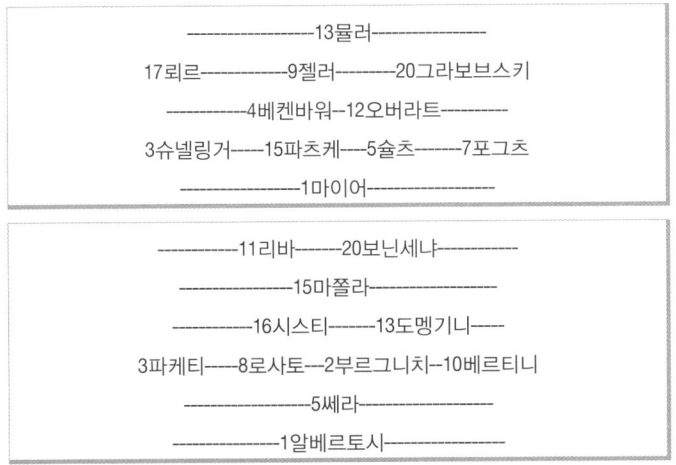

 선취점을 올린 것은 이탈리아였다. 8분, 중원에서 볼을 잡고 전진하고 있던 보닌세냐는 팀 동료 루이지 리바와 2대 1 패스 플레이를 시도했다. 하지만 볼은 리바에게 도달하지 못하고 상대 수비수 포그츠에게 맞고 굴절되었는데, 이것이 운 좋게도 보닌세냐에게 다시 연결되면서 공간이 생겼고, 보닌세냐는 놀라운 슈팅으로 순식간에 골문을 흔들며 1-0을 만들었다.

 서독은 동점을 얻기 위해 강하게 나섰고, 베켄바우어와 그라보브스키가 주로 공격을 이끌었다. 그 가운데 간간히 터져 나오는 이탈리아의 역습은 슐츠와 포그츠, 슈넬링거를 위시한 수비진이 적절하게 막아냈다

 후반이 되자 이탈리아는 항상 그렇게 했듯 마쫄라를 리베라로 교체했다. 잠시 뒤 서독 역시 교체 카드를 사용하여 전

반에 눈에 띄지 않았던 뢰르를 리부다로 교체했다. 리베라는 나오자마자 기대에 걸맞은 활약을 보여주었다. 좌측에서 슈넬링거를 돌파하며 득점 찬스를 내는가 하면, 55분경에는 서독의 패스를 가로챈 뒤 혼자 단독 드리블로 40M를 전진하고서는 마이어의 정면으로 가는 슈팅을 날렸다.

하지만 전체적으로 좀 더 결정적인 찬스를 많이 잡아낸 쪽은 서독이었고, 후반 중반부터는 아예 서독이 경기 주도권을 독점했다. 젤러의 슈팅은 잇따라 아슬아슬하게 알베르토시의 선방에 가로막혔고, 때때로 베켄바우어의 드리블이 이탈리아의 문전을 위협하기도 했다. 82분경에는 알베르토시의 골킥이 바로 앞에 있던 그라보브스키를 맞고 골문 안으로 들어갈 뻔 하기도 했다.

후반전 경기력의 차이는 창조자의 유무에서 발생되었다. 서독의 수비수들은 위태위태하게나마 이탈리아의 공격을 잘 막으면서 추가 실점을 하지 않았고, 베켄바우어와 오버라트를 중심으로 한 중원 역시 주도권 싸움에서 밀리고 있지 않았다. 그러나 양쪽 윙어의 파괴력이 특출나지 않았다. 젤러는 이타적이긴 했지만 전성기의 폭발력을 잃고 있었으며, 뮐러는 경기 내내 크게 눈에 띄지 않았다. 그렇게 독일의 공세는 소득 없이 이어지고 있었고, 이탈리아의 결승전 진출이 확실해보였다. 하지만 인저리 타임, 좌측에서 그라보브스키가 크로스를 올렸고, 갑자기 뛰어 들어온 칼 하인츠 슈넬링거가 기적적인 동점골을 성공시키며 승부를 연장으로 끌고 갔다.

연장전에서 이탈리아는 로사토를 빼고 폴레티를 교체 투

입하였다. 하지만 이 교체는 이탈리아 벤치의 실착이 되는데, 94분 경 폴레티가 페널티 박스에서 실수로 볼을 흘렸고, 이것이 게르트 뮐러에게 허용한 실점과 직결되며 서독에게 역전을 허용한 것이다. 그러나 재미있게도 서독 역시 똑같은 방식으로 실점을 허용하는데, 리바의 프리킥을 걷어내려던 헬트가 실수로 이탈리아 수비수 부르그니치의 앞으로 공을 떨어뜨리는 바람에 2-2가 되었다. 그리고 서독 입장에선 엎친 데 덮친 격으로, 베켄바우어가 쇄골 부상을 당했다.

그리고 103분, 이탈리아식 역습의 진수가 드러났다. 도멩기니는 좌측면에서 거친 플레이로 리부다의 볼을 뺏어냈고, 볼을 받은 리베라는 단독으로 드리블하다 좌측면으로 파고들던 보닌세냐에게 날카로운 스루패스를 찔러 주었다. 보닌세냐는 마크맨인 포그츠의 키를 넘기는 절묘한 패스로 아크서클 부근으로 쇄도한 리바에게 볼을 넘겨주었고, 리바는 슈넬링거를 벗겨낸 뒤 멋진 왼발 슈팅으로 득점에 성공하여 재역전을 일궈냈다.

이탈리아의 승리가 결정될 것처럼 보였던 시점에서, 폴레티가 또 다시 '역적질'을 했다. 골문으로 흘러온 볼을 잡아내며 서독의 공격을 끊어낸 알베르토시는 손으로 공을 던져주었는데, 이것이 폴레티의 등을 맞고 뮐러의 앞에 떨어졌다. 알베르토시는 가까스로 이를 끊어냈지만, 파울을 범하면서 프리킥을 내주게 되었다. 이 프리킥은 젤러의 머리에 정확히게 맞았고, 알베르토시는 기끼스로 그로스비 위로 볼을 걷어내었다. 코너킥이 주어졌고, 좌측에서 올라온 코너킥은 젤러의 머리를 맞고 굴절되어 뮐러에게 갔으며, 뮐러는 기회를 놓치지 않고 골망을 흔들면서 저울추의 균형을 맞췄다. 텔레비전 카메라가 뮐러의 골을 리플레이로 보여주고 있는 동안, 이탈리아의 리베라가 경기를 끝냈다. 그는 상대 수비의 마크를 따돌리고 페널티 에어리어 안으로 진입하여 보닌세냐의 크로스를 받아낸 뒤 강력한 슈팅을 날렸고 그것이 독일의 골네트를 뒤흔든 것이다. 결국 경기는 이탈리아의 4-3 승리로 마무리되었다.

⚽ 결승전

> 브라질 4-1 이탈리아

이렇게 결승전에서는 브라질과 이탈리아가 맞닥뜨리게 되었다. 공교롭게도 양 팀 모두 역대 월드컵 2회 우승팀이었고, 3회 우승자는 줄 리메 컵을 영구 소유하게 되어 있었기 때문에, 상징적으로나 실제적으로나 역대 월드컵 최강팀을 가리는 경기라고 할 수 있었다.

경기 직전 양 팀의 모습

여기에 양 팀은 플레이 스타일상 〈예술 축구〉와 〈실리 축구〉를 대표하는 팀들이었다. 따라서 양국의 만남에 모든 이들의 이목이 집중된 것은 어찌 보면 자연스러운 일이었다.

결승전 경기는 6월21일 정오, 아즈테카 스타디움에서 열렸다. 찬스는 이탈리아에게 먼저 찾아왔다. 리바가 마쫄라의 인사이드 패스를 받고 먼 거리에서 슈팅을 날린 것. 하지만 그 공은 그만 골대를 맞고 나왔다. 하지만 이탈리아의 기본 성향이 수비적이었던 반면 브라질의 기본 컨셉은 '닥공'이었으므로, 경기는 일방적인 방향으로 흘러가기 시작했다.

지르송과 클루두아우두는 안정적으로 빌드업을 리드했으며, 카를루스 아우베르투는 라이트에서 볼을 전방으로 운반하며 공격의 물꼬를 트곤 했다. 이탈리아는 마쫄라의 개인능력에 의존하는 경향을 보였다. 18분경, 경기장 좌측에서 드로우 인을 했을 때, 히베우리누는 볼을 받자마자 발리 크로스를 보냈으며, 펠레는 부르그니치를 공중에서 이겨내며 파 포스트로 볼을 집어넣었다.

선제골을 넣고 환호하는 펠레

그러나 브라질은 수비에서 실수를 범하며 이탈리아에게 동점을 허용했다. 브라질이 자기 진영에서 공격을 전개해 나가던 도중 클루두아우두가 시도한 느슨한 백힐 패스를 보닌세냐가 중간에 가로챘고, 보닌세냐는 붙은 가속을 이용하여 브리투와 펠릭스를 간단히 따돌린 다음, 빈 골대에 볼을 집어넣었다. 불의의 일격을 당한 브라질은 계속 위협적인 장면을 연출해내었다. 하지만 펠레의 골은 하프타임 선언 때문에 취소되었으며, 히베우리누의 프리킥은 골대를 맞고 나왔다.

후반 중반, 브라질의 두 번째 골이 마침내 터졌다. 자이르지뉴가 파케티에게 태클 당하며 흐른 볼이 지르송에게로 갔는데, 그는 수비수의 마크를 가볍게 따돌린 뒤 강력한 왼발 중거리 슈팅을 날리며 득점에 성공했다.

곧이어 지르송이 깊은 크로스를 페널티 박스 안쪽으로 보냈고, 이탈리아 수비수 부르그니치에게 집중 마크 받고 있던 펠레가 어렵게 헤딩을 따냈다. 이 볼은 자이르지뉴의 앞에 떨어졌고, 그가 이것을 이탈리아의 골문 안으로 차 넣으면서 순식간에 스코어는 3-1이 되었다.

사실 리베라는 마쫄라에 밀려 하프타임에 교체되지 못했는데, 그가 교체되었을 때는 오직 6분만이 남아 있었기 때문에 전세를 역전시키기에는 늦은 상황이었다. 오히려 브라질이 기념비적인 골을 터뜨리며 결정타를 먹였다. 클루두아우두가 몇몇 이탈리아 선수를 벗겨낸 뒤 왼쪽에 있던 자이르지뉴에게 패스를 주었고, 자이르지뉴는 다시 그 볼을 펠레에게 보냈다. 펠레는 오른쪽으로 열어주는 패스를 했고 이것을 받은 것은 뛰어 들어오고 있던 카를루스 아우베르투였다. 그는 그 공을 이어받아 강력한 슈팅으로 연결시켰고, 볼은 그대로 골문으로 빨려 들어갔다. 그리고 이 골은, 월드컵 역사상 최고의 골 중 하나로 꼽히게 되었다. 잠시 뒤 경기 종료 휘슬이 울렸고, 브라질은 1958년과 1962년에 이어 세 번째로 월드컵에서 우승함으로써, 줄 리메 컵을 영구 소유하게 되었다.

　브라질 역시 약점이 없는 완전무결한 팀은 아니었다. 실제로 브라질은 6경기에서 7실점을 하며 역대 우승팀 중 최다 실점팀이 되었을 정도로 수비에 약점을 보였다. 그러나 그들에게는 허약한 수비를 메우고도 남을 엄청난 공격력이 있었다. 그들은 7명의 플레이어가 총 19골을 터뜨리며 역대 최다 득점 기록을 세웠고, 자이르지뉴는 월드컵을 우승한 선수 중 유일하게 매 경기 골을 기록한 선수가 되었다.

월드컵 전 경기 득점자인 자이르지뉴

　감독이었던 마리오 자갈루는 선수와 감독으로 각각 월드컵을 우승한 최초의 인물이 되었으며, 브라질은 1938년 월드컵에서의 이탈리아 이후 두 번째 전승 우승팀이 되었다.

에필로그

1970년의 브라질 이후로는 튼튼한 수비 없이 월드컵 우승은 가능하지 않게 되었는데, 가장 위대한 공격의 팀이었던 1982년 브라질의 실패가 이를 입증했다. 브라질은 이 우승 이후 24년 후에야 다시 한 번 이탈리아를 꺾고 월드컵 트로피를 들어 올릴 수 있었는데, 이때는 훨씬 수비적인 접근법을 택해야 했다.

영구 소유하게 된 줄 리메 컵을 들어 올리고 있는
브라질의 주장 카를루스 아우베르투

그러나 그것은 보다 훗날의 일이었고, 그 시점에서 아무도 알지 못하는 미래의 일이 당장의 영광을 흐릴 수는 없는 일이었다. 결승전 직후 리우 데 자네이루의 일간지 〈조르날

두 브라질〉이 "브라질이 축구공으로 이룬 업적은 미국이 달을 정복한 것과 맞닿아 있었다."고 말한 것은 도전적이었지만 무리한 비유도 아니었다. 1969년의 아폴로 11호가 달을 정복했다면, 1970년의 브라질은 축구를 정복했으니 말이다. 그리고 그것은 또한 브라질의 군정이 〈기술적〉인 목적을 달성하는 순간이기도 했다.

기록 및 수상

- 총 득점 : 32경기/95골(경기당 2.97골)
- 총 관중 수 : 1,603,975명(경기당 50,124명)
- 최다 득점 팀 : 브라질(6경기 19득점)
- 최저 득점 팀 : 엘살바도르(3경기 0득점)
- 최다 실점 팀 : 서독(6경기 10실점)
- 최저 실점 팀 : 소련(4경기 2실점)
- 골든볼 : 펠레(브라질)
- 실버볼 : 지르송(브라질)
- 브론즈볼 : 바비 무어(잉글랜드)
- 최우수 신예상 : 테오필리오 쿠비야스(페루)
- 골든 글러브 : 라디슬라오 마주르키비쉬(우루과이)

득점

- 골든부트 : 게르트 뮐러(서독) -10골
- 실버부트 : 자이르지뉴(브라질) - 7골
- 브론즈부트 : 테오필리오 쿠비야스(페루) - 5골
- 페어플레이 상 : 페루[31]

베스트 팀

- 골키퍼 : 라디슬라오 마주르키비쉬(우루과이)
- 수비수 : 카를루스 알베르투(브라질), 아틀리요 안체타(우루과이), 프란츠 베켄바우어(서독), 지아친토 파케티(이탈리아)
- 미드필더 : 지르송(브라질), 히베우리누(브라질), 바비 찰튼(잉글랜드)
- 공격수 : 펠레(브라질), 자이르지뉴(브라질), 게르트 뮐러(서독)

---

31) 1978년 월드컵 때에 페어플레이 상이 신설되면서 1970년 대회에서는 페루가 소급 수상하였다.

11. 1974 서독 월드컵

◉ 개최국 및 유치 과정

1966년 6월6일, 런던에서 열린 FIFA 총회에서 서독은 제11회 월드컵의 개최국으로 선정되었다.

◉ 공인구, 마스코트, 엠블럼

1974년의 공인구는 이전 대회의 '텔스타'를 개량한 '텔스타 칠레'였다.

마스코트는 두 소년을 의미하는 '팁&탭'이었다.

1974년 서독 월드컵의 엠블럼

🌕 대회 준비

브라질이 3번의 우승으로 줄 리메 컵을 영구 소유하게 되었으므로, FIFA는 1974년 대회를 위해 새로운 트로피를 만들어야 했다. 이것이 현재의 'FIFA 월드컵'이며, 이탈리아인 실비우 가자니가에 의해 만들어졌다. 이 새 트로피는 우승국에게 영구 소유되지 않기로 했으며, 순금의 진품이 아닌 도금된 복제품을 수여받아 다음 월드컵까지 보유하기로 했다. 트로피의 높이는 36cm였고, 무게는 4,970g였으며, 순금이 아닌 18k금으로 되어 있었는데, 트로피의 밑바닥에는 1974년 월드컵 우승팀부터 2038년 월드컵까지의 우승팀 이름을 새기기 위해 17개의 작은 명판이 있었다.

1974년 서독 월드컵은 1972년 뮌헨 올림픽에서 일어났던 뮌헨 참사[32]로 인해 철저한 경비 속에서 치러졌다. 200만 명에 가까운 관중들을 보호하기 위해 경찰 뿐만 아니라 군 병력까지 경계에 투입되었고, 경기장에서는 기관총을 든 군인들이 오가며 삼엄한 분위기를 자아냈다.

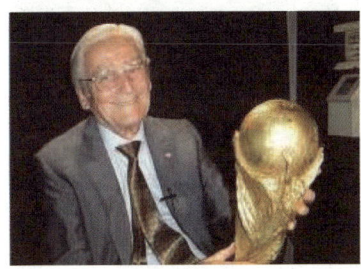
월드컵 트로피의 제작자인 실비오 가자니가

---

[32] 1972년 뮌헨 올림픽에서 팔레스타인의 게릴라 '검은 9월단'에 의해 이스라엘의 올림픽 선수단의 숙소가 습격 받아 11명의 이스라엘 선수를 포함하여 다수의 사망자가 나온 비극적인 사건. 이로 인해 뮌헨 올림픽에서는 올림픽 최초로 조기가 계양되었다.

뮌헨의 Olympiastadion(좌)와 베를린의 Olympiastadion(우)

함부르크의 Volksparkstadion(좌)와 도르트문트의 Westfalenstadion(우)

뒤셀도르프의 Rheinstadion(좌)와 겔젠키르헨의 Parkstadion(우)

프랑크 푸르트의 Waldstadion(좌)와 하노버의 Niedersachsenstadion(우)

슈투트가르트의 Neckarstadion

⚽ 참가 팀 및 예선 경과

총 96개국이 예선에 참가했다. 아시아와 아프리카 국가들이 FIFA 월드컵에 대한 관심을 보이면서 참가국들이 급속히 늘어났고 동독이 마지막으로 본선에 출전했다. 개최국 서독과 디펜딩 챔피언 브라질이 자동 진출권을 얻었고, 남은 14자리를 위한 티켓은, 유럽에 9.5장, 남미에 3.5장, 북중미와 아시아와 아프리카에 각각 1장씩 분배되었다.

- 유럽(9.5장) : 서독, 스코틀랜드, 동독, 불가리아, 폴란드, 이탈리아, 스웨덴, 네덜란드, 유고슬라비아
- 남미(3.5장) : 브라질, 아르헨티나, 우루과이, (칠레)
- 북중미(1장) : 아이티
- 아프리카(1장) : 자이르
- 아시아・오세아니아(1장) : 호주

유럽의 티켓이 줄어들고 남미의 티켓이 늘어난 배경에는 남미의 강력한 요구가 있었다. FIFA는 유럽 9조 1위 팀과 남미 3조 1위 팀으로 하여금 플레이오프를 치르게 했으며,

여기에서 칠레가 소련을 꺾고 본선 진출에 성공했다.

1974년 대회에서도 스페인, 프랑스, 잉글랜드, 체코, 헝가리 등의 강호들이 지역예선에서 탈락의 고배를 마시게 되었는데 그 중에서도 가장 놀라운 것은 잉글랜드가 폴란드에게 패배함으로써 1950년 대회 첫 참가 이래 처음으로 예선 탈락한 것이었다. 호주는 최종 진출전에서 홈 앤 어웨이로 승부를 가리지 못하고 재경기를 가지는 등 접전 끝에 한국을 꺾고 오세아니아의 첫 번째 월드컵 참가국이 되었으며, 북중미에서는 아이티가 멕시코를 제치고 참가하는 이변을 일으켰다.

대회 방식

16팀이 본선에 참가했으며, 4팀씩 4개조로 나누어졌다. 각각은 조별 풀리그를 거쳤으며, 승리 시 승점 2점을, 무승부에는 승점 1점을 얻을 수 있었다. 골득실이 동률인 팀들을 분리시키는 지표로 사용되었다. 각 조의 상위 두 팀이 다음 라운드로 진출했다. 하지만, 이전 세 대회와는 달리 두 번째 라운드는 조별 풀리그 방식으로 치러졌다. 8팀이 2개 조로 나뉘어졌으며, 각각의 조 1위는 결승으로 진출했고, 2위 팀은 3-4위전으로 갔다. 개최국 대신 전 대회 우승국이 개막전을 치르는 전통은 바로 이 대회부터 확립되었다.[33]

---

[33] 그러나 2006년 대회에 이르러서는 전 대회 우승국에 자동 출전권을 부여하지 않음에 따라 다시금 개최국이 개막전을 치르게 됐다.

⚽ 1라운드

	승	무	패	득	실	차	승점
동독	2	1	0	4	1	3	5
서독	2	0	1	4	1	3	4
칠레	0	2	1	1	2	-1	2
호주	0	1	2	0	5	-5	1

	승	무	패	득	실	차	승점
유고	1	2	0	10	1	9	4
브라질	1	2	0	3	0	3	4
스코틀랜드	1	2	0	3	1	2	4
자이르	0	0	3	0	14	-14	0

	승	무	패	득	실	차	승점
네덜란드	2	1	0	6	1	5	5
스웨덴	1	2	0	3	0	3	4
불가리아	0	2	1	2	5	-3	2
우루과이	0	1	2	1	6	-5	1

	승	무	패	득	실	차	승점
폴란드	3	0	0	12	3	9	6
아르헨티나	1	1	1	7	5	2	3
이탈리아	1	1	2	5	4	1	3
아이티	0	0	2	2	14	-12	0

대회 이전, 전 세계인들의 이목을 집중시켰던 팀은 리뉘스 미헬스가 지휘하고 크라위프가 주장을 맡은 네덜란드였다. 리뉘스 미헬스가 이끄는 아약스[34]는 전원 공격과 전원

---
34) 1970-71 시즌에 미헬스가 사임함으로써 코바치가 후임 감독으로 부임하였다.

수비, 잦은 포지션 체인지, 높은 수비라인과 공격적인 오프사이드 트랩 구사, 강한 압박과 짧은 패스 위주의 안정적이고 유려한 빌드업 등 이전까지의 전통적인 축구와 비교했을 때 '혁신적'이라고 해도 좋을 만큼의 축구를 보여주었다.

1974년 월드컵의 네덜란드 대표팀. 좌측부터 크라위프, 용블루트, 한, 카이저, 라이스베르겐, 레프, 수르비에르, 옌센, 하네겜, 크롤, 네스켄스.

그들의 그러한 축구는 '토탈 풋볼'이라 불리었는데, 1970-71 시즌부터 1972-73시즌까지 유러피언 컵 3연패를 이루어내고, 단일 시즌 전관왕[35]의 위업을 달성하며 역사상 가장 독보적인 세계 최강의 팀으로 평가받았다. 이때 아약스에는 크라위

---

35) 1971-72시즌과 1972-73시즌, 아약스는 그들이 참가한 모든 대회에서 우승했다. 여기에는 유러피언 컵, 에레디비지에, KNVB 컵, 유러피언 슈퍼컵, 인터콘티넨탈 컵 등이 포함되었다.

프를 비롯하여 네스켄스, 크롤, 카이저, 한, 수르비에르, 레프 등의 선수들이 있었으며[36], 이들 대부분은 네덜란드 국가대표팀에도 소속되어 있었고, 미헬스가 아약스에 이어 네덜란드 국가대표 감독직을 역임하고 있었기 때문에, 네덜란드가 최고의 우승후보로서 주목받은 것은 당연한 일이었다.

그리고 그들은 이러한 기대에 부응하는 플레이를 보여주며 센세이션을 일으켰다. 3조에 소속된 네덜란드는 첫 경기에서 우루과이를 2-0으로 무난히 꺾었으며, 스웨덴과는 득점 없이 0-0으로 비겼지만, 불가리아에게는 4-1의 대승을 거두며 여유 있게 2라운드로 진출했다. 포백 라인을 높은 위치까지 끌어 올려 상대를 압박하고, 선수들이 유기적으로 포지션을 변경하며 상대 수비를 혼란시키는 네덜란드의 경기 스타일은 '10년 이상 앞선 미래의 축구'라는 호평을 받았으며, 곧 그 스타일은 세계 축구의 표준이 되었다.

현상을 시대적인 조류로 환원하는 것은 다소 추상적인 문제를 가질 수 있었지만, 우연의 일치일지언정 최소한 네덜란드의 스타일이 무정부적이고 히피적인 시대정신과 잘 맞아 떨어졌다는 점은 의심할 여지가 없었다. 68 혁명의 열기가 전 유럽의 대학가를 뒤덮고 있을 때, 아약스-네덜란드의 토탈 혁명은 전 유럽의 그라운드를 핏빛으로 도색하고 있었고, 잘 훈련 받은 강팀에서 자부심을 고수하고 있던 선수들은 방종적인 네덜란드인들의 기질에 대응할 바를 찾지 못하고 무너져 내렸다. 1969년에 존 레논이 암스테르담의 호텔

---

[36] 다만 이중 1973년에 크라위프는 바르셀로나로 이적하여 월드컵 당시에는 아약스 소속이 아니었다.

에서 반전을 주장하는 나체 시위를 펴고 있던 그 무렵에, 아약스는 암스테르담에서 스파르타크 트르바나를 3-0으로 대파하고 유러피언 컵 결승에 진출했다는 것 역시 무언가 상징성을 부여하기에 충분했다. 네덜란드는 축구계의 히피족이고 신좌파였으며 조반유리를 외쳤다.

네덜란드와 더불어 강한 인상을 남긴 것은 폴란드였다. 4조에 소속된 그들은 아르헨티나를 3-2로 이겼으며, 아이티를 7-0으로 박살냈고, 이탈리아를 2-1로 잡았다. 그 결과 전 대회 준우승팀인 이탈리아는 예선에서 탈락하게 되었다.

1974년 폴란드의 에이스 라토

폴란드에서 주목할 만한 선수는 라토였다. 다른 선수들에 비해 압도적인 주력을 갖고 있던 그는 매 경기 여러 차례 상대의 측면을 괴롭혔으며, 아이티 전과 아르헨티나 전에서는 결승골을 넣는 등 활약을 거듭했다.

1조에서는 서독과 동독이 역사상 처음으로(그리고 마지막으로) 본선에 동반 진출하여 조별리그에서 서로 맞대결을 펼쳤다. 서독의 경찰은 헬리콥터까지 동원하며 경기장 주변을 맴돌며 만약의 사태에 대비했고 경기장 내부에는 이전보다 더 많은 경비 병력이 투입되었다. 서독의 헬무트 슈미트 총리를 비롯하여 양국의 고위 관료들이 대거 경기장을 방문함으로써 경기장에서 각료 회의가 열린다고 할 정도로 역사상 정치적으로 가장 민감했던 경기였다. 이 경기에서 위르겐 스파르바우제르의 골로 동독이 1-0으로 승리하여 조 1위를 차지했고, 서독은 조 2위를 차지했다. 동독의 승리는 1974년 대회의 가장 큰 이변으로 손꼽히며, 이 패배 후 서독의 헬무트 쇤 감독은 TV 방송에 직접 출연하여 해명을 해야 했다. 독일의 분단 역사에서 동독과 서독 대표팀은 친선경기조차 한 적이 없었고, 이 대회의 맞대결이 처음이자 마지막 시합이 되었다.

한편, 칠레의 카를로스 카스젤리는 서독과의 경기에서 거친 플레이로 퇴장당하며 레드카드를 받은 최초의 인물이 되었다. 레드카드는 1970년 멕시코 월드컵에서 공식적으로 도입되있지만, 해딩 대회에시는 아무도 레드카드를 받지 않았었다.

월드컵 최초의 레드카드 퇴장자 카스젤리

2조는 브라질, 유고, 스코틀랜드가 함께 속해있는 소위 '죽음의 조'였다. 그들은 각자와의 경기에서 모두 비겼기 때문에, 자이르와 경기에서의 골득실 결과에 따라서 진출국이 결정되게 되었다.

한편 자이르(현 콩고 민주공화국)는 유고와의 경기를 앞두고, 유고 출신의 비디니치 감독이 모국의 편의를 봐줄 것이라 의심하여 비디니치 감독을 해임하고 체육부 장관을 임시 감독으로 임명하는 해프닝을 일으켰다. 감독을 잃은 자이르는 결국 유고에 0-9로 대패했으며, 브라질에게는 0-3으로, 스코틀랜드에게는 0-2로 지며 3전 전패로 탈락했다.

⚽ 2라운드

	승	무	패	득	실	차	승점
네덜란드	3	0	0	8	0	8	6
브라질	2	0	1	3	3	0	4
동독	0	1	2	1	4	-3	1
아르헨티나	0	1	2	2	7	-5	1

	승	무	패	득	실	차	승점
서독	3	0	0	7	2	5	6
폴란드	2	0	1	3	2	1	4
스웨덴	1	0	2	4	6	-2	2
유고슬라비아	0	0	3	2	6	-4	0

1라운드에서 생존한 8개의 팀이 4팀씩 2개조로 나뉘어 2라운드가 진행되었다.

네덜란드의 토털풋볼은 남미 팀들에게 결코 익숙한 경기 방식이 아니었고, 그로 인해 남미의 '3강' 브라질, 아르헨티나, 우루과이는 네덜란드에 단 한 골도 성공시키지 못하고 나란히 3패를 당해야 했다. 첫 번째 희생양이 된 것은 아르헨티나였다.

네덜란드는 평상시처럼 높은 선상에서 압박을 행했고, 아르헨티나는 이에 당황한 것처럼 보였다. 네덜란드가 공격을 시도하다가 실수를 범해 아르헨티나에게 볼이 돌아가더라도, 네덜란드의 압박에 쫓겨 다시금 볼을 내주고 위험에 처하는 장면이 반복되었다.

아르헨티나는 갈피를 잡지 못하고 의욕만 앞서 과도하게

많은 인원이 계획성 없이 공격에 가담했으며, 네덜란드는 전진된 위치에서의 압박 못지않게 내려앉은 상태에서 시작되는 속도감 있는 공격에 있어서도 강점을 드러냈다. 볼을 짧게 운반하고 공격적인 축구를 구사하려던 아르헨티나에게는 최악의 상대였다. 전반 15분이 될 때까지 아르헨티나의 패스가 3번 넘게 이어간 적이 없을 정도로 네덜란드는 아르헨티나를 철저하게 괴롭혔다. 가끔씩 후방으로 넘어온 볼은 라이스베르헨이나 한 등이 가볍게 커트해낼 수 있었다.

네덜란드의 공격 전술이 특별하게 정교하다거나 그 팀에 기술적으로 화려한 선수들이 많은 것은 아니었지만, 공격이 시작되었을 때 골문까지의 거리가 짧다는 것 자체만으로도 위협적인 찬스가 양산되었다. 그리고 이 일련의 과정에서 크라위프는 핵심적인 역할을 담당했다. 그는 볼을 자주 터치하며 공격 방향을 결정하고 볼을 회전시켰으며, 때때로 드리블을 시도하며 아르헨티나 수비진을 직선적으로 무너뜨리기도 했고, 이따금 최후방까지 내려와서 아르헨티나의 역습을 차단해주기도 했다. 결국 네덜란드는 아르헨티나에게 4-0의 대승을 거두었고, 크라위프는 2골 1어시스트를 기록하며 팀을 이끌었다. 네덜란드는 다음 경기인 동독 전에서도 2-0의 승리를 거두며 순항을 계속했다. 그동안 브라질은 동독을 1-0으로 이겼으며, 아르헨티나를 2-1로 꺾었다.

반대편의 B조에서는 서독이 유고와 스웨덴을 연달아 격파했다. 스웨덴을 상대로 한 4-2의 승리에서는 서독 특유의 점유율을 추구하는 스타일도 잘 드러났다. 비록 회네스와 브라이트너 외에는 확실하게 상대 수비를 타격해줄만한 선수가 없었지만, 오버라트와 베켄바우어의 빌드업 리드는 절묘했다.

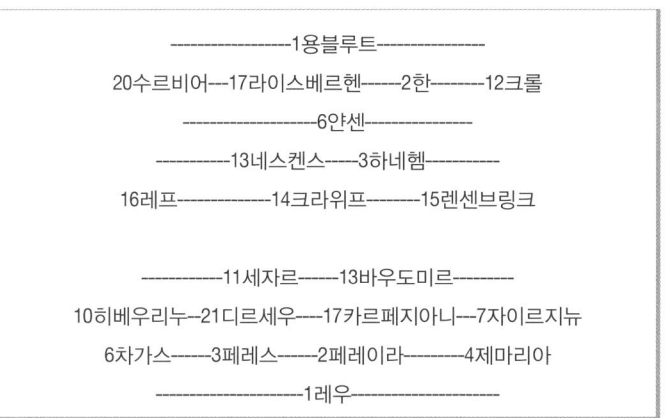

이밖에, 서독과 같이 B조에 있던 폴란드 역시 유고슬라비아와 스웨덴을 상대로 2승을 거뒀다. 라토는 이 과정에서도 맹활약을 펼쳤는데, 유고슬라비아와 스웨덴을 상대로 결승골을 뽑은 것이었다. 그 시점까지 폴란드가 가진 5경기에서 라토는 4번의 결승골을 기록했다.

이로써, A조에서 브라질과 네덜란드가, B조에서는 폴란드와 서독이 2차 리그 마지막 경기에서 격돌하게 되면서, 사실상의 준결승이 만들어졌다.

브라질과 네덜란드의 경기는, 훗날 공격 축구를 구사하는 두 팀 사이의 정면 승부에서 공격력이 더 강한 네덜란드가 승리했다는 식으로 흔히 서술되었지만, 실제로 승패를 가른 것은 양 팀 간 수비조직의 차이였다. 네덜란드는 오프사이드 트랩을 잘 사용했고, 라인을 내린 상태에서도 선수와 선수 간의 대형을 유지하며 브라질의 공격을 끈질기게 잘 막아냈기에 브라질은 어떻게 공략해야할지 난감해했다. 여러 명의 선수가 거듭 오프사이드 트랩에 빠졌으며, 볼을 탈취 당할 경우 네덜란드의 빠른 역습을 막기 위해 내려앉아야 했다.

승부의 윤곽이 가려지기 시작한 건 후반부터였다. 50분, 네스켄스는 라이트에 있는 크라위프에게 볼을 보내며 2대1 패스를 시도했고, 크라위프가 정확하게 페널티 박스 안쪽으로 패스를 넣은 것을 득달같이 달려든 네스켄스가 다시 받아 든 뒤 볼을 골문 안으로 밀어 넣으며 선취골을 뽑아냈다.

63분, 네덜란드는 또 한 번 브라질의 우측 공간을 붕괴시켰다. 크롤은 렌센브링크와 2대1 패스를 주고받으며 공간을 창출해낸 뒤 크라위프를 향한 정확한 크로스를 올렸고, 크라위프는 그 볼을 놓치지 않고 오른발 발리 슈팅으로 잘라먹으며 추가골을 넣었다. 승기는 네덜란드 쪽으로 기울어졌고, 브라질은 거친 플레이를 행했다. 결국 후반 39분 네스켄스에게 거친 파울을 범한 브라질 수비수 페레이라가 퇴장당하면서 브라질은 10명의 선수로 싸워야 했다. 남은 시간 특별한 변화를 일으킬 수 있는 여지는 존재하지 않았고, 네덜란드는 여유있게 경기를 마무리 지을 수 있었다.

펠레, 또스따우, 지르송 등 주축 선수들의 연이은 국가대표 은퇴로 감독 자갈루는 팀을 정비하는 데에 어려움을 겪었다. 그 결과 브라질은 이 대회 7경기에서 고작 6골만을 성공시키는데 그치며 전례를 찾아보기 어려운 빈공에 시달렸고, 결국 3·4위 전에서도 폴란드에게 0-1로 패하며 4위에 머무르고 말았다. 이 때문에 자갈루는 자택을 습격 받는 등 엄청난 고난을 겪어야 했으며, 브라질 사람들은 그 당시 브라질에서 유행하던 독감을 '자갈루 독감'이라고 부를 정도로 자갈루를 경멸했다. 자갈루는 선수로서 월드컵을 2연패한 것과 감독이 되어 줄 리메 컵을 영구 소유하는 업적을 달성한 것을 들며 국민들에게 억울함을 호소했지만 비난은 끊이지 않았다. 물론 이조차도 1950년의 바르보사에 비해서는 관대한 처사였다.

같은 시각, 서독은 이 대회에서 돌풍을 일으키며 주목받았던 폴란드와의 경기에서 1-0으로 승리하며 결승에 진출했다. 경기장에는 폭우가 쏟아졌으며, 결국 경기는 30분 가량 지연되었다. 경기장의 일부는 침수되어 선수들은 거의 볼을 가지고 움직일 수 없었다. 때문에 빠르게 측면 루트를 활용하곤 했던 폴란드는 그들의 스타일을 활용하기 어려웠다. 하지만 그럼에도 불구하고 라토와 가도차는 종종 서독의 측면을 위협하곤 했다. 둘은 번갈아가며 결정적인 찬스를 잡았고, 그때마다 서독의 골키퍼 마이어는 기적적인 선방을 해냈다.

후반 8분, 휠첸바인이 폴란드 수비수 즈무다의 태클에 걸려 넘어지면서 PK를 얻어냈지만, 기기로 니션 회네스기 실축하면서 교착 상태는 깨어지지 않았다. 이때 승부의 저울추를 기울게 만든 선수는 게르트 뮐러였다. 28분 경, 뮐러는

11. 1974 서독 월드컵 **247**

페널티 에어리어에서 루즈볼을 잡아낸 뒤, 노마크 상황에서 득점에 성공하며 결승골을 만들어냈고, 그렇게 서독은 어렵게나마 결승에 진출할 수 있었다.

⚽ 결승

> 서독 2-1 네덜란드

그리하여 당대를 양분하고 있던 크라위프의 네덜란드와 베켄바우어의 서독이 결승에서 맞닥뜨리게 되었다. 이 결승은 말하자면 클럽 축구에서 만들어진 스토리가 월드컵 결승으로 연장된 사례라고도 할 수 있었다.

1970-71 시즌에 유러피언 컵을 제패한 이후, 크라위프가 지휘하던 아약스는 1972-73까지 유럽의 맹주로서 상대팀을 압도해 나갔으며, 베켄바우어의 바이에른 뮌헨 역시 그 예외가 되지 못했다. 1972-73 시즌 유러피언 컵 8강에서 뮌헨을 만난 아약스는 1차전에서 4-0의 대승을 거두었고, 2차전에서는 팽팽한 승부 끝에 1-2로 패하긴 했지만 종합 스코어 5-2로 여유 있게 4강에 진출하여 결국 유러피언 컵 3연패의 위업을 달성했다.

그러나 그 다음 시즌, 크라위프의 지나치게 독선적인 태도가 팀원들에게 반감을 산 관계로 크라위프는 주장직을 잃게 되었고, 이에 불만을 품은 크라위프가 바르셀로나로 이적하면서 아약스는 급격하게 무너졌다. 바이에른 뮌헨은 그때를 틈타 1973-74시즌 유러피언 컵을 우승하며 아약스가 차지하고 있던 자리를 꿰찼다. 그리고 바로 그 시점에서 월드컵이 열렸으며, 네덜란드는 아약스 멤버를 중심으로, 서독은 뮌헨의 멤버를 중심으로 구성되어 있었다. 그 점에서 양 팀의 대결은 서사적인 완결성을 띠고 있었다.

네덜란드와 서독의 대표 선수였던 크라위프와 베켄바우어의 포지션도 좋은 대비를 이루었다. 크라위프는 최전방 스트라이커였지만, 대회 내내 미드필더 진영이나 최후방까지 내려와 팀의 빌드업을 리드하고 패스의 구심점 노릇을 했다. 마찬가지로, 수비형 미드필더에서 센터백으로 포지션을 변경한 베켄바우어는 리베로로서 최후방에서부터 그를 중심으로 공격을 전개해나가곤 했다. 그 점에서, 둘은 정반대의 위치에 있었지만, 닮은꼴이었으며, 필드에서 가장 주목받는 존재일 수밖에 없었다.

이는 수치로도 입증이 된다. 크라위프는 대회 전체를 통틀어 36회의 키패스[37]를 만들어냈는데, 이는 역대 그 누구보다도 높은 수치로, 크라위프가 얼마나 자주 결정적인 장면에 기여했는지를 알 수 있는 자료다. 그리고, 베켄바우어는 90분 당 79.3개의 패스를 기록했는데, 이는 오늘날의 피를로나 알론소 같이 많은 패스를 뿌리는 선수들이나 기록할 수 있는 수치로, 당시의 실 플레이 타임이 지금에 비해 짧고 평균 패스 숫자가 더 적었던 걸 감안했을 때 베켄바우어의 경기 내에서의 영향력이 어느 정도였는지를 보여준다.

---

[37] optasports의 수치로, 슈팅으로 이어진 패스의 총합을 의미한다.

1974년 월드컵의 영웅 베켄바우어와 크라위프

서독과 네덜란드가 갖는 축구 스타일의 유사성도 흥미로웠다. 양 팀은 모두 볼을 오래 소유했고, 크라위프와 베켄바우어라는 리더에 의해 확률 높은 빌드업을 해나갔으며, 선수들 간 포지션 이동도 자주 이루어졌다. 다만, 서독은 좀 더 점유에 치중하고 짧은 패스를 자주 주고받으며, 강한 압박을 하지 않는 등 전반적으로 느린 템포 속에서 팀의 대형과 밸런스를 유지했고, 네덜란드는 서독에 비해 좀 더 전위적이고 모험적인 축구를 구사했다.

결승은 1974년 6월7일 뮌헨의 올림피아 스타디온에서 열렸다. 킥오프를 한 네덜란드는 좌우와 전후를 가리지 않고 경기장을 넓게 쓰며 볼을 돌리며 기회를 엿보고 있었다. 앞서 16번의 패스가 이어졌고, 17번째 패스로 볼을 잡은 크라위프는, 포그츠의 마크를 받는 가운데 단독 드리블을 치고 가다가 회네스에 밀려 넘어지면서 PK를 얻어냈다.

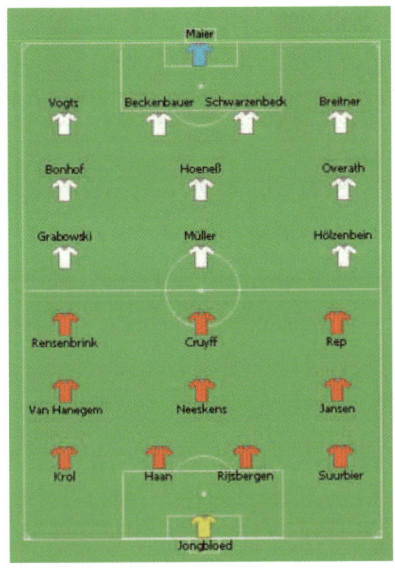

키커로 나선 네스켄스가 이를 성공시키며 네덜란드가 1-0으로 앞서나갔고, 서독 선수들은 그때까지 공 한 번 제대로 잡아 보지 못했다. 사전 예상처럼, 경기는 일방적으로 흘러갈 것처럼 보였다.

하지만 선취골을 얻은 뒤 네덜란드는 다소 느슨한 경기 운영을 보였는데 그 틈을 탄 서독이 강력한 압박을 시도했다. 브라이트너는 왼쪽을 종종 위협했으며, 오버라트와 회네스가 몇 번 위협적인 시도를 했다. 그렇게 경기의 주도권은 점차 서독에 넘어가기 시작했고, 26분에는 네덜란드의 첫 골 상황을 오마쥬하는 것 마냥, 오버라트의 롱패스를 받은 휠첸바인이 드리블을 시도하다 라이스베르헨에게 걸려 넘어지면서 PK를 얻었고, 브라이트너가 득점을 올리며 동점을 만들었다. 월드컵 결승에서 PK가 양 팀 간에 오간 것은 이때가 처음이었다.

네덜란드는 타이트한 압박을 펼치던 서독을 맞아 크게 고전했다. 평소 정연하게 이어나가던 패스의 흐름은 서독의 방해에 여러 번 흔들렸으며, 하프라인을 넘어 서독 진영까지 진출하는 데에도 험난한 과정을 거쳐야했다. 오히려 서독에게 더 많은 기회가 주어졌다. 29분 포그츠가 2대1 패스를 통해 단독 찬스를 맞았고, 33분엔 회네스가 아리에 한을 달고 들어가며 네덜란드의 골문을 위협하는 크로스를 날렸으며, 35분에는 그라보프스키가 돌파 과정에서 얻어낸 프리킥을 베켄바우어가 예리한 슈팅으로 연결시켰다. 하지만 그 때마다 네덜란드 역시 골키퍼의 선방과 수비수의 기지 있는 수비로 위기를 넘겼다.

한동안 수세에 몰리던 네덜란드가 반격을 시도했다. 36분, 크라우프는 역습 찬스에서 베켄바우어를 앞에 두고 드리블을 하다가 왼쪽에서 달려 들어가던 레프에게 스루패스를 주었다. 레프는 곧바로 슛을 했지만, 제프 마이어의 선방에 가로막히고 말았다.

이 순간을 기점으로 네덜란드는 지속적인 공세를 펼쳤으나 바로 그 시점에서 예상치 못한 실점을 허용하고 말았다. 43분, 본호프는 수르비어의 크로스를 머리로 끊어내어 마이어에게 넘겨주었고, 마이어는 오른쪽에 있던 회네스에게 볼을 연결해주었다. 그라보프스키는 회네스에게 다가와 볼을 인계 받은 뒤, 오른쪽으로 오버래핑하던 본호프에게 정확하게 패스를 주었다. 본호프는 측면 공간을 질주하다가 수비수 한 명을 따돌리고 크로스를 올렸으며, 이를 받은 게르트 뮐러가 골을 터뜨리면서 서독이 리드를 잡은 것이다. 곧 하프타임이 되었고, 서독 관중석에는 'wir kennen bonhof, aber wer ist cruyff?(우리는 본호프는 안다만, 크라위프는 누구냐?)'라는 플래카드가 등장했다.

요한 크라위프는 1974년 대회를 빛낸 최고의 스타였지만, 서독과의 결승전에서는 포그츠의 맨마킹에 고전했고, 그 때문이었는지 그의 활약은 골문에서 멀리 떨어진 지역에서 빌드업에 기여하는 정도에 그쳤다.

네덜란드의 평균적인 선수 수준은 분명히 탁월했으며, 조직적인 측면에 있어서도 나무랄 데가 없었다. 그러나 1골 차의 리드를 기반으로 한 서독이 밀집된 수비를 무너뜨리기 위해서는 그 이상의 무언가가 필요했으며, 특히 수비에 균열을 낼 수 있는 확실한 공격 방법이 있어야 했다. 월드컵 내내 이를 책임졌던 것은 크라위프였지만, 그는 포그츠의 대인마크를 따돌리는 데에 어려움을 겪고 있었으므로 큰 도움을 주기 어려웠다. 때문에 네덜란드의 후반 공세는 치열했으나 무질서했으며, 핵심을 찌르지 못하고 변죽을 울렸다. 기재가 넘치는 것처럼 보였던 네덜란드의 선수들은, 늑대에게 염소를 잃은 양치기들 마냥 권력 공백 상태에 대해 패닉을 일으킨 것처럼 보였다. 결국 네덜란드는 나머지 45분 동안 추가골을 넣는데 실패했고, 서독은 자국에서 열린 월드컵에서 우승을 차지할 수 있었다.

⚽ 에필로그

서독은 유로컵에 이어 월드컵을 제패한 최초의 팀이 되었다. 또한, 1954년 월드컵이 그러했듯, 그들은 동독전에서 패배를 기록하고도 월드컵 트로피를 차지하게 되었다. 그밖에, 귄터 네쳐는 월드컵 우승자가 외국 리그에서 뛴 최초의 사례였으며, 게르트 뮐러는 1970년 월드컵에서 10골을 넣은 데에 이어 이 대회에서 4골을 넣으며 총 14골로 프랑스의 퐁텐의 월드컵 통산 최다 득점 기록을 갱신했다. 이 기록은 2006년 호나우두에 의해 깨질 때까지 유지되었다.

또한 1974년 월드컵은 토탈 혁명일 뿐만 아니라 재정 혁명이기도 했다. 총수익금은 5,000만 마르크에 달했으며, 입장권 판매 수익도 신기록을 세웠지만, 더 놀라운 것은 중계권과 마케팅 수입 등의 큰 증가였다. 단적인 예로, 1970년에는 입장권 판매 수입이 전체 수입의 80%에 달했지만,

1974년 월드컵에서는 44%에 불과했다. 이 시기를 계기로, 월드컵은 이전 대회들에 비해 〈체급의 차이〉를 띠기 시작했다. 같은 시기에 68 혁명과 히피즘이 자본의 힘에 포섭되었듯, 축구 역시 엘도라도와 지팡그를 향해 떠났다.

기록 및 수상

- 총 득점 : 38경기 97골(경기당 2.55골)
- 총 관중 수 : 1,774,022명(경기당 46,685명)
- 최다 득점 팀 : 폴란드(7경기 16득점)
- 최저 득점 팀 : 엘살바도르(3경기 0득점)
- 최다 실점 팀 : 자이르, 아이티(3경기 14실점)
- 최저 실점 팀 : 스코틀랜드(3경기 1실점)
- 골든볼 : 요한 크라위프(네덜란드)
- 실버볼 : 프란츠 베켄바우어(서독)
- 브론즈볼 : 카지미에슈 데이나(폴란드)
- 최우수 신예상 : 블라디슬라프 츠무다(폴란드)
- 골든 글러브 : 제프 마이어(서독)
- 골든부트 : 그제고시 라토(폴란드) - 7골
- 실버부트 : 요한 네스켄스(네덜란드) - 5골, 안제이 샬마크(폴란드) - 5골
- 브론즈부트 : 게르트 뮐러(서독) - 4골, 요니 렙(네덜란드) - 4골, 라르 에드스트룀(스웨덴) - 4골

베스트 팀

- 골키퍼 : 제프 마이어(서독)
- 수비수 : 베르티 포그츠(서독), 프란츠 베켄바우어(서독), 파울 브

라이트너(서독), 뤼트 크롤(네덜란드), 엘리아스 피게로아(칠레)
- 미드필더 : 볼프강 오버라트(서독), 카지미에슈 데이나(폴란드), 요한 네스켄스(네덜란드)
- 공격수 : 요한 크라위프(네덜란드), 롭 렌센브링크(네덜란드), 그제고시 라토(폴란드)

12. 1978 아르헨티나 월드컵

☞ 개최국 및 유치 과정

1966년 7월 6일 런던에서 열린 FIFA 총회에서 아르헨티나는 1978년 대회의 개최국으로 선정되었다. 멕시코는 1970년 대회의 개최국으로 선정되자 경쟁을 포기했다.

월드컵 개최를 불과 2년 앞두고 있던 1976년, 호르헤 라파엘 비델라는 군사 쿠데타로 이사벨 페론을 축출하고 아르헨티나 정권을 장악한 뒤, 정치적 사회적 혼란을 수습하기 위한 계획으로서의 〈프로세소38)〉를 천명하였다. 이로써 아르헨티나 군부 독재가 시작되었다. 좌익 세력에 대한 대대적인 소탕이 벌어졌고, 많은 반정부 인사들이 구금되거나 실종되었다. 게다가 장기화된 인플레이션과 경기 침체로 경제 상황은 호전될 기미를 보이지 않으면서 아르헨티나는 그 모든 것이 불안정하고 혼란스러웠다. 그 때문에 비델라 정부는 월드컵 개최를 강행하여 국내 정세의 혼란을 수습하고 국민적 지지를 얻고자 했다.

이 와중에 월드컵의 성공적 개최를 약속하며 발족한 국가재건위원회의 월드컵 조직위원장 카를로스 오마르 악티스 장군이 기자회견 도중에 암살당하는 충격적인 사건이 벌어진다.

---

38) 국가 재조지 과정. 군부 쿠데타를 정당화히기 위한 레토릭으로 이용되었다. 정치시스템, 국민문화, 산업관계, 경제를 수정하는 개혁에 의거 국가를 급진적으로 '재조직'한다는 것이었으며, 〈과정〉 그 자체로서 일정한 기간이 정해진 것이 아니었다.

호르헤 라파엘 비델라

악티스는 쿠데타에 연루되지 않은 정직한 인물이자 높은 명망을 얻고 있는 장성이었으므로, 비델라 정권은 1976년 6월 그를 조직위원장으로 임명했었다. 그러면서도 자기 당파가 아닌 인물에게 월드컵을 온전히 맡길 수는 없었기에, 부위원장으로는 해군 대령 카를로스 라코스테 제독을 임명했다. 라코스테는 프로파간다 효과를 위해, 새 경기장을 증설할 것과 아르헨티나 국내에도 컬러 TV 중계를 할 것을 악티스에게 제안했다. 하지만 아르헨티나의 재정 상황이 좋지 않음을 고려할 때, 월드컵 개최 예산을 다소 긴축해야 한다는 입장을 가지고 있던 악티스는 그의 계획을 승인하지 않았고, 1976년 8월19일에 세계 언론을 상대로 기자회견을 열어 컬러 중계영상은 해외 송출로만 한정할 것이라는 조직위원회의 계획을 발표하기로 결정했다. 그리고 바로 그 기자회견장에서 악티스는 괴한에 의해 암살당했다. 악티스 암살의 배후에는 라코스테가 있다는 주장이 제기되었지만, 혐의를 입증한다는 것은 '고양이 목에 방울 달기'였고, 오히려 좌익 게릴라인 몬토네로스의 소행이라는 발표가 나왔다. 다음날, 극우 단체인 〈죽음의 군단〉은 악티스의 암살을 복수한다는 명목으로 부에노스아이레스 근교 들판에서 30여 명을 살해하며 〈파티마의 학살〉이라는 참극을 일으켰다.

악티스의 죽음을 계기로, 아르헨티나에서 예정대로 월드컵이 열릴 경우 세계 최강의 팀인 네덜란드가 보이콧을 선언할 것이라는 말도 설득력 있게 나돌았다. 실제로 대회 개막을 앞두고 여러 국가가 아르헨티나 국내 정세의 혼란을 이유로 들어 개최국 변경을 요구하였고, 거기에 국제사면위원회(앰네스티 인터내셔널) 역시 아르헨티나 군부 독재에 항의해 월드컵 개최지 변경을 요구했지만, 이 모든 항의와 요구에 대해서 FIFA와 아벨란제[39]는 축구와 정치는 별개이며 아르헨티나의 월드컵 개최에는 아무런 문제가 없다는 반응을 보였다. 그렇게 아르헨티나는 예정대로 월드컵을 개최할 수 있었다. 아벨란제는 라코스테와 개인적으로 친분을 나누었으며, 그 덕에 라코스테는 1981년 12월11일부터 22일까지 11일 동안 임시직 아르헨티나 대통령을 맡기도 했고, 그 다음 해인 1982년에는 FIFA 부회장이 되어 4년 간 그 자리를 유지할 수 있었다.

---

39) FIFA 7대 회장. 1974년 국제 축구 연맹의 7대 회장으로 선출되어 1998년까지 24년 간 재임했다.

공인구, 마스코트, 엠블럼

이번 대회부터 공인구가 된 '탱고 리버플레이트'. 오각형과 육각형의 가죽조각을 연결해 만드는 형태는 유지되었지만, 오각형 부분이 흰색으로 바뀐 대신 육각형 조각에 아르헨티나의 전통 춤인 탱고를 형상화한 삼각형 무늬를 삽입해 시각적인 효과를 높였으며, 텔스타의 약점으로 지적 받았던 방수 기능도 보완했다. 이것이 새로운 혁신이 되어 이때부터 월드컵 공인구는 1998년 FIFA 월드컵 공인구인 '트리콜로'까지 탱고형 디자인을 유지하면서 탱고는 축구공의 대명사가 되었다.

탱고 리버플레이트

1978년 월드컵의 공식 엠블럼

또한 팜파스지역에서 활동하는 목동을 팬시화한 '가우치토'가 마스코트로 선정되었다.

⚽ 참가 팀 및 예선 경과

비델라의 군부 독재로 인한 정국의 불안정 때문에 네덜란드와 같은 국가들은 참가 여부를 놓고 심사숙고했다. 하지만 실제로 불참을 결정한 국가는 많지 않았고, 결국 역대 최다인 107개 팀이 예선에 참가하였다. 아르헨티나와 서독에게 부여된 자동 진출권을 제외한 14장의 진출 티켓을 두고 각축이 벌어졌다. 유럽에는 9.5장이 분배되었으며, 남미에는 3.5장, 유럽과 남미의 플레이오프로 1장, 북중미, 아프리카, 아시아/오세아니아에 각 1장이 배정되었다. 남미와 유럽의 대륙 간 플레이오프에서는 프랑스가 볼리비아에 승리를 거두었다.

- 유럽(9.5장) : 서독, 스코틀랜드, 스페인, 오스트리아, 헝가리, 폴란드, 이탈리아, 스웨덴, 네덜란드, (프랑스)
- 남미(3.5장) : 아르헨티나, 브라질, 페루
- 북중미(1장) : 멕시코
- 아프리카(1장) : 튀니지
- 아시아·오세아니아(1장) : 이란

잉글랜드는 이탈리아에게 패배하면서 월드컵 본선 진출에 실패했다. 또한 유로 챔피언인 체코를 비롯해 유고슬라비아, 소련이 예선 탈락의 고배를 마셨다. 반면 이란과 튀니지가 첫 출전에 성공했고, 오스트리아가 1958년 이후 20년 만에 참가했으며, 프랑스와 스페인, 헝가리가 1966년 이후 처음으로 본선에 올랐다.

대회준비

아르헨티나는 1950년 월드컵 개최권을 브라질에, 1962년 월드컵 개최권을 칠레에, 그리고 1970년 월드컵 개최권을 멕시코에 빼앗기며 번번이 유치 경쟁에서 고배를 들이켜 왔다. 그로 인해 1978년 월드컵 성공에 대한 의지가 매우 남달랐으며, 메노티 감독은 대회 3년 전부터 지속적인 합숙훈련까지 실시하며 조직력을 다져나갔다.

그 이전까지 아르헨티나에서는 코파 리베르타도레스를 3연패한 에스투디안테스의 영향을 받아 거칠고 신체 경합적이며 안정 지향적으로 실리를 중시하는 스타일이 유행하고 있었지만, 메노티는 이러한 흐름에 반기를 든 심미주의자였다. 좌파 지식인으로서 군부 정권과 긴장 관계를 유지하고 있었던 그는, 축구에 있어 공격적인 운영과 기술의 중시가 실리와 이반되지 않는다고 주장하며 아르헨티나 대표팀을 아름다운 축구를 하는 팀으로 만들고자 했다.

"축구는 효용이라는 전제로 출발한다. 나도 편법을 쓰더라도 이기려고 하는 에고이스트만큼이나, 아니 그 이상으로 이기기 위해 경기를 한다. 솔직히 경기에서 이기고 싶다. 하지만 전술적인 추론만으로는 이길 수 있다고 생각하지 않는다. 오히려 실리와 아름다움은 불가분의 관계라고 믿는다."

당시 아르헨티나 국가대표팀의 감독 세사르 루이스 메노티

 그의 주장에 걸맞게 아르헨티나 선수단은 테크니컬한 선수들로 채워졌다. 전방에서는 돌파력을 보유한 루케가 골문을 노렸으며, 개인 전술이 훌륭한 오르티스와 베르토니가 양 측면에 배치되었고, 켐페스는 자신의 자유를 최대한 누렸으며, 아르딜레스와 가예고는 좋은 볼 터치와 움직임, 볼 운반에 기반하여 중원에서 장단과 완급을 조절하고 주도권을 장악했다. 또한 파사레야는 좋은 리베로였으며, 올긴이나 타란티니의 공격력도 무시할 수 없는 수준이었다.

 아르헨티나 축구협회 역시 메노티 감독을 도왔다. 1974년에는 23세 이하 선수의 해외 이적을, 1978년에는 28세 이하 선수의 해외 이적을 전면적으로 금지시켰고, 이미 스페인 발렌시아로 이적해 있던 마리오 켐페스를 대표팀으로 불러들이기 위해 선수 임대료까지 지불하는 적극성을 보였다.

1978년 아르헨티나 팀. 좌측 상단부터 파사레야, 베르토니, 올귄, 타란티니, 켐페스, 피욜. 좌측 하단부터 다시 가예고, 아르딜레스, 루케, 오르티즈, 갈반.

독재 체제에서의 행정이 항상 그러하듯, 신속하고 건설적인 움직임 뒤에는 어두움이 존재했다. 월드컵이 채 1년도 남지 않은 1977년 9월, 내무부 장관 알바노 하르귄데구이는 최근 아르헨티나 도처에서 5,618명의 사람들이 수용소로 사라졌다고 진술했다. 1978년 월드컵의 리베르 플라테 기념 경기장은, 보고에 따르면, 〈더러운 전쟁 Guerra Sucia〉[40]

---

[40] 1976년에서 1983년까지 아르헨티나에서 군사정권이 국가에 의한 테러, 조직적인 고문, 강제 실종, 정보 조작을 자행한 시기를 일컫는다. 학생·기자·페론주의 혹은 사회주의를 추종하는 게릴라 및 동조자가 주 피해자이다. 약 1만 명 정도의 몬토네로스와 인민혁명군의 게릴라가 실종됐고, 최소 9000명에서 최대 3만 명에 달하는 사람이 실종되거나 살해된 것으로

관련 죄수들의 강제 수용소로 악명 높은 해군 정비공 학교(ESMA)와 불과 1마일 거리에 있었는데, 이곳에서는 월드컵 동안 관중들의 함성을 들을 수 있었다고 한다.

1978년 월드컵 아르헨티나의 포메이션

추정된다.

대회를 불과 일주일 앞둔 5월25일, 보도진들의 취재 현장이 될 프레스센터에서 폭발이 일어나 경찰관 한 명이 사망하는 사건이 일어났다. 그런데 이 사건은 축구보다도 아르헨티나의 정치와 사회 상황에 더 촉각을 곤두세우고 있는 세계 언론을 향한 경고의 일환으로 군사정부가 벌인 자작극이었다는 소문이 떠돌기도 했다.

부에노스 아이레스의 Estadio Monumental(좌)와 Estadio José Amalfitani(우)

코르도바의 Estadio Córdoba(좌)와
마르 델 플라타의 Estadio José María Minella(우)

로사리오의 Estadio Gigante de Arroyito(좌)와
멘도사의 stadio Ciudad de Mendoza(우)

⚽ 대회 방식

대회 방식은 1974년 대회와 크게 다르지 않았다. 16팀이 4조로 나뉘어져서 조별로 풀리그를 치렀으며, 승점이 같을 때에는 골득실이 당락을 결정했다. 상위 두 팀씩 총 8팀이 2차 리그로 올라갔으며, 2차 리그 역시 4팀이 한 개조를 이루며 총 2조가 구성되었다. 각 조의 1위 팀은 결승에 올라갔으며, 각 조의 2위는 3/4위전을 치렀다. 이 대회에서 FIFA는 승부차기의 개념을 도입했지만 실제로 승부차기까지 이어진 경기는 없었다.

⚽ 조별리그

	승	무	패	득	실	차	승점
이탈리아	3	0	0	6	2	4	6
아르헨티나	2	0	1	4	3	1	4
프랑스	1	0	2	5	5	0	2
헝가리	0	0	3	3	8	-5	0

	승	무	패	득	실	차	승점
폴란드	2	1	0	4	1	3	5
서독	1	2	0	6	0	6	4
튀니지	1	1	1	3	2	1	3
멕시코	0	0	3	2	12	-10	0

	승	무	패	득	실	차	승점
오스트리아	2	0	1	3	2	1	4
브라질	1	2	0	2	1	1	4
스페인	1	1	1	2	2	0	3
스웨덴	0	1	2	1	3	-2	1

	승	무	패	득	실	차	승점
페루	2	1	0	7	2	5	5
네덜란드	1	1	1	5	3	2	3
스코틀랜드	1	1	1	5	6	-1	3
이란	0	1	2	2	8	-6	1

1978년 월드컵에서는 우승후보로 손꼽히던 강팀들이 하나같이 전력 약화를 피하지 못한 채로 대회에 참가하게 되었다. 전 대회 우승국 서독과 준우승국 네덜란드가 각각 당대 최고의 스타였던 베켄바우어와 크라위프를 잃은 상태였던 것이다. 1974년 서독 월드컵에서 기적 같은 활약을 펼치며 세계 최고의 축구 선수로 등극했던 네덜란드의 요한 크라위프는 아르헨티나의 불안정한 치안 및 비델라의 폭정 등을 명목으로 1978년 월드컵에 참가하지 않았다.[41] 브라질

---

[41] 크라위프는 지난 2008년 4월, 카탈루냐 라디오 방송에 출연하여 "괴한들에게 나를 포함한 가족 모두가 납치되어 생명을 위협 당했던 사건이 있었

역시 젊은 스타 지쿠를 앞세우긴 했지만 세대교체가 완성단계로 도달한 것은 아니었다. 리바, 리베라, 마쫄라 등이 대표팀을 떠난 이탈리아 역시 과도기적 시기에 놓였다는 평이 지배적이었다.

아르헨티나 월드컵은 개최국 어드밴티지의 남용으로 지금까지도 악명 높은데, 그중에서도 가장 크게 문제가 된 것은 일정 문제였다. 아르헨티나는 자국의 모든 경기를 밤에 치르도록 일정표를 조정하였고, 그로 인해 아르헨티나는 다른 팀들의 경기가 끝난 다음 경기를 갖게 되어 자신들의 순위를 미리 안 채 경기에 임할 수 있었다. 1982년 스페인 월드컵에서 이것이 다시 문제가 되자, FIFA는 마지막 두 경기는 무조건 같은 시간에 치러지도록 함으로써 문제를 원천 봉쇄했다.

또한 아르헨티나는 경기장 선택에 있어서도 신중을 기했다. 다른 팀들이 1라운드에서 최소한 두 곳 이상의 도시에서 일정을 소화했던 반면, 아르헨티나는 수도인 부에노스아이레스에서만 3경기를 치렀기 때문에 전혀 이동할 필요가 없었다. 이 역시 명백한 홈 어드밴티지였다.

아르헨티나가 속한 1조는 '죽음의 조'였다. 아르헨티나 외에도 이탈리아와 프랑스, 헝가리가 한 조에 몰려있었다. 아르헨티나는 헝가리, 프랑스와 만난 처음 두 경기를 모두 2-1로 승리했으며, 이탈리아 역시 헝가리와 프랑스를 제압하여 2승을 기둔 상태에서 상호간 마지막 경기만을 남겨두었다.

다. 그 사건으로 인해 가족들을 내버려두고 월드컵에 참가하는 것이 불가능했다"며 숨겨 왔던 '진짜 이유'를 공개한 바 있다.

그 경기에서 이탈리아는 로베르토 베테가의 득점을 앞세워 1-0으로 승리했고, 따라서 아르헨티나는 조 2위 진출에 만족해야만 했다.

아르헨티나의 우승을 염원하던 홈 관중들은(지금도 종종 볼 수 있는) 두루마리 휴지를 이용한 응원으로 이색적인 광경을 연출하는 동시에 큰 목소리로 아르헨티나를 연호하며 뜨거운 경기장 분위기를 조성시켰다. 프랑스의 미셸 플라티니는 훗날, 그러한 아르헨티나 팬들의 응원구호에 깊은 인상을 받았다고 술회하기도 했다.

한편, 프랑스와 헝가리의 경기에서는 자국의 유니폼을 입지 않은 두 번째이자 마지막 사례가 일어났다. 프랑스와 헝가리가 마르 델 플라타 경기장에서 경기를 치르기 전, FIFA는 프랑스의 파란 유니폼과 헝가리의 암적색 유니폼이 흑백 TV 화면상으로는 구분하기 어려워 시청자들에게 혼란을 줄 수 있다는 이유로 양 팀에게 유니폼을 교체할 것을 권유했다. 프랑스는 낯선 티셔츠의 기운을 받은 덕분인지 경기를 3-1로 승리했다.

2조의 폴란드는 다시 한 번 선전하며 1974년 월드컵 당시 활약이 우연이 아니었음을 증명했다. 폴란드는 챔피언 서독과 무득점 무승부를 거둔 뒤, 튀니지와 멕시코를 차례로 물리쳤다. 서독은 월드컵 경기에서 승리한 최초의 아프리카 팀이 된 튀니지와 0-0 무승부를 거두면서 주춤하기도 했지만, 멕시코를 6-0으로 완벽하게 제압하면서 조 2위로 2라운드 진출권을 확보했다.

3조 경기는 박빙이었다. 어떤 팀도 두 골 차 이상 승리를 차지한 경우가 없을 정도였다. 조 1위는 스페인과 스웨덴을 누른 오스트리아가 차지했다.

브라질은 스페인과 비긴 데 이어 스웨덴과도 무승부를 거두었다. 브라질과 스웨덴의 무승부에는 논란의 여지가 있었다. 웨일즈인 주심인 클라이브 토마스는 인저리 타임에 브라질에게 코너킥을 선언했고, 이 코너킥이 지쿠의 머리에 연결되어 골문 안으로 들어갔지만, 심판은 볼이 골문 안으로 들어가기 0.5초 전에 자신이 종료 휘슬을 불었다며 노골을 선언했다.

브라질은 반드시 이겨야만 다음 라운드 진출이 가능했던 오스트리아와의 맞대결에서 호베르투 디나미트의 골에 힘입어 1-0의 승리를 거두었다. 브라질과 오스트리아는 승점과 골득실에서 동률을 이뤘지만, 다득점에서 앞선 오스트리아가 조 1위가 되었다.

4조에서는 알리 맥클로드 감독이 이끄는 스코틀랜드 대표팀이 허술한 경기 준비로 인해 우왕좌왕했다. 스코틀랜드는 페루에게 1-3 참패를 당한 뒤, 이란과 경기에서는 상대의 자책골로 겨우 한 점을 얻어내 1-1 무승부를 거두었다. 네덜란드와 승점 동률을 이룬 스코틀랜드가 2라운드에 진출하고자 했다면 적어도 네덜란드를 3골 차 이상으로 이겨야만 했지만, 3-2로 1점차의 승리를 거두면서 탈락하고 말았다. 결국 2라운드 진출권은 네덜란드에게 돌아갔다.

스코틀랜드의 윌리 존스톤은 페루와 이란전 사이에 실시

한 약물 테스트에서 양성 반응을 보이며 불명예스럽게 고국으로 퇴장했을 뿐만 아니라 1년간 국제 대회 참가할 수 없게 되었다. 존스톤은 당초 고초열 때문에 약을 복용했다며 자신의 결백함을 주장했지만, 후에 그 약에 각성제 성분이 포함되어 있었다는 사실을 인정했다. 그는 같은 약을 클럽에서 사용하기도 했다.

네덜란드 역시 결코 평온하지 않았다. 감독과 선수단 사이 불화가 끊이지 않았던 것이다. 그런 상황에서 그나마 네덜란드를 빛낸 선수는 뤼트 크롤이었다. 렌센브링크의 활약 역시 돋보였는데, 1974년 월드컵에서 그랬던 것처럼 정교한 드리블과 개인전술을 과시했고, 요니 렙과 숙달된 콤비 플레이를 선보이며 박수를 받았다. 반면 페루와 그 팀의 최고 스타 플레이어, 테오필리오 쿠비야스는 강한 인상을 남겼다. 1970년 월드컵에서도 좋은 활약을 보였던 29살의 쿠비야스는 이 대회에서도 변함없는 모습을 보였다. 첫 경기에서 2골 1어시스트를 기록한 그는 이란을 상대로는 해트트릭을 기록하기까지 했다. 그의 엄청난 활약에 힘입은 페루는 네덜란드를 조 2위로 밀어내며 4조의 1위를 차지했다.

⚽ 2라운드

	승	무	패	득	실	차	승점
네덜란드	2	1	0	9	4	5	5
이탈리아	1	1	1	2	2	0	3
서독	0	2	1	4	5	-1	2
오스트리아	1	0	2	4	8	-4	2

	승	무	패	득	실	차	승점
아르헨티나	2	1	0	8	0	8	5
브라질	2	1	0	6	1	5	5
폴란드	1	0	2	2	5	-3	2
페루	0	0	3	0	10	-10	0

1974년 월드컵 당시 서독이 그랬던 것처럼, 개최국 아르헨티나의 우승을 위해 조직위원회는 노골적으로 아르헨티나에게 유리한 조 편성을 했다. 유럽의 강호인 이탈리아, 네덜란드, 서독과 오스트리아를 모두 A그룹에 넣은 반면, 아르헨티나는 페루, 폴란드, 브라질과 함께 B그룹에 묶은 것이다. 거기에 더불어, 1라운드 모든 경기를 부에노스 아이레스에서만 치렀던 아르헨티나는 이번에는 로사리오에서만 3경기를 치르게 되어 대회 내내 이동거리가 전혀 없었다.

A조의 첫 경기에서 네덜란드가 오스트리아를 5-1로 물리쳤다. 네덜란드는 키 큰 센터백 에르니 브란츠가 경기 5분 만에 프리킥 찬스에서 헤딩으로 첫 골을 뽑아내었고, 렌센브링크가 페널티킥 골을 추가했다. 그는 골 이후에도 상대 수비수들을 마음대로 헤집으며 레프와 케르크호프에게 골 찬스를 만들어 주었다. 오스트리아는 이탈리아와의 경기에서도 전반 15분 파울로 로씨에게 결승골을 허용하며 0-1로 졌다.

그리고 1974년 월드컵 결승의 재판, 서독과 네덜란드 전이 코르도바에서 벌어졌다. 전반 3분, 74년 월드컵 결승전의 영웅인 본호프가 찬 프리킥을 용블루트가 간신히 막아냈지만, 흘러나온 루즈볼을 아브람치크가 헤딩으로 밀어 넣었고, 그렇게 서독이 손쉽게 리드를 잡았다. 그러나 네덜란드는 한이 40M가 넘는, 아크서클과도 한참 떨어진 먼 거리에서 때린 대포알 슛으로 동점을 만들어냈다. 경기 종료 20분을 남기고 네덜란드 수비의 부주의를 틈타 디터 뮐러가 헤딩골을 넣었으나 종료 7분전 레네 반 케르코호프가 페널티에리어를 파고 들어가 마이어를 제치고 다시 한 번 동점골을 성공시키며 경기는 무승부로 마무리되었다.

이후 네덜란드는 아리에 한의 결승골에 힘입어 이탈리아를 상대로 2-1의 승리를 거두며 2승 1무로 결승에 진출, 전 대회에 이어 또 한 번 월드컵 정상 도전의 기회를 갖게 되었다. 반면 프란츠 베켄바우어가 은퇴한 서독 대표팀은 이빨 빠진 호랑이였다. 특유의 뚝심이 사라진 서독은 혼란스러운 모습을 보이다 이탈리아, 네덜란드와 무승부를 거뒀고, 이어 오스트리아에게 2-3으로 패하고 말았다.

B조에서 아르헨티나는 정치적인 영향력을 필드 지배력으로 산출해내며 브라질과 대결 구도를 이끌어냈다. 폴란드와의 경기에서 마리오 켐페스는 베르토니의 왼쪽 크로스 패스를 받아 헤딩골을 성공시킨데 이어, 18분을 남기고 아르딜레스의 질풍 같은 대시와 지원을 받아 두 번째 골을 넣었고, 그 덕분에 아르헨티나는 폴란드를 2-0으로 물리칠 수 있었다. 브라질은 디르세우의 2득점에 힘입어 페루를 3-0으로 손쉽게 물리쳤다. 브라질과 아르헨티나는 서로와의 경기에

서 득점 없이 무승부를 거두며 1승 1무를 기록하게 되었고, 각각 폴란드와 페루를 상대하는 마지막 경기로 결승전 진출을 가리게 되었다.

하지만, FIFA는 뚜렷한 이유 없이 이 마지막 경기를 각각 다른 시간에 치르게 했으며, 브라질은 아르헨티나의 밤 경기에 앞서 오전 게임을 하게 된 것에 대해 이의를 제기했으나 끝내 받아들여지지 않았다.

이런 부당함 속에서도 브라질은 최선을 다했고 폴란드에 3-1 승리를 거두었다. 라이트백 넬리뉴가 선제골을 넣었고, 폴란드의 라토에게 전반 종료 직전 동점골을 허용했으나 이후 디나미테가 두 골을 추가했다.

브라질이 폴란드를 3-1로 제압했다는 결과가 다 알려진 상태에서 페루와의 경기가 치러졌기 때문에 아르헨티나의 목표는 확실했다. 그들은 페루를 네 골 차 이상으로 이길 시 결승전에 올라갈 수 있었다. 하지만 테오필리오 쿠비야스가 지휘하던 페루는 결코 녹록한 팀이 아니었으므로 그들에게 4골 차 이상의 승리를 거둔다는 것은 불가능해 보였고, 따라서 브라질의 결승 진출이 유력하다 할 수 있었다.

그런 상황에서 아르헨티나는 무려 6골을 몰아치며 6-0의 대승을 거두었고, 따라서 결승전 무대에 진출할 수 있게 되었다.

하지만 경기 내용 면에서는 석연치 않은 구석이 분명 있었다. 페루는 오른쪽 닐개 무닌데기 이르헨티나 골포스트를 때리며 활기차게 경기를 시작했으며, 아르헨티나 역시 특유의 유기적인 볼회전과 효과적인 압박으로 주도권을 잡았지만, 페루의 수비진을 뚫지는 못했다. 켐페스가 첫 골을 넣었을 때 페루 수비진이 일순간에 붕괴되긴 했지만, 이는 켐페스가 순간적으로 속도를 잘 올렸을 따름이었다. 즉, 페루 수비진에게서 의도적인 태업의 움직임은 느껴지지 않았다. 전반 34분경에는 아르헨티나의 퍼스트탑 루케와 페루의 골키퍼 퀴로가 충돌하자 만소가 루케를 위협하는 장면도 있었다. 전반이 2-0 아르헨티나의 리드로 끝나긴 했지만, 외압에 의해 조작된 경기라고 보기에는 어려웠다.

납득하기 어려웠던 것은 후반이었다. 페루는 후반 시작 5분 만에 두 점을 내주며 0-4로 끌려갔고, 그 순간 아르헨티나는 B조의 선두로 나섰다. 페루는 여기에 그치지 않고 후반 22분과 27분에 걸쳐 두 점을 더 실점하며 0-6의 참패를 당했다.

그렇게 경기가 끝나자 음모론이 피어오르기 시작했다. 특히 페루의 아르헨티나 태생 골키퍼 키로가 일부러 6실점을 허용하며 승부조작을 했다는 의혹을 받았다. 그러나 페루 언론들은 "키로 골키퍼의 선방이 아니었으면 더 많은 실점을 허용했을지도 모른다."며 그 의혹에 신빙성이 없음을 분명히 했다. 경기 결과에 대한 보상으로 식량 공조가 이루어졌다는 주장도 그럴듯하게 여겨졌다. 하지만 끝내 사건의 정확한 내막은 밝혀지지 않은 채 시간은 지금까지 흘러왔다.

결과적으로 억울하게 된 것은 브라질이었다. 아르헨티나가 6-0으로 페루를 꺾고 결승에 진출하는 것을 목도한 브라질 팬들은 분노를 삭이지 못했으며, 리우 데 자네이루의 페루 영사관은 흥분한 브라질 팬들에 의해 공격을 받았다.

브라질은 3·4위전에서 이탈리아를 상대했는데 네우리뉴의 기념비적인 골로 승리를 거뒀으며, 브라질의 감독 클라우디우 쿠티뉴는 〈도덕적인 우승자〉라는 자평을 했다. 왜냐하면 그들은 단 한 번도 지지 않았기 때문이다.

⚽ 결승

> 아르헨티나 3-1 네덜란드

 아르헨티나와 네덜란드의 결승은 시작하기 전부터 논란이 끊이지 않았다. 네덜란드 선수들을 싣고 호텔에서 출발

한 버스는 일부러 빙빙 돌아가더니 예정보다 늦은 시간에 경기장에 도착했다. 또한 네덜란드 선수들은 아르헨티나 팬들에 의해 위협을 당했는데, 그들을 보호해주는 조치는 아무 것도 존재하지 않았다. 네덜란드 선수단이 어려운 길을 거쳐 경기장에 도착했을 때 아르헨티나 선수단은 아직 도착하지 않은 상태였고, 네덜란드 선수들은 광기를 부리는 관중들 앞에 불안하게 서 있어야 했다. 결국 아르헨티나가 뒤늦게 도착했지만, 그들은 부상으로 깁스를 착용하고 있던 네덜란드의 레네 판 데르 케르크호프가 다른 선수에게 위협을 가할 가능성이 있다며 교체를 요구하는가 하면, 네덜란드 선수들의 머리띠까지도 트집을 잡았다. 관중석에는 "아르헨티나의 우승을 가로막는 자는 이 권총이 절대 용서하지 않는다."고 소리치며 총을 쏘아대는 극렬 팬도 있었다.

결국 10여 분 늦게 시작된 경기는 축구라기보다 아예 싸움에 가까웠다. 휘슬은 시도 때도 없이 울렸고, 판정은 아르헨티나에게 언제나 유리했다. 네덜란드는 5분 경 프리킥 상황에서 렌센브링크의 위력적인 헤딩으로 상대 골문을 위협했고, 아르헨티나에서는 오른쪽에서 올권의 돌파가 여러 번 성공하며 네덜란드의 측면을 위협했다.

양 팀이 팽팽하게 공방을 이어나가던 38분, 아르헨티나의 아르딜레스가 좌측면에서 두 명을 제치고 날카로운 전진패스를 시도했고, 볼을 받은 루케가 네덜란드 스위퍼 크롤을 유인해낸 후 켐페스에게 패스를 보냈다. 켐페스는 한의 태클에서 빠져나간 뒤 강력한 왼발슛으로 날려 선제골을 성공시켰다.

결승전에서 최고의 활약을 펼친 마리오 켐페스

 이후로는 양 팀 골키퍼들의 선방쇼가 이어졌다. 44분, 올 귄이 날린 헤딩슛은 네덜란드 골키퍼 용블루트에게 막혔고, 하프타임 직전 렌센브링크의 결정적인 슛은 아르헨티나 골키퍼 피욜의 선방 때문에 골로 연결되지 못했다.

 후반전 역시 요한 네스켄스의 돌발적인 슛을 피욜이 막아내는 것으로 시작되었다. 네덜란드의 공격이 이어졌지만, 아르헨티나의 수비는 놀라울 만큼 끈덕지고 단단해졌다.

 경기를 주도하고 있긴 했지만 소득을 거두지 못하며 0-1로 뒤지고 있던 후반 14분, 네덜란드의 하펠 감독은 요니 레프 대신 키 큰 더크 나닝가를 투입, 공중 공격을 예고했다. 이 교체는 성공을 거두었는데, 후반 36분 케르크호프가 수비수 타란티니를 따돌리고 센터링한 볼을 나닝가가 헤딩으로 아르헨티나 골문 속에 밀어 넣으며 1-1을 만들었던 것이다. 아직 시간은 남아 있었고 아르헨티나 수비진은 흔들렸다.

 그리고 후반 45분, 인저리 타임에 접어드려는 찰나, 크롤이 길게 찬 프리킥이 절묘하게 아르헨티나 수비를 가로질러 페널티 에어리어 좌측에 있던 렌센브링크에게 도달했다. 네덜란드가 경기를 극적으로 끝낼 수 있는 기회가 다가온 것이었다. 렌센브링크는 지체하지 않고 발리슛을 시도했지만, 그의 슈팅은 아슬아슬하게 왼쪽 골포스트를 때리고 나오면서 절호의 찬스가 무산되었고, 결국 90분 경기는 1-1로 마무리되었다.

후반 내내 아르헨티나를 몰아붙이던 네덜란드가 연장전 역시 압도할 것으로 예상되었으나, 더 나은 경기력을 선보인 것은 아르헨티나였다. 그리고 연장 전반이 마무리되기 직전인 14분, 켐페스가 베르토니로부터 볼을 넘겨받아 수비를 돌파해 나갔다. 네덜란드 골키퍼 용블루트가 용감하게 볼을 덮치려는 순간 켐페스는 볼을 빼내 골문 속에 찔러 넣었다. 2-1, 홈팀 아르헨티나가 또다시 리드를 잡아나가는 순간이었다.

연장 후반 들어 네덜란드가 동점골을 얻기 위해 필사적으로 공격에 나선 덕분에 그들의 공격진과 수비진 사이는 많이 벌어져 있었다. 그리고 아르헨티나가 이런 상대의 약점을 그냥 보고만 있을 리 없었다. 연장 후반 11분, 베르토니는 자신의 뒷쪽에 있던 켐페스와 2대1 패스를 시도했고, 켐페스는 가속을 받은 상태에서 달려 나가며 네덜란드의 수비를 유린했다. 최후방 수비까지 제치기 직전 켐페스는 베르토니에게 패스를 주었는데, 켐페스가 마지막 트래핑을 잘못한 것이 운 좋게도 베르토니에게 다시 연결되었고, 베르토니는 이 기회를 놓치지 않고 득점에 성공했다. 3-1, 홈팀 아르헨티나의 완승이었다. 이로써 아르헨티나는 사상 처음으로 월드컵 타이틀을 획득했으며, 두 경기에서 승리를 거두지 못하고도 우승한 최초의 국가로 남게 되었다(이탈리아, 브라질과의 경기에서 거둔 두 차례의 무승부). 한편, 네덜란드는 두 대회 연속으로 눈앞에서 월드컵을 놓치는 불운에 빠지고 말았다.

자국에서의 우승을 자축하는 아르헨티나 선수단

에필로그

비델라 정권의 지지도는, 월드컵 즈음에는 단기적으로 올라갔으나 월드컵의 열기가 식자 다시 곤두박질쳤으며, 5년 뒤인 1983년에는 군부독재가 무너지고 민정이 회복되었다. 이듬해 에우제니오 멘데스라는 작가는 군부독재의 억압 하에서 수집한 자료를 토대로, 『라코스테 장군님, 누가 악티스를 죽였습니까?』라는 책을 출간했으며, 권력을 등에 업고 축구를 마음껏 유린한 주범 라코스테는 공금횡령, 뇌물수수, 암살교사 등의 수없이 많은 혐의로 기소되어 실형을 선고받았다.

〈축구란 무엇인가〉[42]의 저자 크리스토프 바우젠바인이 "아르헨티나의 우승이 독재정권을 위한 '선물'만은 아니었다."고 평가한 것처럼, 비델라 정부의 프로파간다를 위해 찬란하게 꽃 피워진 월드컵은, 정확히 바로 그 지점에서 비델라 정부의 몰락의 씨앗을 배태하고 있었다. 아벨란제는 의도하지 않았겠지만, 1938년 이후의 이탈리아와 무솔리니가 그러했던 것처럼, 축구와 정치는 별개였다.

❀ 기록 및 수상

- 총 득점 : 38경기 102골(경기당 평균 2.68골)
- 총 관중 수 : 1,546,151명(경기당 40,688명)
- 최다 득점 팀 : 아르헨티나, 네덜란드(7경기 15득점)
- 최저 득점 팀 : 스웨덴(3경기 1득점)
- 최다 실점 팀 : 멕시코(3경기 12실점)
- 최저 실점 팀 : 튀니지, 스페인(3경기 2실점)
- 골든볼 : 마리오 켐페스(아르헨티나)
- 실버볼 : 롭 렌센브링크(네덜란드)
- 브론즈볼 : 디르세우(브라질)
- 최우수 신예상 : 안토니오 카브리니(이탈리아)
- 골든 글러브 : 우발도 피욜(아르헨티나)
- 골든부트 : 마리오 켐페스(아르헨티나) -6골

---

[42] 원제는 〈Geheimnis Fussball : auf den Spuren eines Phanomens〉.

- 실버부트 : 롭 렌센브링크(네덜란드) - 5골, 테오필로 쿠비야스(페루) - 5골
- 브론즈부트 : 레오폴도 루케(아르헨티나) - 4골, 크랑클(오스트리아) - 4골
- 페어플레이 상[43] : 아르헨티나

⚽ 베스트 팀

- 골키퍼 : 우발도 피욜(아르헨티나)
- 수비수 : 베르티 포그츠(서독), 다니엘 파사레야(아르헨티나), 알베르토 타란티니(아르헨티나), 뤼트 크롤(네덜란드)
- 미드필더 : 디르세우(브라질), 테오필로 쿠비야스(페루), 롭 렌센브링크(네덜란드)
- 공격수 : 로베르토 베테가(이탈리아), 파올로 로씨(이탈리아), 마리오 켐페스(아르헨티나)

---

[43] 이 대회에서부터 주어지기 시작했다. 모든 경기에서 범한 반칙, 경고, 퇴장 등을 기록하여 평점을 매겨 경기당 평균 점수가 가장 높은 팀에게 페어플레이상을 주었으며, 2라운드 이상을 진출한 팀만이 대상이 되었다.

13. 1982 스페인 월드컵

⚽ 개최국 및 유치 과정

1966년 7월6일 런던에서 열린 FIFA 총회에서는 1974년 대회와 1978년, 1982년의 개최국을 한꺼번에 선정했다. 서독과 스페인은 담합을 통해 1974년 대회는 서독이, 1982년 대회는 스페인이 개최하는 방향으로 회의를 유도했다.

⚽ 공인구, 마스코트, 엠블럼

탱고 에스파냐

1978년 대회의 공인구 '탱고'가 '탱고 에스파냐'로 개량되어 사용되었다. 월드컵 공인구로는 최초로 방수 가죽을 사용했으며, 가죽으로만 만든 이전까지의 공인구와는 달리 가죽과 폴리우레탄을 섞어서 공에 물이 스며들었을 때의 무게를 최소화하였다.

나란히토

1982 월드컵의 공식 마스코트는 스페인의 토종 작물인 오렌지를 의인화한 '나란히토'였다. 스페인어로 '나라냐'는 오렌지를 의미하며, 여기에 지소 접미사 'ito'가 붙었다.

1982년 월드컵의 공식 엠블럼

참가 팀 및 예선 경과

1982년 월드컵부터 본선 진출국은 기존의 16개국에서 24개국으로 증가했다. 그 24장의 본선진출 티켓 중 2장은 개최국이었던 스페인과 전 대회 우승국인 아르헨티나에게 배정되었고, 나머지 22장 중 14장이 유럽에, 4장이 남미에 주어졌으며, 아프리카, 북중미, 아시아/오세아니아에는 각 2장의 티켓이 배정되었다.

- 유럽(14장) : 스페인, 서독, 오스트리아, 벨기에, 프랑스, 소련, 체코슬로바키아, 헝가리, 잉글랜드, 유고슬라비아, 이탈리아, 스코틀랜드, 북 아일랜드, 폴란드
- 남미(4장) : 아르헨티나, 브라질, 페루, 칠레
- 북중미(2장) : 온두라스, 엘살바도르
- 아프리카(2장) : 알제리, 카메룬
- 아시아·오세아니아(2장) : 쿠웨이트, 뉴질랜드

109개 팀이 1982년 FIFA 월드컵 본선 진출을 위해 예선에 참여하였으며, 그 중 5개 팀이 처음으로 월드컵 본선에

진출했다. 알제리, 카메룬, 온두라스, 쿠웨이트, 뉴질랜드가 그들이었다.

본선 진출국 확대로 가장 큰 이득을 본 쪽은, 이전 대회의 9.5장에 더해 4.5장의 추가 티켓을 부여 받은 유럽이었다. 이 덕에 잉글랜드, 소련, 체코 등이 12년 만에 월드컵 복귀를 신고하는 등 대부분의 강호들이 본선에 합류할 수 있었다. 그럼에도 몇몇 유력 국가들이 예선에서 탈락하는 일이 일어났는데, 가장 대표적인 팀이 네덜란드였다. 70년대 황금기 주역들이 은퇴하며 세대교체에 어려움을 겪은 전 대회 준우승국 네덜란드는 프랑스와의 마지막 경기에서 미셸 플라티니에게 프리킥으로 결승골을 내주며 이변의 희생양이 되었다.

한편 유럽과 남미 이외 대륙의 팀들은 출전 티켓이 두 장으로 늘어나면서 이전보다 큰 기대를 가지고 지역예선에 임했다. 그러나 한국은 쿠웨이트전 패배로 인해 1차 예선에서 탈락했다. 한국을 꺾은 쿠웨이트는 최종예선에서도 조 1위를 차지하며 사상 처음으로 본선에 올랐고, 플레이오프 끝에 중국을 따돌린 뉴질랜드가 두 번째 진출권을 획득했다.

◉ 대회 준비

1974년, 아벨란제가 스탠리 로스와 FIFA 회장 선거를 치를 때 그는 월드컵 본선 진출 팀을 1978년에 20팀으로, 1982년에는 24팀으로 늘려 제 3세계권의 본선 진출권을 확대하겠다는 공약을 내걸었고, 그를 통해 제 3세계권의 지지를 받아 회장으로 추대될 수 있었다. 그러나 1978년 대회에서 본선진출 팀을 늘리는 데는 실패했으므로, 1982년 대회에서마저 본선진출 팀을 늘리지 못한다면 회장으로서의 입지는 큰 타격을 받게 될 터였다. 결국 FIFA는 1978년 총회에서 기존의 16개국이던 참가국 수를 24개국으로 늘리기로 결정했다.

마드리드의 Santiago Bernabéu(좌)와 Vicente Calderón(우)

바르셀로나의 Camp Nou(좌)와 Sarrià(우)

비고의 Balaídos(좌)와 A Coruña Riazor(우)

히혼의 El Molinón(좌)와 오비에도의 Carlos Tartiere(우)

엘체의 Nuevo(좌)와 알리칸테의 José Rico Pérez(우)

빌바오의 San Mamés와 바야돌리드의 José Zorrilla(우)

발렌시아 Luis Casanova(좌)와 사라고사의 La Romareda(우)

세비야의 Ramón Sánchez Pizjuán(좌)와 Benito Villamarín(우)

말라가의 La Rosaleda

⚽ 대회 방식

1982년 대회에서는 지난 1974년, 1978년 대회의 2차 리그 제도가 유지됐지만, 본선 출전국이 24개국으로 늘어남에 따라 소폭의 변화가 일어났다. 1라운드는 각각 4팀으로 구성된 6개조에서 조별 풀리그를 돌렸으며, 상위 두 팀이 2라운드에 진출했다. 승리팀에겐 승점 2점이 주어졌고, 승점이 동률일 경우에는 골득실로 당락이 결정됐다.

2라운드에서는 12개 팀을 각각 3팀 씩 4개 조로 나눠 풀리그를 행했고, 각 조의 1위가 준결승에 진출했다. 이 방식은 변별력에 있어 문제를 야기했는데, 실제로 잉글랜드 같은 경우에는 무패를 기록하고도 탈락하는 일이 벌어졌다. 3팀 중 1팀을 뽑다보니 아르헨티나/이탈리아/브라질이 몰린 죽음의 조 같은 경우에는 우승후보로도 손색없는 두 팀이 조기에 떨어져야만 했다.

⚽ 조별리그

	승	무	패	득	실	차	승점
폴란드	1	2	0	5	1	4	4
이탈리아	0	3	0	2	2	0	3
카메룬	0	3	0	1	1	0	3
페루	0	2	1	2	6	-4	2

	승	무	패	득	실	차	승점
서독	2	0	1	6	3	3	4
오스트리아	2	0	1	3	1	2	4
알제리	2	0	1	5	5	0	4
칠레	0	0	3	3	8	-5	0

	승	무	패	득	실	차	승점
벨기에	2	1	0	3	1	2	5
아르헨티나	2	0	1	6	2	4	4
헝가리	1	1	1	12	6	6	3
엘살바도르	0	0	3	1	13	-12	0

	승	무	패	득	실	차	승점
잉글랜드	3	0	0	6	1	5	6
프랑스	1	1	1	6	5	1	3
체코	0	2	1	2	4	-2	2
쿠웨이트	0	1	2	2	6	-4	1

	승	무	패	득	실	차	승점
북아일랜드	1	2	0	2	1	1	4
스페인	1	1	1	3	3	0	3
유고	1	1	1	2	2	0	3
온두라스	0	2	1	2	3	-1	2

	승	무	패	득	실	차	승점
브라질	3	0	0	10	2	8	6
소련	1	1	1	6	4	2	3
스코틀랜드	1	1	1	8	8	0	3
뉴질랜드	0	0	3	2	12	-10	0

1982년 대회는 개막 이전부터 지쿠와 소크라치스의 브라질, 마라도나와 켐페스의 아르헨티나, 루메니게의 서독, 플라티니의 프랑스 등이 정면충돌하게 될 '별들의 향연'을 기대하는 팬들로 그 관심도가 높았다.

특히 이 중에서도 텔레 산타나 감독이 지휘하던 브라질은 70년대 내내 이어져 온 오랜 침묵을 깨고 막강 전력을 구축, 최강의 우승후보로 각광받고 있었다. 6조에 속한 브라질은 소련과의 개막전에서 0-1로 뒤지다가 소크라치스와 에데르의 연속골로 역전승을 거두었고, 스코틀랜드전에서는 4골을 몰아치며 4-1 승리를 거뒀으며, 마지막 뉴질랜드 전에서도 압도적인 공세를 선보이며 4-0으로 승리하고 여유 있게 1위를 차지했다. 소련은 스코틀랜드를 간신히 제치고 조 2위를 차지했다.

브라질의 강력함의 원천은 그들의 압도적인 선수진이었다. 지쿠와 주니오르, 레안드로는 플라멩고를 이끌고 남미를 제패한 데에 이어 유럽 최강자의 지위를 고수하고 있던 리버풀마저 인터콘티넨탈 컵에서 3-0으로 꺾으며 그들의 실력을 전 세계에 과시하고 있었다. 또한 소크라치스, 파우카우, 세레조는 지쿠와 더불어 '황금의 4중주'라 불린 미드필더진을 구성하여 항상 정교하고 유연한 공격 전개로 아름다운 축구를 연출해냈다.

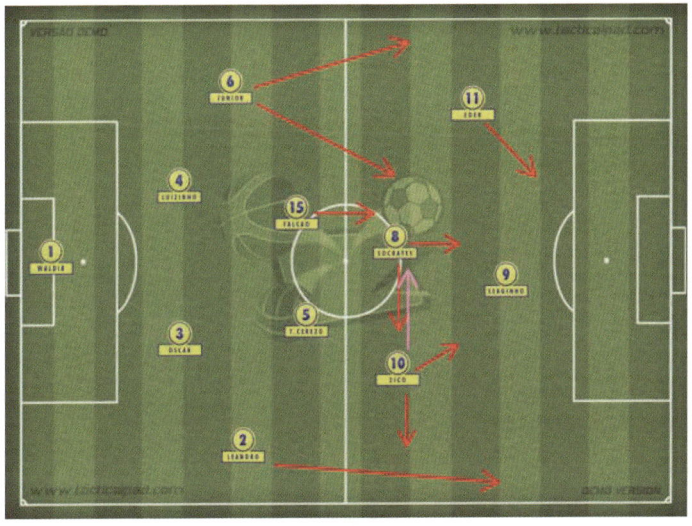

1982 브라질의 포메이션 및 움직임

그러나 그 못지않게 주목해야 할 점은 그들의 밸런스였다. 지쿠와 소크라치스가 볼을 운반하고, 세르지뉴는 바운스보드 노릇을 했으며, 그 사이 파우카우는 형이상학적 보편자처럼 경기장 도처에 편재하여 가장 필요한 지점으로 뛰어들어갔다. 4명의 중원 미드필더 기용은 폭이 좁다는 단점을 가질 법 했지만, 브라질 특유의 좌우 풀백의 제약 없는 공격적인 움직임이 이를 해결했다. 오른쪽에서는 레안드로가 전방으로 뛰어 들어갔고, 오른발잡이 역발 풀백인 주니오르는 좌측에서 컷인사이드를 시도했는데, 이 때 비는 왼쪽 공간은 에데르가 내려와 활용하면서 좌우 양쪽의 무게를 맞춰주고 공간을 효율적으로 활용하게끔 했다. 이렇게 중원과 측면 양쪽에서 경기의 주도권을 잡으면, 센터백인 오스카르나 루이지뉴가 예상치 못한 타이밍에 전진하여 의외성을 확보했다. 이는 수비에 있어 불안함을 야기할 가능성이 있었지만, 세레조가 안정적으로 후방을 커버해주었으며, 팀 전체적으로도 진격만큼이나 퇴각이 질서정연했기에 크게 문제가 되지 않았다. 즉흥적이고 자유분방하게만 보이던 브라질 축구에도 이처럼 계획적인 측면이 분명 존재했다. 그리고 이는 전술적 완성도를 위해 선수 개개인의 오리지날리티를 희생시켜야만 하는 것이 아니라, 반대로 각자 개성적인 플레이를 하면 할수록 밸런스가 성취된다는 것을 보여준 상징적 모습들이었다.

브라질이 초반부터 승승장구한 반면, 많은 우승후보들이 1라운드에서 고전을 겪었다. 가장 대표적인 것은 1조에 속한 이탈리아였다. 1981년부터 월드컵이 개막되기 이전까지 1년여 기간 동안 12전의 A매치를 치르면서 2승 5무 5패라는 부진을 거듭하고 있었던 이탈리아는 월드컵 본선의 조별리그에서도 맥빠진 행보를 거듭한 끝에 3무를 거두었다. 이 때 카메룬 역시 똑같은 3무를 거두며 동률을 이루었지만, 이탈리아는 세 경기를 치르는 동안 2골을 넣은 덕에 1골을 넣은 카메룬을 다득점으로 제치고 간신히 1라운드를 통과했다. 이처럼 월드컵 이전까지의 약세를 반전시키는 모습을 찾아볼 수 없었기 때문에 이탈리아가 우승할 수 있을 것이란 예상을 하기에는 어려움이 많았다. 이탈리아가 갈지자 행보를 보인 가운데, 페루 전에서 인상적인 내용으로 선전을 펼친 폴란드가 조 1위를 차지했다. 이 경기에서 보니에크는 1골 2어시스트를 기록하며 팀의 5-1 승리를 이끌었다.

2조에서도 이변이 연달아 연출됐다. 유로 1980 우승국 서독의 알제리전 패배가 그것이었다. 서독의 유프 데어발 감독은 경기 전 "만약 알제리에 승리하지 못하면 경기 후 집으로 돌아가겠다."라고 도발적인 언사를 날렸지만, 경기는 예상하지 못한 방향으로 흘러갔다. 알제리는 후반 시작하자마자 마제르의 선제골로 승기를 잡았다. 서독도 녹록하지는 않아 루메니게가 후반 22분 동점골을 넣었지만, 바로 2분 후에 알제리의 벨루미가 결승골을 터뜨리며 경기를 마무리지었다.[44] 알제리는 비록 다음 경기에서 오스트리아에게 0-2로 지긴 했지만, 마지막 경기에서 칠레를 꺾으며 2승 1패의 호성적을 거두었다.

그러나 알제리는 서독과 오스트리아가 최종전에서 벌인 '공생 작전'에 의해 득실차에서 밀려 3위로 탈락, 눈물을 삼킬 수밖에 없었다. 서독과 오스트리아의 2조 최종전은 알제리와 칠레 간의 경기가 끝난 다음날 치러졌는데, 그 덕분에 최종전 결과를 자신들끼리 임의로 결정할 수 있었다. 당시,

---

[44] 서독을 격파한 당시 알제리 대표팀에는 자멜 지단(Djamel Zidane)이 포워드로 뛰었는데, 이 선수는 다름 아닌 지네딘 지단의 숙부이다.

칠레와 알제리를 연파한 오스트리아의 경우 0-3 이상의 점수로 패하지만 않으면 골득실 차에서 알제리에 앞서기 때문에 다음 라운드로 진출할 수 있었고, 서독 대표팀은 스코어와 상관없이 오스트리아를 이기기만 하면 역시 골득실차에서 알제리에 앞서게 되어 다음 라운드로 진출할 수 있었다. 이 때문에 경기 당일, 서독이 전반 10분 첫 골을 넣은 후 양 팀은 경기 내내 공격적이지 않은 플레이와 볼 돌리기를 통해 시간을 보내는 데에만 열중했고, 결국 서독이 오스트리아에게 1-0의 승리를 거두었다.

이에 스페인 홈 관중들은 경기장에 오물을 투척하고 서독과 오스트리아 선수들에게 'Fuera! Fuera!(나가라! 나가라!)'라는 구호를 외치며 양 팀을 강하게 질타했다. 서독 언론들 역시 "서독 축구 역사상 가장 치욕스런 경기였다."라고 대표팀을 비판했으며, 프랑스의 이달고 감독은 "서독과 오스트리아 선수들에게 노벨 평화상 트로피가 주어져야 한다."고 비꼬았다.

결국 FIFA는 이러한 전철을 되밟지 않기 위해 조별리그 최종전을 동시간대에 진행시키는 새로운 규정을 도입해야 했다. 이 규정은 1986년 대회부터 적용되어 지금까지 유지되고 있다.

3조에서도 이상 기류는 이어졌다. 전 대회 우승팀인 아르헨티나는 1978년의 우승멤버를 거의 그대로 유지했으며, 메노티가 그대로 지휘봉을 잡고 있었고, 여기에 유명세를 확보하고 있던 신성 마라도나가 합류하였기 때문에 자국 역사상 최고의 스쿼드를 구축했다고 평가되었다. 그러나 그들은 첫 경기에서 벨기에에게 0-1, 불의의 일격을 당했다. 그들이 벨기에에게 패전을 당한 다음날 아르헨티나와 잉글랜드 간의 포클랜드 전쟁이 아르헨티나의 항복으로 끝났으며, 아르딜레스의 사촌이 전사했다는 소식이 전해졌다. 자국에서 아르헨티나가 승전하고 있다는 선전을 믿고 있던 선수들은 실의에 빠졌다. 이후 헝가리와 엘살바도르를 연파하며 2라운드 진출에는 성공했지만, 조 1위 자리는 2승 1무를 거둔 벨기에에게 내주고 말았다. 이로 인해 아르헨티나는 강력한 우승후보인 브라질과 이탈리아와 한 조에 속하게 되었다. 이밖에, 헝가리가 엘살바도르를 10-1로 대파하며 국제대회 사상 가장 최다 스코어 승리 기록을 갱신했다.

가장 놀라운 이변은 4조의 잉글랜드가 1라운드에서 3연승이라는 최고의 성적으로 1위를 차지했다는 것이었다. 경기 시작 27초 만에 터진 브라이언 롭슨의 선제골로 승기를 잡아 프랑스를 3-1로 격파하며 조별리그를 기분 좋게 시작한 잉글랜드는, 체코와 쿠웨이트를 무난히 연파하며 여유 있게 2라운드 진출에 성공했다. 프랑스 전에서의 롭슨의 골은 월드컵 사상 가장 이른 시간에 터진 골로 기록되었으며, 2002년 한국과 터키의 3·4위전에서 깨질 때까지 20년 동안 지속되었다.

프랑스는 잉글랜드에게 불의의 일격을 당하기는 했지만 쿠웨이트를 대파하며 조 2위로 2라운드에 진출했다. 이 경기에서는 주심의 판정을 둘러싸고 논란이 일어났다. 프랑스의 지레스가 후반 39분에 팀의 4번째 골을 터뜨렸지만, 쿠웨이트 선수들은 관중들이 낸 휘슬 소리가 주심의 휘슬 소리와 혼동되어 자신들의 행동을 멈추게 했다고 주장했다. 쿠웨이트의 파하드 왕자까지 경기장에 들어가 이의를 제기했고, 결국 이 골은 소련 출신의 주심 스투파르에 의해 무효 처리 되었다. 어처구니없게도 정당한 골을 인정받지 못한 이달고 감독과 프랑스 선수들은 이 판정을 납득하지 못해 경기 기권을 고려하기까지 했다. 일각에서는 세계적인 오일 쇼크 속에서는 산유국인 쿠웨이트의 지도층 인사였던 파하드 왕자가 압력을 행사한 것이라는 의혹을 제기하기도 했다. 경기 후 스투파르 주심은 자격 정지 처분을 받았고, 파하드 왕자에게도 경고가 내려졌으며, 언론들은 월드컵의 권위 자체가 떨어졌다며 이 판정을 두고두고 비난했다.

5조 역시도 순탄하게 흘러가지는 않았다. 유고슬라비아전과 온두라스 전에서 2무를 거둔 약체 북아일랜드가 조별리그 최종전에서 개최국 스페인을 꺾을 것이라고 예상한 이는 아무도 없었다. 하지만 북아일랜드는 후반 초반에 터진 암스트롱의 골을 끝까지 잘 지켜 1-0 승리를 거두면서 조 1위로 조별리그를 마무리했다. 스페인은 1승 1무 1패로 유고슬라비아와 동률을 이루었으나 골득실에서 앞서며 간신히 조 2위로 2라운드에 진출하여 개최국의 체면을 살렸다. 북아일랜드의 스트라이커 노르만 화이트사이드는 17세 42일로 월드컵 최연소 참가 기록을 세웠다.

2라운드

	승	무	패	득	실	차	승점
폴란드	1	1	0	3	0	3	3
소련	1	1	0	1	0	1	3
벨기에	0	0	2	0	4	-4	0

	승	무	패	득	실	차	승점
서독	1	1	0	2	1	1	3
잉글랜드	0	2	0	0	0	0	2
스페인	0	1	1	1	2	-1	1

	승	무	패	득	실	차	승점
이탈리아	2	0	0	5	3	2	4
브라질	1	0	1	5	4	1	2
아르헨티나	0	0	2	2	5	-3	0

	승	무	패	득	실	차	승점
프랑스	2	0	0	5	1	4	4
오스트리아	0	1	1	2	3	-1	1
북 아일랜드	0	1	1	3	6	-3	1

1라운드를 통과한 12팀이 3팀씩 4개조로 편성되었다. A조에는 동유럽권 국가 폴란드와 소련의 대결이 흥미로웠다. 보니에크의 해트트릭과 라토의 2어시스트가 맞물리며 폴란드는 벨기에를 3-0으로 꺾었고, 소련과는 0-0 무승부를 거둬 두 팀 모두 1승 1무로 동률을 이뤘다. 결국 골 득실차에서 폴란드가 앞서 4강 진출권을 확보했다.

1982년 폴란드 4강 진출의 주역 보니에크

B조에서는 치열한 접전이 펼쳐졌다. 잉글랜드는 스페인과 서독과의 경기에서 모두 0-0 무승부에 그쳤다. 그 사이, 9만 명의 홈 팬들이 지켜보고 있던 스페인을 2-1로 꺾은 서독이 4강에 합류했다.

가장 관심을 끌었던 조는 C조였다. 브라질의 초반 행보에는 거칠 것이 없었다. 화려한 공격축구를 선보인 브라질은 3승으로 가볍게 조별리그를 통과했음은 물론, 2차 리그 첫 경기에서도 라이벌 아르헨티나를 3-1로 완파하며 그 막강함을 널리 자랑했다.

초반 흐름은 아르헨티나에게 나쁘지 않았다. 전반 3분에는 바르바스가 단독찬스에서 헤딩슛을 시도하여 브라질 팬들의 간담을 서늘케 하기도 했다.

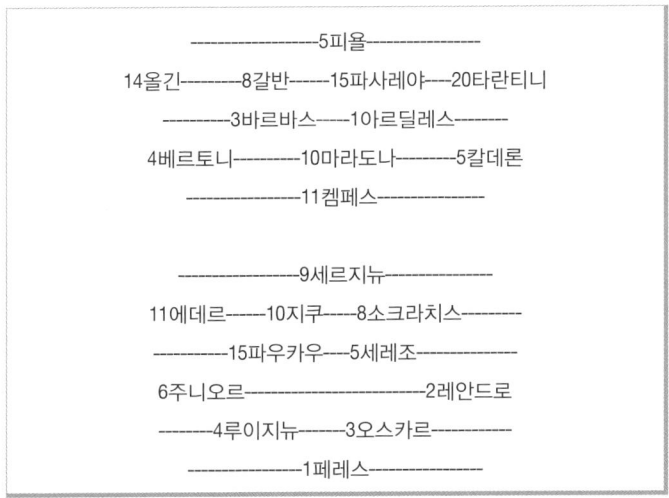

하지만 13분, 브라질은 득점에 성공하며 흐름을 바꿨다. 약 40M 지점에서 얻은 프리킥을 에데르가 강하게 찬 것이 크로스바를 맞고 나왔고, 골키퍼가 미처 재동작을 취하기 전에 빠르게 뛰어 들어간 지쿠가 루즈볼을 가볍게 골문에 밀어 넣으며 선취점을 올린 것이다.

양 팀 모두 서로 볼을 쥐고 주도권을 잡아나가길 선호했기 때문에 기술적으로 흥미로운 싸움이 벌어졌다. 아르헨티나는 대체로 좀 더 안정적으로 볼을 전진시키며 볼을 오래 소유했고, 브라질은 다양한 재능들이 모여 있다는 특성을 십분 발휘하여 길고 짧은 패스와 빠르고 느린 흐름을 변칙적인 방식으로 운용하며 노련한 경기를 펼쳤다.

두 팀의 결정적인 차이는 찬스를 만들어나가는 속도에 있었다. 아르헨티나의 아르딜레스, 켐페스, 베르토니, 칼데론 등은 분명 수준 높은 자원들이었지만, 브라질이 페널티 에어리어 근방에서 튼튼하게 수비조직을 형성하고 있을 때에 순간적으로 템포를 올려 이를 해체해 내는 뾰족한 수를 찾지 못하고 있었다. 반면 브라질은 지쿠, 파우카우, 소크라치스, 주니오르, 레안드로 등이 언제든지 빠르게 전진하며 순식간에 상대를 위협할 수 있었다. 마라도나가 간간히 좋은 패스와 드리블을 시도하기도 했지만 단발성에 그치곤 했으며, 세레조나 파우카우 등의 견제에 의해 움직임이 제한되었다. 아르헨티나가 열세에 몰리고 있다고 할 정도는 아니었지만 그들에게 어려운 경기임은 분명했다.

아르헨티나는 하프타임에 켐페스를 빼고 라몬 디아즈를 넣었고, 전반의 치열함은 후반에도 이어졌다.

20분 경, 파사레야는 센터 서클에서 루이지뉴의 전진 패스를 끊어냈다. 이때 세르지뉴는 등 뒤에서 파사레야를 덮치면서 볼을 뺏으며 다시 루이지뉴에게 이어줬고, 루이지뉴는 소크라치스에게 바로 볼을 주었다. 소크라치스는 좌측으로 파고들던 에데르에게 패스를 벌려준 뒤 전진해 들어갔고, 에데르는 아웃사이드 패스로 중앙으로 들어온 지쿠에게 볼을 넘겨주었다. 아크 서클 부근에서 볼을 받은 지쿠는 우측을 파고들고 있던 파우카우에게 멋진 로빙 스루패스를 연결했고 그 순간 아르헨티나 수비진은 모두 무너진 상태였다. 파우카우는 파 포스트를 향해 크로스를 띄웠고, 그 자리에 미리 대기하고 있던 세르지뉴는 침착하게 헤딩슛을 시도하며 추가골을 성공시켰다.

한 골 차일 때는 투지를 불태우던 아르헨티나는 두 골로 점수 차가 벌어지자 조급해하는 기색을 보였다. 그만큼 브라질의 공격은 더욱 용이해졌다. 28분, 지쿠는 다시 한 번 아르헨티나의 후방을 공략하는 스루패스를 보냈고, 주니오르가 득점을 성공시키며 3-0으로 점수를 벌렸다.

1982년 브라질의 에이스 지쿠

지쿠가 브라질의 세 골 모두에 관여하며 팀을 이끈 반면, 경기 내내 브라질의 수비수들의 집중 마크에 시달렸던 마라도나는 후반 40분, 화를 억제하지 못하고 브라질의 바티스타의 복부를 걷어차면서 퇴장을 당하는 추태를 보이기까지 했다. 남은 시간을 10명으로 보내게 된 아르헨티나는 종료 1분 전 라몬 디아즈가 수비의 실책을 틈타 힌 골을 만회하는 데에 그쳤고, 결국 나머지 경기 결과와 상관없이 탈락이 확정되었다.

마라도나의 파울 장면

브라질의 다음 상대는 아르헨티나에게 2-1의 승리를 거둔 이탈리아였다. 양 팀은 똑같이 1승을 거두고 있었지만, 브라질의 경우 비기기만 하더라도 골득실차에서 앞서 4강에 진출할 수 있었다. 그러한 상황에서도 브라질은 수비적인 태도를 고수할 생각이 없었고, 반드시 이겨야만 했던 이탈리아 역시 적극적으로 경기에 임했다. 역사상 최고의 명승부가 나오기에 충분히 좋은 조건이었다.

전반 7분, 우측에서 이탈리아 브루노 콘티가 멋진 터치로 에데르의 마크를 따돌렸고, 반대편에서 전진하고 있던 카브리니의 앞으로 긴 패스를 연결했다. 이 때 로씨를 마크하고 있던 루이지뉴는 돌아들어가고 있던 그라지아니를 따라갔고, 그 덕분에 로씨는 프리 상태가 되었다. 카브리니는 문전을 겨냥하여 크로스를 시도했는데, 파 포스트에 있던 로씨가 정확하게 크로스를 잘라먹었고, 그라지아니의 움직임을 마크하고 있던 오스카르와 루이지뉴는 이에 대응하지 못했다.

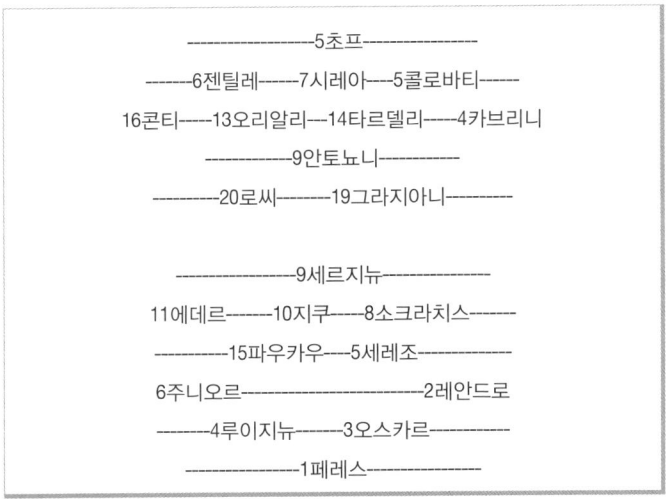

 이것은 브라질의 시스템적인 단점이 노출된 장면이었다. 레안드로와 주니오르는 측면을 커버해야 했으며, 안토뇨니 등의 선수들과 상대하고 있는 세레조는 후방으로 내려와 줄 수 없었다. 따라서 한 선수가 센터백들의 주의를 끌어낼 경우 다른 한 명은 얼마든지 자유를 누릴 수 있었다. 수비 밸런스를 위해서는 좌우 풀백 중 한 명이 내려와 투톱을 상대하고 윗선의 선수들이 측면을 커버해야 했다.

 하지만 그것은 브라질의 방법이 아니었다. 레안드로와 주니오르는 계속 전진했고, 소크라치스는 지쿠와 더불어 볼을 운반했다. 여기까지는 문제가 없었다. 문제를 일으킨 것은 세르지뉴의 결정력이었다.

 그럼에도, 브라질의 동점골은 터졌다. 후방에서 볼을 운반해오던 소크라치스는 지쿠에게 날카로운 전진패스를 넣어주며 달려 나갔고, 젠틸레를 등진 상태에서 볼을 받은 지쿠는 가볍게 젠틸레를 벗겨낸 뒤 수비진을 일순간 붕괴시키는 스루패스를 소크라치스의 진행방향 앞으로 보냈다. 이탈리아 수비진을 주력으로 제치고 스루패스를 잡아낸 소크라치스는 거의 각이 없는 지점에서 골키퍼의 다리와 니어 포스트 사이로 빨려 들어가는 정교한 슈팅으로 골을 뽑아냈다.

브라질이 허용한 두 번째 실점은 실책에서 나온 것이었다. 볼을 공급할 자리를 고르던 세레조는 패스미스를 범했고, 이를 로씨가 잽싸게 가로챈 뒤 강력한 슈팅으로 골을 뽑아내며 이탈리아가 다시 2-1로 앞서나갔다.

다시 뒤지게 된 브라질은 침착하게 공세를 가했다. 파우카우, 세레조, 지쿠, 주니오르, 에데르, 소크라치스, 레안드로 등 거의 전 선수가 중앙과 측면, 전방과 후방을 가리지 않고 위치를 교환해가며 볼을 전진시켰고, 볼을 빼앗기면 앞선에서부터 적극적으로 탈취에 나섰다. 이탈리아는 수비적인 자세로 대응했다. 34분 콜로바티가 부상당하자 이탈리아는 베르고미를 투입하여 수비 숫자를 유지했다.

하프타임을 지나 후반전에도 브라질의 공세는 잦아들지 않았다. 물론 이탈리아가 그저 일방적으로 당하고만 있었다면 이 경기가 역대 최고의 명경기로 기억되지는 않았을 것이다. 이탈리아의 공격은 주로 브라질의 공세를 역이용한 역습이었으며, 여기에서 중심이 된 것은 안토뇨니, 카브리니, 로씨였다.

그러나 브라질은 약간의 위기 상황은 있었을지언정, 경기의 주도권을 쥐고 공세를 이어나가는 것 자체에 있어서는 어려움을 겪지 않았다. 결국 후반 23분, 이 경기에서 가장 좋은 활약을 해주던 주니오르와 파우카우가 득점을 합작해냈다. 주니오르는 브루노 콘티를 앞에 두고 장기인 컷인사이드를 시도하며 좌측면에서 중앙으로 파고든 다음 반대편에 있던 파우카우에게 정확히 볼을 뿌려주었다. 시레아와 타르델리가 파우카우가 세레조에게 패스를 줄 거라 생각하고 그 쪽으로 뛰어갈 준비를 했지만, 파우카우는 의표를 찌르고 정면으로 한 번 더 볼을 터치한 뒤 벼락같은 중거리슛을 날렸다. 초프가 아무리 탁월하다고 한들 이것까지 막을 수는 없었고, 스코어는 2-2 동점이 되었다.

비기기만 해도 4강 진출이 가능했던 브라질은 수비에 치중하는 것이 적당한 방법이었다. 그러나 텔레 산타나의 브라질에게 그런 소극성은 용납될 수 있는 것이 아니었다. 브라질은 경기 내내 부진하던 세르지뉴를 빼고 파울루 이시두루를 투입하며 공격력을 한층 배가시켰다.

29분, 안토뇨니는 측면에서 크로스를 올렸고, 세레조는 이를 골라인으로 클리어링했다. 브라질의 골키퍼 페레스는 골아웃이 되기 전에 볼을 잡을 뻔 했지만, 아슬아슬하게도 코너킥이 되었다. 여기까지는 특별히 대수로울 것이 없었다. 그러나 콘티가 올린 코너킥은 뜻하지 않은 문전 혼전 상황을 유발했고, 종국에는 로씨의 발에 맞고 득점이 되었다. 의외의 상황에서 실점을 허용한 브라질 신수들은 망연자실해했다.

아직 승부가 끝난 것은 아니었고, 남은 시간은 15분 남짓이었다. 부상을 입은 타르델리가 마리니로 교체되었으며, 브라질은 다시금 맹렬하게 공세를 취했다. 브라질은 거의 전 인원이 하프라인을 넘어 공격을 했는데, 이에 대해 이탈리아는 전원 수비로 맞대응했다. 이탈리아 진영에 21명의 선수가 늘어서 있는 상황이 자주 연출되었으며, 이런 빽빽함 속에서 브라질은 찬스를 만들어낼 만한 공간을 찾기 어려웠다. 오히려 이탈리아가 안토뇨니나 브루노 콘티의 개인 능력으로 브라질의 후방을 위협했다. 결국 남은 시간 동안 브라질은 추가골을 넣는데 실패하며 패배했다.

브라질의 패배의 원인을 팀 조직의 차원에 귀결시키는 것은, 다시 말해 지나치게 공격적이고 화려한, 시스템보다는 개인기를 중시하는 축구를 구사함으로써 계획성이 결여되었기 때문이라는 식으로 도식화하는 것은 다소 부당하다고 할 수 있다. 브라질의 실점 장면은 첫 번째 실점을 제외하면 백패스 미스와 세트피스로, 전술적인 약점을 공략당한 것이 아니었다. 반면 브라질의 득점은 우연이나 개인능력에 의존하지 않은 조직적인 부분 전술에 의해 이루어졌다. 이점에서 브라질의 패배는 일종의 사고였을 따름이었으며, 브라질에 내재된 한계에서 연원했다거나 필연성을 갖고 있는 것이라고 할 수 없었다.

하지만, 오히려 그렇기에, 브라질의 패배는 더욱 충격적이었다. 브라질 미드필더 소크라치스는 이 패배를 〈교통사고〉에 비유했으며, 자국 내에서 2명이 자살하고 5명이 심장마비로 사망하는 안타까운 소식까지 들려왔으며, 브라질 내에서 '파올로 로씨'는 한동안 암묵적인 금지어로 통용될 정도였다.

이탈리아의 승리를 이끈 파올로 로씨

D조에서는 프랑스가 오스트리아와 북아일랜드를 꺾고 4강에 합류했다.

⚽ 준결승

> 서독 3-3프랑스(승부차기 5-4)
> 이탈리아 2-0 폴란드

준결승 대진은 서독과 프랑스, 이탈리아와 폴란드의 대결로 결정되었다. 이 중에서 특히 서독과 프랑스의 경기는 2라운드에서 있었던 브라질과 이탈리아의 경기 못지않은 명경기로 길이 회자되었다.

기선을 제압한 것은 서독이었는데, 15분 리트바르스키의 프리킥이 크로스바를 강타한 것이다. 그리고 2분 뒤, 중원에 머무르고 있던 브라이트너는 드레믈러에게 패스를 받은 뒤, 볼을 뺏기 위해 달려들던 식스를 제치고 혼자만의 힘으로 30

여 M를 전진한 다음, 오프사이드 라인을 뚫기 위해 대기하고 있던 피셔를 향해 절묘한 아웃사이드 스루 패스를 했다.

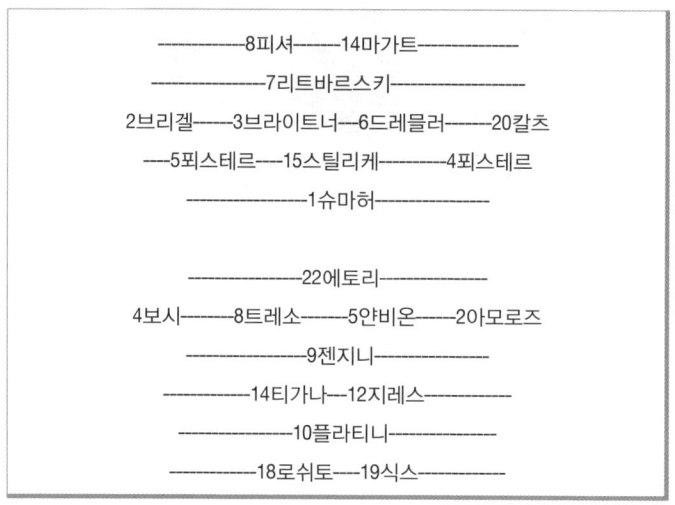

피셔의 슈팅은 아깝게 막혔지만, 루즈볼은 리트바르스키 앞으로 떨어졌고, 리트바르스키의 슈팅이 수비진과 골키퍼의 사이를 꿰뚫고 정확하게 골문 안으로 들어가면서 프랑스의 골네트를 뒤흔들었다.

프랑스는 중원의 두터움을 단단하게 유지하면서 반격에 나섰다. 26분, 지레스의 프리킥을 플라티니가 머리로 로쉬토에게 떨어뜨려주었는데, 이를 막으려던 베른트 푀르스터는 로쉬토를 넘어뜨렸고, 주심은 PK를 선언했다. 키커로 나선 플라티니는 가볍게 골을 넣었고, 경기는 더욱 불타올랐다.

서독의 칼츠와 브리겔, 리트바르스키는 프랑스의 측면에서 자신들의 드리블 테크닉을 과시했으며, 브라이트너는 중원을 지배했다. 이에 맞서 프랑스의 티가나는 활기 있게 뛰어다니며 공수 양면에 걸쳐 프랑스가 역동성을 띨 수 있게 했고, 플라티니와 지레스는 영리하게 볼의 흐름을 만들어갔다.

이 경기에서 하랄트 슈마허가 몸을 날려 패트릭 바티스톤에게 범한 반칙은 결코 잊혀지지 않는다. 50분경, 보시가 우측에서 드레믈러의 볼을 뺏어낸 뒤 중앙에 있는 플라티니에게 볼을 보냈고, 플라티니는 서독의 배후공간을 붕괴시켜버리는 탁월한 일타일격의 패스를 찔러 넣었다. 10분 전에 교체되어 들어왔던 바티스통이 이를 받으러 뛰어 들어갔는데, 서독의 골키퍼 슈마허는 수비를 하기 위해 뛰쳐나오면서 그 가속도를 그대로 이용하여 페널티 에어리어로 들어와 있던 바티스통을 무릎과 팔꿈치로 찍어버리는 끔찍한 만행을 저질렀다. 바티스통은 턱뼈와 늑골이 부러지면서 그대로 기절하여 들것에 실려 나갔다. 마땅히 슈마허에게 레드카드가 선언되고 프랑스에게 페널티킥이 주어져야 할 상황이었지만, 주심은 이해할 수 없게도 바티스통의 파울을 선언했다. 서독은 1라운드 조별리그에서 저질렀던 오스트리아와의 승부 담합에 이어 또다시 구설수에 올랐다. 플라티니는 이를 '월드컵 역사상 최악의 오심'에 비유하며 불만을 터뜨렸다.

후반 종료 직전 프랑스의 아모로주가 좌측에서 날린 40M 중거리슛이 크로스바를 상타했다. 이를 기점으로 기세를 얻은 상태에서 연장전에 접어든 프랑스는 곧 성과를 거두었다.

여러 각도에서 본 바티스통과 슈마허의 충돌 장면

연장 2분, 플라티니가 브리겔로부터 골라인 근처에서 파울을 얻어냈고, 지레스의 프리킥이 수비수를 맞고 굴절되어 넘어온 것을 트레소가 발리슛으로 득점에 성공한 것이다.

1-2로 뒤지게 되자 서독은 부상으로 인해 컨디션이 좋지 않았던 루메니게를 투입했다. 서독의 공격이 한 차례 왔으나 프랑스는 이를 잘 막아낸 뒤 프리킥을 얻어냈으며, 지레스가 이를 빠르게 처리했다. 볼은 전방 우측의 로쉬토에게 이어졌고, 로쉬토는 중앙의 플라티니에게, 플라티니는 수비수 한 둘을 자신에게 끌어들인 뒤 좌측의 식스에게 넘겨주었다. 페널티 박스로 들어온 식스는 다시 중앙으로 패스를 돌렸고, 쇄도해 들어온 지레스는 자신의 가속력을 담은 강

력한 슈팅을 시도하여 좌측 골포스트를 맞고 들어가는 골을 작렬시켰다. 3-1, 경기는 끝났다고 생각되었다.

패색이 짙어진 상황에서 서독을 구원한 것은 루메니게였다. 슈틸리케가 보시의 볼을 탈취한 뒤, 루메니게는 리트바르스키와 2대1 패스를 주고받으며 티가나를 떨쳐냈고, 다시 스틸리케에게 볼을 넘겨주고 들어가며 보시의 마크도 따돌렸다. 스틸리케는 다시 좌측의 리트바르스키에게 패스를 했고, 리트바르스키가 올린 크로스를 문전에 도달한 루메니게가 낚아채 넣으며 2-3을 만들었다. 그리고 연장 후반이 시작되자마자, 코너킥 상황에서 루메니게가 올린 크로스를 플라티니가 머리로 걷어냈고, 지레스에게 떨어진 볼을 칼츠가 뺏어내어 루메니게에게 다시 주었다. 볼을 잡은 루메니게는 좌측으로 길게 벌려주었으며, 이를 푀스테르가 받았다. 푀스테르는 측면으로 파고든 리트바르스키에게 볼을 주었으며, 리트바르스키가 올린 크로스를 흐루베쉬가 파포스트에서 머리로 떨궈 주었다. 볼이 아직 공중에 머무르고 있을 때, 경기 내내 부진하던 피셔가 오버헤드킥을 성공시키며 동점을 만들었다.

1982년 서독의 에이스 루메니게

120분 동안 3-3으로 승패를 가리지 못한 양 팀 선수들은 결국 승부차기에 돌입했고, 그렇게 월드컵 역사상 첫 승부차기가 펼쳐졌다. 먼저 실축을 한 것은 서독이었지만, 서독의 슈마허는 두 번의 승부차기를 막아내며 월드컵 최초의 승부차기를 서독의 승리로 이끌었다. 프랑스는 3-1로 앞서던 경기를 불운 속에서 놓쳤다.

반대편에서는 파울로 로씨가 멀티골을 넣은 이탈리아가 폴란드를 2-0으로 가볍게 제압하며 결승에 진출하는데 성공했고, 그로써 1982년 7월11일, 이탈리아와 서독이 우승을 놓고 레알 마드리드의 홈구장인 산티아고 베르나베우에서 결승전을 치르게 되었다.

⚽ 결승전

> 이탈리아 3-1 서독

'원수는 외나무다리에서 만난다'는 말은 다소 진부한 표현이긴 하지만, 이 결승에서만큼은 썩 어울리는 깃이었다. 이탈리아가 조별예선에서 3무를 거뒀고, 서독은 승부담합과 4강전에서의 오심의 덕을 보는 등 양 팀 모두 순탄치 못한 과정을 거쳐 결승전 무대에 올랐다. 그런 양 팀이 1970년 월드컵 4강전의 혈전 이후 12년 만에 결승에서 만나 자웅을 가리게 되었다는 것만으로도 의미는 컸다.

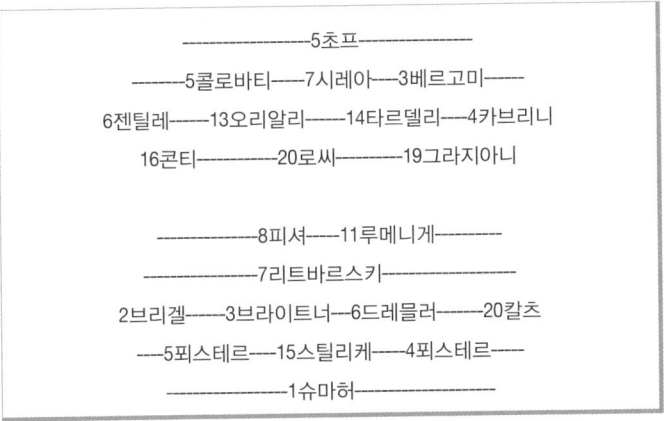

휘슬이 올린 후, 전반 내내 브라이트너는 필드 전체를 장악했다. 중원에서 패스를 전방으로 뿌려준 뒤 수 초만에 측면으로 뛰어 들어가는가 하면, 최전방에 있다가도 최후방까지 내려와 상대방의 공격을 저지하는 등 놀라운 활동범위를 과시했으며, 여러 번의 단독 드리블로 이탈리아의 중원을 휘저어 놓기도 했다. 하지만 측면과 중앙을 빽빽이 메운 이탈리아 수비진은 결정적인 찬스를 내주지 않았다. 측면에서의 수적 열세로 인해 브리겔과 칼츠는 위협적인 위치까지 치고 들어갈 수 없어 먼 거리에서 크로스를 날릴 수밖에 없었으며, 루메니게와 피셔, 리트바르스키는 모두 고립되어 특별한 활약을 보여주지 못했다.

오히려 찬스는 공세를 주도하던 서독이 아닌, 수세적이었던 이탈리아에게 먼저 찾아왔다. 24분 알토벨리가 박스로 투입한 볼을 경합하는 과정에서 서독의 브리겔이 콘티에게 파울을 범하면서 PK가 주어졌다. 하지만 키커로 나선 카브리니가 실축을 범하며 0-0의 스코어는 그대로 유지되었다.

소강상태는 예상치 못한 타이밍에 깨졌는데, 후반 11분, 오리알리를 루메니게가 파울로 저지한 상황에서, 타르델리가 빠르게 프리킥을 처리하여 우측의 젠틸레에게 패스를 주었고, 젠틸레는 서독이 미처 수비대열을 정렬하기 전에 빠르게 크로스를 날렸다. 크로스는 절묘하게 감겨 수비진과 골키퍼 사이를 가로질렀고, 득달같이 쇄도해 들어간 로씨가 헤딩골을 성공시키며 이탈리아가 앞서나가기 시작했다.

그 후 서독은 수비형 미드필더인 드레믈러를 빼고 포워드 흐루베쉬를 투입하며 총공세에 나섰다. 그러나 뒤지고 있다는 압박감은 점차 서독의 집중력을 흐트러뜨렸다. 그리고 이탈리아는 상대의 빈틈을 놓치지 않았다. 후반 24분, 루메니게에서 브라이트너로 가는 패스를 로씨가 몸으로 부딪혀 끊어냈고, 시레아가 흘러나온 볼을 몰고 빠르게 전진했다. 시레아는 하프라인을 넘기 직전 오른쪽에 있던 브루노 콘티에게 패스를 주고 전방으로 뛰어 들어갔고, 콘티는 가운데로 치고 들어가다가 뒤따라 들어온 로씨에게 볼을 넘겨주었다. 로씨는 페널티 에어리어 우측을 열어젖히는 패스를 날렸고, 그 곳에는 대기하고 있던 시레아가 있었다. 시레아는 박스 중앙에 있던 베르고미에게 패스를 주었고, 베르고미는 다시 시레아에게 주었다. 이 때 시레아는 오프사이드 위치에 있는 듯 했지만 주심은 휘슬을 불지 않았다. 이 상황에서 시레아는 아크서클로 들어온 타르델리에게 패스를 주었고, 타르델리는 오른발로 볼을 터치한 뒤 왼발로 강력한 슈팅을 시도하여 서독의 키퍼 슈마허가 손쓸 수 없는 구석으로 꽂아 넣으며 2-0을 만들었다.

결승골을 넣고 포효하는 타르델리

타르델리는 포효했으며, 귀빈석에 앉아있던 이탈리아의 총리 산드로 페르티니는 그 자리에서 일어나 손을 들고 환호했다. 이 순간을 통해 〈타르델리의 포효(Tardeli's scream)〉라 불리는, 세계 축구사에서 빼놓을 수 없는 장면이 나오게 되었으며, 이를 계기로 골 셀레브레이션이라는 개념이 정식화되었다.

서독은 루메니게를 뮐러로 교체하며 마지막 승부수를 띄웠다. 적은 시간 동안 2골을 따라붙어야 했던 서독은 많은 인원을 공격에 투입하고 거칠게 볼을 탈취하려 했다. 경기는 어수선하게 흘러갔다. 이런 상황에서 이탈리아가 최종수비 라인만 지탱해나가기만 한다면 오히려 서독의 힘을 역이용한 역습을 꾀하기 쉬웠다. 그리고 경기는 실제로 그리 되었다. 후반 31분, 페널티 에어리어에서 시레아와 로씨는 협력수비를 통해 브리겔의 드리블을 막아냈고, 단 한 번의 패스로 전방의 브루노 콘티에게 연결해주었다. 그리고 콘티의 패스가 향한 자리에는 알토벨리 외에는 아무도 없었다. 그렇게 경기는 3-0이 되었다. 2분 뒤 경기 내내 존재감을 증명하던 브라이트너가 프리킥 후 혼전 상황을 틈타 한 골을 만회하긴 했지만, 추격하기에는 시간이 너무 없었다. 경기는 3-1로 마무리되었고, 이탈리아가 우승컵을 차지하며 브라질에 이어 월드컵 3회 우승국이 되었다.

이탈리아의 40세의 주장 골키퍼 디노 초프는 월드컵 최고령 우승자가 되었다. 이 대회는 6개 대륙에서 모두 본선에 참가한 유일한 대회였으며, 같은 상황은 2006년이 될 때까지 되풀이 되지 않았다.

월드컵 트로피를 들고 환호하는 디노 초프와 이탈리아 선수단

기록 및 수상

1982년 월드컵부터 아디다스에 의해 월드컵 MVP 및 득점왕에게 정식 트로피가 수여되기 시작했다. MVP에는 '아디다스 골든볼'이란 명칭이, 득점왕에는 '아디다스 골든부트'라는 명칭이 새롭게 붙여졌다. 첫 번째 수상의 영예는 MVP와 득점왕 모두 파올로 로씨(이탈리아)가 안았다.

- 총 득점 : 52경기 146골(경기당 2.81골)
- 총 관중 수 : 2,109,723명(경기당 40,572명)
- 최다 득점 팀 : 프랑스(7경기 16득점)
- 최저 득점 팀 : 카메룬, 엘살바도르(3경기 1득점)
- 최다 실점 팀 : 엘살바도르(3경기 13실점)
- 최저 실점 팀 : 잉글랜드(5경기 1실점)
- 골든볼 : 파올로 로씨(이탈리아)
- 실버볼 : 파우카우(브라질)
- 브론즈볼 : 칼-하인츠 루메니게(서독)
- 최우수 신예상 : 마누엘 아모로스(프랑스)
- 골든 글러브 : 디노 초프(이탈리아)

최다 득점자

- 골든부트 : 파올로 로씨(이탈리아) - 6골
- 실버부트 : 칼-하인츠 루메니게(서독) - 5골
- 브론즈부트 : 지쿠(브라질), 즈비그니에프 보니에크(폴란드) - 4골
- 페어플레이 상 : 브라질

베스트 팀

- 골키퍼 : 디노 초프(이탈리아)
- 수비수 : 루이지뉴(브라질), 주니오르(브라질), 클라우디오 젠틸레(이탈리아), 풀비오 콜로바티(이탈리아)
- 미드필더 : 파우카우(브라질), 지쿠(브라질), 미셸 플라티니(프랑스), 즈비그니에프 보니에크(폴란드)
- 공격수 : 파올로 로씨(이탈리아), 칼-하인츠 루메니게(서독)

14. 1986 멕시코 월드컵

⦁ 개최국 및 유치 과정

콜롬비아는 1974년 6월에 이미 개최국으로 지정된 바 있었다. 하지만 1982년 FIFA는 콜롬비아에 위원단을 파견하여 대회 준비 상황을 조사한 뒤, 월드컵을 개최하기에 필요한 조건들을 충족시키지 못하다고 평가를 내렸다. 결국 콜롬비아 당국은 1983년 1월, 그들이 월드컵을 개최하는 것이 불가능하다고 선언했다. 그리고 그런 콜롬비아를 대신하여 월드컵을 개최하게 될 국가로 멕시코가 선정되었다.

많은 이들이 1970년에 겪었던 멕시코의 고도와 기온 문제를 제기했으며, 멕시코의 경제 상황을 걱정했다(즉 800억 달러가 넘는 재정적자와 인플레이션, 평가절하 등). 그럼에도 불구하고 1983년 5월20일의 FIFA 총회에서 멕시코가 미국과 캐나다를 제치고 대체 개최국으로 지정되었다.[45] 대회 시작 몇 달 전, 멕시코에서는 대지진이 발생하여 20,000명의 사상자를 냈지만, 경기장에는 큰 타격이 없었고, 곧 예정대로 대회 개최가 준비되었다.

---

45) 에밀리오 아스카라가는 멕시코의 언론 재벌이었으며, 아벨란제와 개인적인 친분이 있었다는 점에서 멕시코를 개최지로 선정한 것은 이권에 따른 선택이라는 의혹을 받았다.

공인구, 마스코트, 엠블럼

아즈테카

피케

'AZTECA(아즈테카)'. 아스텍의 이름을 딴 최초의 완전 인조가죽 (합성수지) 공인구였다.

1986대회의 공식 마스코트는 '피케'라는 이름이 붙은 칼라페노 고추였는데, 멕시코인 특유의 콧수염을 달고 챙 넓은 모자를 썼으며 멕시코 국가대표팀의 유니폼을 입고 있었다. 그것의 이름은 피캔테에서 왔는데, 매운 고추와 소스를 뜻하는 스페인어였다.

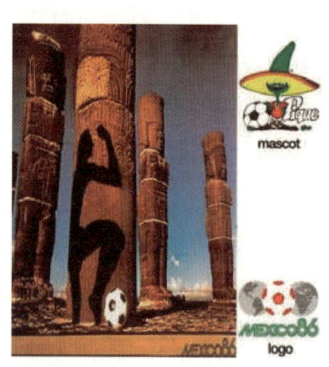
멕시코의 대표적인 문화유산이 사용된 엠블럼.
석상에 비친 그림자가 축구공을 차려하고 있다.

⚽ 참가 팀 및 예선 경과

모두 121개의 국가가 1986년 FIFA 월드컵 본선 진출을 위해 예선에 참여하였다. 이 중 22장의 티켓이 그들에게 배분되었으며, 나머지 2장은 개최국이었던 멕시코와 전 대회 우승국 자동 진출권을 획득한 이탈리아의 몫이었다.

- 유럽(13.5장) : 이탈리아, 서독, 불가리아, 벨기에, 프랑스, 소련, 덴마크, 헝가리, 잉글랜드, 스페인, 북아일랜드, 폴란드, 포르투갈, (스코틀랜드)
- 남미(4장) : 브라질, 아르헨티나, 우루과이, 파라과이
- 북중미(2장) : 멕시코, 캐나다
- 아프리카(2장) : 알제리, 모로코
- 아시아(2장) : 이라크, 한국
- 오세아니아(0.5장) : 진출 실패

전 대회와 비교했을 때 각 대륙별 티켓 배분에 작은 변화가 일어났다. FIFA는 오세아니아를 아시아로부터 분리시켜 새로운 그룹으로 구분 짓는 한편, 오세아니아 그룹 1위 팀과 유럽 7조 2위 팀으로 하여금 플레이오프를 치르게 함으로써 0.5장의 티켓을 따로 부여했다. 오세아니아 측에 0.5장이 주어짐에 따라 유럽에게 배정된 본선 진출 티켓은 14장에서 13.5장으로 줄어들었다. 반면 남미, 북중미, 아프리카, 아시아의 티켓 수에는 변함이 없었다.

유럽의 경우, 전 대회 우승국 이탈리아가 자동 출전권을 부여받았기 때문에 부분적으로 플레이오프 제도를 도입해야

했다. 그로 인해 5개 팀이 아닌 4개 팀으로 구성된 1조와 5조의 2위 팀이 남은 한 장의 티켓을 놓고 플레이오프를 치러야했는데, 예선 결과 네덜란드와 벨기에가 그 주인공이 되었다. 원정 1차전에서 0-1로 패한 네덜란드는 홈에서 2-1 승리를 거뒀음에도 불구, 원정경기 득점 우선 원칙으로 인해 두 대회 연속 본선에 오르지 못하는 아픔을 겪었다.

한편 서독은 1985년 10월 포르투갈과의 지역예선전에서 0-1로 패한 바 있는데, 이는 독일 축구 역사상 처음으로 일어난 월드컵 지역예선에서의 패배였다. 서독은 나치 독일 시절까지 포함, 포르투갈에 패하기 전까지 지역예선 통산 32승 4무를 기록하고 있었다.

오세아니아와 분리된 아시아의 경우 중동 그룹과 극동·동남 그룹으로 나뉘어 지역예선전을 치렀다. 이는 한국에게는 유리한 조건이었다. 일본과의 최종 결전에서 종합 스코어 3-1로 승리한 한국은 32년 만에 본선으로 향하는 기쁨을 누릴 수 있었다. 그 밖에 중동 그룹에서는 이라크가 본선에 합류했으며, 오세아니아 1위 팀 호주는 스코틀랜드와의 대륙 간 플레이오프에서 패배하며 아쉽게 탈락했다.

총 3개 팀이 처음으로 본선에 진출하였는데, 캐나다, 덴마크, 이라크가 그들이다.

⚽ 경기장

멕시코 시티의 Estadio Azteca(좌)와 Estadio Olímpico Universitario (우)

과달라하라의 Estadio Jalisco(좌)와 푸에블라의 Estadio Cuauhtémoc(우)

산 티콜라스 데 로스 하르자의 Estadio Universitario(좌)와 케레나로의 Estadlo La Corregidora(우)

몬테레이의 Estadio Tecnológico(좌)와 리온의 Estadio Nou Camp(우)

네사우알코요틀의 Estadio Neza 86(좌)와
이라푸아토의 Estadio Sergio León Chávez(우)

자포난의 Estadio Tres de Marzo(좌)와 톨루카의 Estadio Nemesio Díez(우)

⚽ 대회 방식

1986년 대회에서부터 2차 리그 제도는 폐지되었다. 24개 팀을 6개조로 나누어 1차 조별리그를 치른 후, 각 조의 1·2위를 차지한 12개의 팀과 각조 3위 팀 중 골득실과 다득점에서 앞서는 4개의 팀이 16강을 구성하고, 16강 이후부터는 단판 토너먼트를 행하는 방식으로 변경했다. 이 방식은 1994년 미국 월드컵 대회에 이르기까지 유지되었다. 또한, 지난 대회에서 있었던 서독과 오스트리아 사이의 승부 조작을 막기 위해서 조별리그 마지막 경기를 동시에 진행하는 것으로 규정을 변경했다.

⚽ 조별리그

	승	무	패	득	실	차	승점
아르헨티나	2	1	0	6	2	4	5
이탈리아	1	2	0	5	4	1	4
불가리아	0	2	1	2	4	-2	2
한국	0	1	2	4	7	-3	1

	승	무	패	득	실	차	승점
멕시코	2	1	0	4	2	2	5
파라과이	1	2	0	4	3	1	4
벨기에	1	1	1	5	5	0	3
이라크	0	0	3	1	4	-3	0

	승	무	패	득	실	차	승점
소련	2	1	0	9	1	8	5
프랑스	2	1	0	5	1	4	5
헝가리	1	0	2	2	9	-7	2
캐나다	0	0	3	0	5	-5	0

	승	무	패	득	실	차	승점
브라질	3	0	0	5	0	5	6
스페인	2	0	1	5	2	3	4
북아일랜드	0	1	2	2	6	-4	1
알제리	0	1	2	1	5	-4	1

	승	무	패	득	실	차	승점
덴마크	3	0	0	9	1	8	6
서독	1	1	1	3	4	-1	3
우루과이	0	2	1	2	7	-5	2
스코틀랜드	0	1	2	1	3	-2	1

	승	무	패	득	실	차	승점
모로코	1	2	0	3	1	2	4
잉글랜드	1	1	1	3	1	2	3
폴란드	1	1	1	1	3	-2	3
포르투갈	1	0	2	2	4	-2	2

　1986년의 아르헨티나는 약팀은 아니었지만, '우승후보'와는 거리가 있었다. 1978년 대회에서 우승을 쟁취했던 멤버들은 대부분은 사라졌고, 세대교체 과정의 혼란이 채 수습되지 않은 상태였다. 마라도나조차 자서전에서 한국과의 개막전 당시 상황을 언급하며, 아르헨티나 팬들은 아르헨티나

가 망신을 당하지 않을까 두려워 눈을 감고 있었다고 말할 정도였다. 자연히 그들의 경기 운영은 특유의 공격성을 잃은 형태로 변화했다.

이러한 맥락 속에서 아르헨티나의 감독 카를로스 빌라도는 3백 시스템을 도입했다. 3명의 센터백이 상대의 투톱을 견제하고, 좌우의 풀백은 기존보다 높은 위치로 올라가 폭과 미드필더의 수적우위를 동시에 확보했다. 풀백이 윙백이 되었으므로 추가적으로 윙어가 필요하지 않았고, 잉여 인원은 중원으로 투입되었다. 이리하여 수비에 무게중심을 두면서 볼 소유 상황에서는 후방과 중원의 많은 인원을 바탕으로 숏패스 게임을 하며 점유율을 늘려나가는 3-5-2의 형태가 확립되었다.

카를로스 빌라도와 마라도나

이는 안정성과 견고함에 있어서는 강점이 있었지만, 자칫 창조성과 속도, 공간에 대한 공략에 있어서는 문제가 발생할 여지가 있었다. 이런 시스템적인 약점은 개인 능력과 최소한의 약속된 플레이에 의해 해소되었다.

1986 아르헨티나의 포메이션. 대회 전 경기를 이렇게 운용하지는 않았고, 8강에서 확정되었다.

세컨드 탑으로 기용된 마라도나는 경기장을 자유로이 돌아다니며 모험적인 드리블과 패스로 찬스를 만들어냈고, 높이와 힘, 기술을 모두 겸비하고 있던 발다노가 볼을 받는 바운스 보드 역할을 해주었다. 그리고 중원에서는 부루차가가 빌드업을 리드했다. 이 3명의 협력 하에 아르헨티나는 두터움을 중시하면서도 상대 수비진에 대한 효과적인 공략을 해낼 수 있었다.

아르헨티나의 첫 상대는 한국이었다. 1983년 청소년 축구에서 4강 진출이라는 호성적을 거둔 세대들이 본격 등장한 한국은 1954년(스위스 월드컵) 이래 32년 만에 본선을 밟았다. 그리고 박창선이 아르헨티나와의 경기에서 기념비적인 월드컵 첫 득점을 성공시키기도 했다. 그러나 발다노는 이 경기에서 멀티골을 기록하며 팀의 3-1의 승리를 주도했다. 다음 경기 이탈리아 전에서는 발다노와 마라도나의 연계 플레이가 정확하게 맞아떨어진 한 장면 외에는 공격에서의 차이를 만들지 못하며 1-1의 무승부에 그쳤다. 하지만 아르헨티나는 마지막 경기에서 불가리아를 2-0으로 잡으면서 조 1위를 확정지을 수 있었다.

1986년 아르헨티나 대표팀

불가리아와의 두 번째 경기에서 1-1 무승부를 기록하며 사상 첫 승점을 획득한 한국은, 비록 조별예선을 통과하진 못했지만 선 경기 득점을 기록하는 등 어느 정도 만족스런 성과를 손에 넣고 고국으로 돌아왔다. 지난 대회 우승을 차지한 이탈리아는 1승 2무의 성적으로 A조 2위를 차지했다.

우고 산체스와 하비에르 아기레 등 세계적인 스타 선수들을 앞세운 멕시코 대표팀은 자국 역사상 최강의 멤버를 구성하고 있다고 평가 받았고, 그만큼 멕시코 국민들의 기대치 또한 그 어느 때보다 높았다. 멕시코 대표팀의 경기가 있는 날에는 공장, 회사, 식당, 극장 등 산업 전반이 정지될 정도였고, 멕시코는 자국민들의 기대에 부응하여 벨기에와 이라크를 물리쳤고, 파라과이와는 무승부를 거두며 B조의 1위를 확정지었다.

C조에서 관심을 끌었던 것은 소련의 강세였다. 소련은 약체라고 할 수 없었던 헝가리를 6-0으로 대파했고, 이에 그치지 않고 1984년 플라티니의 활약을 앞세워 유럽 선수권대회를 제패한 바 있었던 프랑스와 팽팽한 경기 끝에 1-1로 비기는 등 강력함을 과시했다. 이후 소련은 마지막 경기에서 캐나다를 2-0으로 제압하며 조 1위를 확정지었다. 그리고 프랑스가 조 2위로 16강 진출에 성공했다.

D조에서는 브라질이 1982년 대회처럼 3전 전승을 기록하며 조 선두로 조별리그를 통과했다. 그러나 브라질과 스페인 간의 경기에서는 스페인의 골이 취소되는 오심이 발생하기도 했다. 스페인의 슈팅이 크로스바를 맞고 골라인 안쪽으로 들어갔지만 심판은 이를 골로 인정하지 않았고, 이로 인해 브라질이 1-0의 승리를 거뒀다. 부당한 패배를 당한 스페인은 북아일랜드, 알제리와 펼친 나머지 경기에서 좋은 경기력을 보이며 조 2위를 차지했다.

죽음의 조로 꼽힌 E조에서는 덴마크가 스코틀랜드를 1-0으로, 우루과이를 6-1로, 서독을 2-0으로 차례로 격파하며 3전 전승으로 조 1위를 차지했다. 특히 남미 예선 조별 리그 1위로 올라온 강호 우루과이를 상대했을 때가 그들의 경기력의 정점이었는데, 해트트릭을 기록한 라르센과 1골 2어시스트를 기록한 라우드럽이 경기 내내 우루과이 진영을 유린했다.

조별 예선에서 최고의 활약을 펼친 라우드럽

 서독은 우루과이와의 첫 경기에서 비긴 뒤 알렉스 퍼거슨 감독이 임시 사령탑을 맡고 있던 스코틀랜드를 꺾고 2위에 올랐다. 우루과이는 승점 2점에 골득실 -5골을 기록해 조 3위에 그쳤지만, FIFA의 새로운 대회규정에 따라 16강에 진출하는 행운을 붙잡았다. 우루과이의 호세 바티스타는 스코틀랜드의 고든 스트라한에게 파울을 범해 불과 1분도 지나지 않아 퇴장을 당하기도 했다.

모로코는 나머지 세 팀이 1승에 그친 사이 2승을 챙기며 F조 선두에 오르는 이변을 연출했다. 잉글랜드는 포르투갈에 패했으며, 모로코와는 비기면서 조별리그 탈락의 위기로 내몰렸다. 특히 모로코와의 경기에서는 레이 윌킨스는 심판에게 공을 던져 퇴장을 당하기까지 했으며, 팀의 전력의 핵심이었던 주장 브라이언 롭슨이 어깨에 탈골을 일으키며 아웃되었다. 최악의 상황을 맞은 잉글랜드는 폴란드를 상대로 사생결단의 경기를 치렀고, 게리 리네커의 해트트릭으로 3-0 승리를 거두며 궁지에서 겨우 벗어났다.

6골을 넣으며 잉글랜드를 8강까지 끌어올린 게리 리네커

이처럼 조별리그에서는 별나른 이변이 발생하지 않았다. 소련이 프랑스를, 덴마크가 서독을 따돌리고 1위로 16강에 오른 것을 제외하면 대부분의 강호들이 무난히 조별리그를 통과하는 모습을 보였다.

1986년 월드컵에서는 'la ola' 혹은 '멕시칸 웨이브'라고 불린 응원법이 등장했고, 대회 기간 동안 세계로 퍼져나갔다. 이것이 지금의 파도타기 응원의 시초이다.

⚽ 16강

아르헨티나 1-0 우루과이	잉글랜드 3-0 파라과이
스페인 5-1 덴마크	벨기에 4-3 소련
브라질 4-0 폴란드	프랑스 2-0 이탈리아
서독 1-0 모로코	멕시코 2-0 불가리아

조별리그에서 가장 주목을 끌었던 것은 소련과 덴마크였는데, 이들이 워낙 압도적인 면모를 보였던 터라 우승후보로 손꼽는 전문가들도 드물지 않았다. 그러나 스페인의 '독수리' 부트라게뇨는 덴마크와의 16강전에서 혼자 4골을 폭발시키며 팀의 5-1의 대승을 이끌어냈다.

덴마크를 무너뜨린 에밀리아노 부트라게뇨

소련은 벨기에와 7골을 주고받는 난타전을 펼친 끝에 탈락했다. 벨라노프가 전후반 90분 동안 두 골, 연장에서 한골을 넣으며 해트트릭을 기록하는 맹활약을 펼쳤으나 벨기에의 스테판 데몰과 니코 클레센에게 골을 허용하며 4-3으로 패한 것이다. 이 경기는 소련(러시아)의 마지막 16강 경기가 되었다.

홀로 고군분투한 벨라노프

잉글랜드는 16강전에서 리네커의 멀티골에 힘입어 파라과이를 3-0으로 꺾으며 조별리그 마지막 경기에서 찾은 감을 유지했다. 브라질은 폴란드를 4-0으로 눌렀고, 프랑스는 이탈리아를 2-0으로 이겼다. 아르헨티나는 같은 남미의 우루과이를 1-0으로 꺾고 8강에 합류했고, 멕시코와 서독은 각각 불가리아와 모로코를 물리쳤다.

⚽ 8강전

> 아르헨티나 2-1 잉글랜드
> 벨기에 1-1 스페인 (승부차기 5-4)
> 프랑스 1-1 브라질 (승부차기 4-3)
> 독일 0-0 멕시코 (승부차기 4-1)

8강전은 네 경기 중 세 경기는 승부차기로 결판이 날 정도로 치열했다. 특히 유로 1984 챔피언 프랑스와 브라질, 그리고 포클랜드 전쟁으로 인해 앙숙 관계로 떠오른 아르헨티나와 잉글랜드의 맞대결이 세간의 관심을 불러 모았다.

브라질과 프랑스는 최고의 명승부를 연출했다. 양 팀 모두 수비에 치중하기보다는 공격에 집중하며 오픈 게임 양상의 경기가 펼쳐졌고, 그만큼 서로 간에 골찬스가 빗발쳤다. 결국 전반 18분, 브라질의 카레카가 선제골을 기록했다. 그러나 전반 종료 5분 전, 31번째 생일을 맞은 미셸 플라티니가 도미니크 로셰토의 크로스를 터닝슛으로 연결해 개인 통산 41번째 골을 터뜨리며 균형을 맞추었다. 이후 프랑스의 골키퍼 바츠가 페널티 지역에서 브랑코를 넘어뜨리며 페널티킥을 허용했지만 키커로 나선 지쿠가 실축하며 승부의 추는 어디로도 기울지 않았다.

결국 경기는 연장전에 돌입했고, 프랑스는 주도권을 잡고도 골을 기록하지 못했다. 그렇게 준결승 진출팀은 승부차기를 통해 가리게 됐다. 브라질은 첫 번째 키커인 소크라치스가 실축했으나 이후 여섯 명의 키커가 모두 골을 성공시켰다. 프랑스 역시 미셸 플라티니만이 실축했다. 이후 브라질의 줄리우 세자르의 슛은 골포스트를 맞고 튀어나왔고, 프랑스의 다음 키커인 루이 페르난데가 골을 성공시켰다. 프랑스의 준결승 진출이 확정되는 순간이었다.

아르헨티나와 잉글랜드의 경기는 브라질과 프랑스의 경기 그 이상이었다. 양 팀 간의 경기는 일단 흥미로운 서사적 구조를 띠고 있었다. 1966년 월드컵에서 발생한 편파 판정의 앙금으로 시작된 서로 간 악감정은 포클랜드 전쟁으로 인해 정점에 달한 상태였고, 두 팀은 8강에서 서로를 마주하게 된 것이다. 그리고 이 지점, 곧 세계대전 이후 가장 클라우제비츠적인 대결의 장은, 월드컵에 순수하고 내적으로 완결되어 있는 〈축구 그 자체〉란 것은 존재하지 않으며, 〈대리전으로서의 축구〉라는 것이 본질임을 극명하게 드러냈다.

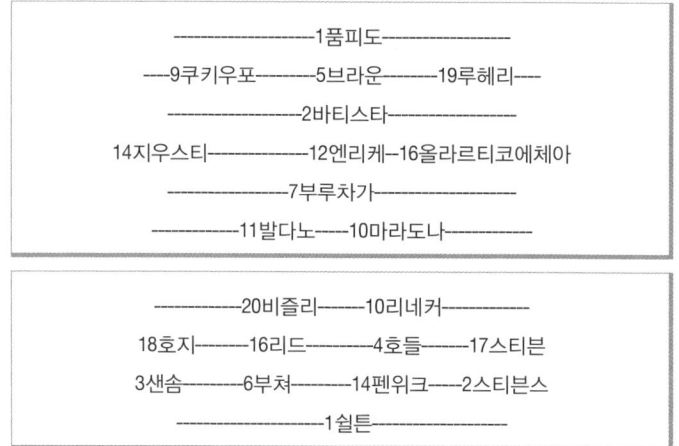

휘슬이 울리고 경기가 진행되자 서서히 아르헨티나 미드필더의 수적우위가 힘을 발하기 시작했고, 자연스레 경기의 주도권은 아르헨티나로 넘어갔다. 그리고 이러한 우세는 마라도나의 움직임을 자유롭게끔 만들어줄 수 있었다. 8분 경, 마라도나가 호지와 샌솜을 차례로 돌파하다 펜위크에게 반칙을 당하며 프리킥을 얻어냈다. 골문으로부터 약 27미터 거리였다. 그 프리킥은 잉글랜드 골키퍼 쉴튼이 골포스트 밖으로 잘 쳐냈지만, 마라도나의 기세가 등등해지는 계기가 되었다. 다시 말해 그 장면은 전체 경기 중 설치되어 있던 일종의 복선과도 같은 것이었다.

잉글랜드의 팀 조직은 아르헨티나의 유동성을 전혀 따라가지 못했다. 엔리케와 지우스티, 올라르티코에체아 등은 자유롭게 위치를 바꾸고 다녔으며, 이 와중에 부루차가가 창조성을 불어넣었고, 볼이 뒤로 빠졌을 때는 바티스타가 후방에서 견고하게 볼을 단단히 움켜쥔 뒤 다시 전방으로 공급해주었으며, 쿠키우포와 브라운, 루헤리 역시 공격에 가담하곤 했다.

그리고 이러한 팀조직의 차원에서의 우위는 마라도나라는 개인에게 대량의 기회를 제공할 수 있도록 했다. 전반 내내 잉글랜드 수비를 괴롭히던 마라도나는, 51분 경 센터 서클 부근에서 드리블을 시도하여 호들, 리드, 펜위크를 차례로 돌파한 뒤, 부쳐의 마크를 피하기 위해 발다노와 2대1 패스를 시도하면서 박스로 침투하였다. 발다노가 되받아 찬 패스가 잘못되어 스티브 호지의 발에 걸렸지만 그가 짧게 잘라 걷어낸 공이 공중에 떴고, 마라도나는 계속 달려 뛰어올라 골문 앞쪽으로 튀어나와 있던 골키퍼 쉴튼 위로 손을 뻗는 영악함을 보였다.

그러나 마라도나의 머리가 공에 닿았다고 확신한 튀니지 출신의 주심 베나쇠르는 골을 인정했고, 잉글랜드 선수들은 억울함을 호소했지만 소용이 없었다.

마라도나의 〈신의 손〉 장면

4분 뒤, 마라도나는 자기 진영에서 가벼운 턴을 통해 베어드슬리와 피터 리드의 집중 수비를 따돌린 뒤 라이트 라인을 따라 드리블해 치고 들어가다. 문전 근처로 다가온 마라도나를 저지하기 위해 펜위크와 부처가 덤벼들었지만 마라도나에 의해 차례차례 농락당했고, 마라도나는 곧 이어 골키퍼 쉴튼까지 제쳐내고 넘어지면서 골을 성공시키며 스코어를 2-0으로 만들었다. 운이라고는 전혀 개입할 여지가 없었던, 완벽한 골이있다.

잉글랜드의 경기 흐름이 좋아지기 시작한 것은 추가 실점 이후부터였다. 잉글랜드의 감독 바비 롭슨은 좀 더 공격적인 윙어인 크리스 와들과 존 반스를 차례로 우측면과 좌측면에 배치하여 아르헨티나의 측면을 공략하기 위한 변화를 주었다.

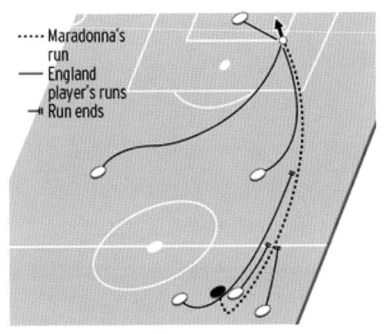

마라도나의 〈세기의 골〉

이 교체는 비교적 성공적이었다. 중앙에는 8명의 선수가 몰려있고 단 둘의 윙백이 좌우 측면을 커버하던 아르헨티나의 시스템 상 경쾌한 드리블러를 견제하는 것은 수월한 일이 아니었다. 특히 레프트 윙인 존 반스가 큰 활약을 펼치기 시작했다. 78분경에는 올라르티코에체아와 지우스티를 벗겨내고 크로스를 날려 리네커가 대회 여섯 번째 골을 뽑아낼 수 있도록 했다(2-1, 78분). 잉글랜드 선수들에게 새로운 희망이 되살아나는 순간이었다. 그러나 마라도나의 생각은 달랐다. 그는 멋진 마르세유 룰렛으로 센터 서클 부근에서 3명을 절묘하게 돌파한 뒤, 교체 선수로 들어온 카를로스 타피아에게 볼을 넘겨주었다. 타피아는 샌솜과의 경합을 이겨내고 노마크 상태에서 슈팅을 날렸으나 볼은 니어포스트 아래 부분에 부딪쳐 튕겨 나왔다.

88분, 반스는 첫 번째 골을 넣었던 것과 똑같은 방식으로 왼쪽을 따라 공을 몰고 질주한 뒤 크로스를 날렸고, 볼은 매우 위협적이게도 아르헨티나의 골에어리어로 비스듬히 들어가서 골문에서 불과 수십cm이 떨어져 있던 리네커의 머리로 정확하게 연결되었다. 아르헨티나로서는 실점이 확실해 보이던 찰나의 절체절명의 순간, 훌리오 올라르티코에체아가 필사적으로 몸을 뻗어 대회 최고의 스트라이커 리네커가 찬 공을 막아 코너쪽으로 쳐 냈다. 그리고 그 이상의 기회는 잉글랜드에게 주어지지 않았다.

서독은 멕시코와 0-0의 무승부를 기록한 끝에 승부차기로 신승했으며, 스페인은 16강에서 강력한 우승후보로 떠오르던 덴마크를 완파하며 이슈의 중심에 섰다. 그러나 스페인은 8강전을 앞두고 단체 설사를 일으켰고, 결국 소련을 꺾고 올라온 벨기에에게 덜미를 잡혔다. 스페인에게 식민 통치를 받았던 멕시코인들은 이를 '몬테수마[46]의 복수'라 일컬으며 통쾌해 했다.

⚽ 준결승전

> 아르헨티나 2-0 벨기에   서독 2-0 프랑스

아르헨티나와 벨기에의 경기는, 마라도나의 두 골로 '언더독' 벨기에를 2-0으로 이겼다는 점에서 서사적으로 중요하게 다루어지지는 않지만, 아르헨티나 입장에서 마냥 쉽게만 풀린 경기는 아니었다.

---

[46] 스페인 정복자 코르테스에 의해 살해당한 아스텍 제국 제9대 황제의 이름이다.

두 차례의 명백한 오심이 있었는데, 전반 26분 벨기에의 클레센이 지적당한 오프사이드 판정이 첫 번째였다. 그는 분명 아르헨티나의 최종 수비수보다 뒤에서 동료의 패스를 받았지만(심지어 패스가 아르헨티나 수비수의 키를 넘긴 순간에조차 클레센은 오프사이드 트랩에 걸려있지 않았다.) 심판은 오프사이드를 선언했다. 그리고 35분에 또다시 오프사이드 판정 오심이 발생했다. 아르헨티나 최종 수비수가 오프사이드를 걸기 직전, 클루망이 후방을 공략하는 스루패스를 날렸고, 벨기에 선수 2명이 오프사이드를 돌파했기 때문에 득점이 확실한 상황이었지만, 선심은 이해할 수 없게도 깃발을 들어올렸다.

후반 7분, 벨기에의 코너킥을 막아낸 지우스티는 전방의 엔리케에게 패스를 찔러주었다. 엔리케는 볼을 몰고 가다가 우측으로 빠져드는 부루차가에게 볼을 넘기고 들어갔고, 부루차가는 안쪽으로 파고 들어가 예상하지 못한 타이밍에 수비진을 붕괴시키는 날카로운 킬패스를 마라도나를 향해 날렸다. 몰이 이를 막기 위해 따라붙었지만 마라도나는 날아온 패스를 원터치로 간단히 마무리하며 득점에 성공했.

그리고 후반 20분, 마라도나가 수비수 4명 사이를 단독으로 돌파하여 추가골을 넣음으로써 승부에 종지부를 찍었다.

마라도나는 3분 뒤에도 몰을 벗겨내며 득점에 성공할 뻔했지만 비스듬히 날린 슈팅은 파포스트를 살짝 빗나갔다.

승부차기 끝에 브라질을 제치고 준결승전에 올라온 프랑스는 토너먼트 대회에서 특출한 성적을 자랑하는 서독을 만났다.

마라도나의 벨기에 전 추가골 장면

그러나 부상에 시달리고 있던 플라티니는 전성기 시절의 활약을 재현하지 못했고, 결국 프랑스는 서독과의 4강전에서 다시 한 번 무릎을 꿇었다. 서독은 안드레아스 브레메의 선제골(전 9분)과 루디   러의 후반 44분 쐐기골로 2-0 승리를 거뒀다.

⚽ 결승전

| 아르헨티나 3-2 서독

아르헨티나와 서독은 아즈텍 스타디움에서 맞붙었다. 멕시코 홈 관중들 대부분은 8강에서 서독이 멕시코를 꺾고 올라갔기 때문에 대리 복수 차원에서 아르헨티나를 열렬히 응원했다.

양 팀이 모두 3-5-2 시스템을 사용했다는 점은 대회 전체의 전술적 흐름을 잘 보여주는 것이었다. 기존의 4-4-2와 비교해, 3백은 상대의 투톱을 상대하기에 적격이었으며, 3명의 중원은 상대의 투 볼란치를 압도할 수 있었고, 상대의 윙어는 윙백들이 맞상대해줄 수 있었으며, 이렇게 확보된 후방과 중원의 여유는 투톱 공격력의 근원이 되었다.

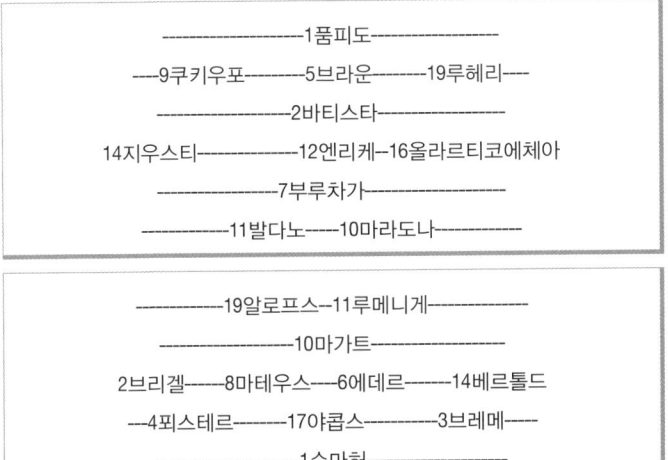

 하지만 서독과 아르헨티나는 서로가 똑같은 포메이션을 쓰고 있었기 때문에, 시스템 상의 우위는 존재하지 않았다. 포메이션이 동일하다면, 남은 것은 팀 컬러의 선택에 있었고, 양 팀의 스타일이 차이를 보인 지점도 바로 여기에 있었다. 서독의 감독 베켄바우어는 마라도나를 의식하여 마테우스를 수비에만 전념케 하는 등 다소 수비적인 지시를 내렸다. 마테우스는 비교적 마라도나의 움직임을 잘 제어해냈다. 그러나 이러한 이점에는 반대급부가 따랐는데, 전방에서 기회를 제공해주어야 할 마가트가 완전히 고립되어 볼 한 번 제대로 터치하기 어려웠다는 것이다. 그리하여 아르헨티나는 비교적 여유를 갖고 주도권을 활용할 수 있었다. 결국 전반 22분, 우측에서 올라온 부루차가의 프리킥이 호세 루이스 브라운의 헤딩골로 이어지며 균형의 추가 깨졌다.

1-0의 상태로 하프타임이 마무리되고 후반에 접어들었을 때, 서독이 공격적으로 나오면서 경기는 활기를 띠기 시작했다. 공방이 오가던 후반 10분, 호르헤 발다노는 골키퍼 품피도가 손으로 굴려준 볼을 우측 코너 근처에서 받은 뒤 수비수를 따돌리고 30M 가량을 전진한 다음 마라도나에게 볼을 넘겨주고 전진했다. 마라도나는 바로 옆의 엔리케에게 볼을 넘겨주었고, 엔리케는 볼을 갖고 들어가다가 볼의 경로를 차단하려는 브레메의 태클을 피해 상대 뒷공간을 공략하는 멋진 스루패스를 날렸다. 서독의 오프사이드 라인을 무너뜨린 발다노는 깔끔한 터치로 볼을 슈팅하기 좋은 곳까지 컨트롤한 뒤, 골키퍼 슈마허와 파 포스트 사이로 들어가는 슈팅을 날리며 득점에 성공했다. 2-0, 아르헨티나의 리드는 더욱 확실해졌다.

몇 번의 위기를 넘긴 서독은, 후반 28분, 브레메가 날린 코너킥이 루디 러의 머리에 맞고 굴절된 것을 경기 내내 침묵하던 루메니게가 팀의 만회골로 연결시키며 희망을 얻었다. 서독은 기세를 얻고 공세를 강화하기 시작했으며, 베르톨드의 오른쪽 공격이 힘을 얻기 시작했다. 마라도나를 맨마크하던 마테우스는 대인마크 부담을 떨치고 보다 적극적으로 공격에 관여하기 시작했다. 결국 후반 35분, 서독이 첫 골과 똑같은 패턴(브레메의 코너킥이 브레톨드를 맞고 루디 러에게 이어졌다)으로 동점골을 만들어냈다. 세트 플레이로만 두 골을 내준 아르헨티나는 조급해졌다.

경기는 어수선해졌고, 연장전을 피할 수 없을 것처럼 보였다. 하지만 그 바로 그 순간, 마라도나와 부루차가가 반전을 이끌어냈다. 마라도나는 자신에게 주어진 패스를 원터치로 전방으로 길게 찔러주었고, 이것은 역습에 가담하던 부루차가가 뛰어가는 길목으로 정확하게 연결되었다. 가속을 얻고 드리블해 들어가던 부루차가는 브리겔의 마크를 뿌리치고 슈마허의 오른쪽 구석으로 정확하게 볼을 통과시켰다. 아르헨티나의 우승이었다.

아르헨티나의 우승 후 트로피를 들고 환호하는 마라도나

⚽ 에필로그

라우드럽, 벨라노프, 소크라치스, 플라티니 등의 활약으로 플롯을 써나갔던 1986년 월드컵은 종국에 이르러서는 마라도나의 대관식으로 마무리되었다. 물론 아르헨티나를 단순히 '원맨팀'이라고 말할 수는 없었지만, 분명 마라도나는 팀 내에서 독자적인 역량을 과시했으며, 그리하여 모든 스포트라이트는 마라도나에게 집중되었다. 그리고 여기에는 어떠한 함의가 기저에 자리 잡고 있었다. 브라질의 1970년 월드컵 우승트로피 획득이 아폴로의 달 착륙과 비견되는 사건이 되었듯, 1986년의 마라도나의 대관식은 1970년의 브라질과 비교되었던 것이다.

기록 및 수상

- 총 득점 : 52경기 132골(경기당 평균 2.54골)
- 총 관중 수 : 2,393,031 (경기당 46,020명)
- 최다 득점 팀 : 아르헨티나(7경기 14득점)
- 최저 득점 팀 : 캐나다(3경기 0득점)
- 최다 실점 팀 : 엘살바도르(3경기 13실점)
- 최저 실점 팀 : 모로코(4경기 2실점)
- 골든볼 : 디에고 마라도나(아르헨티나)
- 실버볼 : 하랄트 슈마허(서독)
- 브론즈볼 : 프레벤 엘카예르(덴마크)
- 최우수 신예상 : 엔조 쉬포
- 골든 글러브 : 하랄트 슈마허(서독)

최다 득점자

- 골든부트 : 게리 리네커(잉글랜드) - 6골
- 실버부트 : 디에고 마라도나(아르헨티나), 카레카(브라질), 에밀

리오 부트라게뇨(스페인) -5골
- 브론즈부트 : 호르헤 발다노(아르헨티나), 프레벤 엘카에르(덴마크) - 4골
- 페어플레이 상 : 브라질

베스트 팀

- 골키퍼 : 하랄트 슈마허(서독)
- 수비수 : 조시마르(브라질), 줄리우 세자르(브라질), 마누엘 아모로스(프랑스)
- 미드필더 : 얀 클레망스(벨기에), 장 티가나(프랑스), 미셸 플라티니(프랑스), 디에고 마라도나(아르헨티나)
- 공격수 : 프레벤 엘카에르(덴마크), 에밀리오 부트라게뇨(스페인), 게리 리네커(잉글랜드)

15. 1990 이탈리아 월드컵

☺ 개최국 및 유치 과정

남미와 유럽에서 번갈아가며 개최를 한다는 암묵적인 룰에 따라 1990 월드컵은 유럽에서 치러지게 되었다. 그렇기에 오스트리아, 이탈리아, 잉글랜드, 프랑스, 그리스, 서독, 유고 등 유럽 각국에서 1983년 7월31일까지 개최 신청을 했지만, 한 달 뒤 오직 이탈리아와 잉글랜드, 그리스만이 남았다. 그리고 소련이 새로이 참가했다. 4개국은 FIFA에 의해 평가를 받았다. 잉글랜드는 24년 만에 또 한 번 월드컵을 개최하려 한다는 점에서 부정적인 여론이었고, 그리스는 단 한 번도 월드컵 본선에 진출하지 못한 것이 문제가 되었다. 결국 1984년 초 잉글랜드와 그리스는 개최를 포기했으며, 이탈리아와 소련을 놓고 투표가 벌어졌다.

1990년 월드컵의 개최국의 투표는 1984년 5월19일 취리히에서 거행되었다. 당시, 미국에서는 레이건 행정부가 강경 성향을 보이며 소련과의 군비 경쟁에 돌입함으로써 보다 적대적인 태도로 일관했고, 이로 인해 미국을 비롯한 서방세계와 소련 간에는 〈신냉전〉이라고 불리우는 일련의 긴장된 분위기가 조성되었다. 여기에, 개최지 결정 전날 소련이 1984년 올림픽을 보이콧한 것 역시 영향을 주었다. 결국 표결은 11대 5로 이탈리아가 소련을 압도했고, 이로써 이탈리아가 1990년 월드컵 개최국이 되었다. 1990년을 전후하여 동구권이 붕괴 일로에 들어섰다는 점을 고려하면, 결과적으로는 적절한 선택이었다.

공인구, 마스코트, 엠블럼

에트르스코 유니코

1990 월드컵의 마스코트 챠오. 대체로 좋은 평가를 받진 못했다.

공인구는 '에투르스코 유니코(Etrusco Unico)'. 내부에 폴리우레탄 폼이라는 층을 두어 완전방수가 가능해졌고, 공의 속도가 많이 상승했다.

마스코트는 축구공 모양의 머리에 이탈리아 삼색기의 색이 섞인 사각형 블록들을 사람 모양으로 연결시켜 형상화하여 만든 '챠오(Ciao)'였다.

1990 월드컵의 엠블럼

⚽ 참가 팀 및 예선 경과

116개 팀이 1990년 FIFA 월드컵 본선 진출을 위해 예선에 참여하였다. 이 중 22장의 티켓이 그들에게 배분되었으며, 나머지 2장은 개최국 이탈리아와 전 대회 우승국으로서 자동 진출권을 획득한 아르헨티나의 몫이 되었다.

유럽 축구 연맹에는 14장의 티켓이(개최국인 이탈리아 포함), 남미 축구 연맹에는 3장의 티켓이(전 대회 우승국인 아르헨티나 포함), 아프리카 축구 연맹에는 2장의 티켓이, 아시아 축구 연맹에는 2장의 티켓이, 북중미카리브 축구 연맹에는 2장의 티켓이 각각 배분되었으며, 남은 한 장의 티켓은 대륙 간 플레이오프(남미와 오세아니아)에 배분되었다.

- 유럽(14장) : 이탈리아, 루마니아, 스웨덴, 잉글랜드, 소련, 오스트리아, 네덜란드, 서독, 스코틀랜드, 유고슬라비아, 스페인, 아일랜드, 벨기에, 체코슬로바키아
- 남미(2.5장) : 브라질, 우루과이, (콜롬비아)
- 북중미(2장) : 미국, 코스타리카
- 아시아(2장) : 대한민국, 아랍 에미리트
- 아프리카(2장) : 이집트, 카메룬
- 오세아니아(0.5장) : 진출 실패(이스라엘)

이번 대회의 예선 중에도 어김없이 이변은 일어났다. 특히 80년대 2회 연속 4강에 진출했던 프랑스의 본선 진출 실패가 최대 이변으로 손꼽혔는데, 당시 프랑스 대표팀의 감독은 현역에서 은퇴한 미셸 플라티니였다. 플라티니의 지휘

아래 파펭, 칸토나, 데샹, 블랑 등이 새로운 황금세대를 구축하였지만, 키프러스 원정에서 1-1 무승부를 기록한 것이 뼈아픈 탈락 요인으로 작용했다.

남미의 경우 칠레와 브라질의 경기에서 터져 나온 '로하스 사건'이 월드컵 역사에 뚜렷한 발자취를 남겼다. 칠레의 골키퍼 로하스는 브라질 원정경기 도중 소녀 관중이 던진 폭죽에 맞아 얼굴 부위에 심한 부상을 당했는데, 그로 인해 칠레가 이 경기를 보이콧하며 브라질의 몰수패를 요구하는 소동을 일으킨 것이다. 그러나 사진 판독 결과 소녀가 던진 폭죽은 로하스 골키퍼에 아무런 타격을 주지 않았으며, 그저 로하스가 얼굴을 크게 다친 척하고 나뒹굴었던 것으로 밝혀졌고, 결국 칠레는 브라질 전 몰수패에 이은 지역예선 탈락, 1994년 대회 출전정지라는 중징계 처분을 받았다. 얼굴에 포비돈까지 발라가며 위장쇼를 펼친 로하스 역시 선수자격을 영구 정지당했다가 2001년에 이르러서야 가까스로 징계로부터 풀려날 수 있었다.

아시아에서는 대한민국이 다시 한 번 극동 지역을 제패하며 2회 연속 본선 무대에 올랐고, 중동에서는 UAE가 사상 첫 본선 진출에 성공하는 기쁨을 누렸다. 오세아니아 지역에서는 이스라엘이 텃세를 이겨내고 호주와 뉴질랜드를 따돌렸지만, 콜롬비아와의 플레이오프에서 고배를 마시는 바람에 다시 한 번 본선 진출 팀을 배출하지 못했다.

24개국 중 코스타리카, 아랍 에미리드, 아일랜드 3개국이 첫 출전국이었다. 코스타리카의 경우에는 멕시코의 출전 정지로 득을 봤는데, 세계청소년축구선수권대회에 참가한 멕시코 선수 중에 실제보다 나이가 많은 부정선수가 있는 것이 발각되어 FIFA가 멕시코의 1990년 월드컵 출전을 막으면서 코스타리카가 본선 진출권을 획득하게 되었다.

대회 준비

1990년 월드컵은 위성방송 기술의 발달로 인해 총 167개국이 TV로 경기를 시청할 수 있었다.

또한 이 대회는 1985년 유러피언 컵 결승전에서 발생했던 헤이젤 참사[47] 이후 처음으로 유럽에서 열리는 월드컵이었으므로, 훌리거니즘에 대한 경계심과 대처가 중시되었다. 실제로 잉글랜드와 네덜란드의 조별리그 경기 중 훌리건들이 소동을 일으키자 이탈리아는 곧바로 4천 명의 경찰을 투입, 현장에서 훌리건 500여명을 체포하는 등 신속한 대처를 선보였다.

로마의 Stadio Olimpico(좌)와 밀란의 San Siro(우)

---

[47] 1984-85 시즌에 열린 리버풀과 유벤투스 간의 유러피언 컵 결승에서 리버풀 팬들과 유벤투스 팬들의 충돌로 일어난 사상 사고로, 39명이 사망하고 454명이 부상을 입었다. 이로 인해 잉글랜드 클럽은 5년, 리버풀은 7년 간 유럽 클럽 대항전의 출전이 제한되었다. 이 사건을 계기로 훌리거니즘에 대한 경각심이 높아졌으며, 특히 잉글랜드 축구 문화에 대한 자성의 움직임이 대대적으로 일어났다.

나폴리 Stadio San Paolo(좌)와 투린 Stadio delle Alpi(우)

바리의 Stadio San Nicola(좌)와 베로나의 Stadio Marc'Antonio Bentegodi(우)

플로렌스의 Stadio Artemio Franchi(좌)와 칼리아리의 Stadio Sant'Elia(우)

볼로냐의 Stadio Renato Dall'Ara(좌)와 우디네의 Stadio Friuli(우)

팔레르모의 Stadio La Favorita(좌)와 제노아의 Stadio Luigi Ferraris(우)

대회 방식

지난 대회와 같은 방식으로 본선이 운용됐다. 6개의 시드 팀은 1986년과 1982년의 월드컵 성적을 토대로 1989년 12월7일에 정해졌다.

1990년 이탈리아 월드컵 주최 측의 가장 큰 고민은 악명 높은 잉글랜드의 훌리건이었다. 국제축구연맹(FIFA)은 고민 끝에, 스페인을 밀어내고 잉글랜드에게 시드를 주면서 F조에 배정했고, F조의 경기는 사르데냐 남단의 칼리아리에서 치르게 했다. 만약 훌리건의 난동이 일어나더라도 바다 한 가운데 있는 섬을 빠져나오지 못해 경찰들에게 잡힐 것이라고 생각했기 때문이다.

이에 대해 스페인의 감독이었던 루이스 수아레즈는 "우리는 사기당했다고 느꼈다. 그들은 잉글랜드에 시드를 주고 모든 골칫거리를 칼리아리로 보내길 원했다. 그래서 그들은 그런 공식을 만들어냈다."고 주장했다. 이에 대해 FIFA는 "그 공식은 이전 두 대회에서의 각 팀의 월드컵 성적에 기초하고 있다. 잉글랜드는 6위를 차지할 자격이 있다. 그것은 잉글랜드의 훌리거니즘을 위한 구제책이 전혀 아니다."라고 밝혔다.

⚽ 조별리그

	승	무	패	득	실	차	승점
이탈리아	3	0	0	4	0	4	6
체코	2	0	1	6	3	3	4
오스트리아	1	0	2	2	3	-1	2
미국	0	0	3	2	8	-6	0

	승	무	패	득	실	차	승점
카메룬	2	0	1	3	5	-2	4
루마니아	1	1	1	4	3	1	3
아르헨티나	1	1	1	3	2	1	3
소련	1	0	2	4	4	0	2

	승	무	패	득	실	차	승점
브라질	3	0	0	4	1	3	6
코스타리카	2	0	1	3	2	1	4
스코틀랜드	1	0	2	2	2	3	-1
스웨덴	0	0	3	3	6	-3	0

	승	무	패	득	실	차	승점
서독	2	1	0	10	3	7	5
유고	2	0	1	6	5	1	4
콜롬비아	1	1	1	3	2	1	3
UAE	0	0	3	2	11	-9	0

	승	무	패	득	실	차	승점
스페인	2	1	0	5	2	3	5
벨기에	2	0	1	6	3	3	4
우루과이	1	1	2	1	2	3	-1	3
한국	0	0	3	1	6	-5	0

	승	무	패	득	실	차	승점
잉글랜드	1	2	0	2	1	1	4
아일랜드	0	3	0	2	2	0	3
네덜란드	0	3	0	2	2	0	3
이집트	0	2	1	1	2	-1	2

1990년 월드컵은 전술적인 측면에서 패러다임의 변화가 일어난 대회로 잘 알려져 있는데, 1980년대 후반 이탈리아에서 유행하기 시작한 압박축구가 새로운 조류로 자리매김 했기 때문이다. 아리고 사키 지휘 하의 AC밀란은 공격과 수비의 간격을 25M 정도로 좁히면서 수비라인을 극단적으로 올려 전방에서부터 강하게 상대를 몰아붙이고, 후방 공간의 방어는 오프사이드 트랩에 의존하는 식의 팀전술을 활용하면서, 1987-88 시즌 세리에A 우승에 이어 1988-89 시즌과 1989-90년 시즌에 유러피언 컵 2연패를 달성하는 위업을 달성했다. 그리고 역사적으로 출현한 여러 강팀들의 전술이

종종 유행이 되었던 것처럼, 밀란의 압박 축구 역시 많은 팀들에 의해 모방되어 축구판의 흐름 자체를 바꾸어놓았고, 이는 〈사키 혁명〉이라고 불리워졌다.

그러나 언제나 그렇듯, 혁명에는 반동이 따라왔다. 래디컬한 공격을 위해 도입된 강도 높은 압박이 일반화되자, 많은 팀들은 압박을 이겨낼 엄두를 내지 못하고 정교한 빌드업을 하려는 시도를 포기하곤 했으며, 이로 인해 경기는 지루해졌다. 수비수가 후방에서 볼을 돌리다가 골키퍼에게 백패스하면 골키퍼가 이를 손으로 잡고[48] 골키퍼가 다시 수비수들에게 볼을 던져주는 플레이가 이어졌다. 그런 팀에게 '공격 작업'이라는 것은 전술한 것처럼 골키퍼와 수비수 사이에서 볼을 돌리다가 전방으로 볼을 멀리 차내 요행을 노리는 식의 플레이일 뿐이었다. 그 결과 1990년 대회의 총 득점은 1986년 대회보다 17골이나 줄어들었고, 강한 압박에 바탕을 둔 수비적인 전술이 대회 전체의 주류를 이뤘다. 그로 인해 1990년 대회는 경기 내용 면에서 가장 볼거리가 적었던 지루한 월드컵으로 기억되고 있다.

그나마 대회에 활력을 불어넣었던 것은 카메룬이었다. 카메룬은 대회 개막전에서 후반 16분에 앙드레가, 후반 44분에는 마싱이 퇴장당했음에도 불구하고, 디펜딩 챔피언인 마라도나의 아르헨티나를 1-0으로 잡아내며 돌풍을 일으켰다. 그들은 다음 경기에선 루마니아를 잡아내며 2연승을 달렸고, 이 경기에서 밀티골을 기록한 38세의 노장 로저 밀라는

---

[48] 당시에는 골키퍼가 발로 전해진 백패스를 손으로 잡을 수 있었다.

대회 최고의 스타로 떠올랐다. 골을 터트리고 코너 플래그 앞에서 춤을 추던 그의 모습은 카메룬 축구의 상징적인 모습으로 팬들의 기억에 남았다. 카메룬은 마지막 경기에서 소련에 0-4로 패했지만 앞서 거둔 좋은 성적으로 B조 선두를 차지했다.

카메룬 돌풍의 주역 로저 밀라   코너 플래그 앞에서 춤을 추던 모습

아르헨티나는 이후 소련에 이기고 루마니아에 비기며 간신히 1승 1무 1패를 거뒀고, 루마니아도 소련을 잡으며 1승 1무 1패를 기록하게 되었다. 하지만 다득점에서 앞선 루마니아가 2위를 차지하면서 아르헨티나는 조 3위로 추락했다. 1986년, 창공을 누비며 위용을 뽐내던 '알바트로스'였던 마라도나는, 불과 4년 만에 땅에서 날개를 질질 끌고 다니며 뒤뚱거리는 '오리'가 되어 있었다.

B조와는 달리 A조에서는 무난하고 예상 가능한 결과가 나왔다. 개최국 이탈리아가 한 골도 허용하지 않고 3승을

거뒀다. 이탈리아의 공격수 토토 스킬라치가 신데렐라로 떠오른 가운데, 체코슬로바키아가 미국과 오스트리아를 꺾고 2승 1패를 기록하며 조 2위를 차지했다.

C조에서는 브라질이 3전 전승으로 손쉽게 16강에 합류했다. 처녀 출전한 코스타리카는 스웨덴, 스코틀랜드를 연파하고 브라질과도 접전을 펼치는 등(0-1 패배) 다크호스의 면모를 보이며 2승 1패 조 2위로 16강에 진출했다. 한편 스웨덴은 3전 3패를 당하는 굴욕을 겪었다.

D조의 서독은 유고슬라비아와의 첫 경기에서 4-1의 대승을 거두며 좋은 출발을 보였는데, 이 경기에서 마테우스의 활약은 특별히 언급할만한 가치가 있다. 그는 전반 28분, 문전 근처에서 수비수를 등지고 있다가 간단한 피벗 동작으로 수비수를 제쳐내고 왼발 중거리슛으로 득점에 성공했다. 또한, 여기에 그치지 않고 후반 20분에는 혼자 30M 가량을 단독 돌파한 뒤 아크 서클 부근에서 빨랫줄 같은 직선 슈팅을 선보이며 볼을 골문 안으로 꽂아 넣었다. 첫 경기에서 좋은 출발을 보인 서독은 이어 벌어진 아랍 에미리트와의 경기에서도 5-1의 스코어로 승리를 거두며 실력을 과시했다.

1990년 대회에서 서독을 지휘한 마테우스

유고슬라비아는 아랍 에미리트를 4-1로 물리친 뒤 16강 진출의 명운이 걸린 콜롬비아전에서 1-0으로 신승, 2승 1패를 거두며 조 2위가 되었다. 콜롬비아는 서독과의 마지막 경기에서 비기며 조 3위 자리를 따냈고, 조 최하위로 탈락한 아랍 에미리트는 그 이후로 월드컵 본선 무대에 얼굴을 비치지 못하고 있다.

E조도 D조와 매우 흡사했다. 스페인이 2승 1무, 벨기에가 2승 1패를 거두며 1, 2위를 차지했고, 펠레가 우승후보로 지목한 우루과이는 스페인과 무승부를 거뒀으나 벨기에에게 3-1로 대패했으며, 1무 1패 탈락 위기에서 한국과의 치른 마지막 3차전에선 후반 45분에 터진 극적인 결승골로 승리를 거두며 1승 1무 1패를 기록, 와일드카드로 16강에 올라가게 되었다. 한국은 3전 전패로 무기력하게 탈락했으며, 스페인과의 경기에선 상대 공격수 미첼에게 해트트릭을 허용하기도 했다. 황보관이 스페인을 상대로 1골을 넣은 것이 유일한 위안거리였다.

F조에서는 6경기에서 단 7골이 터지고 5경기가 무승부로 끝남으로써, 1990년 대회가 얼마나 수비지향적이고 지루했는지를 단적으로 보여주는 그룹이 되었다. 유일하게 승부가 갈린 경기에서는 잉글랜드가 이집트를 1-0으로 꺾어 조 1위를 확보할 수 있었다. 1패를 기록한 이집트는 탈락했고, 남은 네덜란드와 아일랜드는 3무 2득점 2실점 골득실과 다득점까지 같았으며, 서로 간의 경기에서 무승부를 기록했기 때문에 승자승 원칙을 적용할 수도 없었다. 결국 양국은 동전 던지기로 순위를 가려 아일랜드가 2위로 16강에 진출, 네덜란드가 3위가 되었다.

와일드카드로 16강에 진출할 각 조 3위 6개국 중 상위 4개 팀은 아르헨티나, 콜롬비아, 네덜란드, 우루과이로 정해졌다. 1988년 유로의 우승팀으로서 우승후보 중 하나로 손꼽혔던 네덜란드는 3무로 간신히 조별리그를 통과하는 부진을 겪었다.

16강

카메룬 2-1 콜롬비아	체코슬로바키아 4-1 코스타리카
아르헨티나 1-0 브라질	서독 2-1 네덜란드
아일랜드 0-0 루마니아(승부차기 5-4)	
이탈리아 2-0 우루과이	유고슬라비아 2-1 스페인
잉글랜드 1-0 벨기에	

조별예선에서 드러난 바 있던 수비적인 경기 운영은 16

강전에서도 이어졌는데, 16강 8경기 중 4경기의 승부가 연장전에서 갈릴 정도였다. 그나마 대회에 활기를 불러 넣은 것은 16강에서도 검은 돌풍을 이어간 카메룬이었다. 콜롬비아를 상대로 전후반 90분 내내 득점 없이 비긴 뒤 연장전을 맞이한 카메룬은 잔뜩 오른 기세를 늦추지 않고 맹공을 펼쳤고, 결국 로제 밀라가 연장 후반 1분과 4분에 연속골을 터뜨렸다. 콜롬비아는 연장 후반 15분에 간신히 한 골을 만회했으나 그 이상의 추격에는 실패했고, 결국 카메룬은 비유럽·아메리카팀으로서는 처음으로 8강에 진출하는 기록을 세웠다.

이탈리아는 우루과이에 2-0 승리를 거뒀고, 아일랜드는 루마니아와 0-0으로 비긴 뒤 승부차기에서 5-4 승리를 거두었다. 유고슬라비아는 연장 끝에 다비드 플라트의 발리 슈팅으로 스페인이라는 대어를 잡았고(2-1), 서독과 잉글랜드는 각각 네덜란드와 벨기에에 승리했으며, 체코슬로바키아는 코스타리카에 4-1 압승을 거두었다.

대회 내내 부진했던 마라도나는 브라질 전에서 일순간이나마 권능의 편린을 보여주었다. 경기종료까지 10분을 남겨둔 상황에서, 마라도나는 중원 한복판에서 드리블을 시도하여 아크서클 부근까지 접근한 뒤 오른발로 왼쪽에서 침투해 들어오던 카니자에게 로빙 스루를 연결시켰다. 카니자는 실수 없이 득점에 성공했고, 그렇게 아르헨티나는 라이벌 브라질에 1-0 승리를 거두며 8강행 열차를 탔다.

체코는 토마스 스쿠라비의 해트트릭에 힘입어 코스타리카를 4-1로 완파했고, 이탈리아는 스킬라치의 계속되는 활약으로 우루과이를 2-0으로 꺾었다.

한편, 서독과 네덜란드의 경기는 라이벌전답게 치열했다. 특히, 네덜란드에는 당시 AC 밀란을 이끌던 훌리트, 레이카르트, 판 바스턴 '오렌지 삼총사'가 있었고, 서독에는 인테르의 '게르만 삼총사' 마테우스, 브레메, 클린스만이 있었으며, 경기가 펼쳐질 곳 역시 밀란과 인테르의 구장인 산 시로였다.

경기는 금방 과열되었고, 결국 22분 만에 러와 레이카르트가 서로에게 침을 뱉는 불미스러운 사건을 일으키며 동반 퇴장당했다. 서독에게 있어서의 루디 러보다는 네덜란드에게 있어서의 레이카르트가 더 중요했기 때문에, 이는 서독에게 유리한 결과였다. 레이카르트를 잃은 네덜란드는 중원에서 헤맸고, 마테우스는 경기 내내 네덜란드의 미드필더진을 압도했다. 경기의 흐름은 결국 스코어로 자연스레 변환이 되었는데, 후반 초반 클린스만이 득점에 성공하면서 서독이 앞서나가기 시작했다. 승기를 잡은 서독은, 8분 후에 브레메가 추가 골을 터트리며 2-0으로 점수 차를 벌렸다. 네덜란드는 경기 종료 1분을 남겨두고 로날드 쿠만이 골을 터트려 추격의 불씨를 되살렸지만, 그들에게 남은 시간은 충분하지 않았다. 결국 네덜란드와 '오렌지 삼총사'는 월드컵 무대 조기 탈락의 수모를 당하고 말았다.

⚽ 8강

> 아르헨티나 0-0 유고슬라비아(승부차기 3-2)
> 이탈리아 1-0 아일랜드

| 서독 1-0 체코슬로바키아
| 잉글랜드 3-2 카메룬

 8강전도 마찬가지였다. 지루한 경기와 끊임없는 반칙, 승부차기가 난무하며 "카메룬 이외는 볼거리가 없다."는 비판이 터져나왔다. 마라도나를 비롯한 스타 선수들의 전반적인 활약상도 실망스런 수준이었다.

 아르헨티나는 10명이 뛴 유고슬라비아를 상대로 졸전을 펼친 끝에 승부차기에서 3-2 승리를 거두고 준결승에 올랐다. 서독 또한 아르헨티나 못지않게 실망스러운 경기를 펼치며 로타어 마테우스의 PK골에 힘입어 체코슬로바키아를 1-0으로 따돌렸다. 선전을 해온 아일랜드는 이탈리아의 스킬라치 앞에서 무릎을 꿇었다.

 한편, 잉글랜드는 카메룬을 상대로 극적인 3-2의 역전승을 거뒀다. 잉글랜드는 전반 25분에 플라트의 골로 앞서 나갔지만, 후반 16분에 개스코인이 밀라를 막으려다 파울을 범하면서 PK를 내주었고 키커로 나선 에마누엘 쿤데가 실수 없이 성공시키며 동점이 되었다. 이어, 유진 에케케가 역전골을 터트리면서 잉글랜드는 탈락 위기에 몰렸다. 그러나 카메룬의 수비불안은 결국 그들의 발목을 잡았고, 후반 38분, 잉글랜드의 라이트가 얻어낸 페널티킥을 리네커가 성공시키며 연장에 돌입하게 되었다.

 연장 전반 15분, 개스코인이 후방에서 40M를 가로지르는 날카로운 그라운드 패스를 날렸고, 리네커는 골키퍼와 일대일 상황을 맞았다. 리네커를 막으려던 골키퍼 은코노는 리네커를 넘어뜨리며 파울을 범했으며, 또다시 잉글랜드에 PK가 주어졌다. 리네커는 자신이 얻어낸 PK를 실수 없이 마무리하며 결승골을 터뜨렸다. 카메룬의 신화는 결국 8강에서 멈추고 말았지만 아프리카 축구의 힘을 전 세계에 알린 계기가 되었다. 결국 FIFA는 그 활약상을 높이 평가하여 아프리카의 본선 출전권을 2장에서 3장으로 늘렸다.

⚽ 준결승

> 아르헨티나 1-1 이탈리아(승부차기 4-3)
> 서독 1-1 잉글랜드(승부차기 4-3)

개최국 이탈리아와 지난 대회 챔피언 아르헨티나가 나폴리에서 격돌했다. 나폴리 소속이었던 마라도나는 나폴리 팬들에게 "이탈리아가 아닌 나를 응원하라."라고 호기어린 주장을 했지만, 나폴리 팬들은 '우린 당신을 사랑하지만 이탈리아인입니다.'라고 답했다.

이탈리아는 전반 17분 스킬라치의 골로 앞서나가기 시작했지만, 후반 22분 카니자에게 실점을 허용하며 연장에 접어들었다(이탈리아의 이 실점은 대회 시작 후 517분 만에 처음으로 허용한 실점이었다). 연장전에서도 추가골은 나오지 않았고, 결국 승부차기로 승자를 가리게 되었다. 승부차기에서는 이탈리아의 도나도니와 세레나가 연달아 실축하며 4-3으로 아르헨티나가 승리하게 되었고, 이때부터 이탈리아는 여러 번의 승부차기 징크스를 겪게 되었다

또 다른 준결승 경기에서도 승부차기까지 가는 혈투가 펼쳐졌다. 서독이 안드레아스 브레메의 선제골로 앞서 갔으나, 잉글랜드는 리네커가 경기 종료 10분을 남겨두고 다시금 동점골을 터트렸는데, 이는 리네커의 월드컵 마지막 골이기도 했다. 결국 승부차기에서 잉글랜드의 피어스와 와들이 실축을 하며, 서독이 4-3 승리를 거두고 결승에 올라가게 되었다. 잉글랜드의 폴 개스코인은 이 경기에서 선수 생활 최고의 활약을 펼쳤지만, 쓸데없는 경고를 받으면서 결승에 뛸 수 없게 되자 눈물을 보였으며, 리네커는 "축구란 22명이 90분 동안 공을 쫓아다니고 결국 독일이 승리하는 경기"라는 말을 남겼다.

⚽ 결승

서독 1-0 아르헨티나

```
------------9데소티-----10마라도나-------------
17센시니---21트로흘리오---7부루차가---13로렌소
----------------4바수알도----------------
----19루게리--------20시몬--------18세리주엘라----
------------------1고이코체아------------------
```

```
------------9 러--18클린스만---------------
-------------8하슬러----7리트바르스키-------------------
3브레메-----------10마테우스----------14베르톨드
---6부크발트---------5아우겐탈러------4콜러----
-----------------1일그너------------------
```

마라도나와 마테우스의 재격돌

 결승전은 1986년의 리벤지 매치였으며, 마라도나와 마테우스의 재대결은 흥미로운 이야깃거리가 되었다. 그러나 아르헨티나는 카니자를 비롯한 주축 선수들이 경고 누적으로 빠진 전력 공백을 절감해야 했는데 그들의 공백을 더티하고 수동적인 경기 운영으로 메우려 하는 것 같았다. 마라도나 역시 상대 수비 부크발트의 마크를 따돌리지 못하면서 부진을 거듭했다. 심지어 부크발트는 간간히 좋은 역습을 시도하는 여유를 과시하며 마라도나를 막는 데에는 전력을 기울일 필요조차 없다는 듯한 인상을 내비치기도 했다.

 서독이 경기 내용을 완벽히 지배했기 때문에 선취점을 빠르게 올렸다면 보다 화끈한 경기가 나올 법도 했지만, 러가 여러 번 기회를 놓치면서 경기는 지루하게 흘렀다. 러는 3분 프리킥 상황에서 크로스바를 넘겨버렸고, 10분에는 부크발트의 크로스를 아깝게 놓쳤으며, 12분에는 브레메의 좋은 크로스를 골키퍼에게 헌납했다. 18분에는 마테우스가 부루차가의 볼을 빼앗은 뒤 위협적인 역습을 전개했는데, 이때도 러는 박스 안에서 우물쭈물하다 시몬에게 볼을 탈취당했다. 22분에 날아온 마테우스의 크로스 역시 크로스바 위로 날렸다. 이외에, 때때로 마테우스나 하슬러가 인상적인 모습을 보여주곤 했지만, 득점으로 이어지진 못했다.

후반으로 접어들자 경기는 좀 더 타이트해졌으며 서독은 전반의 그것 이상의 거센 공세를 몰아붙였다. 시작하자마자 리트바르스키는 3명의 선수를 돌파하고 파포스트를 살짝 비껴가는 슈팅을 날렸으며, 곧이어 브레메의 프리킥이 베르톨드의 위협적인 헤딩으로 이어졌다. 2분 뒤에도 비슷한 위치에서 브레메의 프리킥이 있었는데, 이번에는 볼이 러의 발을 맞고 수직으로 치솟아 경기장 밖으로 나갔다. 11분에는 결정적인 찬스가 찾아왔는데, 우측면에서 마테우스가 길게 날린 크로스가 문전으로 침투하여 마크를 받고 있지 않던 아우겐탈러에게 이어졌다. 이때 아우겐탈러는 골키퍼 고이코체아와 신체접촉 후 넘어졌으며, 서독 선수들은 강하게 PK를 주장했지만, 주심은 아우겐탈러의 헐리웃 액션을 선언했다.

아르헨티나가 가까스로 버텨가고 있던 후반 20분, 마테우스와 2대1 패스를 주고받으려던 클린스만에게 몬손이 과도하게 거친 태클을 가했다. 주심은 지체 없이 퇴장 선언을 했고, 아르헨티나는 곧 파멸할 것처럼 보였다.

아르헨티나는 연장으로 넘어가기 위해 한층 더 극단적인 수비를 펼쳤지만, 승부는 그들의 뜻대로 되지 않았다. 후반 40분, 마테우스는 센터라인 부근에서부터 30여 M를 치고 들어간 뒤 날카로운 스루패스를 박스로 넣었는데, 이때 볼을 차단하려던 센시니가 페널티 에어리어 안에 있던 러를 넘어뜨리면서 PK가 선언되었다. 마테우스는 발목에 통증을 겪고 있었기 때문에, PK를 브레메에게 양보했고, 브레메는 구석으로 볼을 노려 차면서 득점에 성공했다.

2분 뒤, 아르헨티나의 데소티는 콜러의 목을 잡아채며 파울을 범해 경고 누적으로 퇴장 당했고, 이 경기는 월드컵 결승 최초로 2명의 퇴장자가 나온 경기가 되었다. 2명이 퇴장 당한 아르헨티나가 이길 가능성은 없었고, 그대로 경기는 마무리 되면서 서독은 월드컵 결승 최초로 클린시트를 기록했다. 월드컵이 끝나고 기다렸다는 듯 서독과 동독은 통일되었는데, 결과적으로 서독의 월드컵 우승은 독일 통일의 전야제 축포였던 셈이었다.

우승을 자축하고 있는 서독 선수단.

❊ 에필로그

대회의 마무리가 가지는 상징성과 무관하게, 월드컵 그 자체가 재미있는 대회였다고 평하기는 어려웠다. 흥행면에서는 250만 이상의 관중을 동원하는 대성공을 거뒀으며, 외국인 관광 수익 또한 16억 달러에 달했지만, 외적인 성공과는 달리 대회 내적인 측면에 있어서는 철저한 실패를 겪었다. 레드카드는 무려 16장이 나오며 월드컵 기록을 세웠으며, 경기당 득점률 역시 2.21로 역대 최저 기록이었다. 그것은 월드컵이 점점 더 수비적으로 변화하고 있음을 말해주는 기록이었다.

당초 1990년 월드컵은 마르코 판 바스텐, 뤼트 훌리트(이상 네덜란드), 디에고 마라도나(아르헨티나), 로타어 마테우스(서독) 등이 자웅을 겨루는 '별들의 전쟁'이 될 것으로 많은 기대를 모았다. 그러나 네덜란드의 오렌지 삼총사는 일찌감치 자취를 감췄고, 마라도나의 활약상도 지난 대회에 비한다면 실망스럽기 그지없는 수준이었다. 마라도나는 1982년, 1986년, 1994년 대회에서 모두 득점을 성공시켰지만 1990년 대회에서 무득점을 기록하며 결과적으로 4연속 월드컵 골사냥에 실패하고 말았다.[49]

이탈리아의 517분 연속 무실점 기록은 아직까지도 깨지지 않고 있는 월드컵 최장시간 무실점 기록이다. 한편 준우승국 아르헨티나는 월드컵 역사상 최소 득점 결승 진출팀으

---

49) 월드컵 4대회 연속골은 1958년 대회부터 1970년 대회까지 4연속으로 득점을 성공시킨 펠레(브라질)와 우베 젤러(서독)만이 보유하고 있는 진기록이다.

로 이름을 올렸다. 아르헨티나는 조별리그부터 결승전까지 총 7경기에서 고작 4골만을 성공시켰다

우승팀인 서독 역시 아주 만족스럽지는 않았다. 그들은 분명 우승할만한 자격이 있었고, 대회를 지배하긴 했지만, 8강부터 결승까지 단 한 골씩만을 득점했으며, 그 중의 둘은 PK, 하나는 프리킥이었다.

반면 이탈리아의 무명 공격수였던 살바토레 스킬라치는 이 대회에서 아무도 예상치 못한 맹활약을 펼쳤고, 팀을 4강으로 이끌며 1978년 대회의 마리오 켐페스와 1982년의 파울로 로시에 이어 세 번째로 득점왕과 MVP 타이틀을 동시에 거머쥔 선수가 되었다.

반짝 스타의 대명사 살바토레 스킬라치

스킬라치는 월드컵 이후 다시금 그 활약을 재현하지 못했기 때문에 월드컵 신데렐라의 대명사로 여겨지고 있다. 그

밖에, 서독의 감독을 맡았던 프란츠 베켄바우어는 이 대회를 통해 선수와 감독으로서 모두 월드컵 정상에 오른 두 번째 인물로 이름을 올리게 됐다.[50]

❖ 기록 및 주요 수상

- 총 득점 : 52경기 115골(경기당 2.21골)
- 총 관중 수 : 2,516,348명(경기당 48,391명)
- 최다 득점 팀 : 서독(7경기 15득점)
- 최저 득점 팀 : 이집트, 한국(3경기 1득점)
- 최다 실점 팀 : 아랍에미리트(3경기 11실점)
- 최저 실점 팀 : 이탈리아(7경기 2실점)
- 골든볼 : 살바토레 스킬라치(이탈리아)
- 실버볼 : 로타어 마테우스(서독)
- 브론즈볼 : 디에고 마라도나(아르헨티나)
- 골든 글러브 : 세르히오 고이코체아(아르헨티나)
- 최우수 신예상 : 로베르토 프로시네스키(크로아티아)
- 골든부트 : 살바토레 스킬라치(이탈리아) - 6골
- 실버부트 : 토마스 스쿠라비(체코) - 5골
- 브론즈부트 : 게리 리네커(잉글랜드), 로타어 마테우스(서독), 로저 밀라(카메룬), 미첼(스페인) - 4골
- 페어플레이 상 : 잉글랜드

❖ 베스트 팀

- 골키퍼 : 세르히오 고이코체아(아르헨티나), 루이스 코네호(코스

---

50) 첫 번째 인물은 1958년과 1962년 대회에서는 선수로서, 1970년 대회에서는 감독으로서 팀을 우승으로 이끌었던 브라질의 마리우 자갈루였다.

타리카)
- 수비수 : 안드레아스 브레메(서독), 파올로 말디니, 프랑코 바레시(이상 이탈리아)
- 미드필더 : 로타어 마테우스(서독), 드라간 스토이코비치(유고), 폴 개스코인(잉글랜드), 디에고 마라도나(아르헨티나)
- 공격수 : 살바토레 스킬라치(이탈리아), 로저 밀라(카메룬), 위르겐 클린스만(서독)

16. 1994 미국 월드컵

◈ 개최국 및 유치 과정

미국과 함께 모로코, 브라질이 유치전에 참가했다. 그러나 개최지 선정 과정에서 유럽과 남미가 아닌 제3대륙에서의 개최 여론이 드높아짐에 따라 브라질이 개최지가 될 가능성은 매우 희박하였다. 모로코는 유럽과의 시차가 사실상 없고 거리가 짧아 선수단 및 관중의 방문이 용이하다는 장점이 있었으나 인프라와 경기장이 빈약하고 이를 보완하기 위한 국가재정에 대한 의구심이 높았다. 반면 미국은 유럽에서 대서양을 횡단해야 하기에 시차 및 거리 문제가 있었으나, 대신 상업적 흥행 요소 면에서는 도저히 따라잡을 수 없는 강력한 이점을 가지고 있었으며, 경기장 확보 및 인프라 구축도 미국에겐 그다지 어려운 일이 아니었다. 다만 경기장들이 흩어져 있다는 문제가 있었으나 이는 경기 일정을 4일 간격으로 조정하며 해결하였다.

결국 미국 10표, 모로코 7표, 브라질 2표를 얻으며 1차 투표 만에 미국이 개최지로 선정되었다. 아프리카와 아시아의 표가 모로코에 집중되었으나 미국을 넘기엔 역부족이었다.

공인구, 마스코트, 엠블럼

퀘스트라

스트라이커

공인구는 '퀘스트라(Questra)'로, 1990년의 빈공 현상을 막기 위해 볼 표면을 기포가 들어간 합성수지로 덮어 탄성을 증가시킴으로써 다득점을 유도했다. 이 기술은 이후 월드컵 공인구의 기술적 표본이 되었다.

마스코트는 '스트라이커(Striker)'. 워너 브라더스에 의해 제작되었는데, 미국 국기에 들어가는 삼색인 적·백·청이 섞인 축구 유니폼을 입고 있는 강아지였다.

대회 준비

1994년 월드컵은 개최국인 미국이 축구 불모지이라는 평가를 받았음에도, 총 358만 명, 경기당 평균 6만 8천여 명의 관중을 동원하며 대회 역사상 최다 관중 기록을 세웠다. 이것이 가능했던 이유는 미국이 가지고 있던 경기장들의 규모가 다른 나라들에 비해 컸기 때문이다.

미국은 기존에 가지고 있던 종합 구장이나 미식축구 구장을 확장·개선하여 월드컵 구장으로 활용했는데, 전 경기장이 최소 5만 이상의 인원이 수용 가능했으며, 9개 구장 중 4곳은 7만 명 이상의 수용도 가능했다.

9만 여명을 수용 가능한 LA의 Rose Bowl 경기장을 가득 메운 관중들

그러나 이것이 축구가 미국 내에서 보편적인 지위를 확보하는 스포츠가 되었음을 의미한 것은 아니었다. 대형 구장들을 가득 채운 관중들의 대부분이 히스패닉계, 유럽 이민계, 그리고 외국인 응원단이었던 것이다. 미국 내 월드컵 경기 평균 시청률 역시 4.2%로 사실상 바닥을 쳤고, 설문조사 결과 월드컵이 무엇인지도 모르는 국민들이 70%에 이를 정도였다.

LA의 Rose Bowl(좌)과 디트로이트의 Pontiac Silverdome(우)

샌프란시스코의 Stanford Stadium(좌)과 뉴욕의 Giants Stadium(우)

올랜도의 Citrus Bowl(좌)과 시카고의 Soldier Field(우)

16. 1994 미국 월드컵

댈러스의 Cotton Bowl(좌)과 보스턴의 Foxboro Stadium(우)

워싱턴 D.C의 Robert F. Kennedy Memorial Stadium

⚽ 참가 팀 및 예선 경과

가장 눈에 띄는 부분은 아프리카의 본선 티켓이 2장에서 3장으로 늘어났다는 점이었다. 그로 인해 가장 많은 티켓(14장)을 확보하고 있던 유럽은 아프리카 측에 1장을 양보해야만 했다. 북중미 역시 개최국 미국의 자동 출전으로 인해 0.25장의 티켓을 추가로 부여받았는데, 북중미 2위 팀은 오세아니아 1위 팀과 플레이오프를 치른 뒤 남미 팀과 또다시 2차 플레이오프를 치러야 했기 때문에 사실상 본선 진출에는 어려움이 있었다.

- 남미(3.5장) : 브라질, 콜롬비아, 볼리비아, (아르헨티나)
- 북중미(2.25장) : 미국, 멕시코
- 아시아(2장) : 사우디아라비아, 대한민국
- 아프리카(3장) : 나이지리아, 카메룬, 모로코
- 유럽(13장) : 독일, 이탈리아, 스위스, 노르웨이, 네덜란드, 스페인, 아일랜드, 루마니아, 벨기에, 그리스, 러시아, 스웨덴, 불가리아
- 오세아니아(0.25장) : 진출 실패(호주)

유럽 예선에서는 강팀들이 대거 탈락하는 이변이 다수 발생했다. 특히 전 대회 4강팀이자 축구 종주국 잉글랜드의 탈락이 가장 눈에 띄었다. 스코틀랜드, 웨일스, 북아일랜드 역시 예선에서 탈락하면서 이 대회는 월드컵 역사상 최초로 영연방이 월드컵 예선에서 동반 탈락한 유일한 대회가 되었다. 1992 유로의 우승팀인 덴마크 역시 탈락했으며, 이 밖에 프랑스, 체코 등이 본선에 오르지 못했고, 유고슬라비아는 코소보 내전으로 인해 불참했다.

남미 예선에서는 아르헨티나가 고난을 겪었다. 아르헨티나는 자신들의 홈인 부에노스 아이레스에서 가진 남미 예선 최종전에서 콜롬비아에게 0-5 충격적인 대패를 당하면서 대륙 간 플레이오프로 추락했다. 결국 아르헨티나는 대표팀에서 은퇴한 마라도나까지 복귀시키는 강수를 두었고, 호주와의 플레이오프에서 고전 끝에 본선 행 티켓을 손에 넣었다.

아시아의 경우 지난 내회와 다르게 중동 및 극동의 구분 없이 통합 형태로 치러졌으며, 최종예선을 홈&어웨이 방식이 아닌, 제3의 장소인 카타르 도하에서 단기간 풀리그로

진행하는 방식을 택했다. 한국은 이라크, 사우디와의 무승부 이후 일본에 0-1로 패함으로써 탈락 위기를 맞이했지만, 이라크가 일본과의 최종전에서 극적인 2-2 무승부를 거두는 〈도하의 기적〉이라고 불리는 드라마를 쓰며 어부지리로 본선 진출에 성공했다.

대회 방식

본선에 참가한 24팀이 6개 조로 나뉜 뒤, 조별 성적에 따라 16강이 결정되어 토너먼트가 진행되는 등 외견상 1990년 월드컵과 동일한 대회 형식을 유지한 것으로 보였다.

그러나 실제로는 많은 규정의 개정이 있었다. 유례없는 빈공과 극단적인 수비, 지루한 승부차기의 연속이었던 1990년 월드컵에 대한 반성으로, FIFA는 공격적인 축구를 장려하기 위해, 또한 보다 흥미로운 대회를 만들기 위해 다양한 혁신적인 조치들을 시행했다. 이전까지 승점 2점을 부여했던 1승당 승점을 이 대회부터는 3점으로 높임으로써 무승부를 목표로 한 경기를 피하게끔 유도했으며, 선수교체 인원을 2명에서 3명으로 늘렸다. 또한, 기존에는 오프사이드와 동일선상에 있을 경우 오프사이드로 판정했던 반면, 이 대회부터는 온사이드로 판정하도록 했다. 가장 중요한 변화는 골키퍼가 고의적인 백패스를 손으로 잡지 못하게 금지한 것이었는데, 이로써 1990년 월드컵을 지루하게 만든 주범이었던 수비진과 골키퍼가 볼을 돌려가며 시간을 끌고 상대의 압박을 무력화시키는 행위에 제한이 가해졌다. 이로써 지속적인 전진과 그에 따른 중원에서의 주도권 싸움이 강제되었다.

FIFA의 적극적인 룰 개정은 결실을 거뒀고, 그 결과, 2.21에 그쳤던 경기당 득점률이 2.71로 0.5골이나 오르며 경기의 질을 개선하는 데에 성공했다. 이것은 규정에 적절한 변화를 주는 것으로 경기 양상을 바람직하게 바꿀 수 있다는 좋은 예시가 되었다.

월드컵 본선 24개 팀 체제는 이번 대회가 마지막이었으며, 1998년에는 32개 팀으로 개편되었다. 그밖에 경기 후 비디오 판독이 도입되었다는 점도 새로운 변화였다.

⚽ 조별리그

	승	무	패	득	실	차	승점
루마니아	2	0	1	5	5	0	6
스위스	1	1	1	5	4	1	4
미국	1	1	1	3	3	0	4
콜롬비아	1	0	2	4	5	-1	3

	승	무	패	득	실	차	승점
브라질	2	1	0	6	1	5	7
스웨덴	1	2	0	6	4	2	5
러시아	1	0	2	7	6	1	3
카메룬	0	1	2	3	11	-8	1

	승	무	패	득	실	차	승점
독일	2	1	0	5	3	2	7
스페인	1	2	0	6	4	2	5
한국	0	2	1	4	5	-1	2
볼리비아	0	1	2	1	4	-3	1

	승	무	패	득	실	차	승점
나이지리아	2	0	1	6	2	4	6
불가리아	2	0	1	6	3	3	6
아르헨티나	2	0	1	6	3	3	6
그리스	0	0	3	0	10	-10	0

	승	무	패	득	실	차	승점
멕시코	1	1	1	3	3	0	4
아일랜드	1	1	1	2	2	0	4
이탈리아	1	1	1	2	2	0	4
노르웨이	1	1	1	1	1	0	4

	승	무	패	득	실	차	승점
네덜란드	2	0	1	4	3	1	6
사우디	2	0	1	4	3	1	6
벨기에	2	0	1	2	1	1	6
모로코	0	0	3	2	5	-3	0

1994년 미국 월드컵이 시작되기 전, 가장 기대를 모았던 팀 중 하나는 명장 아리고 사키가 이끄는 이탈리아였다. 사키는 AC밀란에 부임하여 (이전까지 볼 수 없었던) 강력한 압박, 적극적인 오프사이드 트랩 운용, 이를 기반으로 하여 높은 지점에서 볼을 탈취한 뒤 전개되는 빠른 역습 등을 중시하는 스타일의 축구를 통해 유러피언 컵을 연패하면서 〈밀란 제너레이션(Milan generation)〉이라는 황금기를 일구어낸, 〈사키 혁명(Sacchi revolution)〉의 주인공이었다.

사키 이후로 압박은 기본적인 것이 되었으며, 볼을 뺏기면 으레 최후방까지 물러나던 수비들은 미드필더에서 길목을 차단하기 시작했고, 자연히 상대가 물러날 것이라고 생각하고 마음 놓고 볼을 운반하다가는 볼을 탈취당해 역습을 맞게 마련이었다. 서로의 진영을 오르락내리락하며 공격을 번갈아 행하고, 페널티 박스 앞에서 충돌이 주로 벌어지던 이전과는 달리, 중원에서 서로가 맞부딪히는 일이 늘어났다. 또한, 너른 공간이 열려 있어 쉽게 전진할 수 있었던 중원이 어느새 빽빽이 들어차게 되었으며, 볼을 처리할 여유가 급속도로 사라졌고, 공격 상황과 수비 상황은 그 경계가 흐릿해지기 시작했다. 압박하는 쪽이 공세를 취하는 것 같고, 볼을 쥐고 있는 쪽이 수세에 몰려 있는 것과 같은, 이전에는 상상조차 어려웠던 전도가 일어났다.

AC밀란에서 4년을 보낸 사키는, 이탈리아 국가대표로 눈을 돌렸다. 강한 압박으로 높은 지점에서 볼을 빼앗고 순식간에 공격을 마무리하는, 공격과 수비가 분리된 것이 아니라 공세적으로 일체화되는 자신의 방법론에 확고한 자신을 가지고 있던 사키는 이탈리아 대표팀에도 이를 그대로 적용하여 월드컵에 나섰다.

그러나 체계적이고 지속적인 훈련이 가능한 클럽팀과 다르게, 국가대표팀에서는 선수들 개개인에게 전술적인 움직임을 숙달시킬 시간이 부족했다. 게다가 1994년 6월 미국의 폭염은 사키 식의 강력한 압박을 구사하기에 장애물로 작용했다. 물론 자신이 지도한 밀란 선수들을 다수 활용하긴 했지만 그도 한계가 있었다.

이런저런 문제점을 해소하지 못한 채 아일랜드와 개막전을 가진 이탈리아는 어찌할지 갈피를 잡지 못하는 것처럼 보였으며, 결국 초반에 바레시의 클리어링 미스로 인해 휴프턴에게 실점을 내준 이후 인상적인 모습을 보여주지 못하며 무기력하게 0-1로 패배하였다.

노르웨이와 가진 두 번째 경기에서도 혼란은 거듭되었다. 사키의 지시로 타소티 대신 새로이 기용된 라이트백 베나리보가 오프사이드 트랩에서 실수를 범하면서 골키퍼 팔리우카를 일대일 상황에 노출시켰고, 결국 팔리우카는 위기를 수습하려다 파울을 범하게 되었다. 파울 지역이 페널티 에어리어 밖이었던 탓에 간신히 PK는 면할 수 있었지만, 혹독하게도 팔리우카는 전반 21분 퇴장당했다. 사키의 갈지자 행보는 여기에서도 계속되었는데, 그는 팔리우카를 대신할 교체 골키퍼인 마르체지아니를 투입하기 위해 한 명을 불러들여야 했을 때 에이스인 바지오를 택했다. 바지오는 납득하지 못하는 것 같았고, 이는 시스템과 팀 조직을 강조하는 사키의 전술관이 개성 있는 스타플레이어와 조화되기 어렵다는 것을 시사하는 것처럼 보였다. 설상가상으로 이탈리아는 수비진의 핵심 프랑코 바레시가 노르웨이의 플로에게 가는 패스를 차단하려다 부상을 당하며 전력에서 이탈했다. 악전고투 끝에 승리를 거두긴 했지만, 그야말로 '상처뿐인 승리'였다.

마지막 경기인 멕시코 전에서도 이탈리아는 졸전을 거듭했으며, 바지오의 움직임 역시 무거웠다. 멕시코와 무승부를 거두며 이탈리아는 1승 1무 1패를 기록하면서 조별리그를 마무리했는데, 공교롭게도 이탈리아 외에도 멕시코, 아일랜드, 노르웨이 4팀 모두 상대에게 이기고 비기고 지고를 반복했다. 결국 한 조의 모든 팀이 동일한 승점을 기록하는 월드컵 사상 초유의 사태가 발생했다. 그들 넷은 모두가 1승 1무 1패 승점 4점을 기록했으며, 골득실 역시 0점으로 동일했다. 결국 당락을 가른 것은 다득점이었다. 3골을 기록한 멕시코가 조 1위를 차지했고, 아일랜드는 이탈리아와 같이 2골을 성공시켰으나, 이탈리아와의 경기에서 승리했기에 승자승 원칙으로 2위가 되었다. 이리하여 1골밖에 넣지 못한 노르웨이는 1승 1무 1패를 기록하고도 꼴찌가 되어 탈락했다. 이탈리아는 와일드카드로 간신히 16강에 합류하게 되었다. 그러나 사키가 팀을 컨트롤하지 못하는 것처럼 보이고, 바지오가 부진을 거듭하자 이탈리아가 상위 라운드로 진출할 것이라고 보는 전문가들은 많지 않았다.

한편, 조별리그에서 일어난 가장 충격적인 사건은 디에고 마라도나의 약물 복용이었다. D조에 속한 아르헨티나는 첫 경기에서 가브리엘 바티스투타의 해트트릭과 디에고 마라도나의 추가골로 그리스에게 4-0의 손쉬운 승리를 거두었고, 나이지리아 전에서는 카니자가 멀티골을 몰아치며 2-1로 승리하며 순항을 하는 듯 했다. 그러나 나이지리아 전 직후, 마라도나는 도핑 테스트에서 코카인 양성 반응을 나타냈고, 결국 그는 마지막 월드컵을 불미스럽게 끝냈다.

약물 복용으로 물의를 일으킨 마라도나

 이후 아르헨티나는 불가리아에 패했으며, 나이지리아는 불가리아에 승리를 거두면서 3팀이 2승 1패로 승점 동률(6점)의 상태가 되었다. 결국 골득실, 다득점, 승자승을 모두 따져 나이지리아와 불가리아가 조 1, 2위를 차지했고, 아르헨티나는 3위를 기록했지만 와일드카드를 통해 가까스로 16강에 오를 수 있었다. 월드컵 본선에 처음으로 출전했던 그리스는 탈락했다.

 동유럽의 변방 불가리아는 이전부터 꾸준히 월드컵 본선에 진출했으나, 1994 월드컵 이전까지 본선에 5회 진출하는 동안 단 1승도 거두지 못하며 6무 10패, 2라운드 1회 진출이라는 초라한 성적을 거두고 있었다. 이 대회에서도 그들은 첫 경기에서, 본선에 처음 모습을 드러냈던 나이지리아에 0-3의 대패를 당했다. 그러나 불가리아는 2차전부터는 다른 모습을 보여주기 시작했다. 스토이치코프를 앞세운 불가리아는 그리스를 상대로 4-0 압승을 거두며 자국 역사상 최초로 월드컵 본선에서 승리를 거두었으며, 3차전에서는 스토이치코프와 시라코프의 골로 아르헨티나를 2-0으로 완파하면서 조 2위로 16강에 합류했다.

A조에서는, 발데라마가 중심이 되어 남미예선에서 6전 4승 2무 무패, 13득점 2실점이라는 압도적인 성적을 거두며 본선에 진출한 콜롬비아가 가볍게 조 1위를 차지하리라는 예상이 지배적이었다. 그러나 예상과 달리, 콜롬비아는 첫 경기부터 러두치오이우와 게오르게 하지에게 연속 골을 허용하며 루마니아에게 1-3 패배를 당했다.

재앙의 절정은 미국과의 경기였다. 콜롬비아는 전반 34분, 안드레스 에스코바르가 자책골을 기록하면서 0-1로 뒤지게 되었으며, 후반 7분에는 미국의 스튜어트에게 추가골까지 허용했다. 경기 종료 직전에는 간신히 1골을 만회했긴 했지만 경기는 1-2로 끝나며 콜롬비아는 2패를 기록했다. 그 와중에 스위스는 루마니아를 4-1로 대파하며 일대 혼전이 벌어졌다. 결국 루마니아와 스위스가 1, 2위로 16강에 직행했고, 와일드카드 역시 1승 1무 1패를 기록한 미국에게 돌아갔다.

우승을 기대하고 있던 콜롬비아인들은 분노했고, 여기에 메데인카르텔[51]이 콜롬비아 선수단에게 살해 협박을 하기도 했다. 이에 두려움을 느낀 선수들은 곧바로 귀국하지 않고 여러 나라로 산산이 흩어졌으며, 마투라나 감독 역시 에콰도르로 피신했다. 하지만 자책골을 넣은 에스코바르는 미국전 패배와 콜롬비아의 탈락에 대한 책임감을 느끼고 귀국을 결정했다. 그러나 1994년 7월2일, 안드레스 에스코바르는 메데인 교외의 한 술집에서 괴한의 총격을 받고 숨졌다. 에스코바르와 함께 있던 그의 여자친구의 증언에 따르면, 괴한은 '자책골에 감사한다'고 비아냥거렸으며 12발의 총탄을 발사하면서 한발씩 쏠 때마다 '골'이라고 외쳤다고 한다. 에스코바르의 살해범은 전직 경호원 출신의 움베르토 무뇨스 카스트로였는데, 그는 법정에서 "주차문제로 다투다 우발적으로 총을 쏘게 되었다."고 밝혔다. 법원은 그에게 43년형을 선고했다.[52]

자책골로 인해 피살당한 콜롬비아의 안드레스 에스코바르

---

51) 마약 거래를 주로 했던 콜롬비아의 범죄 조직. 아이러니하게도 메데인 카르텔의 지도자의 이름은 파블로 에스코바르였다.
52) 카스트로는 나중에 26년형으로 감형 받았다가 11년 만인 2005년 모범수로 가석방되어 논란이 되기도 했다.

B조에서는 브라질이 강세를 보이며 선두를 차지했다. 1970년 월드컵 우승 이후 24년 간 우승을 하지 못하고 있었던 브라질은, 그간의 월드컵에서 취했던 공격적인 운영이 소득을 거두지 못하자 이번 대회에서는 실리 추구적인 축구를 했다. 언제나, 기술적이고 다양한 공격 옵션을 제공할 수 있는 선수들을 중원에 배치했던 과거와 달리, 1994년의 브라질은 수비적 능력이 뛰어난 둥가를 중심으로 팀을 구성하고, 그 옆에는 마우루 시우바라는, 걸출한 수비 자원을 붙여 중원에 배치했고, 지뉴와 마지뉴 등 헌신적이지만 특별히 공격적 재능이 있다고 말하기는 어려운 미드필더들을 그 위에 배치했다. 비록 조르지뉴와 브랑쿠로 대표되는 풀백들은 여전히 전진성이 짙었지만, 전반적으로 볼 때 과거의 브라질과는 상이한 스타일이었다.

하지만 이러한 수비적인 축구를 구사할 수 있었던 이면에는 호마리우와 베베투라는 환상의 투톱이 있었다. 그 둘만으로도 뛰어난 공격력을 유지할 수 있었기 때문이다. 그 둘의 투톱 시스템은 축구에 있어 2인의 플레이 조합만으로도 얼마나 다양한 패턴의 공격이 가능한지를 선명하게 보여준 사례였다. 일단 그들에게 볼이 투입되기만 하면 서로가 볼을 교환하고 다양한 움직임을 과시하며 다른 인원들이 공격에 가담할 때까지 볼을 지켜낼 수 있었고, 때로 둘만으로 공격을 끝내는 것도 가능했다. 때문에 브라질은 이들의 협력 플레이가 시작될 때, 약간의 인원만 지원해주더라도 적은 인원으로도 효율적인 공격을 구사할 수 있었다.

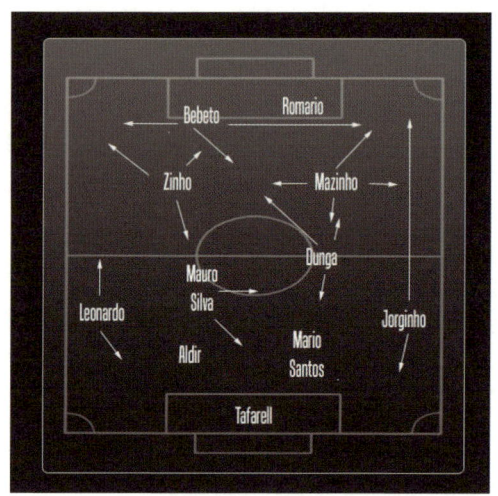

1994 브라질의 포메이션

특히 호마리우는 예선 3경기에서 모두 골을 기록하며 16강 진출의 1등 공신 노릇을 했다. 그렇게 브라질은 예선 3경기 동안 단 한 골을 내주는 짠물 수비를 과시하는 와중에도 6골이라는 적잖은 득점을 올릴 수 있었다.

호마리우와 베베투

지난 대회 '검은 돌풍'의 주역 카메룬은 스웨덴과의 첫 경기에서 비기고 브라질에게 0-3으로 패한 뒤, 마지막 경기에서 러시아에게 1-6으로 참패하며 탈락했다. 러시아는 소련 해체 이후 처음으로 월드컵 본선에 모습을 드러냈지만, 브라질과 스웨덴에게 연달아 패배하며 탈락하고 말았다. 지난 대회 최고의 인기 스타였던 카메룬의 로저 밀러는 만 42세의 나이로 1994년 대회에도 참가하여 월드컵 최고령 출전 및 최고령 득점 기록을 모두 새롭게 썼다.

C조에 속했던 한국은 도하의 기적이라는 드라마를 쓰며 본선에 합류했지만, 전력상으로는 약체로 평가되었으며, 독일, 스페인, 볼리비아와 한 조가 되었기 때문에 최하위 탈락이 확실시되었다. 그러나 첫 경기 상대 스페인을 맞아 0-2로 뒤지고 있다가 2-2로 경기를 끝내는 파란을 일으켰으며, 볼리비아를 상대로는 0-0 무승부를 기록하며 월드컵 역사상 첫 무실점 경기를 만들어냈다. 독일과의 경기에서도 전반에만 3점을 실점하며 끌려갔지만, 후반 들어 흐름을 바꾸며 2-3까지 따라잡았다. 결국 추가득점에 실패하며 2무 1패의 최종 성적을 기록하여 첫 승과 16강이라는 목표를 달성하는 데에 실패했지만, 경기 내용 면에서는 그때까지 참여한 월드컵 대회 중 가장 나았다고 평가받았다. 독일의 클린스만이 "만약 5분만 더 경기가 이어졌다면 우리가 졌을지도 모른다."라고 말할 정도였다.

우여곡절은 있었지만, 어쨌든 독일은 볼리비아를 1-0으로 꺾고 스페인과 1-1로 비긴 뒤 한국을 3-2로 잡아내며 스페인을 제치고 조 1위를 차지했다. 독일의 클린스만은 볼리비아전에서 결승골, 스페인전에서 동점골, 한국전에서 멀티골을 기록하며 조별 예선에서만 4골을 넣는 놀라운 활약을 펼쳤다. 반면 독일의 슈테판 에펜베르그는 교체되어 나가는 도중 팬들의 야유를 참지 못해 가운데 손가락을 내미는 제스처를 취했고, 이 장면이 발각되어 월드컵 도중 대표팀에서 중도하차해야 했다.

F조에서는 네덜란드가 사우디에 2-1로 이기고 벨기에에 0-1로 패했으며, 벨기에는 모로코와 네덜란드를 연달아 1-0으로 이겨 2승을 거둔 상태였다. 사우디는 모로코에 2-1의 승리를 거둔 뒤 네덜란드에 패하여 1승 1패를 기록했다. 마지막 경기에서, 네덜란드는 모로코에게 2-1로 신승하여 2승 1패를 기록했고, 이제 남은 것은 사우디 아라비아와 벨기에와의 맞대결이었다.

득점에 성공하고 환호하는 오와이란

이 경기에서, 사우디의 사에드 알 오와이란은 자기 진영에서부터 드리블을 시작해 6명의 벨기에 선수들을 제치고 득점에 성공하면서 대회 최고의 명장면을 만들어냈다. 네덜란드와 사우디가 골득실에 다득점까지 같았으나 승자승 원칙으로 네덜란드가 1위, 사우디가 2위를 차지했고, 벨기에는 오와이란의 활약의 희생양이 되며 3위로 밀려났다.

　이후 조 3위 팀 6개국 중 상위 4개 팀에 주어지는 16강 티켓은 D조에서 2승 1패를 기록한 아르헨티나, F조 벨기에, 1승 1무 1패의 A조 미국과 E조 이탈리아가 차지하였다. 재미있는 것은, 만약 한국이 볼리비아에게 승리를 거두었다면 이탈리아는 탈락이었을 것이고, 1994년 월드컵을 한껏 달아오르게 했던 바지오의 활약이란 있을 수 없었으리란 점이다.

⚽ 16강

루마니아 3-2 아르헨티나	스웨덴 3-1 사우디 아라비아
네덜란드 2-0 아일랜드	브라질 1-0 미국
불가리아 1-1 멕시코(승부차기 3-1)	독일 3-2 벨기에
이탈리아 2-1 나이지리아	스페인 3-0 스위스

　조별 예선을 통과했지만, 이탈리아의 감독 사키는 완전히 사면초가에 놓인 상태였다. 사키는 밀란 시절 중용하던 수비 리인을 위해 당시 절정의 기량을 과시하던 베르고미를 아예 대표팀에 선발하지 않았었는데, 그런 상황에서 수비의 중심으로 상정했던 바레시가 부상으로 남은 대회 출전이 불

투명지며 큰 위기를 맞이하게 되었다. 이제 이탈리아로서는 '그저 유능한 축구꾼에 불과하지 탁월한 축구 선수라고 볼 수 없다'고 혹평했던 바지오에게 기대어 요행을 바랄 수밖에 없는 처지였다. 하지만 조별 예선에서 부진을 거듭했던 바지오가 이제와 무언가를 해줄 것이라 기대하는 것 역시 비현실적이었다.

나이지리아와의 경기 초반, 이탈리아의 전방 자원들은 특별한 활약을 보이지 못했다. 설상가상, 전반 25분에는 코너킥 상황에서 말디니가 클리어링을 시도한 것이 아뮤네케의 발 앞으로 떨어지며 나이지리아에게 선취점을 내주었다. 공격에서 전혀 실마리를 풀어나가지 못하고 있어 일단 실점을 하지 않는 것 외에는 더 나은 방안을 찾을 수 없던 이탈리아에게 치명적인 상황이 벌어진 것이다.

하프타임을 거쳐 후반에 접어들었지만 변화의 조짐은 보이지 않았다. 이에 이탈리아는 졸라를 투입하며 반전을 꾀했는데, 투입한 지 12분 만인 75분 경 그는 레드카드를 받고 퇴장당했다.

그렇게 이탈리아의 탈락이 확정되어 가고 있던 경기 종료 직전, 이변이 발생했다. 솜씨 좋게 우측면에서 박스로 파고든 무시는 드리블로 오케추쿠를 제치고 난 뒤, 가운데에 있던 바지오에게 패스를 주었고, 조별 리그에 이어 이번 경기에서도 내내 침묵하던 바지오는 기회를 놓치지 않으며 동점을 만들어냈다. 이탈리아는 당장의 탈락을 모면하고 어렵게나마 연장전에 들어갈 수 있었다.

그리고 또 한 치례 기적이 만들이졌다. 연장 진반 11분,

박스 근처에서 볼을 받은 베나리보는 좌측으로 달려오고 있던 바지오에게 테이크 오버를 통해 볼을 넘겨준 뒤 박스 안으로 뛰어 들어갔고, 바지오는 베나리보를 겨냥하여 로빙 스루패스를 주었다. 이때, 베나리보를 막으려던 에구아보엔이 베나리보를 넘어뜨렸고, 심판은 PK를 선언했다. 키커의 중책을 맡은 바지오는 골키퍼를 완전히 속이며 골을 성공시켰고, 이탈리아는 나이지리아를 잡아내고 8강에 올라갈 수 있었다.

나이지리아 전에서 PK를 넣고 환호하는 바지오

루마니아는 드미트리세스쿠와 게오르게 하지의 맹활약에 힘입어 마라도나의 공백을 메우지 못한 아르헨티나를 3-2로 제압했다. 드미트리세스쿠는 센스 있는 프리킥으로 첫 번째 골을 넣은 뒤 게오르게 하지와의 연계 플레이로 두 번째 골을 연달아 넣었으며, 후반전에는 하지의 결승골을 어시스트했다.

아르헨티나 전 승리의 주역 드미트리세스쿠(좌)와 게오르게 하지(우)

벨기에는 16강에서 전통의 강호 독일을 만났다. 전반 6분, 독일의 러가 선제골을 기록하며 독일이 앞서나갔지만, 곧바로 벨기에의 그룬이 동점골을 터뜨리며 따라붙었다. 그러나 잠시 뒤 클린스만이 또다시 골을 기록하며 다시금 독일이 앞서나가기 시작했으며, 전반 막판 러가 재차 골을 터트려 승부를 갈랐다. 벨기에는 경기 종료 직전에 알베르트가 한 골을 만회했지만, 경기를 뒤집는 데는 실패했다.

멕시코와 불가리아의 경기는 쉬 승부가 가려지지 않았다. 불가리아는 전반 6분 만에 스토이치코프가 영리하게 오프사이드 트랩을 무너뜨리며 코스타디노프의 롱패스를 받아 득점에 성공하면서 1-0으로 앞서나갔지만, 멕시코 역시 지지 않고 PK로 동점을 만들어냈다. 양 팀은 연장에서도 승부를 가리지 못했고, 결국 승부차기까지 갔다. 그리고 멕시코의 3명의 키커가 연속으로 실축하면서 불가리아가 3-1 승리를 거두고 8강에 진출했다.

미국을 만난 브라질은 레오나르두가 팔꿈치로 라모스를 가격하여 퇴장당하면서 수세에 몰렸다(레오나르두의 팔꿈치에 얼굴을 맞은 라모스는 골절상을 입었고, 레오나르두는 4경기 출전 정지를 받았다). 그러나 호마리우와 베베투 '환상의 투톱'이 다시 한 번 팀을 위기에서 구원해냈다. 후반 27분, 둥가의 패스가 수비수를 맞고 굴절되어 호마리우의 앞으로 갔는데, 호마리우는 이 작은 순간을 놓치지 않고 베베투에게 날카로운 스루패스를 보내면서 미국의 수비를 무너뜨렸다. 베베투는 골키퍼까지 제쳐내며 득점에 성공했고, 브라질은 이 골을 끝까지 지켜내며 1-0 승리를 거두었다.

스페인은 스위스를 상대로 손쉬운 3-0 승리를 거두고 8강에 진출했으며, 스웨덴 역시 사우디아라비아를 만나 3-1로 승리했다. 네덜란드는 데니스 베르캄프가 이른 선제골을 터트린 가운데, 아일랜드를 2-0으로 꺾고 8강에 올랐다.

⚽ 8강

| 스웨덴 3-1 루마니아 | 브라질 3-2 네덜란드 |
| 불가리아 2-1 독일 | 이탈리아 2-1 스페인 |

이탈리아는 스페인과의 8강전에서도 높은 점유율을 가져오진 못했지만, 그래도 나이지리아전과는 달리 선취골을 얻었다. 전반 25분, 디노 바지오가 좌측으로 이동하던 도나도

니에게 패스를 벌려주었고, 도나도니는 돌파를 시도하다가 바지오에게 리턴을 주었다. 이때 바지오는 갑작스레 중거리 슛을 시도했으며, 슈팅은 스페인 골키퍼 수비사레타가 막을 수 없을 만큼 빠르게 골문 안으로 빨려 들어갔다.

후반 들어 스페인의 공격은 한층 거칠어졌고, 결국 동점을 만들어내는 데에 성공했다. 후반 13분, 세르히는 자신의 옆으로 뛰어 들어온 오테로를 겨냥하여 패스를 주었다. 이 패스를 오테로가 흘려주며 카미네루가 볼을 받게 되었고, 카미네루는 정확하게 골문 안으로 볼을 넣으며 동점골을 만들었다.

양 팀의 승패는 극적으로 갈렸다. 후반 36분, 살리나스의 슈팅이 이탈리아 골키퍼 팔리우카의 왼발에 아슬아슬하게 걸리면서 스페인의 찬스가 무산되었다. 팔리우카의 선방은 여기서 그치지 않았고, 38분에는 골문으로 빨려 들어가는 이에로의 중거리슛을 걷어내면서 다시 한 번 이탈리아를 회생시켰다. 이렇듯 많은 기회를 놓친 대가는 곧 스페인을 찾아왔다. 후반 42분, 센터 서클에서 도나도니의 패스를 받은 베르티는 자신을 압박하려던 스페인 수비수들의 머리 위로 볼을 띄워 시뇨리에게 주었고, 시뇨리 역시 똑같은 방식으로 로빙 패스를 앞으로 넘겼다. 단 두 번의 패스로 스페인 수비는 완전히 붕괴되었고, 골키퍼 수비사레타와 단독으로 마주치게 된 바지오는 그를 제치고 결승골을 넣었다.

종료 직전, 마우로 타소티는 루이스 엔리케의 코뼈를 부러뜨렸지만, 이는 심판의 부주의로 인해 파울로 선언되지 않았다. 그러나 비디오 판독 결과 타소티는 명백한 반칙을 범한 것으로 밝혀졌고, 그로 인해 8경기 출장정지라는 중징계를 맞았다. 이후 타소티는 국가대표에서 은퇴하게 되었다.

브라질과 네덜란드의 8강전은 이 대회에서 가장 치열한 경기 중 하나였다. 또한, 80년대 말부터 호마리우가 바르셀로나로 이적하는 93-94시즌 이전까지 각기 PSV와 아약스에 속해 네덜란드 리그에서의 패권을 다투었던 호마리우와 베르캄프가 월드컵 무대에서 다시 만나 우열을 가리게 되었다는 점도 볼거리였다.

베르캄프와 호마리우. 둘은 에레디비지에 시절에도 각각 아약스와 PSV 소속으로서 리그를 양분한 바 있었다.

```
--------------------1타파렐--------------------
--------------15산토스--------13아우다이르----------
2조르지뉴--------8둥가--------5시우바-------6브랑쿠
--------17마지뉴--------9시뉴-------
-------------7베베투--------11호마리우-----------
```

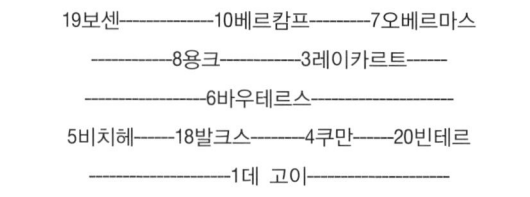

전반전은 다소 잠잠했는데, 브라질의 호마리우-베베토가 네덜란드의 포백과 바우테르스, 레이카르트 사이에서 고립되어 특별한 활약을 하지 못했고, 네덜란드 또한 보센과 오베르마스가 각기 조르지뉴와 브랑쿠를 상대로 애를 먹는 등, 브라질의 두터운 이중 수비벽을 공략할만한 방법을 찾지 못하면서 치열한 중원싸움만 이어졌다.

후반 6분, 브라질의 스로인으로 시작된 상황에서, 네덜란드가 볼을 차단하고 역습을 시도했지만, 레이카르트의 패스는 다시 아우다이르에게 차단되었다. 아우다이르는 볼을 잡자마자 전방으로 길게 다이렉트 패스를 시도했고, 이것이 좌측에서 전진하고 있던 베베투의 앞으로 정확히 떨어지는 스루패스가 되었다. 베베투는 볼을 곧바로 크로스로 처리했고, 호마리우는 박스 안으로 뛰어 들어가 볼을 잡지도 않고 논스톱 발리슛을 시도하며 득점에 성공했다. 경기 내내 견고함을 선보였던 네덜란드의 수비진이 단 두 번의 패스에 무너진 것이다.

그리고 10분 뒤, 네덜란드의 골키퍼 데 고이가 시도한 골킥을 브라질의 브랑쿠가 머리로 클리어링했는데, 네덜란드의 센터백 발크스는 골키퍼 쪽을 바라보고 있다가 자신 쪽으로 볼이 오는 것을 알지 못하고 볼을 흘리는 수비미스를 범했다. 어이없게 흐른 볼은 베베투에게 이어졌고, 베베투는 데 고이를 제치고 득점에 성공했다. 베베투는 골을 넣은 뒤 아기 어르기 셀레브레이션을 하며 자신의 아들[53]이 월드컵 기간 중에 태어난 것을 기념했는데, 이는 월드컵 역사상 유명한 셀레브레이션으로 회자되었다.

베베투의 아기 어르기 셀레브레이션

그러나 베베투의 골의 열기가 가시기도 전, 데니스 베르캄프가 송곳 하나 들어갈 틈 없이 잘 맞물려 있는 것처럼 보였던 브라질의 수비에 한순간 균열을 일으켰다. 좌측 터치라인에서 비치헤가 골문을 향해 비스듬히 스로인을 던지자, 페널티 에어리어 45도 근처에 있던 베르캄프는 볼의 궤적을 그대로 따라 들어가며 수비수 한 명을 제쳐낸 뒤 타파넬이 막을 수 없는 발리슛을 시도하면서 만회골을 성공시켰

---

53) 이름은 마테우스였다.

다. 한 골을 만회한 네덜란드는 줄기차게 공격을 시도했고, 후반 30분경 오베르마스가 올린 코너킥이 빈테르의 헤딩슛까지 이어지면서 마침내 2-2 동점을 만드는데 성공했다.

팽팽한 균형을 깬 것은 심판의 오심이었다. 후반 35분, 브랑쿠가 드리블해 들어가다가 네덜란드 오베르마스를 팔로 잡아채며 넘어뜨린 직후, 용크와 빈테르에게 걸려 넘어졌다. 먼저 파울을 범한 것은 브랑쿠였지만, 주심은 이해하기 어렵게도 네덜란드의 파울을 선언하고 브라질에게 프리킥을 주었다. 약 35M 지점에서 브랑쿠는 직접 슈팅을 시도했고, 이것은 데 고이가 막을 수 없는 낮은 코스로 빠르게 깔려 들어가면서 네덜란드의 네트를 갈랐다. 브랑쿠의 골로 승부는 결정이 났고, 브라질이 4강에 진출하게 되었다.

이탈리아와 브라질의 극적인 승리만큼이나, 불가리아가 독일에게 승리를 거둔 것 역시 인상 깊은 드라마였다. 독일의 클린스만은 16강전까지 5골을 뽑으면서 1978년 월드컵 이래로 줄곧 이어진 6골 득점왕[54]의 징크스를 깨뜨릴 후보로 꼽히며 최고조의 기량을 유지하고 있었으며, 브라질, 이탈리아와 더불어 월드컵 역사상 최초의 4회 우승을 노리는 독일에게 있어서도 불가리아와의 8강전은 위업달성을 위한

---

[54] 월드컵 득점왕이 6골 이하의 득점을 기록한다는 징크스. 1974년 라토가 7골로 득점왕을 차지한 것을 마지막으로, 1978년 월드컵의 마리오 켐페스, 1982년 월드컵의 파울로 로씨, 1986년 월드컵의 게리 리네커, 1990년 월드컵의 스킬라치 이 모두가 6골을 기록하며 득점왕이 되었다. 이 징크스는 2002년 월드컵에서 브라질의 호나우두가 8골로 득점왕을 차지하며 깨졌다.

통과의례에 지나지 않을 것처럼 보였다. 경기가 시작되고 불가리아의 주장 레치코프가 성급한 태클로 파울을 범해 PK를 내주고, 키커로 나선 마테우스가 이를 성공시키면서 독일이 앞서나갔을 때만 해도 그 예상은 틀리지 않았다.

그러나 스토이치코프는 조별예선과 16강전에 이어 다시 한 번 불가리아를 위기에서 구해냈다. 후반 30분, 그는 페널티 에어리어 우측 45도 지점에서 파울을 유도하며 프리킥을 얻어냈고, 자신이 얻어낸 프리킥을 정확하게 수비벽을 넘기는 슈팅으로 결정지으며 득점에 성공했다.

불가리아의 4강 진출의 1등 공신 스토이치코프. 그는 공로를 인정받아 1994년 유럽 최우수 선수로도 선정되었다.

1-1이 되자 불가리아는 힘을 얻었고, 3분 뒤, 파울을 범하며 PK를 내주는 빌미를 제공했던 레치코프가 헤슬레르와의 경합을 이겨내고 시원한 다이빙 헤딩슛으로 마무리하며 역전골을 터뜨렸다.

독일은 동점을 만들기 위해 분투했지만 더 이상의 골은 없었고, 경기는 불가리아의 승리로 마무리되었다. 이것은

1972년 유로 우승과 1974년 월드컵을 연달아 우승하며 시작된 이래, 1980년 유로 우승을 거쳐 1982년부터 1990년까지 월드컵 결승을 3번 연속 올라갔던, 근 20여 년 간 세계 축구계를 지배해온 독일의 헤게모니가 끝나는 순간이었다. 반면, 대회 전까지 월드컵에서 단 1승도 거두지 못했던 불가리아는 월드컵 준결승에 진출하는 위업을 달성했다.

스웨덴과 루마니아는 90분 간 1-1을 기록하고, 연장에서도 한 골씩을 주고받아 승부차기에 돌입했다. 결국 스웨덴이 토마스 라벨리 골키퍼의 선방에 힘입어 5-4 신승을 거두며 준결승에 진출했다.

⚽ 4강

> 이탈리아 2-1 불가리아
> 브라질 1-0 스웨덴

```
------------------1팔리우카------------------
8무시---------6바레시-------5말디니-------3베나리보
16도나도니----13바지오---11알베르티니----14베르티
-----------------10바지오-----19마싸로-----------
```

```
    8스토이치코프------10시라코프---------7코스타디노프
    ---------20발라코프---------9레치코프---------------
    -----------------------6얀코프-----------------------
    16키리아코프---5허브체프---3이바노프------4츠베타노프
    -----------------------1미하일로프-----------------------
```

준결승전에선 이탈리아와 불가리아가 맞붙게 되었다. 이탈리아는 타이트한 압박과 대형 유지를 통해 불가리아의 공격을 봉쇄했고, 불가리아가 어쩌다가 전방까지 볼이 넘기더라도 말디니와 코스타쿠르타 등의 수비진이 어김없이 공을 탈취해냈다. 이탈리아는 공격에서도 도나도니와 베나리보로 하여금 레프트를 공략하도록 하여 재미를 보았고, 그러한 전술적인 이득이 충분히 누적된 전반 22분에는 좌측방에서 도나도니가 넘겨준 스로인을 받은 바지오가 순식간에 츠베타노프와 허브체프를 제치고 아크 서클로 파고들며 파포스트로 비스듬히 슈팅을 날려 득점에 성공했다.

전반 중반, 이탈리아에게 코너킥이 주어졌고, 볼은 측면을 거쳐 다시금 알베르티니에게 연결되었는데, 그는 단 한 번의 정교한 로빙패스로 늘어서 있던 불가리아의 수비 배후 공간을 열어젖혔고, 그 자리에는 바지오가 뛰어 들어가고 있었다. 바지오는 볼을 컨트롤하지 않고 곧바로 발리슛을 날렸고, 이것이 불가리아의 골네트를 뒤흔들며 스코어는 2-0이 되었다.

비록 시라코프에게 코스타쿠르타가 부정확한 태클을 범해 PK를 내주면서 2-1이 되긴 했지만, 이탈리아는 후반 들어 거세진 불가리아의 맹공 속에서도 두터운 수비벽을 유지했고, 그 결과 1골 차 리드를 지켜내며 결승에 진출했다.

```
------------1타파렐------------
----------15산토스------13아우다이르------
2조르지뉴------8둥가------5시우바------6브랑쿠
--------17마지뉴------------9지뉴------
----------7베베투------11호마리우------
```

```
------------10다린------19안데르손-----------
8잉게르손-----9테른------18밀드------11브롤린
5융--------4브요클룬드----3안데르손--------2닐슨
---------------------1라벨리-------------------
```

준결승의 또 다른 경기는, 이미 조별리그에서부터 같은 조에 속하며 맞대결을 펼친 바 있었던 브라질과 스웨덴의 두 번째 대결이었다(조별예선 결과는 무승부). 양 팀 모두 의식적으로 수비적인 자세를 취했지만, 마우루 시우바를 위시한 수비진의 견고함을 바탕으로 하여 공격 작업 시에 중원의 둥가와 전방의 호마리우-베베투, 측면의 조르지뉴를 잘 활용한 브라질이 좀 더 많은 기회를 잡았다.

교착 상태가 계속되던 25분, 호마리우는 측면에서 브랑쿠가 보낸 패스를 받고 융과 브요클룬드의 사이로 빠져나간 뒤 골키퍼까지 제쳐내며 빈 골대에 피니시를 날렸다. 이때, 뒤따라 뛰어온 패트릭 안데르손이 발끝으로 아슬아슬하게 슈팅을 막아냈다. 그러나 안데르손의 발을 맞고 나온 볼은 골 에어리어 선에 근접해 있던 마지뉴의 앞에 떨어졌고, 실점은 피할 길이 없어보였다. 하지만 마지뉴는 어이없게도

이것을 골문 위로 날려버렸고 그렇게 브라질은 결정적인 득점 찬스를 놓쳤다.

0-0으로 전반이 마무리되고 시작된 후반전에서도 경기 양상은 크게 바뀌지 않았는데, 그러던 와중 후반 17분 스웨덴의 중원 자원인 테른이 둥가에게 거친 태클을 하여 퇴장 당했다. 10명이 뛰게 된 스웨덴은 결국 선취골을 허용하고 말았다. 후반 35분, 조르지뉴가 우측에서 올린 크로스를 호마리우가 헤딩골로 마무리한 것이다. 이후 조급해진 스웨덴이 반격에 나서려 했지만, 수적 열세를 뒤엎기는 어려웠고, 오히려 브라질의 역습에 추가 실점 위기를 맞곤 했다. 결국 1-0으로 승리한 브라질이 결승에 진출하게 되었다.

⚽ 결승

> 브라질 0-0 이탈리아(승부차기 3-2)

1970년 결승의 재판으로, 이탈리아와 브라질이 최초 4회 우승자를 가리기 위해 다시금 결승에서 만났다. 또한, 각기 팀을 결승으로 진출시키는데 결정적인 공을 세운 이탈리아의 로베르토 바지오와 브라질의 호마리우의 대결 역시 전 세계를 열광케 하는 화젯거리였다. 1974년 월드컵에서의 크라위프와 베켄바우어의 대결처럼, 모두가 만나기를 기원했던 바로 그 매치업이, 둘 모두가 정점의 기량을 과시할 때에, 그것도 월드컵 결승에서 펼쳐지는 흔치 않은 일이 일어난 것이었다.

1994년 대회를 양분한 바지오(좌)와 호마리우(우)

그러나 이러한 대중의 바람은 바람으로만 끝날 수도 있었다. 이탈리아의 바지오가 준결승전 도중 무릎 부상을 얻었기 때문이다. 코스타쿠르타가 경고 누적으로 뛰지 못하고 바레시 역시 고질적인 무릎 반월판 부상으로 제 컨디션이 아니었던 이탈리아로서도 엎친 데 덮친 격으로 일어난 불상사였다. 하지만, 다른 대안을 찾지 못한 이탈리아의 감독 사키는 바레시와 바지오의 출전을 강행했다.

대중들의 기대와는 다르게, 그리고 1974년 월드컵 때에 크라위프와 베켄바우어가 그러했던 것처럼, 호마리우와 바지오 양쪽 모두가 부진했으며, 결승전 자체 역시 대회의 수준을 감안하면 다소 지루하게 흘렀다. 이탈리아는 겹겹이 수비를 두르며 브라질의 공격을 막는 데만 치중했고, 이를 상대하는 브라질에는 이탈리아의 수비벽을 해체할 수 있을 만한 위력적인 공격 전술이 부재했다. 부상을 안고 출전한 바레시의 활약은 놀라웠는데, 대회 내내 상대를 유린하곤 했던 호마리우와 베베투의 투톱도 바레시를 위시한 이탈리아의 포백과 미드필더 라인 사이에서 어찌할 방도를 찾지 못할 정도였다. 결국 전반전은 0-0으로 종료되었다.

후반전을 맞이한 양 팀 중 먼저 찬스를 얻은 쪽은 브라질이었다. 후반 30분, 마우루 시우바는 30미터 거리에서 중거리슛을 시도했고, 슈팅이 너무 강했던 나머지 이탈리아의 골키퍼 필리우카는 그 볼을 놓쳤다. 팔리우기의 손을 벗어난 볼은 아슬아슬하게도 반대쪽 골포스트를 맞고 다시 튀어

나왔는데, 안도한 팔리우카는 공을 막아낸 골포스트에 입맞춤을 하며 고마움을 표했다. 이후에도 서로가 서로를 무너뜨리지 못하는 상황이 이어졌고, 승부는 연장으로 이어지게 되었다. 그러나 연장전에도 단 한 골도 들어가지 않았고, 월드컵 역사상 처음으로 승부차기를 통해 우승팀이 가려지게 되었다.

양 팀의 첫 키커인 마우리시우 산투스와 바레시가 나란히 실축하며 승부차기는 긴장감있게 시작되었다. 이후 브라질은 3명의 키커가 연속으로 승부차기를 성공시킨 반면, 이탈리아는 4번째 키커인 마싸로가 실축하면서 3-2가 되었다. 이탈리아는 마지막 키커인 바지오가 승부차기를 성공시킨 다음 브라질 5번 키커가 실축해야 승부를 이어갈 수 있는 상황에 처했다. 하지만 바지오의 슈팅은 크로스바를 넘어갔고, 경기는 그대로 이탈리아의 패배로 종료되었다. 바지오의 실축이 아니었더라도 브라질의 마지막 5번째 키커가 골을 성공시켰을 경우 패배하는 상황이었음에도 불구하고, 이미 그 시점에서 앞선 두 선수의 실축, 그리고 16강부터 이어진 바지오의 활약은 이미 사람들의 기억 속에서 사라져버렸고, 오로지 당장 그 순간에 눈앞에 놓여져 있던 '바지오의 실축'이라는 참담한 상황만이 모두의 뇌리의 각인되었다.

성난 팬들은 바지오를 패배의 주범이자 국가의 공적으로 간주하며 거센 비난을 퍼부었고, 흥분한 일부팬들은 바지오의 동상을 부수었다.

승부차기를 실축하고 비탄에 빠진 바지오와 우승의 감격을 누리고 있는
브라질 선수들 간의 극명한 대비

 로베르토 바지오가 매 경기를 지배했다고 말할 수 있을까? 그렇게 말하기는 어려울 것이다. 토너먼트 중의 바지오는 경기 내내 고립된 채 특별한 움직임을 보여주지 못하면서 볼을 자주 갖지 못했고 간혹 볼을 잡더라도 그리 위협적이지 못했다. 수비를 괴롭히곤 하던 그의 드리블은 자주 차단당했고, 공간을 무너뜨리는 패스는 보기 어려웠으며, 그렇다고 중원에서의 빌드업에 대한 기여가 훌륭했던 것도 아니었다. 종합적으로 볼 때, 바지오는 이탈리아에게 상시적으로 유효한 공격 옵션을 제공해주지 못했다. 여러 모로 바지오의 기량은 평상시와는 동떨어져 있었으며, 조별예선에서에서처럼 부진의 연속선상에 있었다.
 그러나 바지오는 승부처에서 결정타를 날릴 수 있는 선수였고, 빈공에 시달리던 이탈리아에게는 그조차도 요긴한 것이었다. 결과적으로 바지오가 없었다면, 이탈리아로서는 올라갈 수 없었던 무대가 월드컵 결승 무대였다. 그 점에서 이 탈리아인들의 바지오에 대한 비판은 말하자면 이상의 거울과 같은 것이었다.[55]

반면 바지오와 더불어 대회를 양분했던 호마리우는 바지오를 따돌리고 월드컵 MVP와 1994년 FIFA 올해의 선수상을 휩쓸며 커리어 최고의 한 해를 만끽했다. 이탈리아를 격침시키고 대회 정상에 오른 브라질은 무려 24년 만에 우승을 차지하게 되었으며, 독일과 이탈리아를 따돌리고 가장 먼저 통산 4회 우승국으로 이름을 올리게 되었다.

기록 및 수상

- 총 득점 : 52경기 141골(경기당 2.71골)
- 총 관중 수 : 3,587,538명(경기당 68,991명)
- 최다 득점 팀 : 스웨덴(7경기 15득점)
- 최저 득점 팀 : 그리스(3경기 0득점)
- 최다 실점 팀 : 카메룬(3경기 11실점)
- 최저 실점 팀 : 노르웨이(3경기 1실점)
- 골든볼 : 호마리우(브라질)
- 실버볼 : 로베르토 바지오(이탈리아)
- 브론즈볼 : 흐리스토 스토이치코프(불가리아)
- 야신상[56] : 미셸 프뢰돔(벨기에)
- 최우수 신예상 : 마르크 오베르마르스(네덜란드)
- 골든부트 : 흐리스토 스토이치코프(불가리아), 올렉 샬렌코(러시

---

55) "(중략)...거울때문에나는거울속의나를만져보지를못하는구료마는 거울이아니었던들내가어찌거울속의나를만나보기라도했겠소...(후략)"
56) 기존의 골든 글러브상이 이 대회에서부터 야신싱으로 명칭이 변경되었다.

아) - 6골
- 실버부트 : 호마리우(브라질), 로베르토 바지오(이탈리아), 위르겐 클린스만(독일), 케네트 안데르손(스웨덴) - 5골
- 브론즈 부트 : 가브리엘 바티스투타(아르헨티나), 플로린 러두치오이우(루마니아), 마르틴 달린(스웨덴) - 4골
- 페어플레이 상 : 브라질
- 최고의 인기팀 상[57] : 브라질

⚽ 베스트 팀

- 골키퍼 : 미셸 프뢰돔(벨기에)
- 수비수 : 조르지뉴(브라질), 마르시우 산투스(브라질), 파올로 말디니(이탈리아)
- 미드필더 : 둥가(브라질), 크라시미르 발라코프(불가리아), 게오르게 하지(루마니아), 토마스 브롤린(스웨덴)
- 공격수 : 호마리우(브라질), 로베르토 바지오(이탈리아), 흐리스토 스토이치코프(불가리아)

---

57) 이 대회에서 신설된 상으로, 팬 투표에 의해 주어졌다.

17. 1998 프랑스 월드컵

⚽ 개최국 및 유치 과정

1998년 월드컵 유치 경쟁에는 프랑스와 모로코, 스위스가 뛰어들었다. 1994년 월드컵 유치에 실패한 모로코는, 유럽 표가 프랑스와 스위스 사이에서 분산될 것이라는 계산 하에 제3세계 국가들 표의 결집을 꾀했다.

스위스의 경우 교통 문제가 약점으로 지목되었는데, 육로 교통은 문제가 없지만 원거리에서 올 선수단 및 관중을 위한 대형 공항이 마땅치 않았다는 점이 단점으로 꼽혔다. 여기에, 프랑스가 주요 경기장들을 전격적으로 신축할 것을 천명했다. 결국 스위스는 FIFA의 요청으로 기권하면서 유럽표 모두를 프랑스가 가져가게 되었다. 이뿐만 아니라, 일본이 2002년 월드컵을 개최하기 위해서 전략적으로 프랑스를 지지하면서 모로코의 계획은 완전히 어그러졌고, 결국 프랑스는 1992년 7월2일, 스위스 취리히에서 열린 FIFA 총회에서 12-7로 모로코를 누르고 1998년 월드컵의 개최국으로 선정되었다.

⚽ 공인구, 마스코트, 엠블럼

트리콜로

1998년 월드컵의 공인구는 '트리콜로'로, 프랑스어로 '삼색'을 의미했다. 지난 대회 공인구와 마찬가지로 아디다스에서 제작하였으며, 공인구 사상 처음으로 컬러 디자인을 채택했다. 기술적으로는 전 대회의 퀘스트라에 비하면 큰 발전은 없었다. 게다가 제작 과정에서 제3세계 빈곤층 어린이들을 헐값에 부려먹으며 만들어졌다는 사실이 부각되기도 했다.

마스코트는 '푸틱스(Footix)'로, Fabrice Pialot 라는 디자이너에 의해 만들어졌으며, 프랑스의 상징적 동물인 붉은 수탉을 형상화하여 프랑스의 이미지를 친근감 있게 잘 표현했다는 평가를 받았다. 'Football'에 아스테릭스의 어미인 '-ix'가 결합된 이름이었다. 마스코트에는 '프랑스의 삼색'이 모두 드러나 있었는데, '파란' 유니폼과 '붉은' 벼슬, 가슴에 삽입된 '하얀' France98이라는 문구가 그것이었다.

1998년 월드컵의 공식 엠블럼.

참가 팀 및 예선 경과

본선 참가국이 32개국으로 늘어남에 따라 대륙별 티켓 배정이나 지역예선 시스템에도 크고 작은 변화가 일어났다. 개최국 프랑스를 포함하여 유럽이 총 15장, 남미와 아프리카가 각각 5장, 북중미가 3장, 아시아가 3.5장, 오세아니아가 0.5장의 본선 진출권을 배정받았다.

- 유럽(15장) : 프랑스, 덴마크, 잉글랜드, 노르웨이, 오스트리아, 불가리아, 스페인, 네덜란드, 루마니아, 독일, 크로아티아, 이탈리아, 벨기에, 유고슬라비아, 스코틀랜드
- 남미(5장) : 브라질, 아르헨티나, 콜롬비아, 파라과이, 칠레
- 아프리카(5장) : 나이지리아, 카메룬, 모로코, 튀니지, 남아프리카공화국
- 북중미(3장) : 미국, 멕시코, 자메이카
- 아시아(3.5장) : 대한민국, 사우디아라비아, 일본, (이란)
- 오세아니아(0.5장) : 진출실패(호주)

유럽과 남미, 아시아에서는 진행방식 면에서의 변화가 있었다. 유럽의 경우 각 조의 1·2위 팀을 본선으로 직행시켰던 기존 방식을 변경하여, 조별 1위 팀에게만 본선 진출권을 부여하고 나머지 조별 2위 팀들은 홈 앤 어웨이 방식으로 플레이오프를 치르도록 하였다. 그리고 남미에서는 기존의 조별리그 방식을, 통합리그 방식으로 변경했다. 10개국이 홈 앤 어웨이 방식으로 풀리그 전을 벌였으며, 상위 네 팀에게 본선 진출권이 주어졌다.

아시아의 경우 근동, 중동, 극동 팀들의 지역 구분 없이 조별예선을 진행시켰다. 전체 팀을 10개 조로 나누어 1차 리그를 치른 뒤, 각 조 1위 팀들을 2개 조로 나누어 최종예선을 치렀다. 최종예선에서 각 조 1위를 차지한 두 팀이 본선으로 직행했고, 각 조의 2위 팀들은 홈 앤 어웨이 방식으로 플레이오프를 치러 승자는 본선 진출권을, 패자는 오세아니아 1위 팀과의 대륙 간 플레이오프 진출권을 부여받게 되었다. 이러한 예선을 거쳐 98 프랑스 월드컵에 진출한 팀들 중에는 사상 처음으로 월드컵 본선 무대를 밟게 된 팀들도 있었으니 크로아티아, 자메이카, 남아프리카공화국, 일본이 그들이었다.

⚽ 대회준비

20세기 최후의 월드컵인 1998년 대회의 테마는 '전 세계를 하나로'였다. 개막식 행사에서도 유럽, 아시아, 아프리카, 아메리카 인종을 상징하는 20m짜리 대형 인형들이 등장하며 이러한 테마를 고스란히 반영하는 모습을 보였다.

생드니의 Stade de France(좌)와 마르세이유의 Stade Vélodrome(우)

파리의 Parc des Princes(좌)와 랭스의 Stade Félix Bollaert(우)

리용의 Stade de Gerland(좌)과 낭트의 Stade de la Beaujoire(우)

툴루즈의 Stadium de Toulouse(좌)와 생테티엔의 Stade Geoffroy-Guichard(우)

보르도의 Parc Lescure(좌)와 몽펠리에의 Stade de la Mosson(우)

대회 형식

본선 출전국이 24개국에서 32개국으로 늘어남에 따라 조별리그는 6개 조가 아닌 8개 조로 구성되었고, 조별리그 성적에 따라 각 조 3위 팀들 중 일부에게도 16강 진출권이 주어지던 와일드카드 제도가 폐지되었다. 각 조 1, 2위 팀만이 16강 행 티켓을 부여 받았으며, 3위는 곧 탈락을 의미했다. 무승부가 없는 토너먼트 전부터 골든골 제도가 새롭게 도입됐다는 점도 이 대회의 특징이었다.

조별리그

	승	무	패	득	실	차	승점
브라질	2	0	1	6	3	3	6
노르웨이	1	2	0	5	4	1	5
모로코	1	1	1	5	5	0	4
스코틀랜드	0	1	2	2	6	-4	1

	승	무	패	득	실	차	승점
이탈리아	2	1	0	7	3	4	7
칠레	0	3	0	4	4	0	3
오스트리아	0	2	1	7	6	1	2
카메룬	0	2	1	2	5	-3	2

	승	무	패	득	실	차	승점
프랑스	3	0	0	9	1	8	9
덴마크	1	1	1	3	3	0	4
남아공	0	2	1	3	6	-3	2
사우디	0	1	2	2	7	-5	1

	승	무	패	득	실	차	승점
나이지리아	2	0	1	5	5	0	6
파라과이	1	2	0	3	1	2	5
스페인	1	1	1	8	4	4	4
불가리아	0	1	2	1	7	-6	1

	승	무	패	득	실	차	승점
네덜란드	1	2	0	7	2	5	5
멕시코	1	2	0	7	5	2	5
벨기에	0	3	0	3	3	0	3
한국	0	1	2	2	9	-7	1

	승	무	패	득	실	차	승점
독일	2	1	0	6	2	4	7
유고	2	1	0	4	2	2	7
이란	1	0	2	2	4	-2	3
미국	0	0	3	1	5	-4	0

	승	무	패	득	실	차	승점
루마니아	2	1	0	4	2	2	7
잉글랜드	2	0	1	5	2	3	6
콜롬비아	1	0	2	1	3	-2	3
튀니지	0	1	2	1	4	-3	1

	승	무	패	득	실	차	승점
아르헨티나	3	0	0	7	0	7	9
크로아티아	2	0	1	4	2	2	6
자메이카	1	0	2	3	9	-6	3
일본	0	0	3	1	4	-3	0

브라질은 1994년 월드컵을 우승한 데 이어 1997년 여름에 있었던 코파아메리카에서는 6전 전승에 22득점 3실점을 기록하며 압도적인 공수의 밸런스를 자랑했고, 1997년 컨페더레이션스컵에서도 5경기 14득점 2실점을 기록하는 등 최고 전성기를 보내고 있었다. 1994년 월드컵의 MVP였던 호마리우는 컨페더레이션스컵에서 7골을 기록하며 득점왕에 올라 여전함을 과시하고 있었고, 여기에 바르셀로나와 인테르 밀란을 거치며 당대 축구계에서 독보적인 지위를 차지한 호나우두가 더해졌다. 둘이 함께 뛴 18경기에서 브라질은 14승 2무 2패의 전적을 기록했으며, 총 54득점을 넣었는데 그 중 15득점을 호나우두가, 17득점을 호마리우가 책임졌다. 또한, 1994년 월드컵 우승 당시 주축 멤버였던 둥가와 마우루 시우바의 중원 조합이 건재함을 과시했고, 확실한 센터백인 아우다이르가 있었으며 카푸와 카를로스의 풀백이 추가되었다. 거기에 최고 수준의 골키퍼 타파렐이 마지막 보루로 존재하고 있었다. 공격진에도 주니뉴 파울리스타와 히바우두가 보강되어 1994년 단점으로 지적받았던 기술적인 공격 자원의 결여 문제 역시 해소되었다. 전 포지션에 걸쳐 최고의 선수 면면을 자랑한 이 팀은, 1970년과 1982년 대표팀 이후 최고의 브라질팀이라는 평가를 받았다.

그러나 이 이상적인 스쿼드는 월드컵 직전, 문제를 일으켰다. 주니뉴 파울리스타는 다리가 부러지는 큰 부상 때문에 엔트리에서 제외되었으며, 호마리우 역시 징딘지 부상을 당하면서 월드컵을 포기했다.

1997년 조화가 정점에 달했던 브라질 대표팀

1998년 월드컵 당시 독보적인 지위에 올라 있던 호나우두

결국 주니뉴 파울리스타의 대타로 레오나르두가, 호마리우의 대타로 94월드컵 당시 호마리우와 좋은 짝을 이루었던 베베투가 투입되었지만, 레오나르두는 주니뉴 파울리스타에 비해 떨어지는 모습을 보여주었으며, 베베투는 노쇠의 기미가 역력했다.

스코틀랜드와의 첫 경기에서 브라질은 삼파이우가 수비

수들의 견제를 이겨내고 헤딩 득점에 성공했는데, 이것은 월드컵 개막전 역사상 최단 시간에 들어간 골이었다. 그렇게 브라질은 손쉽게 1승을 올리는 것처럼 보였으나 선취골의 주인공인 삼파이우가 전반 38분 페널티킥을 허용하면서 동점을 만들어 주게 되었다. 리드를 놓친 브라질은 여러 번 공격을 가했지만 유효타를 만들지 못했고 결국 경기는 무승부로 끝날 것처럼 보였다. 그러나 바로 그때, 언더독의 전형적인 불운이 스코틀랜드를 덮쳤다. 후반 31분, 카푸가 오프사이드 트랩을 뚫고 슈팅을 시도했을 때, 레이프튼은 이를 정확히 선방해냈지만, 불운하게도 그 볼이 스코틀랜드 수비수인 보이드를 맞고 다시 골문 안으로 빨려 들어간 것이다. 행운의 골로 승리를 거두긴 했지만 경기 전체적으로 볼 때 브라질은 이탈된 선수들의 공백을 제대로 메우지 못하는 모습을 보였다. 호나우두 역시 움직임은 좋았지만 골을 기록하진 못했다.

모로코 전에서 브라질은 3-0 승리를 거두며 조금은 나아진 모습을 보였다. 그러나 다음 노르웨이 전에서는 힘과 높이를 최대한 활용하는 방식의 축구를 하는 노르웨이의 스타일에 적절히 대응하지 못하고 결국 패배했다. 다행히 조 선두를 차지하며 16강에 오르기는 했지만, 조별 리그 내내 안정감을 보여주지 못했다는 점은 여전히 비판 받을 부분이었다. 노르웨이는 마지막 경기에서 브라질에게 승리를 거둔 덕에, 1승 1무 1패의 호성적을 낸 모로코를 제치고 16강에 합류할 수 있었다.

1998년 브라질 포메이션

B조에서는 예상대로 이탈리아가 2승 1무로 독주하며 순조롭게 조 1위로 16강에 진출했다. 하지만 나머지 3팀 간의 경기는 다 무승부였다. 덕분에, 이탈리아와도 비기며 3전 3무의 성적을 거둔 칠레가 2무 1패의 오스트리아, 카메룬을 제치고 16강에 합류했다.

C조에서는 개최국 프랑스가 3경기에서 3승 9득점 1실점을 기록하며 독주했고, 덴마크도 무난하게 2위를 차지했다.

리자라쥐-블랑-드사이-튀랑으로 이어지는 포백은 '철의 포백'이라는 별칭대로 개인 전술의 측면에서나 부분 전술의 측면에서 견고함을 자랑했다. 뿐만 아니라 각 개인의 공격에서의 기여 역시 주목할 만했다. 윙이 없는 가운데, 튀랑과 리자라쥐는 지속적으로 상대의 측면을 괴롭혔고, 블랑은 좋은 시야와 정교한 패스를 바탕으로 하여 상대의 1차 압박을 해체시키고 빌드업의 시작점이 되곤 했으며, 간간히 나온 드사이의 침투나 돌파 역시 위협적이었다. 여기에 데샹이 중원에 위치하여 후방에 있던 볼들을 끌어올려주는 역할을 맡았는데, 데샹에 의해 전진된 볼은 지단이나 조르카예프에게 이어져 빠르게 공격으로 전환되곤 했다.

유일하게 아쉬운 부분은 퍼스트탑이었는데, 칸토나나 파팽을 선발하라는 자국 내 여론을 무시하고 에메 자케 감독이 주전으로 낙점했던 기바르쉬는 남아공과의 첫 경기에서 부상당하며 전력에서 이탈했다. 하지만 남아공과 사우디를 3-0, 4-0으로 연파하며 화력에 있어서는 문제가 없음을 보여주었고, 특히 레프트윙으로 기용된 신예 앙리가 조별 예선에서 3골을 넣는 기대 이상의 활약으로 득점력에 적잖이 기여했다. 간간히 기용된 피레스나 트레제게, 보고시앙, 디오메데 등의 서브 멤버들도 제 몫을 다했다. 그러나 지단이 조별리그 2차전 사우디와의 경기에서 상대 선수를 발로 밟고 퇴장당하면서 조별리그 마지막 경기인 덴마크 전과 16강전 2경기에 결장하자 프랑스는 걱정에 빠지게 되었다.

사우디 아라비아 전에서 비신사적인 행위로 인해 퇴장당한 지단

대회 첫 출전국이었던 남아프리카 공화국은 덴마크와 비기는 것으로 만족하며 훗날을 기약했고, 지난 대회 아시아 돌풍의 주역 사우디는 대회 도중 감독이 경질당했다. C조는

이 대회에서 가장 많은 경고와 퇴장이 나온 조였는데, 조별 리그 마지막 라운드에서 나온 7골 가운데 4골이 PK로 나올 정도였으며, 조별리그 2회전인 덴마크 vs 남아공 경기에서는 3장의 레드카드와 7장의 옐로카드가 쏟아져 나왔다.

이번 대회 죽음의 조였던 D조에서는 탑시드를 받은 스페인이 탈락하는 이변이 벌어졌다. 스페인은 나이지리아와의 첫 경기에서 2-3으로 아쉬운 패배를 당한 뒤, 파라과이와 무승부를 거뒀다. 스페인은 마지막 불가리아와의 경기에서 6-1의 대승을 거두며 1승 1무 1패로 조별 리그를 마무리 지었으나, 같은 시각 2무의 파라과이가 2승의 나이지리아를 3-1로 격파하는 바람에 3위로 추락, 탈락의 고배를 마셨다. 나이지리아는 스페인과 명승부 끝에 3-2로 승리했고 이후 불가리아까지 연파하며 16강에 합류했으며, 지난 대회 최대 돌풍의 주역 불가리아는 1무 2패의 부진을 보였다. 이전 대회에서 팀의 4강 진출을 이끌었던 스토이치코프의 노쇠가 아쉬웠다.

E조에 속한 한국은, 바로 직전 월드컵 때 선보인 고무적인 성과를 무색케 하는 실망스런 모습을 보였다. 첫 경기인 멕시코 전에서 하석주가 프리킥 골로 선취점을 올린 뒤 퇴장 당한 장면은 백태클에 대한 처벌 강화라는 대회 룰의 변화에 대한 분석이 뒤떨어졌음을 보여주있다. 하석주는 프리킥 선취골을 성공시키고 채 5분이 지나지 않아 퇴장을 당하며 36년 만에 가린샤 클럽[58]에 가입하는 불명예를 뒤집어썼

고, 이후 한국은 수적 열세를 극복하지 못한 채 1-3으로 역전패했다.

조별리그 두 번째 경기였던 네덜란드전은 멕시코전 이상으로 처참했다. 전반 중반까지는 그런대로 잘 싸웠지만, 전반 37분 필립 코쿠에게 선제골을 허용하면서 무너지기 시작했고, 5분 뒤에는 마르크 오베르마스에게 추가골까지 허용하면서 0-2로 전반전을 마쳤다. 그것으로 이미 승부는 기울었지만, 네덜란드 선수들에게 자비란 없었다. 후반 26분에는 베르캄프가 이민성과 유상철을 완벽히 농락하면서 세 번째 골을 넣었고, 후반 33분 교체되어 들어온 반 호이동크가 오베르마스의 크로스를 받아서 헤딩으로 골을 기록했으며, 후반 37분 로날드 더 부르가 다섯 번째 골을 넣으면서 5-0으로 경기를 마무리지었다. 차범근 감독은 네덜란드전 참패 직후 전격 경질되었고, 감독대행이 지휘봉을 잡은 벨기에전에서는 가까스로 비기는 데에 성공했지만 그 정도는 위안거리가 되지 못했다. 결국 한국에게 승리를 거둔 네덜란드와 멕시코가 16강에 진출하게 되었다.

F조에서는 독일과 유고슬라비아가 2승 1무를 거두며 조 1, 2위로 16강에 진출했다. 독일은 유고슬라비아전에서 미야토비치와 스토이코비치에게 연속골을 허용하며 후반 중반까지 0-2로 몰렸다가, 후반 28분 미하일로비치의 자책골 덕

---

58) 한 경기에서 득점에 성공한 뒤 퇴장을 당하는 징크스를 의미하는 말로써, 1962년 월드컵 4강전 당시 가린샤가 득점 이후 곧바로 퇴장을 당한 것에서부터 유래한다.

에 한 골을 따라 붙은 뒤 비어호프가 코너킥 상황에서 기적 같은 추가골을 터뜨리며 간신히 비겼다. 같은 날에 열린 이란 vs 미국전에서 이란은 미국을 2-1로 격파하며 축제 분위기에 휩싸였으나, 마지막 독일과의 경기에서 비어호프와 클린스만에게 연속골을 허용하며 0-2로 패해 탈락했다.

G조에서는 약간의 이변이 있었다. 루마니아, 잉글랜드, 콜롬비아의 치열한 각축 끝에 잉글랜드에 2-1로 승리한 루마니아가 2승 1무로 16강에 진출한 것이다. 잉글랜드는 의외의 일격을 받았으나 나머지 두 경기에서 승리를 거두며 2승 1패로 16강에 합류했다. 콜롬비아는 지난 대회에 이어 다시 조별리그에서 탈락했고, 튀니지는 조 편성을 탓할 수밖에 없었다.

H조에서는 아르헨티나가 3전 전승을 거둔 가운데 크로아티아가 수케르의 활약으로 조 2위를 차지했다. 일본은 아르헨티나와 크로아티아에게 0-1로 석패한 뒤 자메이카에 1-2로 패하며 조 최하위로 전락하는 수모를 당했다. 일본은 그나마 0-2로 패색이 짙어진 상황에서 나카야마가 1골을 만회했다. 일본은 첫 본선 무대에서 한 골도 기록하지 못하는 최악의 사태를 모면하는 것으로 위안을 삼았다.

한편, 이 대회에서 영어 국명이 'S'자로 시작되는 국가의 팀들이 첫 경기에서 모두 패배했고, 16강 진출에도 실패했다. 개막전에서 스코틀랜드(Scotland)가 브라질에 1-2로 패한 것을 시작으로 사우디 아라비아(Saudi Arabia)가 덴마크에 0-1로 무릎을 꿇었고, 이어서 남아공(South Africa)이 프랑스에 0-3으로 완패했으며, 스페인(Spain)은 나이지리아와 접전 끝에 2-3의 역전패를 당한 데 이어 16강에 탈락하면서 이변의 희생양이 되었다. 한국(South Korea) 역시 멕시코와 네덜란드에게 연달아 대패했다.

❖ 16강

브라질 4-1 칠레	덴마크 4-1 나이지리아
네덜란드 2-1 유고슬라비아	이탈리아 1-0 노르웨이
프랑스 1-0 파라과이	독일 2-1 멕시코
크로아티아 1-0 루마니아	
아르헨티나 2-2 잉글랜드(승부차기 4-3)	

16강에선 이변이 일어나지 않았다. 브라질은 삼파이우의 연속골 -11분 둥가의 프리킥을 헤딩으로 연결시키며 한 골, 27분에는 베베투의 패스를 받아먹으며 한 골- 로 쉽게 승기를 잡았으며, 하프타임 직전에는 호나우두가 골키퍼와의 1대1 찬스에서 PK를 얻어낸 뒤 직접 키커로 나서 골을 성공시키며 승부를 조기에 결정지었다. 칠레는 후반 23분 살라스가 사모라노의 헤딩슛이 골키퍼를 맞고 나온 루즈볼을 다시 밀어 넣으며 한 골을 만회하긴 했지만, 바로 2분 만에 추가실점을 내주고 말았다. 데니우손이 삼파이우-히바우두와의 3인 연계 플레이에 이은 드리블로 칠레의 수비 대형을 무너뜨린 뒤 호나우두에게 향하는 스루패스를 만들어준 것이다. 결국 브라질이 4-1 대승을 거두었다.

프랑스는 파라과이를 상대로 어려운 경기를 펼쳤다. 4백의 안정감은 여전했고, 지단의 공백을 홀로 감당한 조르카에프는 지치지 않은 강인한 체력으로 원활한 공수 연결을 했지만, 앙리, 트레제게, 디오메오가 골로 해결짓지 못하며 연장전에 접어들었다. 연장 후반 8분, 피레스의 크로스를 트레제게가 떨어뜨려주었을 때 전방에 쇄도해 있던 로랑 블랑이 이를 골든골로 마무리지으며 힘입어 어렵사리 8강에 합류했다. 이것은 월드컵 역사상 최초로 골든골 제도에 의해 승패가 갈린 경기였다.

골든골을 넣고 환호하는 블랑

네덜란드는 유고슬라비아를 맞아 신승을 거뒀다. 전반 37분에는 프랑크 더 부르의 패스를 받은 베르캄프가 수비수와의 경합을 이겨내고 멋지게 득점에 성공했다. 후반 2분만에 프리킥 상황에서 코믈레노비치에게 헤딩을 허용하며 동점이 되었지만, 종료 직전 로날드 너 부르의 띵볼 코너킥을 받은 다비츠가 중거리슛으로 득점에 성공하며 2-1로 승리, 간신히 4강에 올라갈 수 있었다.

16강에서 가장 주목 받았던 경기는 아르헨티나와 잉글랜드의 '제2차 포클랜드 전쟁'이었다. 이 경기는 디에고 마라도나가 신의 손과 60m 드리블 득점으로 잉글랜드를 농락했던 1986년 8강전 이래 12년 만의 재대결이기도 했으므로, 세계인의 이목이 집중되었다.

기선을 제압한 쪽은 아르헨티나였다. 오르테가의 크로스를 받은 시메오네가 슈팅을 하려는 찰나, 잉글랜드의 골키퍼 시먼이 그를 걸어 넘어뜨리면서 옐로카드와 함께 PK를 허용했고, 키커로 나선 바티스투타가 이를 성공시켰다.

그러나 아르헨티나의 리드는 오래가지 않았다. 4분 뒤, 앨런 시어러가 페널티킥을 성공시키면서 잉글랜드에 동점을 선사한 것이다. 그리고 6분 뒤, 아르헨티나의 공격이 차단되고 잉글랜드가 역습을 시도하는 상황에서, 중앙선 부근에 있던 오웬은 후방에서 날아온 베컴의 패스를 절묘하게 터치하며 차모트를 제친 뒤, 중앙선 부근에서부터 볼을 몰고 들어갔다. 페널티 에어리어에 도달할 때까지 오웬을 저지하는 수비수는 없었고, 문전 앞까지 도달한 오웬은 아얄라를 제치면서 각을 만들고 정확하게 슈팅하면서 득점에 성공했다. 이 장면은 마치 86년 월드컵에서 잉글랜드를 상대로 마라도나가 기록한 골에 대한 복수와도 같았다.

전반 종료 직전, 프리킥 상황에서 베론은 슈팅을 하는 척하다가 스루패스를 내주며 잉글랜드 수비의 허를 찔렀고, 패스를 받은 자네티가 깔끔하게 문전으로 볼을 넣으며 동점을 만들었다.

잉글랜드는 후반 2분 만에 데이비드 베컴이 상대 팀 미드필더 디에고 시메오네의 도발을 참지 못하고 퇴장을 당하면서 수적 열세에 몰렸다. 그러나 후반 나머지 시간동안 양 팀 중 어느 쪽에서도 골을 성공시키지 못했고, 이는 연장전에서도 마찬가지였다. 승부차기까지 가게 된 경기는 잉글랜드의 데이비드 배티가 승부차기에 실패하면서 아르헨티나의 승리로 끝났다.

퇴장 선고를 받은 베컴

레드카드를 받으며 팀의 탈락에 일조(?)한 데이비드 베컴은 국민적인 비난에 시달려야 했다. 잉글랜드 언론들은 16강에서 패하고 돌아온 자국 대표팀을 '21명의 용사들과 1명의 얼간이'라 표현하며 베컴에 대한 노골적 비난을 퍼부었다.

독일은 멕시코와의 맞대결에서 후반 초반 에르난데스에게 먼저 실점을 허용했으나, 클린스민과 비어호프가 차례로 동점골과 역전골을 터트리며 2-1로 승리했다. 이탈리아는 전반 17분 디 비아지오의 기가 막힌 40M 짜리 스루패스에

이은 비에리의 오프사이드 트랩 돌파로 1점을 선취한 뒤, 리드를 잃지 않으며 1-0의 승리를 거두었다. 크로아티아는 루마니아에게 1-0으로 승리했다. 루마니아는 선수들이 머리를 노란색으로 염색하고 감독이 삭발까지하며 심기일전했지만, 포페스쿠가 아사노비치에게 파울을 범하여 PK를 내주면서 맥없이 무너지고 말았다. 덴마크는 나이지리아를 상대로 4-1의 대승을 거뒀다.

8강

프랑스 0-0 이탈리아(승부차기 4-3) 브라질 3-2 덴마크
크로아티아 3-0 독일   네델란드 2-1 아르헨티나

8강에선 치열한 접전이 속출했다. 특히 프랑스와 이탈리아는 매우 힘겨운 경기를 펼쳤다. 초반 지단과 쁘띠의 슈팅이 이탈리아의 문전을 위협했고, 이탈리아 역시 모리에로의 크로스를 받은 비에리의 헤딩이 바르테즈의 간담을 서늘케 하는 등 몇 차례 공방이 오갔으나, 곧 경기는 교착 상태에 빠졌다. 이는 서로가 소극적이라기보다는 오히려 너무 적극적이서 벌어진 현상이었는데, 서로 중원에서 거세게 밀어붙이면서 공격 시의 급박한 볼처리가 많았고 이 때문에 서로가 서로를 공략할만한 방법을 찾을 시간적인 여유를 갖지 못한 것이다. 프랑스는 간간히 데샹이나 튀랑, 드사이, 카랑뵈 등이 활력 있는 공격을 만들었지만 결정타까지는 이어지지 못했다. 굳이 주목할 만한 부분을 찾자면, 예선부터 견고함을 보여줬던 프랑스의 리자라쥐-드사이-블랑-튀랑의 4백

이 이탈리아전에서도 한결같은 모습을 과시하며 비에리와 델 피에로 투톱을 짓눌렀고, 카테나치오를 자부하던 이탈리아를 머쓱하게 했다는 것 정도일 것이다. 결국 양 팀은 정규시간 뿐만 아니라 연장전 30분이 더해진 뒤에도 승부를 가리지 못했다.

승부차기에서, 4년 전 비극의 주인공 로베르토 바조는 침착하게 골을 성공시켰고, 프랑스의 두 번째 키커인 리자라쥐의 슈팅은 팔리우카에게 잡혔지만, 그 다음 키커인 알베르티니의 슈팅 역시 바르테즈의 선방에 막혔다. 결국, 이탈리아의 마지막 키커로 나선 디 바지오가 실축하면서 프랑스가 4-3으로 승리했다.

8강전에서 가장 주목받은 것은 독일 대 크로아티아의 경기였다. 경기 전만 해도 독일의 승리를 점치는 이들이 많았으나, 실제 경기는 크로아티아의 3-0 대승으로 끝났다. 자르니의 강력한 슈팅에 리드를 내준 독일은 4명의 포워드를 기용하며 역전을 노려보았지만 여러 차례의 공격 시도는 모두 무위로 돌아갔다. 오히려 후반 35분 독일의 공격 상황에서 루즈볼을 잡아낸 보반이 볼을 몰고 전진한 뒤 전방에 있던 블라오비치에게 패스를 주었고, 블라오비치가 강력한 중거리 슈팅으로 추가골을 뽑아내며 승부에 종지부를 찍어냈다. 5분 뒤, 수케르가 터치라인을 파고들며 어린아이 팔목 비틀 듯 하인리히를 제치고 득점에 성공한 것은 쐐서비스였다. 지난 대회 8강에서 불가리아에게 패했던 독일은 이번에도 동유럽 돌풍의 희생양이 되었다.

브라질은 덴마크를 상대로 고전 끝에 3-2의 승리를 거두었다. 브라질은 전반 2분 만에 리드를 빼앗겼다. 덴마크가 빠르게 프리킥을 처리하자 순간적으로 이에 제대로 대처하지 못하면서 요르겐센에게 실점을 내주고 만 것이다. 그래도 9분 뒤, 2선으로 내려온 호나우두가 자신을 따라 내려온 덴마크 수비의 배후를 공략하는 패스를 찔러주며 베베투가 동점골을 넣게끔 만들어주었다. 균형이 맞춰진 상태로 전반 중반에 접어들었을 때, 둥가가 앞 선에서 덴마크의 패스를 탈취했고, 볼을 이어받은 호나우두는 쇄도하던 히바우두에게 오프사이드 트랩을 무너뜨리는 패스를 주며 역전골을 이끌어냈다. 덴마크도 저력을 잃지 않고 후반 초반 요르겐센의 패스를 받은 브라이언 라우드럽이 득점에 성공하며 동점으로 따라붙었다. 이때 브라이언 라우드럽이 펼친 인상적인 골 셀레브레이션은 전 세계인들의 눈길을 끌었다.

브라이언 라우드럽의 골셀레브레이션

 그러나 두 번째 골의 주인공 히바우두가 경기를 결정지었다. 수비와 미드필더 사이의 인더홀 지역에서 둥가의 패스를 편하게 받은 히바우두는, 약 30M 정도 떨어진 지역에서 강력한 중거리슛을 날리며 득점에 성공했고, 이것이 그대로 결승골이 되었다.

네덜란드는 아르헨티나를 맞이하여 베르캄프의 힘으로 2-1 승리를 거두었다. 베르캄프는 전반 12분, 로날드 더 부르의 패스를 헤딩으로 연결하여 클라위버르트의 선취골을 이끌어냈다. 이후 아르헨티나는 베론의 날카로운 패스를 받은 크리스티안 로페즈가 동점골을 기록했고, 양 팀의 1-1 상황은 후반 종료 직전까지 이어졌다. 모두가 연장전을 떠올리던 그 순간, 베르캄프가 다시 한 번 날아올랐다. 그는 프랑크 더 부르가 후방에서 날린 강한 롱패스를 받아 세 번의 트래핑으로 아얄라를 벗겨낸 뒤 골문 상단에 꽂히는 강력하고도 정확한 슈팅으로 결승골을 넣었다.

베르캄프의 3터치 슛 장면

17. 1998 프랑스 월드컵

⚽ 4강

> 브라질 1-1 네덜란드(승부차기 4-2)
> 프랑스 2-1 크로아티아

```
--------------------1타파렐--------------------
13카를로스----4바이아누--3아우다이르--6카를로스
--------------5삼파이우-----8둥가--------------
18레오나르두------------------------10히바우두
-------------9호나우두----20베베투-------------
```

```
-------------9클라위버르트--8베르캄프-------------
12젠덴---------16다비츠-----6용크----7.R.부르
11코쿠---------4F.부르------3스탐----2라이지헤르
--------------------1판 데르 사르--------------------
```

브라질 대 네덜란드는 1974년 월드컵과 1994년 월드컵에 이어 또 한 번의 명승부를 펼쳤다. 전반전은 다소 지루했다. 호나우두는 다비츠와 프랑크 더 부르의 집중견제로 인해 힘을 쓰지 못했고, 베르캄프 역시 8강전과 같은 움직임을 보여주지 못했다. 브라질은 중원에서의 주도권을 넘겨준 터라 많은 찬스를 만들기 어려웠으며, 레오나르두나 히바우두 역시 연속적인 흐름을 만들지는 못하고 단발적인 공격을 시도했다. 다비츠와 용크, 코쿠 등의 힘으로 중원에서의 주도권을 쥐었던 네덜란드 역시 공격 수단이 충분치 못했는데, 그나마 젠덴이 자주 왼쪽을 흔들며 기회를 엿봤다.

경기 흐름은 후반이 시작되자마자 달라졌다. 킥오프 후, 카를로스의 패스를 받은 히바우두가 전방 공간을 향해 로빙 스루패스를 보냈는데 이 패스를 끊었어야 할 프랑크 더 부르의 반응이 늦었다. 호나우두는 코쿠와의 주력 경쟁에서 승리하면서 공을 받아내었고 결국 득점에 성공했다. 점유율에서 우위를 점하고 있던 네덜란드로서는 안타까운 실점이었다.

네덜란드는 더 적극적으로 공세를 취했지만, 견고하게 이중 장벽을 세워두고 있던 브라질의 수비를 상대로 큰 효과를 보지 못했다. 엎친 데 덮친 격으로 라이트백인 라이지헤르가 부상을 당하면서 빈테르가 투입되었다.

브라질은 네덜란드의 빈테르를 노리고 좌측 공격을 강화시킬 의도로 베베투를 빼고 데니우손을 왼쪽에 배치시켰다. 이 교체는 주효하여, 데니우손-히바우두-카를로스가 연속적으로 공격을 가하자 빈테르는 이를 감당해내지 못했고, 점차 브라질 쪽으로 경기 주도권이 넘어오기 시작했다.

네덜란드는 젠덴을 빼고 반 후이동크를 기용하며 3명의 센터 포워드를 썼고, 이즈음부터 클라위버르트가 힘을 발휘하기 시작했다.

브라질은 종료 5분을 남기고 리드를 지키기 위해 레오나르두를 제외하고 에메르손을 투입하며 수비를 늘렸다. 그러나 이 조치는 효과를 보지 못했는데, 바로 2분 뒤, 로날드 더 부르의 크로스를 클라위버르트가 정확한 헤딩슛으로 득점에 성공하며 동점을 만든 것이다. 승부는 연장으로 이어졌고, 양 팀은 연장전이 끝날 때까지 결승골을 넣지 못했다.

승부차기에선, 네덜란드의 3번째 키커로 나선 필립 코쿠가 승부차기를 놓치더니 뒤이어 로날드 더 부르까지 실축하여 브라질이 결승에 진출하게 되었다.

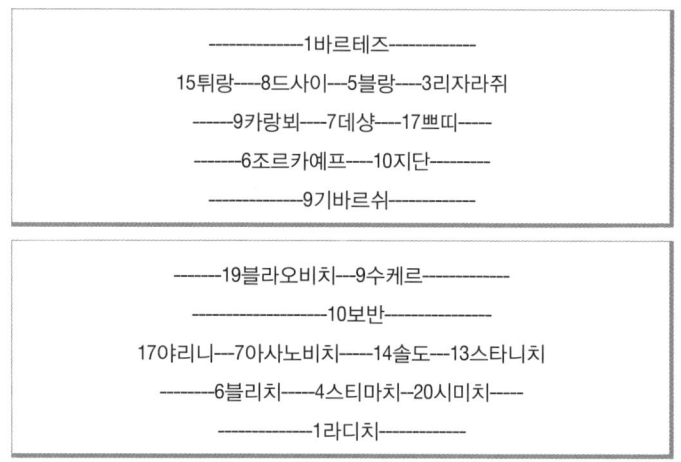

크로아티아와 프랑스의 전반전은 매우 산만했다. 서로의 공격은 몇 번 이어지지 못하고 끊겼고, 따라서 이렇다할만한 장면이 나오지 못했다. 프랑스에서 전반 30분, 카랑뵈를 빼고 앙리를 넣으며 변화를 시도해봤지만 큰 차이는 만들어지지 않았고, 전반은 0-0으로 마무리 되었다.

그리고, 후반전이 시작되자마자 전날 브라질 대 네덜란드의 경기 때와 같은 양상이 벌어졌다. 전반 내내 프랑스의 수비에 가로막혀 존재감을 과시하지 못하고 있던 수케르가 후반 초반 득점에 성공한 것이다. 크로아티아의 돌풍은 결승까지 이어지는 듯 했다.

그러나 그도 잠시, 실점 상황에서 아쉬운 플레이를 펼친 튀랑이 크로아티아의 보반에게서 볼을 빼앗은 뒤 조르카에프와 2대1패스를 주고받으며 순식간에 크로아티아 수비를 벗겨낸 후 동점골을 터트렸다.

동점이 되자 양 팀의 경기는 보다 활기를 띠었다. 기세가 오른 튀랑은 오른쪽에서 압도적인 파워와 스피드를 과시하며 여러 번 공격의 시발점 노릇을 했고, 리자라쥐 역시 위협적인 오버래핑을 보여주었다. 이에 맞서 크로아티아에서는 아사노비치가 중원에서의 좋은 움직임과 스타니치가 우측면에서 역동성있는 모습을 보여주었으며, 수케르가 미들로 내려와 빌드업에 관여하면서 조직적인 공격을 가하곤 했다.

두 팀의 균형 상태를 무너뜨린 것은 다시 한 번 튀랑이었다. 전반 24분, 지단은 반대편에 있던 튀랑에게 롱패스를 주었고, 하프라인 즈음에서 패스를 받은 튀랑은 앙리와 2대1 패스플레이를 시도했다. 앙리에게 패스한 뒤 공간을 찾아 뛰어 들어간 튀랑은 다시금 앙리에게서 공을 이어받았다. 상황을 눈치 챈 야리니가 튀랑을 따라 내려와 볼을 건드리는 데에는 성공했지만 튀랑은 압도적인 힘을 과시하며 야리니를 멀찍이 밀어내버렸고 그 뒤 강한 슈팅으로 자신의 추가골이자 이 날 경기의 결승골이 된 득점을 성공시켰다.

결승골을 넣고 셀레브레이션을 보여주고 있는 튀랑

그러나 결승으로 가는 길은 순탄치 않았다. 후반 29분, 프랑스의 프리킥 상황에서 블랑은 상대 수비수인 블리치를 떠밀었는데, 주심은 블랑에게 레드카드를 선고했다. 프랑스는 주장이자 최후방에서의 빌드업을 리드했던 블랑을 잃었지만, 남은 시간 크로아티아의 공세를 효과적으로 차단하며 경기를 마무리했다.

⚽ 결승

> 프랑스 3-0 브라질

브라질은 사상 최초로 월드컵 5회 우승을 달성할 기회를 얻었으며, 여기에 사상 두 번째 월드컵 2연패를 노리고 있었다.

그러나 주전 공격수 호나우두의 컨디션이 정상적이지 않다는 점이 큰 문제였다. 브라질의 호나우두는 결승전 전날 밤 원인불명의 간질성 발작을 일으켰는데, 그 이유는 아직까지도 명확하게 밝혀지지 않고 있다. 본래 브라질의 자갈루 감독은 경기 시작 72분 전까지만 하더라도 호나우두를 선발 라인업에서 제외시켜놓은 상태였지만, 호나우두 본인의 요청에 의해 출전을 강행시키고 말았다. 결국 결승전에서 호나우두는 무거운 몸놀림을 보이며 제대로 된 활약을 보여주지 못했다.

이에 반해 프랑스는 비록 처음으로 결승에 올라오긴 했지만 예선과 토너먼트를 거치며 전 경기에 걸쳐 공수 모두에서 확실한 짜임새를 보여주었으며, 특히 4명의 수비진의 조직적인 수비력과 공격 가담은 팀 전력의 중추를 이루고 있었다. 개최국으로서의 어드밴티지 역시 큰 힘을 실어주었다. 다만 주장인 블랑이 나오지 못했다는 점은 불안요소였다.

두 팀의 차이는 중원에서 갈렸다. 브라질의 히바우두와 레오나르두는 프랑스의 튼튼한 2선 진영 안에서 탈출할 대응책을 전혀 찾지 못했고, 카를로스와 카푸는 고립되어 외로이 측면에서 튀랑과 리자라쥐를 맞상대해야 했다. 반면 프랑스 조르카예프의 드리블 돌파와 지단의 포켓 플레이는 빛을 발했고, 튀랑은 카를로스를, 반대편에서는 리자라쥐가 카푸를 압도했다. 다만, 고질적인 골결정력 부족이 프랑스의 발목을 잡았다.

그러던 전반 27분, 코너킥 상황에서 지단이 레오나르두를 제압하고 헤딩골을 터뜨리며 프랑스가 리드를 잡아냈다. 브라질은 흔들리기 시작했고, 프랑스는 41분 쁘띠가 위협적인 슈팅을 때리는 등 공세를 취했다. 그리고 45분, 바이아누가 튀랑의 롱패스를 클리어링하려다 헤딩을 실패하면서 한 방에 후방을 비워주는 실수를 범했다. 일대일 찬스를 잡은 기바르쉬는 아주 자유로운 상태에서 슈팅을 시도했지만, 이는 타파렐에게 막히면서 코너킥으로 이어졌다. 이 코너킥은 바이아누를 맞고 나가면서 다시 코너킥이 되었고, 재차 조르카예프가 코너킥을 올렸을 때, 지단은 후방에서 뛰어 들어와 둥가를 넘어뜨리고 니어 포스트에서 헤딩을 하여 추가골을 뽑아냈다. 지단의 머리에 의해 점수는 2-0이 되었고, 이미 승부는 결정난 것처럼 보였다.

브라질은 하프타임에 전반 내내 부진했던 레오나르두를 빼고 데니우손 투입하며 반전을 노렸다. 이와 맞물려, 두 점의 리드를 잡은 프랑스가 무리하지 않고 점수를 지키는 방향으로 운영을 바꾸고 수세적으로 경기에 임하면서 브라질의 플레이가 풀리기 시작했다. 브라질의 공세가 강해지자 프랑스는 카랑뵈를 보고시앙으로 교체하며 수비의 안정의 꾀했다.

후반 22분, 프랑스의 드사이가 카푸에게 거친 태클을 하면서 경고 누적으로 퇴장당한 것이 변수로 작용했다. 수적 우위를 확보한 브라질은 후반 28분 삼파이우를 빼고 공격자원인 에드문드를 넣으며 승부수를 띄웠고, 이에 대응하여 프랑스는 조르카예프를 빼고 비에이라를 투입하였다. 브라질은 두 명의 센터백과 후방에서의 지휘를 맡은 둥가를 제외하고는 전원이 전방에 뛰쳐나가며 추격을 시도했다. 하지만 프랑스의 수비는 단단했다.

프랑스의 홈 관중들이 승리를 확신하고 라 마르세예즈를 열창하고 있던 종료 직전, 브라질이 코너킥 기회를 얻으며 마지막 공격을 시도했다. 그러나 볼은 뒤가리에게 이어졌고, 브라질의 대부분의 선수들은 프랑스의 페널티 에어리어 안쪽에 있었기 때문에 공을 몰고 전진하는 뒤가리를 저지할 수 없었다. 뒤가리는 여유를 갖고 좌우를 살피며 전진했고, 하프라인을 넘어서자마자 왼쪽에서 전방으로 쇄도하던 비에이라에게 오픈 패스를 주었고, 비에이라는 중잉으로 파고들던 쁘띠를 향해 원터치 스루패스를 시도했으며, 쁘띠는 좌측 페널티 에어리어 부근에 도달해서 역시 마찬가지로 원터치 슈팅을 날려 득점에 성공했다. 단 세 번의 터치로 하프라인에서부터의 공격이 마무리되었고, 프랑스는 브라질에 3-0 압승을 거두었다. 월드컵 결승전 역사상 실점을 허용하지 않고 3골 차의 승리를 거둔 것은 그때가 처음이었다.

프랑스의 우승이 확정된 직후 수도 파리의 도심에 약 60만 명으로 추정되는 엄청난 인파가 거리로 쏟아져 나왔다. 언론들의 보도에 따르면, 이는 1944년 프랑스가 독일의 점령으로부터 벗어난 이래 최대 규모의 인파였다고 한다.

우승에 기뻐하는 프랑스 선수들

기록 및 수상

- 총 득점 : 64경기 171골(경기당 2.67골)
- 총 관중 수 : 2,785,100명(경기당 43,517명)
- 최다 득점 팀 : 프랑스(7경기 15득점)
- 최저 득점 팀 : 불가리아, 튀니지, 미국, 일본(3경기 1득점)
- 최다 실점 팀 : 브라질(7경기 10실점)

- 최저 실점 팀 : 프랑스(7경기 2실점)
- 골든볼 : 호나우두(브라질)
- 실버볼 : 다보르 수케르(크로아티아)
- 브론즈볼 : 릴리앙 튀랑(프랑스)
- 야신상 : 파비앙 바르테즈(프랑스)
- 최우수 신예상 : 마이클 오웬(잉글랜드)
- 골든 부트 : 다보르 수케르(크로아티아) - 6골
- 실버 부트 : 가브리엘 바티스투타(아르헨티나), 크리스티안 비에리(이탈리아) - 5골
- 브론즈 부트 : 호나우두(브라질), 마르셀로 살라스(칠레), 루이스 에르난데스(멕시코) - 4골
- 페어플레이 상 : 잉글랜드, 프랑스
- 최고의 인기팀 상 : 프랑스

⚽ 베스트 팀

- 골키퍼 : 파비앙 바르테즈(프랑스), 호세 루이스 칠라베르트(파라과이)
- 수비수 : 호베르투 카를로스(브라질), 마르셀 데자이(프랑스), 릴리앙 튀랑(프랑스), 프랑크 더 부르(네덜란드), 카를로스 가마라(파라과이)
- 미드필더 : 둥가(브라질), 히바우두(브라질), 미카엘 라우드럽(덴마크), 엣하르 다비츠(네덜란드), 지네딘 지단(프랑스)
- 공격수 : 호나우두(브라질), 다보르 수케르(크로아티아), 브라이언 라우드럽(덴마크), 데니스 베르캄프(네덜란드)

18. 2002 한일 월드컵

⚽ 개최국 및 유치 과정

일본은 일찌감치 월드컵 유치를 준비하면서 아시아권 최초 개최를 눈앞에 두고 있었다. 그러나 한국이 뒤늦게 유치를 표명하면서 판세가 양자 구도로 재편되었다. 일본은 요코하마 스타디움 등 개최지 결정 이전에 경기장 공사를 시작하는 등 월드컵 유치를 위해 배수진을 쳤다. 경제력에서 앞서고 오랜 준비를 해온 일본의 단독 개최가 타당해 보였지만 일본은 월드컵 본선진출 경험이 없었다는 것[59]이 약점으로 작용했다. 주앙 아벨란제 당시 FIFA 회장은 공개적으로 일본 지지를 표명했고, FIFA 집행부의 표를 끌어올 수 있다고 일본 측에게 확신을 주었지만, 아벨란제의 연임을 막기 위해 유럽은 자연스레 한국을 지지하는 판국이 되었으며, 1994년에 FIFA 부회장으로 취임한 정몽준의 정치적 영향력도 활용되었다.

본래 FIFA는 "월드컵 한 대회는 반드시 한 국가라는 범위 안에서 이루어져야 한다."는 규정이 있었다. 그러나 대회 유치 경쟁이 지나치게 과열되자, 과거사로 인해 정치적으로 민감한 관계에 놓여 있던 한일 양국에게 월드컵 유치전 패배는 심각한 심리적 타격을 끼칠 뿐만 아니라 양국 간의 관계악화를 초래할 것이라는 우려가 높아졌고, 경쟁을 유발한 FIFA에 대한 비판이 강해지며 공동개최 여론이 형성되었다.

---
[59] 일본은 2002년 월드컵 공동개최가 결정된 후 1998년 월드컵 본선 진출에 성공했다

표 대결에서 일본의 승리를 장담할 수 없게 되면서 아벨란제 회장은 공동개최를 제안했다. 나가누마 겐 당시 일본 축구 협회 회장이 단독 개최 실패시 사임을 천명하는 등 일본의 단독개최를 강력히 주장했지만, 판세가 좋지 않게 돌아가자 결국 FIFA 측의 제안을 받아들여 뒤늦게 유치 경쟁에 합류한 한국과의 공동 개최안을 수락했다.

공인구, 마스코트, 엠블럼

피버노바

아트모

월드컵 공인구로는 '피버노바'가 사용되었다. 피버노바란 명칭은 열정(Fever)과 신성(Nova)의 합성어로, 1978년 이후 전통적인 탱고 디자인에서 탈피한 최초의 월드컵 공인구로서 기존의 축구공과는 다른 화려한 디자인이 특징이었다. 공에는 4개의 바람개비 무늬가 새겨졌는데, 바람개비 바깥쪽 황금색은 한일 양국이 월드컵 개최를 위해 쏟아 부은 에너지를, 붉은색은 경제성장의 원동력을, 카키색의 삼각무늬는 한일의 균등한 발전을 의미했다. 지나치게 가벼워서 골키퍼들이 볼을 처리하는데 곤란을 겪기도 했다.

2002 월드컵 엠블럼

대회 마스코트는 월드컵 역사상 최초로 단일 마스코트가 아닌 3가지 유형의 마스코트로 만들어졌으며 3D로 제작되었다. 정식 명칭은 '아트모(Atmo)'. 스페릭스(Spheriks)라고 불리는 외계인 종족인 이 마스코트는 코치를 상징하는 '아토(Ato)'와 두 명의 선수를 상징하는 '니크(Nik)', '캐즈(Kaz)'로 이루어져 있다. 공동개최라는 대회 특성상 마스코트도 특정국가의 상징물에서 벗어나 외계인을 모티브로 삼았으며, 디자인은 영국의 인터브랜드에서 맡았다. 다만 다소 친숙함이 떨어진다는 비판이 많았다.

2002년 월드컵 엠블럼은 원형의 가운데에 사람이 두 팔을 뻗어 FIFA 월드컵 트로피를 들고 있는 모양을 형상화하고 있다. 엠블럼의 전반적인 모양은 원형을 기초로, 우주, 세계, 인생과 한일 양국기의 가운데 있는 원을 상징적으로 표현했다. 심볼의 색상은 한국의 전통적인 5방색[60]이 반영되었다. 가운데의 노란색은 아시아의 대표적인 색상으로, 아시아의 〈중앙(중심)〉을 상징했다. 트로피를 에워싸고 있는 흰색은 순수성을 의미했으며, 청색과 적색은 한일 양국기의 색깔을 뜻했다. 로고는 '2002 FIFA WORLD CUP KOREA JAPAN'으로 대회 개최연도, FIFA월드컵 로고, 개최국명 등으로 구성되었고, 영국의 화이트 스톤에서 디자인을 맡았다.

---

60) 청(靑), 적(赤), 황(黃), 백(白), 흑(黑) 등 동서남북과 중앙의 다섯 방위를 가리키는 색을 의미한다

⚽ 참가 팀 및 예선 경과

전 대회 우승국 프랑스와 함께 공동 개최국인 한국과 일본에게도 자동 출전권이 부여됨에 따라 티켓 배정 면에서 미묘한 변화가 일어났다. 일단 FIFA는 2002년 월드컵이 아시아에서 치러지는 기념비적인 첫 대회임을 감안, 아시아 측에 1장 늘어난 4.5장의 티켓을 부여하는 대신 유럽과 남미의 티켓을 0.5장씩 축소시켰다.

- 남미(4.5장) : 아르헨티나, 에콰도르, 브라질, 파라과이, (우루과이)
- 북중미(3장) : 코스타리카, 멕시코, 미국
- 아시아(4.5장) : 한국, 일본, 중국, 사우디아라비아
- 아프리카(5장) : 카메룬, 나이지리아, 세네갈, 튀니지, 남아프리카 공화국
- 오세아니아(0.5장) : 진출 실패(호주)
- 유럽(14.5장) : 프랑스, 러시아, 포르투갈, 덴마크, 스웨덴, 폴란드, 크로아티아, 스페인, 이탈리아, 잉글랜드, 슬로베니아, 터키, 벨기에, 독일, (아일랜드)

유럽 예선에서는 이번에도 어김없이 이변의 돌풍이 불어닥쳤다. 네덜란드는 클뢰위베르트, 판 니스텔로이, 다비츠와 같은 스타플레이어들이 다수 포진한 스쿼드에도 불구하고 포르투갈과 아일랜드에게 일격을 맞으며 탈락의 고배를 마셨다. 전통의 강호 유고 역시 세대교체 실패로 인해 이웃 라이벌 슬로베니아에 밀려 탈락했다.

한편 남미에서는 브라질의 전례를 찾아보기 어려운 부진

이 예선 기간 내내 화제를 불러 모았다. 반면 아르헨티나는 비엘사 감독의 지휘 아래 바티스투타, 베론, 오르테가, 아얄라 등이 막강 전력을 이루며 마라도나 은퇴 후 최강이란 호평을 받았다.

한국과 일본이 빠진 아시아에서는 중국이 사상 처음으로 본선에 오르는 쾌거를 달성했으며, 오세아니아의 호주는 대륙 간 플레이오프에서 우루과이에게 1승 1패를 기록했으나 골득실(0-3, 1-0)로 밀려 탈락함으로써, 결과적으로 오세아니아는 단 한 팀도 본선에 진출하지 못했다.

대회 준비

2002년 대회의 정식 명칭은 '2002년 한·일 월드컵(2002 FIFA World Cup Korea/Japan)'이다. 본래는 알파벳 순서에 따라 '2002년 일·한 월드컵(2002 FIFA World Cup Japan/Korea)'으로 명칭이 내정되어 있었으나 한국 측에서 이에 반발함에 따라 명칭이 위와 같이 변경됐다.

FIFA가 한국의 반발을 받아들인 이유는 결승전이 일본에서 치러진다는 이유에서였다. 역사상 최초의 공동 개최였고, 양국에서 10개 도시가 개최지로 선정되었기 때문에, 총 20개의 경기장이 준비되었다. 이는 월드컵 역대 최다 기록이었다.

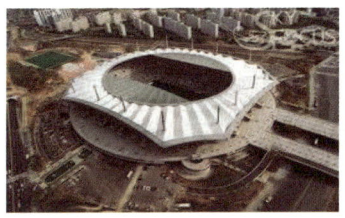 

서울 월드컵경기장(좌)과 부산 아시아드 주경기장(우)

인천 문학경기장(좌)과 울산 문수축구경기장(우)

대구 스타디움(좌)과 수원 월드컵경기장(우)

광주 월드컵경기장(좌)과 전주 월드컵경기장(우)

서귀포의 제주 월드컵경기장(좌)와 대전 월드컵경기장(우)

요코하마의 International Stadium(좌)과 Saitama Stadium 2002(우)

시즈오카의 "Ecopa" Stadium(좌)과 오사카의 Nagai Stadium(우)

미야기의 Miyagi Stadium(좌)과 오이타의 Öita Stadium(우)

니가타의 Niigata Stadium(좌)과 이바라키의 Kashima Soccer Stadium(우)

고베의 Wing Stadium(좌)과 삿포로의 Dome(우)

⚽ 대회 방식

전반적인 룰은 1998년 프랑스 월드컵과 대동소이했으나, 판정과 관련해서 다소 변화가 있었다. FIFA는 시뮬레이션 액션을 정상적인 경기진행을 저해하는 비신사적 행위로 간주하여, 정도가 심할 경우 경고 조치 없이 즉시 퇴장시키는 것이 가능하도록 처벌규정을 강화했다. 반면 경고 누적에 따른 징계는 다소 완화되었다. 조별 예선 중에 받은 한 장의 옐로카드는 16강 진출시 소멸되었다. 하지만, 조별리그 중 두 장의 옐로카드를 받았다면 16강전 출전은 금지되었다.

⚽ 조별리그

	승	무	패	득	실	차	승점
덴마크	2	1	0	5	2	3	7
세네갈	1	2	0	5	4	1	5
우루과이	0	2	1	4	5	-1	2
프랑스	0	1	2	0	3	-3	1

	승	무	패	득	실	차	승점
스페인	3	0	0	9	4	5	9
파라과이	1	1	1	6	6	0	4
남아공	1	1	1	5	5	0	4
슬로베니아	0	0	3	2	7	-3	0

	승	무	패	득	실	차	승점
브라질	3	0	0	11	3	8	9
터키	1	1	1	5	3	2	4
코스타리카	1	1	1	5	6	-1	4
중국	0	0	3	0	9	-9	0

	승	무	패	득	실	차	승점
한국	2	1	0	4	1	3	7
미국	1	1	1	5	6	-1	4
포르투갈	1	0	2	6	4	2	3
폴란드	1	0	2	3	7	-4	3

	승	무	패	득	실	차	승점
독일	2	1	0	11	1	10	7
아일랜드	1	2	0	5	2	3	5
카메룬	1	1	1	2	3	-1	4
사우디	0	0	3	0	12	-12	0

	승	무	패	득	실	차	승점
스웨덴	1	2	0	4	3	1	5
잉글랜드	1	2	0	2	1	1	5
아르헨티나	1	1	1	2	2	0	4
나이지리아	0	1	2	1	3	-2	1

	승	무	패	득	실	차	승점
멕시코	2	1	0	4	2	2	7
이탈리아	1	1	1	4	3	1	4
크로아티아	1	0	2	2	3	-1	3
에콰도르	0	1	2	2	4	-2	3

	승	무	패	득	실	차	승점
일본	2	1	0	5	2	3	7
벨기에	1	2	0	6	5	1	6
러시아	1	0	2	4	4	0	3
튀니지	0	1	2	1	5	-4	1

2002년 대회는 조별리그 개막전부터 이변으로 시작되었다. 디펜딩 챔피언이자 2000년 유로와 2001년의 컨페더레이션스컵을 연달아 우승하며 전성기를 구가하고 있던 프랑스가, 월드컵에 첫 진출했던 아프리카 팀 세네갈에게 0-1로 패하게 된 것이다. 프랑스는 이 경기 이후에도 우루과이를 상대로 0-0 무승부를 거두고, 덴마크와의 조별예선 마지막 경기에서는 81%의 점유율을 기록하고도 롬메달과 토마손에게 연속골을 허용하며 0 2 패배하는 등 부진한 모습을 보인 끝에 탈락했다. 무기력했던 프랑스는 대회 종합순위 29위에 머물렀는데, 이는 전 대회 우승국이 다음 대회에서 거둔 역

대 최악의 성적이었고, 이 때문에 월드컵 초창기부터 전 대회 우승국에게 주어졌던 자동 진출권 제도가 폐지되었다.

반면 지난 대회 프랑스에게 패배하며 준우승에 머물렀던 브라질은 비교적 순항했다. 첫 상대인 터키를 상대로는 고전 끝에 신승했지만, 한 번 고비를 넘게 되자 그 다음은 거칠 것이 없었다. 중국전에서는 카를로스의 프리킥 골을 시작으로 4-0의 승리를 거두었고, 코스타리카 전에서는 호나우두의 연속골로 일찌감치 앞서나가며 5-2로 승리했다.

브라질의 팀 전술 자체는 전체적으로 수비적이었지만, 호나우두와 히바우두, 호나우지뉴로 이어지는 '3R'만으로도 그럴 듯한 공격을 만들 수 있었다. 여기에 카를로스와 카푸는 언제든지 전진하여 전방에서의 수적 열위를 만회해줄 수 있었기에, 브라질은 기본적으로 견고한 수비에 공격 스피드를 겸비한 강팀으로 거듭날 수 있었다.

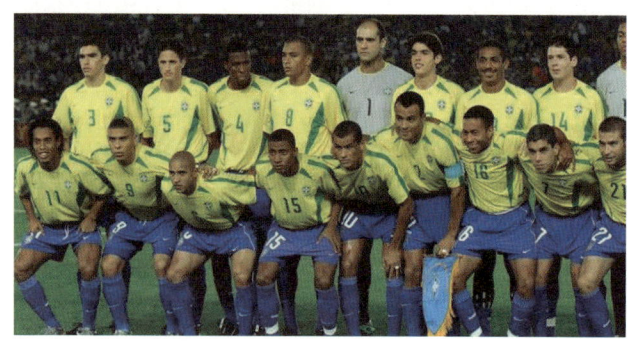

2002년 브라질 대표팀

D조에서는 개최국 한국이 1위를 차지했다. 월드컵 개최 1년 전인 2001년에 거스 히딩크를 감독으로 선임한 뒤 월드컵 직전까지 1년 5개월 동안 A매치를 32경기나 치렀을 정도로 국가대표팀 운영에 힘을 실었던 한국은 첫 경기 폴란드 전에서 시종일관 우세한 경기를 펼치면서 월드컵 본선 첫 승이기도 한 2-0 승리를 따냈다(황선홍, 유상철 득점). 미국전에서는 매티스에게 먼저 실점을 허용하며 끌려가다가 안정환의 헤딩골로 1-1로 무승부를 기록했다.

1승 1무를 거둔 상태에서 한국은 인천에서 포르투갈을 상대하게 되었는데, 같은 시각 열리던 경기에서 폴란드가 미국을 이기고 있었기 때문에 포르투갈과 한국은 비기기만 해도 두 팀 모두 16강에 진출하게 되는 상황이었다. 하지만 포르투갈은 주앙 핀투와 베투가 퇴장당하는 등 거친 경기 운영 끝에 자멸했다. 결국 한국은 박지성의 골로 1-0으로 승리를 거두며 조 1위를 차지하며 조 2위 미국과 16강에 진출하게 된다. 반면 포르투갈은 폴란드에게 1승을 기록하는 데 그치며 무기력하게 조별리그에서 탈락했다.

2002년 한국 대표팀

스페인은 B조 3경기에서 모두 3점 이상의 득점을 기록하며 승리하는 좋은 모습을 보였다. 파라과이는 남아공과 승점 동률을 기록하고도 다득점에서 1점 차로 앞서 16강에 진출하는 행운을 누렸다.

E조는 독일이 쉽게 1위를 차지했다. 클로제가 해트트릭을 앞세우며 사우디를 상대로 기록적인 8-0 승리를 기록한 독일은, 종료 직전 로비 킨에게 득점을 허용하며 아일랜드와 비기긴 했지만 카메룬에게 2-0의 무난한 승리를 거두며 16강에 진출했다. 아일랜드는 사우디 아라비아를 잡고 1승 2무로 조 2위를 차지했다.

G조에서는 멕시코가 조 선두를 기록하여 16강에 진출했

다. 이탈리아는 크로아티아에게 1-2로 역전패하는 등 부진에 빠지며 멕시코에게 조 1위를 내주었지만 조 2위 자격으로 다음 라운드에 진출하는데 성공했다.

일본은 H조에서 러시아, 튀니지를 상대로 승리를 기록하고 벨기에와의 경기에서 무승부를 거두며 실력을 증명했다.

⋄ 16강

독일 1-0 파라과이	미국 2-0 멕시코
스페인 1-1 아일랜드(승부차기 3-2)	한국 2-1 이탈리아
잉글랜드 3-0 덴마크	브라질 2-0 벨기에
세네갈 2-1 스웨덴	터키 1-0 일본

```
------------------------1부폰------------------------
2파누치------15율리아노------3말디니--------4코코
------------------------6자네티------------------------
----------19잠브로타------17토마시----------
------------------------10토티------------------------
----------7델 피에로------21비에리----------
```

```
------------------------19안정환------------------------
--------9설기현----------------------21박지성--------
------------------------6유상철------------------------
10이영표--------------------------------22송종국
----------------5김남일------------------
--------7김태영------20홍명보------4최진철--------
------------------------1이운재------------------------
```

16강전이 펼쳐진 대전 월드컵 경기장에는 1966년 잉글랜드 월드컵에서 북한이 이탈리아를 격침시켰던 일을 상기시키는 "AGAIN 1966"의 카드 섹션이 수를 놓았다.

　전반 4분, 프리킥 상황에서 이탈리아의 라이트백인 파누치가 설기현을 넘어뜨리면서 PK가 주어졌고, 한국은 리드를 잡을 찬스를 잡았다. 그러나 키커로 나선 안정환의 슈팅이 부폰에게 가로막히면서 기회는 무산되었다. 이후 이탈리아가 기회를 잡았으며, 그들은 한국과 달리 이를 놓치지 않았다. 전반 17분, 토티가 니어 포스트를 노리는 정확한 코너킥을 올렸고 최진철이 끝까지 붙어 경합했지만 비에리와의 힘싸움에서 밀리면서 포지션을 내주었고, 결국 비에리가 강력한 헤딩으로 득점에 성공했다. 리드를 잡은 이탈리아는 수비적으로 나서며 거친 플레이로 일관했고, 한국은 이에 휘둘리면서 전방으로 볼을 투입하는데 어려움을 겪었다.

　후반 중반 이후, 이탈리아는 델피에로와 잠브로타를 순차적으로 빼고 가투소와 디 리비오를 넣으면서 중원에 4명의 볼란테를 두고 장벽을 단단히 둘렀다. 이에 히딩크 감독은 매우 공격적인 교체를 단행했다. 후반 17분에는 김태영을 빼고 황선홍을 넣었고, 후반 23분에는 김남일 대신 이천수를, 후반 38분에는 홍명보 대신 차두리를 투입시켰다. 그러면서 유상철이 수비 진영으로 내려와 최진철과 중앙 수비를 이뤘고 좌우의 이영표-송종국이 측면 수비를 겸해 플랫 4 형태로 전환했다. 박지성과 이천수는 주로 중앙에서 움직이며 설기현-안정환-황선홍-차두리로 이어지는 공격진을 지원했다.

이런 전술적인 모험이 잘 맞아떨어져, 경기는 한국이 일방적 공세를 거듭하고 이탈리아는 한 골의 리드를 지키는 데에 만족하는 방향으로 흘러갔다. 그리고 후반 43분, 한국에게 드디어 기회가 찾아왔다. 아크 서클 정면 20M 지점에서 볼을 받은 박지성은 페널티 에어리어 우측 45도 지점에 있던 황선홍과 2대1패스를 시도하며 문전으로 침투했고, 볼을 받은 황선홍은 왼발로 원터치 로빙 패스를 시도했는데, 파누치가 그 볼을 제대로 처리하지 못하고 흘렸다. 볼 근처에 있던 설기현은 서둘러 슈팅을 시도했고, 볼은 아슬아슬하게 골문 안으로 들어가면서 기적적인 동점골이 터지게 되었다.

경기는 달아올랐다. 설기현의 골이 들어간 직후, 빠르게 시도된 토마시의 패스가 비에리의 슈팅으로 연결되며 한국의 골문을 위협했다. 차두리의 코너킥 상황에서의 기막힌 오버헤드킥이 부폰의 정면으로 향했으며, 송종국의 롱패스가 설기현에게 한 번에 이어지며 노마크 찬스를 맞기도 했지만 설기현의 슈팅은 옆그물로 들어가고 말았다. 인저리 타임 내내 혈전을 벌이던 양 팀은 연장을 치르게 되었다.

연장 전반에 한국은 우세한 경기를 펼쳤다. 그리고 잠시 뒤, 경기 내내 존재감을 과시하던 토티가 시뮬레이션 액션으로 인해 경고 누적 퇴장을 당하면서 경기는 크게 요동치기 시작했다. 수적 우위를 점한 한국은 연장 후반 내내 강공을 퍼부었고, 여러 번의 찬스가 만들어졌다. 설기현의 크로스를 받은 황선홍이 노마크 상황에서 헤딩을 날렸지만 볼은 그만 부폰의 정면으로 향했다. 이탈리아에게도 찬스는 있었다. 설기현의 힐패스를 가로챈 가투소에게 골키퍼와 맞서는 기회가 찾아온 것이다. 하지만 가투소의 슈팅은 이운재의 선방에 의해 막혔다.

승부차기를 눈앞에 두었던 연장 후반 10분, 이영표가 문전으로 인스윙어 크로스를 시도했고 말디니와의 경합을 이겨낸 안정환이 이를 절묘한 헤딩슛으로 연결했다. 볼은 부폰이 손쓸 수 없는 구석으로 흘러들어갔고 골든골 규칙에 의해 경기는 그 순간 종료되었다.

골든골을 넣고 환호하는 안정환

또 다른 16강전 경기에서 브라질은 히바우두와 호나우두가 각각 한 골씩을 넣으며 벨기에를 상대로 손쉬운 승리를 거두었다. 그러나 벨기에 빌모츠의 골이 인정되지 않는 오심도 있었다.

독일은 노이빌레의 골로 파라과이를 1-0으로 꺾었으며, 잉글랜드는 까다로운 상대로 평가되었던 덴마크를 상대로 퍼디난드와 오웬, 헤스키가 연속 득점에 성공하면서 3-0 승리를 거두며 8강에 진출했다. 스페인은 아일랜드를 상대로 승부차기까지 가는 접전 끝에 진땀 승리를 거두었다.

아메리카 대륙의 라이벌인 멕시코와 미국이 만난 경기에선 맥브라이드와 도노반이 한 골씩을 넣은 미국이 2-0 승리를 거두었다. 세네갈은 앙리 카마라의 멀티 골에 힘입어 스웨덴을 2-1로 물리치며 이변을 이어갔고, 일본은 16강 최다 관중 앞에서 터키에게 0-1로 패배하여 탈락하고 말았다.

⚽ 8강

| 독일 1-0 미국 | 한국 0-0 스페인(승부차기 5-3) |
| 브라질 2-1 잉글랜드 | 터키 1-0 세네갈 |

```
----------------오웬----------헤스키----------
싱클레어 ------ 버트---------스콜스-------- 베컴
에쉴리 콜 ------ 페르디난드 --- 캠벨 ------ 밀스
---------------------- 시먼 ----------------------
```

```
-----------히바우두----호나우도-------------
--------------호나우지뉴-----------------
-------- 질베르트 실바 --- 클레베르손 ----------
카를로스 -------------------------------- 카푸
----- 호케 주니오르 -- 루시우 --- 에드미우손 ------
------------------- 마르코스 --------------------
```

경기 초반, 호나우드, 히바우두, 호나우지뉴가 만들어내는 다양한 공격 패턴에 잉글랜드 수비진은 확실하게 대응하지 못하고 주도권을 내주었다. 그러나 잉글랜드의 수비가 안정을 찾게 되면서 브라질의 공격은 소강상태에 빠졌고, 잉글랜드는 점차 경기력을 높여나갔다. 체격을 이용한 헤스키의 포스트 플레이가 효과적으로 브라질의 수비를 공략했고, 베컴이 수비진영 깊숙한 위치에서 몇 차례 날카로운 롱킥을 구사했다.

팽팽하던 경기의 흐름은 어이없이 깨졌다. 브라질의 공격을 차단하여 얻은 볼이 헤스키에게 이어졌고, 헤스키는 오웬을 향해 긴 패스를 시도했다. 이를 브라질의 수비수 루시우가 미리 눈치를 채고 차단하려다 그만 실수를 저질렀고, 그 볼은 오웬에게 전달되었다. 기회를 잡은 오웬은 골키퍼의 움직임을 살피며 침착하게 슈팅을 날렸고 골로 연결되었다. 조별 예선과 16강까지 보여주었던 잉글랜드의 견고한 수비조직을 감안할 때 경기는 선취골을 넣은 잉글랜드에게 유리한 흐름으로 전개될 것이 분명했다.

그러나 경기 분위기는 또 한 번 어이없게 반전되고 만다. 전반이 마무리되기 직전인 인저리 타임, 중원에서 루즈볼을 잡아 자기 소유로 만들려던 스콜스는 태클에 의해 볼을 탈취 당했다. 볼은 호나우지뉴에게 이어졌는데, 호나우지뉴는 빠른 드리블로 센터 라인을 넘어 페널티 에어리어로 접근하여 히바우두에게 패스를 전해주었고, 히바우두는 침착한 왼발 슛으로 골을 성공시키며 1-1로 동점을 만들고 전반을 끝냈다.

허무하게 동점골을 허용한 잉글랜드는 후반 들어 자신감에 가득 찬 브라질에게 주도권을 빼앗기며 수세에 몰렸다. 브라질이 공세를 거듭하던 후반 3분, 스콜스가 파울을 범하면서 브라질은 25미터 전방에서 프리킥을 얻게 되었다. 킥은 호나우지뉴가 차게 되었는데, 호나우지뉴는 직접 골문을 노리는 프리킥을 시도했다. 길게 로빙 패스를 시도할 것으로 예상했던 시먼이 크게 당황하며 제대로 대처하지 못했고, 결국 볼은 시먼의 키를 넘기면서 골문 안쪽으로 정확하게 빨려 들어갔다. 하프타임을 제외하면 고작 3분 만에 경기가 뒤집어진 것이었다. 비록 호나우지뉴가 골을 넣은 지 4분 만인 후반 9분에 대니 밀스의 발을 밟는 파울을 범해 퇴장당하면서 잉글랜드에게 반전의 기회가 주어졌지만, 브라질은 한 번 얻은 주도권을 놓치지 않았으며 잉글랜드는 끝내 전세를 뒤집지 못했다. 결국 브라질은 한 골 차의 리드를 끝까지 지켜내며 승리를 차지할 수 있었다.

 한국과 스페인은 신중한 자세로 초반 탐색전을 펼쳤다. 전반 18분, 스페인의 바라하가 오른쪽 측면에서의 크로스를 오버헤드 킥으로 연결하며 처음으로 한국의 골문을 위협했고 이후 스페인의 공세 수위는 한층 올라갔다. 측면 공격수 호아킨의 공격 작업은 중앙에 있는 모리엔테스와 호응하며 여러 차례 찬스를 만들어냈다.

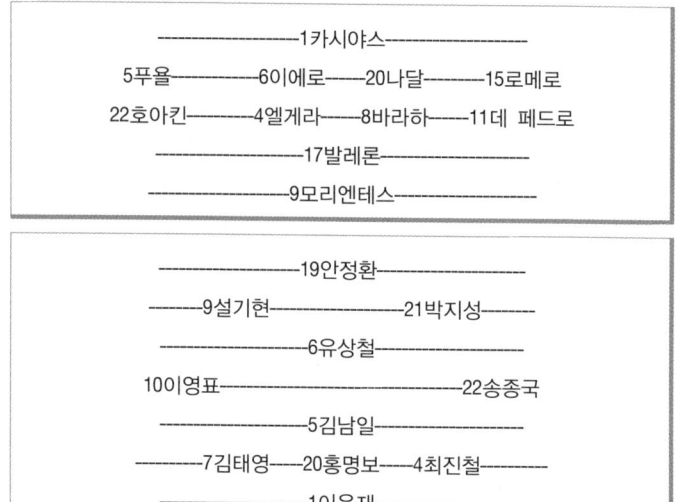

 후반전에도 이런 일방적인 경기 양상은 계속되었다. 그러나 한국은 열세 속에서 스페인의 다양한 공격 옵션에 휘둘리는 와중에도 바이탈 존을 공략당하지 않게끔 하면서 끝내 실점을 허용하지 않았고, 결국 16강에 이어 다시금 승부를 연장으로 몰고 갔다.

 연장전에서는 비교적 균형 있는 공방전이 펼쳐졌다. 그러나 양 팀 모두 득점을 만들어내는 데에는 실패했고, 결국 승부는 승부차기를 통해 가려지게 되었으며, 여기에서 한국이 승리를 거둬 4강에 진출하게 되었다.

 독일은 미국을 상대로 1-0 승리를 거두어 준결승 진출에 성공했다. 미국은 경기를 내내 지배했지만 전반 38분, 독일의 발락에게 허용한 선취골을 끝내 만회하지 못했다. 터키와 세네갈의 경기에서는 연장 전반 4분, 일한 만시즈가 극적인 골든골을 터트린 터키가 4강에 합류했다.

⚽ 4강

독일 1-0 한국   브라질 1-0 터키

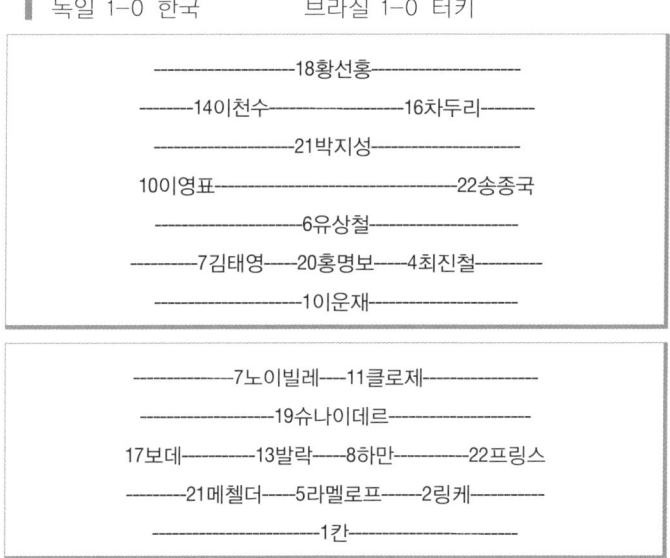

한국은 홈팀 팬들의 열광적인 응원을 등에 업고 경기 초반 공격을 주도했다. 그러니 점차 독일이 우세를 점하면서 많은 기회를 만들어냈다.

후반 들어 '높이'라는 무기는 독일에게 여러 번의 기회를 제공했고 실제로 보데와 클로제는 공중볼 상황에서 위협적인 움직임을 보여주었다. 한국은 수세적인 자세를 취하며 긴 시간을 견고히 버텨냈다. 하지만 독일은 끝끝내 선제골을 뽑아냈다. 후반 29분, 김태영의 패스가 전방에서 차단되면서 독일의 역습이 시작되었고, 이것이 노이빌레를 거쳐 발락에게 연결되었다. 발락의 첫 번째 슈팅은 이운재의 선방에 가로막혔지만, 이운재를 맞고나온 볼은 발락의 정면으로 향했고, 발락은 두 번 실수하지 않고 그물을 흔들었다.

골을 내준 한국은 동점을 만들기 위해 이탈리아전과 같이 다시 한 번 강한 공격을 펼쳤지만, 독일의 수비벽을 공략하기에는 충분치 못했다. 독일은 결승 진출에 성공했지만, 팀의 핵심이었던 발락을 잃은 채(경고누적) 결승을 맞이하게 되었다.

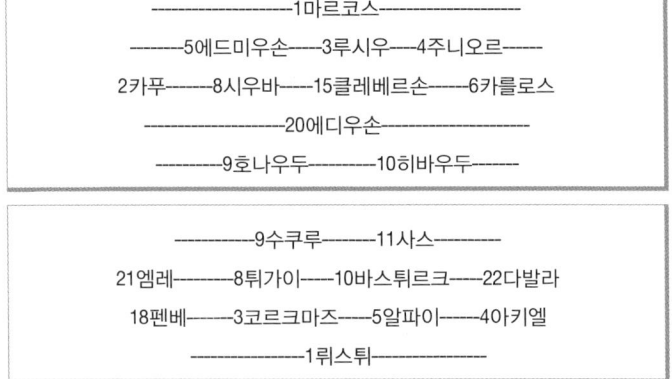

조별리그에서 브라질을 상대로 밀리지 않았기 때문인지 터키는 위축됨이 없었다. 브라질의 공격은 터키의 수비와 골키퍼 뤼스튀의 선방에 막혔다.

결정타는 예상치 못한 순간에 가해졌다. 후반 3분, 호나우두가 지우베르투 시우바의 패스를 받은 뒤 터키 수비수 4명 사이에서 득점에 성공한 것이다. 선방을 거듭하던 뤼스튀 골키퍼는 팔을 펼쳐 막으려 했지만, 공은 그의 손을 지나 골문 안으로 굴러 들어갔다.

경기의 균형이 깨어지자 상호 간의 공방은 한층 수위가 높아졌다. 뒤지고 있던 터키는 후반 16분 엠레를 만시즈로 바꾸며 공격 인원을 늘렸고, 잠시 뒤 브라질은 체력 보존을 위해 호나우두를 루이자우로 교체했다. 터키는 동점골을 얻기 위해 필사적으로 공격에 나섰으나 실효를 거두지 못했다. 결국 결승전의 한 자리를 차지한 쪽은 브라질이었다.

⚽ 결승

> 브라질 2-0 독일

양팀이 모두 수비에 중점을 두었기 때문에 전반은 지루했다. 창조자의 역할을 맡은 슈나이더와 호나우지뉴가 가끔씩 후방을 무너뜨리는 패스를 넣으며 공격을 이끌기는 했지만, 지극히 제한적이었다. 간헐적으로 찾아오는 브라질의 좋은 기회는 독일의 골키퍼 칸에게 막혔다.

후반 3분 노이빌레의 프리킥이 골포스트를 맞고 나온 것 외에는 특별한 일 없이 흘러가던 후반 21분에 이변이 발생했다. 호나우두의 돌파는 링케에 의해 커트당했고, 라멜로프는 커트된 볼을 처리하여 하만에게 보냈는데, 볼을 뺏겼던 호나우두는 볼에 대한 강한 집착을 보이며 하만을 넘어뜨려 볼을 빼앗고는 재빨리 히바우두와의 2대1 플레이를 시도했다. 이때 히바우두는 호나우두에게 패스를 주지 않고 직접 강력한 슈팅을 시도했는데 아슬아슬하게도 칸의 선방에 의해 맞고나왔다. 하지만 볼이 흐른 곳에는 호나우두가 있었고, 그는 득달같이 달려들어 득점에 성공했다.

선취점을 내준 독일은 28분 클로제 대신 비어호프를, 32분 예레미스 대신 아사모아를 투입하며 공격 인원의 숫자를 늘리는 강수를 두었다. 그러나 수정된 플랜을 채 펼쳐보기 전에 다시금 브라질이 비수를 꽂았다. 후반 33분, 우측에서 카푸가 클레베르손에게 볼을 넘겨주고 전방으로 들어갔고, 클레베르손은 안쪽으로 파고들다가 히바우두를 겨냥해 패스를 줬다. 이 때 히바우두가 볼을 흘려주며 볼은 절묘하게 호나우두를 향한 스루패스가 되었고, 호나우두는 깔끔한 슈팅으로 두 번째 골을 뽑아내며 승부에 쐐기를 박았다.

결국 2002 월드컵에서 트로피를 들어 올린 브라질은 통산 5번째 우승을 차지했다. 동시에 호나우두는 대회 득점왕에 올랐다.

우승의 기쁨을 만끽하고 있는 브라질 선수단

기록 및 수상

- 총 득점 : 64경기 161골(경기당 2.52골)
- 총 관중 수 : 2,705,197명(경기당 42,269명)
- 최다 득점 팀 : 브라질(7경기 18득점)
- 최저 득점 팀 : 프랑스, 사우디 아라비아, 중국(3경기 0득점)
- 최다 실점 팀 : 사우디 아라비아(3경기 12실점)
- 최저 실점 팀 : 아르헨티나(3경기 2실점)
- 골든볼 : 올리버 칸(독일)
- 실버볼 : 호나우두(브라질)
- 브론즈볼 : 홍명보(한국)
- 야신상 : 올리버 칸(독일)
- 최우수 신예상 : 랜든 도노번(미국)
- 골든부트 : 호나우두(브라질) - 8골
- 실버부트 : 미로슬라프 클로제(독일), 히바우두(브라질) - 5골
- 브론즈부트 : 크리스티안 비에리(이탈리아), 욘 달 토마손(덴마크) - 4골
- 페어플레이 상 : 벨기에
- 최고의 인기팀 상 : 한국

베스트 팀

- 골키퍼 : 올리버 칸(독일), 뤼스튀 레치베르(터키)
- 수비수 : 홍명보(한국), 페르난도 이에로(스페인), 알파이 외잘란(터키), 솔 캠벨(잉글랜드), 호베르투 카를로스(브라질)
- 미드필더 : 유상철(한국), 미하엘 발락(독일), 클라우디오 레이나(미국), 히바우두(브라질), 호나우지뉴(브라질)
- 공격수 : 호나우두(브라질), 미로슬라프 클로제(독일), 엘-하지 디우프(세네갈), 하산 사슈(터키)

19. 2006 독일 월드컵

⚽ 개최국 및 유치 과정

2006년 월드컵 개최지를 결정하는 투표는 2000년 7월 6일과 7일 양일에 걸쳐 스위스 취리히의 FIFA 본부에서 진행되었다. 독일, 남아공, 잉글랜드, 모로코가 개최 경쟁에 참가했고, 3번의 라운드를 통해 최저표를 얻은 국가를 차례차례 떨어뜨리는 방법으로 최종 개최국을 결정했다.

첫 투표에서는 3표를 얻은 모로코가 탈락했다. 2차 투표에서는 1차 투표에서 모로코로 갔던 3표를 흡수하고, 잉글랜드에게 갔던 표 중 일부를 빼앗은 남아공이 독일과 11표로 동률을 기록하면서 잉글랜드가 탈락하고 최종 3차 투표가 시작되었다.

마지막 3차 결선투표를 앞두고, 아프리카 측에선 대륙별 순환 개최의 원칙을 강조하며 남아공 개최를 강력히 주장했다. 당시 일반적인 예상으로는 3차 결선 투표에서 남아공과 독일 간에 12:12의 동률이 나올 것이며, 이렇게 동률이 이루어질 경우 FIFA 회장인 블래터가 캐스팅 보트로서 결정권을 행사하여 남아공으로 개최지를 낙점할 것으로 점쳐졌다.

그러나 실제 3차 투표의 결과는 독일 12표, 남아공 11표, 그리고 기권 1표로, 1974년 월드컵 이후 32년 만에 독일에서 월드컵이 열리게 되었다.

투표의 결과가 예상과 달랐던 이유는 당초 남아공에 표를 던질 것으로 전망되었던 찰리 뎀시 오세아니아 축구 연맹(OFC) 회장이 기권했기 때문이다. OFC는 남아공의 개최를 지지할 경우 다음 월드컵 개최에 있어 순환 원칙에 따라 오세아니아가 되어야 한다는 여론을 조성할 때에 아프리카의 도움을 받을 수 있을 것이라고 판단하고 있었고, 이에 따라 뎀시 회장에게도 남아공에게 표를 던질 것을 종용했다. 그러나 뎀시는 〈견딜 수 없는 압력(intolerable pressure)〉이라는 말을 남기며 기권을 택했으며, 투표가 끝난 지 일주일여 만에 오세아니아 축구 연맹 회장 자리에서 사임했다. 뎀시는 훗날 인터뷰에서 다음과 같이 발언했다.

"정말 지옥 같은 시간이었다. 만약 투표 전에 벌어졌던 일들을 기록한다면, 아무도 그 내용을 믿지 못할 것이다. 나는 당시 정말 많은 사람들로부터 압력을 받았다. 변호사에게 전화를 걸었다. 어떻게 하면 좋겠냐고. 그는 말했다. '투표를 하지 마라. 만약 한다면 뇌물 수수죄로 반드시 불려 들어갈 것이다. 투표를 하지 않는다면 아무런 죄도 물을 수 없을 것이다' 라고"

당시 기권표를 던지며 결선 투표 결과를 바꾼 찰리 뎀시

⚽ 공인구, 마스코트, 엠블럼

팀 가이스트

팀 가이스트 베를린

공인구는 독일어로 '팀 정신'을 의미하는 '팀가이스트(Teamgeist)'였다. 전 대회의 공인구였던 피버노바까지의 공인구들은 12개의 오각형과 20개의 육각형으로 구성되어 있던 텔스타의 구조에서 크게 벗어나지 않았으나, 팀가이스트는 최대한 완전한 구에 가깝게 만들기 위해 정육각형 8개와 정사각형 6개를 이음으로써 덧대는 가죽 수를 줄였고, 가죽 간의 접합도 바느질이 아닌 열접착 방식을 이용했다.

또한 이 대회에서부터 결승전용 공인구가 따로 제작되기 시작되었는데, 결승전 전용 공인구는 팀가이스트에 금색을 입힌 '팀가이스트 베를린'이었다.

독일 월드컵의 마스코트는 아기 수사자 '골 레오 6'다. '골 레오'는 골(Goal)과 별자리인 사자자리 레오(Leo)를 합성한 깃이다. 아버지 사자가 아기 수사자의 축구경기 장면을 보고 'Go! Leo'라고 응원한다는 뜻도 포함됐다. 미국 ABC방송사의 인기시트콤의 제목이자 해당 시트콤의 주인공이었던 '외계인 알프'를 디자인했던 독일의 짐 헨슨 사가 제작했다. 그러나 사자는 잉글랜드 축구의 전통적 상징이었기 때문에 독일에서의 반응은 좋지 못했고, 독일 언론들은 사자를 마스코트로 선정한 것은 자책골을 넣은 것과 같다며 비난했다.

골 레오 6

2006 월드컵의 엠블럼

독일월드컵 공식 엠블럼은 2002년 월드컵의 엠블럼을 디자인했던 화이트스톤에서 디자인했다. 웃는 얼굴을 형상화한 세 개의 원이 월드컵 트로피 주위를 둘러싸고 있는 형상으로, 세 개의 웃는 얼굴이 들어간 원은 축구공과 개최년도인 06을 뜻했고, 낭만적이고 활기차며 근심걱정 없는 월드컵을 상징했으며, 독일 월드컵의 슬로건인 '친구가 될 때(A time to make friends)'를 형상화했다. 그 아래 자리 잡은 월드컵 트로피는 2002년 한일월드컵의 공식 엠블럼으로, 이전 대회의 엠블럼을 차용한 것은 18회 독일 월드컵이 처음이었다. 2002 한·일 월드컵 엠블럼을 모방한 것이 아니냐는 지적에 대해, 독일 월드컵 조직위원회는 아시아에서 열린

2002년 월드컵을 계승해서 아프리카에서 치러질 2010년 월드컵까지 세 개의 대륙에서 열리는 월드컵을 성공적으로 이어나감을 기원하는 것이라며 한·일 월드컵 엠블럼을 일부 차용했음을 시인했다.

참가 팀 및 예선 경과

FIFA의 제 3대륙을 향한 배려는 쉬지 않고 계속됐다. 이번 예선에서 FIFA로부터 혜택을 받은 대륙은 다름 아닌 북중미였다. 1990년대 이후 미국과 멕시코가 거둬 온 꾸준한 실적을 높이 평가한 FIFA가 0.5장의 티켓을 추가로 부여한 것이다. 그 결과 북중미는 최종예선 4위 팀 트리니다드 토바고가 아시아의 바레인을 플레이오프에서 제압함에 따라 역사상 최초로 4개국을 본선 무대에 올려놓을 수 있었다.

한편 유럽 예선에서는 대부분의 강호들이 본선 무대에 안착, 지난 대회들과 다르게 눈에 띄는 이변이 일어나지 않았다. 스페인과 스웨덴 등이 플레이오프로 밀려난 것을 제외하면 대부분의 강호들이 순항을 거듭하는 모습을 보였고, 플레이오프에서도 스페인, 스웨덴, 체코 등의 강호들이 무난히 승리를 거두고 본선행 막차에 합류했다. 남미와 아시아 등 다른 대륙의 지역예선도 별다른 차이가 없었다.

이변이 많았던 것은 아프리카였다. 1980~90년대부터 꾸준히 아프리카를 대표해 온 카메룬, 나이지리아, 모로코 등이 탈락의 고배를 마신 반면 토고, 앙골라, 코트디부아르가 진출에 성공하며 세대교체가 이루어졌다. 이는 아프리카 축구의 상향평준화 양상을 대변하는 결과로 평가됐다.

- 남미(4.5장) : 브라질, 아르헨티나, 에콰도르, 파라과이
- 북중미(3.5장) : 멕시코, 미국, 코스타리카, (트리니다드 토바고)
- 아시아(4.5장) : 대한민국, 일본, 사우디아라비아, 이란
- 아프리카(5장) : 가나, 앙골라, 코트디부아르, 토고, 튀니지
- 오세아니아(0.5장) : 호주
- 유럽(14장) : 독일, 네덜란드, 세르비아-몬테네그로, 스웨덴, 스위스, 스페인, 우크라이나, 이탈리아, 잉글랜드, 체코, 크로아티아, 포르투갈, 폴란드, 프랑스

⚽ 대회 준비

독일은 축구의 전통이 깊고 경제 수준이 높았기 때문에, 경기장과 교통 숙박 시스템은 최상급이었다. 12개의 경기장이 대회를 위해 준비되었다.

베를린의 Olympiastadion(좌)과 도르트문트의 Signal Iduna Park(우)

뮌헨의 Allianz Arena(좌)와 슈투트가르트의 Gottlieb-Daimler-Stadion(우)

하노버의 AWD-Arena(좌)와 Leipzig Zentralstadion(우)

카이저슬라우테른의 Fritz Walter Stadion(좌)과 뉘른베르크의 EasyCredit-Stadion(우)

프랑크푸르트의 Commerzbank Arena(좌)와 쾰른의 RheinEnergie Stadion(우)

겔젠키르첸의 Veltins-Arena(좌)와 함부르크의 AOL Arena(우)

⚽ 대회 방식

이전 대회와 동일했다. 다만, 전 대회 우승국에게 주어지던 본선 자동진출권이 사라지면서 전 대회 우승국이 아닌 개최국이 개막전을 치르는 것으로 규정이 바뀌었다.

⚽ 조별리그

	승	무	패	득	실	차	승점
독일	3	0	0	8	2	6	9
에콰도르	2	0	1	5	3	2	6
폴란드	1	0	2	2	4	-2	3
코스타리카	0	0	3	3	9	-6	0

	승	무	패	득	실	차	승점
잉글랜드	2	1	0	5	2	3	7
스웨덴	1	2	0	3	2	1	5
파라과이	1	0	2	2	2	0	3
트리니다드	0	1	2	0	4	-4	1

	승	무	패	득	실	차	승점
아르헨티나	2	1	0	8	1	7	7
네덜란드	2	1	0	3	1	2	7
코트디부아르	1	0	2	5	6	-1	3
몬테네그로	0	0	3	2	10	-8	0

	승	무	패	득	실	차	승점
포르투갈	3	0	0	5	1	4	9
멕시코	1	1	1	4	3	1	4
앙골라	0	2	1	1	2	-1	2
이란	0	1	2	2	6	-4	1

	승	무	패	득	실	차	승점
이탈리아	2	1	0	5	1	4	7
가나	2	0	1	4	3	1	6
체코	1	0	2	3	4	-1	3
미국	0	1	2	2	6	-4	1

	승	무	패	득	실	차	승점
브라질	3	0	0	7	1	6	9
호주	1	1	1	5	5	0	4
크로아티아	0	2	1	2	3	-1	2
일본	0	1	2	2	7	-5	1

	승	무	패	득	실	차	승점
스위스	2	1	0	4	0	4	7
프랑스	1	2	0	3	1	2	5
한국	1	1	1	3	4	-1	4
도고	0	0	3	1	6	-5	0

	승	무	패	득	실	차	승점
스페인	3	0	0	8	1	7	9
우크라이나	2	0	1	5	4	1	6
튀니지	0	1	2	3	6	-6	1
사우디	0	1	2	2	7	-3	1

A조에서는 예상대로 독일이 수월하게 16강에 진출했다. 독일은 첫 경기에서 코스타리카를 상대로 4-2 승리를 거두며 월드컵 역사상 가장 많은 득점이 난 개막전의 주인공이 되었다. 서전을 화려하게 장식한 독일은 조별 라운드 남은 2경기에서도 승리를 거두며 16강 진출에 성공했다. 에콰도르가 폴란드와 코스타리카를 꺾고 조 2위를 차지하면서 16강 진출에 성공했으며, 폴란드는 탈락의 고배를 마셨다. 코스타리카는 단 1점의 승점도 얻지 못했다.

잉글랜드와 스웨덴이 B조에서 각각 1·2위를 차지했지만 마냥 순탄한 길은 아니었다. 스웨덴은 트리니다드 토바고와 비기며 좋지 않은 출발을 보였고, 다음 상대 파라과이와도 후반 44분까지 0-0 경기를 펼치는 부진을 보였다. 스웨덴 입장에선 다행히도 융베르히가 기적의 결승골을 터트리며 승리를 따냈다. 잉글랜드 역시 트리니다드 토바고를 상대로 83분이나 골을 넣지 못하는 등 고전하다가, 데이비드 베컴의 크로스를 골로 연결한 크라우치와 인저리 타임에 쐐기골을 집어넣은 제라드의 활약에 힘입어 2-0의 승리를 얻어냈다. 조별 라운드 마지막 경기에서, 스웨덴은 잉글랜드와 2대 -2로 무승부를 기록하며 2위를 차지해 16강에 진출했다.

C조는 이 대회의 '죽음의 조'로 평가받았으나, 압도적인 경기력을 보여준 아르헨티나가 손쉽게 16강에 진출했다. 아르헨티나는 특히 세르비아 몬테네그로전에서 그들의 저력을 여실히 보여주었다. 경기 시작 6분 만에 터진 막시 로드리게스의 골로 포문을 연 아르헨티나는, 소린-사비올라-리켈메-사비올라-막시로드리게스-리켈메-소린-캄비아소-크레스포-캄비아소의 순서로 26회의 패스를 정교하게 이어간 끝에 완벽한 팀워크 골을 뽑아냈는데 이 골은 2006 월드컵 최고의 골로 선정될 정도였다. 이후에도 막시로드리게스-크레스포-테베스-메시로 이어지는 골 폭풍 끝에 6-0의 대승을 거두고 일찌감치 16강 진출을 확정지었다. 네덜란드 역시 세르비아 몬테네그로와 나이지리아를 잡아낸 다음 아르헨티나와 무승부를 거두며 조 2위를 차지했다.

　D조의 포르투갈은 3경기를 모두 승리로 장식하며 여유 있게 조 1위를 차지했다. 관건이 된 것은 2위 싸움이었는데, 멕시코는 이란을 상대로 첫 경기에서 승리를 얻은 뒤 앙골라를 상대로 0-0 무승부를 거두며 고전했고, 마지막 경기에서 포르투갈에게 패해 1승 1무 1패를 거두는 데에 그쳤다. 앙골라는 포르투갈에 0-1로 아쉽게 패하고 멕시코와 비기는 등 기대 이상의 모습을 보여주었으나, 이란을 꺾는 데에 실패하면서 2무 1패로 탈락했다. 이란은 멕시코와의 첫 경기에서 전반을 1-1로 마치며 승리가 가능하다는 믿음을 가졌으나 후반 내리 두 골을 실점하며 패배했고, 다음 경기에서 포르투갈에게 패한 뒤 마지막 상대인 앙골라와는 비기며 세

계의 높은 벽을 실감했다.

E조에서는 가나가 모두의 예상을 깨뜨리고 이탈리아와 체코, 미국과 함께 속한 조에서 선전하며 16강 진출에 성공했다. 가나는 이탈리아를 상대로 한 첫 경기에서는 0-2로 패배했지만, 체코전에서는 네드베드가 주축이 된 상대의 화려한 미들진을 경기 내내 압도하며 승리를 거두었다. 결국 마지막 경기에서 이탈리아가 체코를, 가나가 미국을 이기면서 이탈리아와 가나 두 팀이 16강에 합류했다. 한편 이탈리아의 다니엘레 데 로씨는 미국과의 경기 중 팔꿈치로 맥브라이드의 눈 부위를 가격하면서 4경기 출장 정지를 당해 팀 전력에서 이탈했다.

F조는 브라질을 제외한 나머지 세 팀이 각축전을 벌였는데 그 와중에 일본이 촌극을 연출했다. 일본의 첫 상대는 호주였다. 전반 26분, 일본의 나카무라 스케가 올린 크로스를 잡기 위해 공중에 떠 있던 호주의 골키퍼 슈와르쩌를 다카하라가 밀어 넘어뜨렸다. 이는 파울이었지만 인정되지 않았고, 볼이 그대로 골문에 빨려 들어갔다. 오심으로 인해 선취골을 내준 호주는 경기 내내 일본에게 주도권을 빼앗기며 패배하는 듯 했지만 후반 39분과 47분 사이에 내리 3골을 넣으며 3-1의 역전승을 거두었다. 그 다음 크로아티아와의 경기에서도 일본은 야나기사와가 이른바 〈신칸센 대 탈선슛〉이라 불리는 어처구니없는 슈팅을 날리는 등 졸전을 거듭한 끝에 0-0의 무승부를 거두었다. 조별에선 마지막 경기

였던 브라질 전에서는 1-4의 대패를 당하며 일본은 결국 무승으로 16강에서 탈락했다. 일본이 2위 경쟁에서 이탈하면서 호주 대 크로아티아의 맞대결이 사실상의 16강 진출전이 되었는데, 2-2 무승부로 경기가 마무리되면서 1승 1무 1패를 기록한 호주가 2위를 확정지었다. 이 경기는 판정 문제로 인해 유난히 시끄러웠던 2006월드컵의 대표적인 오심 사례이기도 했다. 비록 FIFA가 지난 2002년 대회에서 일어난 오심 논란을 사전에 방지하기 위해서 주심과 부심을 최대한 같은 국적의 심판들로 구성하고, 각 심판들에게 무전기를 배급하는 등 원활한 의사소통이 이루어질 수 있게끔 이런저런 노력을 기울였음에도 오심 논란은 끊이지 않았던 것이다. 이 경기에서는 잉글랜드인 주심 그레엄 폴의 착오로 인해 크로아티아의 요세프 시무니치가 옐로우 카드 3장을 받고 나서야 퇴장 명령을 받는 해프닝이 연출되었다.

G조에서는 톱시드를 배정받은 프랑스가 난조를 보이고 토고가 최약체로 처지면서 프랑스와 스위스, 한국의 3파전이 벌어졌다. 프랑스는 첫 경기 상대인 스위스와 비겼고, 한국과의 경기에서도 후반 집중력 부재로 승리를 놓쳤다. 한국은 토고 전을 승리로 장식한 후 프랑스와 놀랍게도 1-1 무승부를 기록해 16강 진출에 성공하는 듯 싶었지만, 마지막 경기에서 스위스에게 0-2로 패하며 16강 진출권을 넘겨주고 말았다. 스위스는 2승 1무로 조 1위를 차지하며 16강에 진출했고 프랑스는 마지막 경기에서 토고를 2-0으로 잡아내며 조 2위에 올랐다.

H조는 예상대로 돌아갔다. 스페인은 우크라이나에게 4-0으로 승리하며 일찌감치 조 선두에 올랐고, 나머지 경기에서도 손쉬운 승리를 거두면서 3경기에서 3승 8득점 1실점을 기록했다. 스페인에게 대패를 당했던 우크라이나는 팀을 재정비한 뒤 사우디 아라비아와 튀니지를 상대로 각각 4-0, 1-0 승리를 거두며 16강 진출에 성공했다.

16강

독일 2-0 스웨덴	아르헨티나 2-1 멕시코
이탈리아 1-0 호주	우크라이나 0-0 스위스(승부차기 3-0)
잉글랜드 1-0 에콰도르	포르투갈 1-0 네덜란드
브라질 3-0 가나	프랑스 3-1 스페인

이탈리아와 호주가 16강전에서 맞붙게 되었다. 이탈리아의 수비수 마르코 마테라치가 전반에 퇴장당했지만 수적 우위를 살리지 못한 호주는 후반 종료 직전까지 득점을 하지 못했다. 후반 추가시간마저 끝나가고 있던 시점에서 이탈리아의 그로소가 패널티 에어리어 안에서 넘어졌다. 명백한 시뮬레이션 액션이었지만 주심은 이를 호주 수비수 닐의 반칙으로 선언했고, 토티가 PK를 넣으면서 극적으로 이탈리아가 8강에 진출하게 되었다.

전통의 강호 스페인과 프랑스의 경기는 그 자체로 많은 팬들의 이목을 집중시켰다. 조별 예선에서 스페인은 기세 좋은 모습을 보여주었던 반면 프랑스는 연달아 졸전을 펼쳤기 때문에 많은 이들이 스페인의 승리를 예상했으나, 프랑스는 이 경기에서 달라진 모습을 보였다. 스페인의 중원 미들진의 볼 회전은 원활했지만, 프랑스의 포백과 비에이라와 마켈레레의 미들진은 스페인의 스리톱인 비야-토레스-라울을 완전히 고립시키면서 스페인에게 위협적인 찬스를 거의 내주지 않았다. 비록 코너킥 상황에서 갈라스가 파블로에게 파울을 범해 PK를 내주면서 비야에게 선제골을 허용하긴 했지만, 전반 종료 직전 마켈렐레의 볼탈취에 이은 비에이라의 스루패스가 스페인 수비의 뒷공간을 무너뜨리면서 리베리가 동점골을 터트렸고 1-1로 전반은 종료되었다.

두 팀의 공방이 이어지던 후반 37분, 비에이라가 프리킥 상황에서 헤딩골을 꽂아 넣으며 프랑스에 리드를 선사했다. 스페인은 동점을 만들기 위해 애썼지만, 후반 인저리 타임에 역습을 허용하면서 지단에게 쐐기골을 얻어맞고 1-3으로 패배했다.

스위스는 월드컵 사상 최초의 '무패·무실점 탈락'과 '승부차기 전원 실축'이라는 불명예스러운 타이틀의 주인공이 되었다. 32강 조별리그에서 프랑스에 0-0, 토고와 한국에게 2-0으로 승리를 거두며 무실점을 기록하고 있던 스위스는, 16강전 우크라이나와의 경기에서 전·후반과 연장전을 0:0으로 마쳤다. 하지만 승부차기에서 3명의 키커가 연달아 실축하며 0-3으로 패배, 8강 진출에 실패했다.

포르투갈과 네덜란드의 경기는 거칠게 진행되었다. 이 경기에서 총 16장의 옐로카드가 나오며 역대 최고 기록과 타이를 이루었으며, 포르투갈에서는 코스티냐와 데쿠가, 네덜란드에서는 불라루즈와 브롱코스트가 레드카드를 받으면서 총

한 경기 최다 퇴장 기록이 세워졌다(이 경기까지 포함하여 대회 기간 동안 총 28명의 퇴장 선수가 발생, 단일 월드컵 최다 퇴장 기록이 세워졌다). 포르투갈의 8강 진출을 이끈 마니셰의 결승골은 정교한 과정 속에서 나온 아름다운 골이었지만, 그것으로 경기 전체의 난폭함을 가릴 수는 없었다.

아르헨티나와 멕시코는 전반에 한 골씩 주고받은 뒤 더 이상 추가점을 올리지 못해 연장 승부를 펼치게 되었다. 연장 전반 7분, 소린의 크로스를 받은 막시 로드리게스가 놀라운 발리슈팅으로 득점에 성공한 아르헨티나가 2-1 신승을 거두었다. 잉글랜드는 좋은 조직력을 갖춘 에콰도르에게 고전했지만 후반 14분에 터진 베컴의 프리킥 결승골로 1-0으로 간신히 승리, 8강에 진출했다.

스웨덴을 맞이한 독일은 전반 11분 만에 클로제와 포돌스키가 두 골을 만들어내며 2-0 승리를 거뒀다. 첫 골은 클로제의 슈팅이 골키퍼를 맞고 포돌스키에게 굴절되었으며, 두 번째 골은 클로제의 역량을 잘 보여주는 멋진 어시스트에서부터 나왔다.

체코와 미국을 상대로 압도적인 중원 지배력을 보여주었던 가나는 브라질을 상대로도 위축되지 않고 화끈한 경기를 펼쳤으며 여러 번의 득점 찬스를 맞기도 했지만 골결정력이 아쉬웠다. 결국 공격수의 마무리 능력이 두 팀 간의 차이를 발생시켰고 가나는 좋았던 경기 내용에도 불구 0-3 대패를 당하고 말았다. 이 경기에서 브라질의 호나우두는 자신의 월드컵 통산 15호 골을 터트리며 월드컵 통산 최다 득점 기록을 갈아치웠다.

월드컵 통산 최다 득점 기록을 세우고 있는 호나우두

 2006년 월드컵에서는 유독 오프사이드 판정에 관한 논란이 많았는데, 브라질의 두 번째 골이 대표적인 예였다. 전반 종료 직전 오프사이드를 무너뜨리는 루시우의 패스가 카카에게 정확히 이어지자 카카는 우측면을 파고들던 카푸에게 볼을 연결했고, 카푸가 이를 크로스하여 아드리아누에게 득점 찬스를 만들어주었는데 분명 아드리아누는 오프사이드 포지션에 있었다. 그러나 선심은 이를 지적해내지 못했고 스코어는 2-0이 되었다. 열심히 추격하던 가나의 입장에선 억울한 추가 실점이었다.

⚽ 8강

| 독일 1-1 아르헨티나 (4-2) | 이탈리아 3-0 우크라이나 |
| 포르투갈 0-0 잉글랜드(승부차기 3-1) | 프랑스 1-0 브라질 |

　프랑스와 브라질이 준결승으로 가는 길목에서 정면충돌했다. 이 경기에서 브라질은 미드필더의 비효율성에 따른 장악력 결여를 극명하게 드러내었다. 카카와 호나우지뉴, 주니뉴는 상하좌우에서 가해지는 비에이라와 마켈레레, 아비달, 사뇰의 압착에 조여져 볼 운반을 할 엄두를 내지 못했다. 그들은 볼을 측면으로 돌리는 데 급급했고, 그렇게 측면으로 볼이 향하면 프랑스의 풀백과 중원 자원들은 카푸와 카를로스를 양방향에서 포위하곤 했다. 그리하여 카를로스와 카푸는 깊은 선상까지 침투할 수 없었는데 그렇다고 아이솔레이션을 성공적으로 이끌어가기엔 둘 다 전성기의 기량이 아니었다. 결국 브라질은 초반 15분 이후부터 주도권을 잃고 수세에 몰리게 되었다.

프랑스는 브라질에게 공세를 허용하지 않은 반면, 자신들은 여러 가지 공격 루트를 적극 활용하였다. 중원에서의 우위를 확보한 비에이라와 마켈레레는 안정적으로 볼을 전달해 주었으며, 지단 역시 좋은 컨디션을 보여주며 브라질의 중원과 측면을 오갔다. 최전방의 앙리 역시 좋은 모습을 보여주었다. 그리고 결국 프랑스를 위한 골이 터졌다. 프리킥 상황에서 브라질 선수들이 오프사이드를 걸지 마크를 붙을지 갈피를 잡지 못하는 사이 노마크였던 앙리가 득점에 성공한 것이다.

리드를 잡은 프랑스는 경기종료까지 주도권을 잃지 않았고 결국 1-0 승리를 거두었다. 브라질의 센터백 루시우는 386분 동안 파울을 범하지 않으며 역대 최장 시간 노 파울이라는 대기록을 세웠지만 팀 패배에 빛이 바랬다.

포르투갈은 잉글랜드와 맞붙어 승부차기 끝에 승리를 거두었다. 이 경기에서 크리스티아누 호날두는 맨유 팀 동료인 웨인 루니가 파울을 범하자 심판에게 달려가서 루니의 파울을 고발하여 퇴장을 이끌어낸 뒤 카메라를 향해 윙크를 날려 전 잉글랜드 팬들의 공분을 샀다.

이탈리아는 한 수 아래의 우크라이나를 상대로 3-0 대승을 거두었다. 전반 초반, 토티가 후방으로 내려오며 수비수를 끌어당기는 '데코이 런'으로 공간을 만들자 그 자리로 돌파해 들어간 잠브로타가 중거리슛을 날리며 첫 골을 만들어냈다.

웨인 루니의 퇴장과 호날두의 윙크

토티의 활약은 그것이 끝이 아니었는데, 후반 13분에 정확한 크로스를 올려 루카 토니의 헤딩골을 이끌어낸 것이다. 이탈리아의 3번째 골은 선취골의 주인공 참브로타가 단 한 번의 터치로 우크라이나의 좌측 라인을 붕괴시킨 뒤 올려준 정확한 크로스를 토니가 집어넣는 것으로 탄생되었다.

이로서 2006 월드컵은 1934년, 1966년, 1982년에 이어 네 번째로 유럽팀이 4강을 독차지하는 유로컵이 되었다.

⚽ 4강

| 이탈리아 2-0 독일　　　프랑스 1-0 포르투갈

이탈리아와 독일의 경기는 월드컵 3회 우승국 간의 경기였다. 경기의 초반, 서로가 조심스레 탐색전을 이어나갔다. 처음에는 독일이 약간 우위를 점했지만, 전반 30분을 전후로 하여 이탈리아가 경기의 주도권을 탈환했다.

 피를로가 중심이 되어 이루어지는 볼의 순환은 안정적이었으며, 좌우에서는 그로소와 카모라네시가 독일의 측면을 두들겼다. 그러나 독일도 가만히 있진 않았는데 중원에서 켈이 피를로의 패스를 끊어낸 다음 역습을 전개하면서 클로제가 슈나이데르에게 완벽한 득점 찬스를 만들어주었지만, 슈나이데르의 슈팅은 크로스바를 넘어갔다.

 후반전 역시 이탈리아가 중원을 장악한 채로 플레이를 펼쳤지만 위협적인 골 찬스까지는 만들지 못했다. 독일은 역습 위주의 경기를 펼쳤는데 클로제의 질주와 포돌스키의 슈팅은 부폰에게 막혔다. 독일의 감독 클린스만은 슈바인슈타이거와 오돈코어를 투입하며 측면에서 활로를 찾으려 했지만 그다지 효과를 보진 못했다. 결국 승부는 연장으로 이어졌다.

연장전 초반, 이탈리아로서는 땅을 치며 아쉬워할 장면들이 찾아왔다. 연장전 시작과 함께 교체되어 들어온 질라르디노가 한 번 ,그리고 참브로타가 또 한번 크로스바를 맞춘 것이다. 독일은 포돌스키에게 의존한 공격 작업으로 맞대응 해보려 했지만 역부족이었다.

그렇게 두 팀 모두 골을 성공시키지 못한 채로 연장 후반도 끝나갈 무렵, 코너킥 상황에서 프리드리히의 머리를 맞고 나온 볼은 아크 서클 근처에서 루즈볼을 기다리고 있던 피를로에게 흘렀고, 피를로는 박스 우측에 있던 그로소에게 패스를 주었다. 볼을 받은 그로소는 멋진 감아차기로 골문 구석에 볼을 꽂아 넣으며 득점에 성공했다.

독일은 조급해졌고, 대부분의 인원이 전방으로 가서 필사적으로 동점을 노렸다. 그리고 이것은 오히려 독이 되었다. 칸나바로가 포돌스키의 볼을 뺏어냈고, 토티에게 볼을 넘겨주었다. 토티는 전방으로 향하던 질라르디노에게 좋은 전진 패스를 주었고 그 공을 이어받은 질라르디노는 안쪽으로 파고들어 슈팅하는 척 하면서 메첼더를 유인한 뒤 후방에서 뛰어오고 있던 델 피에로에게 절묘한 힐 패스를 주었고, 델 피에로는 골문 상단 구석을 정확히 겨냥하며 추가골에 성공했다. 독일은 120분 내내 잘 싸웠지만 막판 집중력 싸움에서 완패하며 결승 진출에 실패하게 되었다.

 또 다른 준결승전 대진은 프랑스 대 포르투갈이었다. 주심의 휘슬이 울리고 경기가 시작된 지 얼마 지나지 않아 프랑스 말루다의 왼발 슛이 터져 나왔다. 그렇게 프랑스가 초반 기선을 제압하나 했지만 얼마 지나지 않아 분위기는 포르투갈 쪽으로 넘어왔다. 그러한 분위기 반전에 큰 역할을 한 것은 호날두였다. 전반 8분 호날두의 컷인사이드로 인해 마켈렐레가 우측 공간을 비우고 따라가자 마니셰가 이곳으로 뛰어 들어가 호날두의 센스 있는 패스를 받아내 위협적인 슈팅을 날리기도 했다 프랑스는 간간히 위협적인 크로스 등으로 대응했지만, 말루다와 리베리는 각기 발렌테와 미겔을 상대로 고전을 면치 못했고, 지단 역시 코스티냐와 마니셰 등의 견제에 의해 큰 힘을 발휘하지 못했다. 그러나 그런 와중에도 프랑스 수비진은 여전히 견고했으며 상대에게 쉽게 공간을 내주지 않았다.

그리고 전반 31분, 말루다가 보낸 패스를 처리하던 앙리가 페널티 에어리어 안에서 카르발류에게 걸려 넘어지면서 PK가 선언되었다. 공격을 당하기만 하던 프랑스가 선제골을 기록할 좋은 찬스였고, 그들은 그 찬스를 놓치지 않았다. 좋은 경기를 펼치고도 선취골 허용이라는 일격을 당한 포르투갈은, 마니셰의 중거리 슛과 호날두의 드리블 돌파 등으로 분위기 반전을 시도하며 공격을 펼쳤으나 골을 기록하진 못한 채로 전반전을 마무리했다.

포르투갈은 후반 시작과 함께 프랑스를 거세게 몰아붙이며 후반에만 10개가 넘는 슈팅을 날렸지만, 프랑스의 견고한 수비조직에 균열을 내지는 못했다.

경기가 뜻대로 풀리지 않자 포르투갈의 감독 스콜라리는 후반 23분 파울레타를 빼고 시망 사브로사를 투입했으며, 29분에는 포스티가를 투입하며 동점을 만들기 위해 박차를 가했지만, 한 점 차의 리드를 지키려는 프랑스의 의지가 더욱 강했다. 끝내 1-0 리드를 지켜낸 프랑스가 8년 만에 다시 월드컵 결승 무대에 모습을 드러내게 되었다.

결승

이탈리아 1-1 프랑스(승부차기 5-3)

　주심의 경기 출발 휘슬이 울린 지 채 5분이 지나지 않아 프랑스에게 결정적인 찬스가 찾아왔다. 아비달의 헤딩 패스가 페널티 에어리어로 투입되었고 그 볼을 받으려던 말루다가 마테라치에게 걸려 넘어진 것이다. 주심은 페널티킥을 선언했고, 지단이 이를 성공시키면서 프랑스가 1-0으로 앞서나갔다. 전반 8분에는 사놀의 크로스가 마테라치를 맞고 골문으로 들어갈 뻔 하는 등 이탈리아에겐 마테라치와 관계된 위기들이 거듭되었다.

　하지만 일종의 '결자해지'가 일어났는데 앞서 누어 번의 실수를 범한 마테라치가, 전반 19분, 피를로의 크로스를 받아 동점골을 성공시킨 것이다. 이후에도 이탈리아는 세트 플레이에서 찬스를 맞이하곤 했는데, 특히 35분에는 코너킥 상황에서 토니의 헤딩슛이 골대를 맞추며 프랑스의 간담을 서늘케 했다.

후반전이 시작되자마자 앙리는 날카로운 모습을 보여주었다. 그는 놀라운 드리블 실력을 과시하며 가투소와 잠브로타, 칸나바로를 차례로 돌파해내며 이탈리아의 페널티 박스로 침투해 들어간 뒤 슈팅을 날렸다. 하지만 각이 좁았기에 그의 슈팅은 부폰 골키퍼에게 큰 위험을 안겨 주지는 못했다. 잠시 뒤, 앙리는 카모라네시를 옆에 달고 있는 상태에서 페널티 에어리어로 부드럽게 진입한 다음, 뛰어난 균형 감각을 보여 주며 카모라네시와 그로쏘와 마테라치의 사이를 절묘하게 뚫고 들어가기도 했다.

후반 10분, 프랑스의 비에이라가 부상으로 아웃되자, 감독 도메네크는 디아라를 투입시켰다. 이에 맞서 리피는 프란체스코 토티와 시모네 페로타를 빼고 그 자리에 다니엘레 데 로시와 빈첸초 이아퀸타를 투입하며 반전을 꾀했다.

이탈리아는, 60분, 그로소의 프리킥을 토니가 헤딩슛으로 연결시켰지만 오프사이드가 선언되었고, 62분엔 피를로의 프리킥을 받은 토니가 시도한 헤딩슛이 바르테즈 골키퍼를 지나 골네트를 갈랐으나 부심이 오프사이드 깃발을 들면서 골로 인정받지 못했다.

결국 경기는 연장으로 접어들었고, 연장에서도 경기는 소강상태가 이어졌다. 그렇게 흘러가던 연장 후반, 이 대회 최고의 화젯거리가 된 지단의 '박치기 사건'이 일어났다. 마테라치와 언쟁을 벌이던 지단은, 마테라치가 자신의 어머니와 친누나를 모욕하자 흥분을 참지 못하고 마테라치의 가슴팍에 박치기를 가했고, 심판은 이에 곧바로 퇴장을 선언했다. 이로써 지단은 불명예스런 '가린샤 클럽'의 멤버가 되었고, 1998년 월드컵 때에 사우디 전에서의 퇴장에 이어 통산 두 번째로 레드카드를 받게 되었다.

마테라치를 머리로 가격한 지단

수적 열세에 몰린 프랑스는 수비에 '올인'했고, 이탈리아는 그런 프랑스를 상대로 골을 성공시키지 못했다. 결국 94년 월드컵 이후 12년 만에 결승전 승부차기가 진행되었다. 승부차기에서 이탈리아의 키커 5명 전원이 승부차기를 성공시킨 반면, 프랑스에서는 트레제게가 실축을 범했다. 그렇게 승부차기에서 5-3으로 승리하게 된 이탈리아는 역사상 네 번째 월드컵 우승을 차지하며 5회 우승의 브라질을 바짝 추격하게 되었다.

우승을 자축하고 있는 이탈리아 선수단

 2006년 독일 월드컵은 1990년 이탈리아 월드컵과 묘한 대조를 이루었는데, 이탈리아 월드컵에선 독일이 우승하고 이탈리아가 3위를 했던 반면, 독일 월드컵에서는 이탈리아가 우승을 차지하고 독일이 3위를 차지했다. 8강에 6개의 유럽 팀이 올라가는 등 유럽의 강세가 돋보였던 것도 공통점이었고, 수비가 대회의 트렌드가 된 것 역시 유사했다.

 이런 특성은 득점 기록에서도 알 수 있었다. 경기당 골수는 고작 2.3에 머무르며 독일 월드컵이 빈공에 시달렸음을 입증해주었다. 5골을 기록한 독일의 미로슬라프 클로제는 1962년 대회 이후 44년 만에 최소 득점으로 득점왕을 차지했다(클로제를 제외하고는 4골을 기록한 선수도 없었다). 또한 대회 내내 해트트릭을 성공시킨 선수가 단 한 명도 배출되지 않았는데 이는 월드컵 역사상 최초로 일어난 일이었다. 1994년부터 이어진 '월드컵의 여름'이 끝나가고 있음을,

다시 '겨울'이 다가오고 있음을 암시하는 대회가 바로 2006 독일 월드컵이었다.

⚽ 기록 및 수상

- 총 득점 : 64경기 147골(경기당 2.3골)
- 총 관중 수 : 3,359,439명(경기당 52,491명)
- 최다 득점 팀 : 독일(7경기 14득점)
- 최저 득점 팀 : 트리니다드 토바고(3경기 0득점)
- 최다 실점 팀 : 세르비아 몬테네그로(3경기 10실점)
- 최저 실점 팀 : 스위스(4경기 0실점)
- 골든볼 : 지네딘 지단(프랑스)
- 실버볼 : 파비오 칸나바로(이탈리아)
- 브론즈볼 : 안드레아 피를로(이탈리아)
- 야신상 : 잔루이지 부폰(이탈리아)
- 최우수 신예상 : 루카스 포돌스키(독일)
- 골든부트 : 미로슬라프 클로제(독일) - 5골
- 실버부트 : 에르난 크레스포(아르헨티나) - 3골
- 브론즈부트 : 호나우두(브라질) - 3골.
- 페어플레이 상 : 브라질, 스페인
- 최고의 인기팀 상[61] : 포르투갈

⚽ 베스트 팀

- 골키퍼 : 잔루이지 부폰(이탈리아), 옌스 레만(독일), 히카르두(포르투갈)
- 수비수 : 로베르토 아얄라(아르헨티나), 존 테리(잉글랜드), 릴리

---

61) 이 대회를 끝으로 폐지되었다.

앙 튀랑(프랑스), 필립 람(독일), 파비오 칸나바로(이탈리아), 잔루카 참브로타(이탈리아), 히카르두 카르발류(포르투갈)
- 미드필더 : 파트리크 비에이라(프랑스), 지네딘 지단(프랑스), 미하엘 발락(독일), 안드레아 피를로(이탈리아), 젠나로 가투소(이탈리아), 마니셰(포르투갈), 루이스 피구(포르투갈), 제 호베르투(브라질)
- 공격수 : 에르난 크레스포(아르헨티나), 티에리 앙리(프랑스), 미로슬라프 클로제(독일), 루카 토니(이탈리아)

20. 2010 남아공 월드컵

개최국 및 유치 과정

2010 월드컵은 대륙 순환 개최의 원칙에 따라 아프리카에서 열리게 되었고, 이에 이집트, 모로코, 남아공, 리비아, 튀니지가 경쟁에 참가했다. 리비아와 튀니지는 공동 개최를 목표로 했으나, FIFA 집행위원회는 튀니지와 리비아의 FIFA 랭킹이 너무 처지는데다 2002년 한일월드컵 당시 한국과 일본 조직위의 치열한 내부 경쟁으로 득보다 실이 많았다고 판단하여 공동 개최를 불허했다. FIFA의 결정에 따라 튀니지는 경쟁을 포기했고, 홀로 남은 리비아가 단독 개최 신청을 내자 FIFA는 월드컵 개최에 요구되는 공식적인 기준들에 크게 미달한다는 명목으로 리비아를 탈락시켰다. 최종적으로 이집트와 모로코, 남아공만이 남게 되었다.

개최국은 2004년 5월15일 열린 FIFA 총회에서 가려지게 되었다. 총 24표 중, 남아공이 14표를 받아, 10표를 받은 모로코와 0표를 받은 이집트에 앞서며 개최 자격을 획득했다. 이로써 2010년 19회 월드컵은 역대 월드컵 중 최초로 아프리카 대륙에서 열리게 되었다.

⚽ 공인구, 마스코트, 엠블럼

자블라니   조블라니   자쿠미

'자블라니'는 남아프리카공화국의 공용어중 하나인 줄루어(isiZulu)어로 '축하하다'를 의미한다. 11개의 컬러가 사용되었는데 이것은 11번째 공인구, 남아공의 11개의 부족, 남아공의 11개의 공용어, 11명의 축구 선수를 뜻한다. 8개의 3D 패널을 고열접합방식으로 붙여 제작되었기 때문에 완전 구형에 가까운 모양을 가지고 있었으며, 또한 유로패스부터 적용된 미세돌기가 공기의 저항력을 줄여주었다. 따라서 공의 속도가 빨라졌다. 그러나 돌기의 모양과 분포는 불규칙적이었기 때문에, 강하게 스핀을 넣어 찰 경우 공이 키커의 의도와 달리 예측할 수 없는 방향으로 나가 버리는 문제가 있었다. 또한 자블라니의 강한 반발성은 원래의 제작 의도와는 달리 볼을 다루는 데 어려움을 가중시켰다. 이로 인해 남아공 월드컵에서 선수들의 경기력은 전반적으로 저해되었고, 자블라니는 대회 내내 혹평에 시달렸다.

공식 경기에 사용되는 공에는 경기일이나 경기 팀 등의

정보가 프린트되며, 결승전용으로 특별히 제작된, 금테를 두른 공인 '조블라니(Jobulani)'[62]도 있었다.

마스코트의 이름은 '자쿠미(ZAKUMI)'. 케이프타운 출신의 디자이너 안드리스 오덴달에 의해 표범을 모델로 만들어졌다. "ZA"는 남아공의 국제표준 국가분류코드이며, "KUMI"는 아프리칸스어로 '10'을 뜻하는 동시에 코사(Xhos)부족어로 '어서오세요'를 의미한다. 생일은 1994년 6월16일로, 1994년은 남아공이 인종분리정책이 종식된 해이고, 6월16일은 인종차별 종식을 촉발시킨 소웨토의 민중봉기 기념일이다.

2010 월드컵의 엠블럼

엠블럼은 남아공을 대표하는 유산인 샌족(부시맨)의 암벽화를 본딴 것으로, 바이시클 킥을 시도하는 선수를 형상화했다. 전체적인 틀에서는 아프리카 대륙을 표현하고자 했는데, 싱딘의 볼은 현대 축구 및 FIFA와의 유대를 상징하며, 각 대륙을 순환한 끝에 마침내 아프리카에서 사상 처음으로

---

62) 요하네스버그(Johannesburg)와 자블라니(Jabulani)의 합성어였다.

월드컵을 개최하게 된 것을 의미한다. 바탕의 화려한 색상은 바람에 펄럭이는 남아공 국기에서 착안했다. 오른쪽 상단의 FIFA컵은 제17회 대회 이후 매회 엠블럼에 삽입되고 있다.

⚽ 참가 팀 및 예선 경과

개최국 남아공에게 자동 본선 출전권이 주어졌다. 남아공의 자동 본선 진출로 인해 아프리카 측에 총 6장의 티켓이 주어진 반면, 유럽은 전 대회보다 1장 줄어든 13장의 티켓을 부여 받았다.

- 유럽(13장) : 덴마크, 포르투갈, 스위스, 그리스, 슬로바키아, 독일, 스페인, 잉글랜드, 세르비아, 슬로베니아, 프랑스, 이탈리아, 네덜란드
- 남미(4.5장) : 브라질, 아르헨티나, 파라과이, 칠레, (우루과이)
- 북중미(3.5장) : 멕시코, 미국, 온두라스
- 아시아(4.5장) : 한국, 일본, 호주, 북한
- 아프리카(6장) : 남아공, 알제리, 나이지리아, 가나, 코트디부아르, 카메룬
- 오세아니아(0.5장) : (뉴질랜드)

남아공 월드컵의 예선에서는 판정 논란 및 폭력 사태가 이례적으로 잦았다. 특히 프랑스와 아일랜드 간의 유럽 지역 예선 플레이오프에서는 주·부심 모두가 티에리 앙리의 '핸들링 어시스트'를 적발하지 못하는 오심을 범하면서 큰

물의를 일으켰고, 우루과이와 코스타리카 간의 대륙 간 플레이오프에서도 우루과이의 득점에 대한 판정 시비가 화젯거리로 떠올랐다. 알제리와 이집트의 아프리카 플레이오프 이후에는 대규모 폭력사태가 일어나기도 했다.

유럽 지역 예선을 시끄럽게 했던 앙리의 핸드볼

지역예선에서 큰 이변은 일어나지 않았다. 예선에서 탈락한 볼리비아가 홈에서 마라도나가 지휘하는 아르헨티나를 상대로 6-1로 대승한 것 정도가 화젯거리였다. 본선 탈락 위기를 가까스로 모면한 아르헨티나를 비롯, 프랑스와 포르투갈 등도 플레이오프를 통해 본선에 합류했다. 스웨덴, 체코, 크로아티아, 유로 2008에서 4강에 올랐던 히딩크의 러시아 등은 예선에서 탈락했다.

한국과 북한은 3라운드에서 만나 동반으로 최종 라운드에 직행하고 최종 라운드에서도 역시 같은 조가 되어 동반 본선 진출에 성공하며, 1974년에 동서독이 동반 진출한 이후 36년 만에 분단국가의 월드컵 본선 동반 진출을 이뤄냈다. 중동 국가들이 약세를 보인 이례적인 대회였는데, 대륙 간 플레이오프로 진출한 바레인마저 뉴질랜드에게 패하며 중동 팀은 전멸했다.

오세아니아 지역의 양대 산맥인 호주와 뉴질랜드도 본선 동반 진출에 성공했다. 호주는 아시아에서 예선을 치렀기 때문에 먼저 본선에 직행했고, 뉴질랜드는 대륙 간 플레이오프 상대인 바레인을 잡고 본선에 진출했다.

⚽ 대회 준비

남아공은 불안한 치안과 환경 문제로 월드컵 개최권을 반납해야 할 위기에 놓이기도 했었다. 특히 남아공의 중심 도시 요하네스버그는 '범죄자들의 천국'이라 불릴 정도로 치안이 불안정한 것으로 유명하며, 실제로 본선 도중 뉴질랜드 취재진들이 방송 장비를 모두 도난당하는 사건이 발생하기도 했다.

2007년 4월, FIFA의 블래터 회장은 남아공의 치안 문제를 이유로 미국, 잉글랜드, 스페인, 일본, 멕시코 등을 대리 개최국 후보로 언급했지만 개최권 반납은 실제로 이뤄지지 않았다.

2010년 6월11일 부터 2010년 7월12일까지 32개 본선진출 국가가 남아프리카 공화국(이하 남아공)의 10개 경기장에서 64경기를 치렀다. 9개 도시에 10개의 경기장이 지어졌다.

요하네스버그의 Soccer City(좌)와 Ellis Park Stadium(우)

더반의 Moses Mabhida Stadium(좌)과 케이프 타운의 Cape Town Stadium(우)

프리토리아의 Loftus Versfeld Stadium(좌)과
Port Elizabeth Nelson Mandela Bay Stadium(우)

폴로콰네의 Peter Mokaba Stadium(좌)과 넬스프리트의 Mbombela Stadium(우)

블룸폰테인의 Free State Stadium(좌)과 루스텐버그의 Royal Bafokeng Stadium(우)

⚽ 대회 형식

남아공 월드컵에서는 조별 예선의 옐로카드가 8강까지 사라지지 않는 대신, 4강부터는 그 전에 받은 경고가 모두 소멸되게끔 하여 준결승에서 레드카드나 옐로카드 2장을 받지 않는 이상 결승전에 뛸 수 있게 했다. 이는 스타 선수가 결승전에 뛰지 못할 확률을 최대한 줄이자는 것이었다.

⚽ 조별리그

	승	무	패	득	실	차	승점
우루과이	2	1	0	4	0	4	7
멕시코	1	1	1	3	2	1	4
남아공	1	1	1	3	5	-2	4
프랑스	0	1	2	1	4	-3	1

	승	무	패	득	실	차	승점
아르헨티나	3	0	0	7	1	6	9
한국	1	1	1	5	6	-1	4
그리스	1	0	2	2	5	-3	3
나이지리아	0	1	2	3	5	-2	1

	승	무	패	득	실	차	승점
미국	1	2	0	4	3	1	5
잉글랜드	1	2	0	2	1	1	5
슬로베니아	1	1	1	3	3	0	4
알제리	0	1	2	0	2	-2	1

	승	무	패	득	실	차	승점
독일	2	0	1	5	1	0	6
가나	1	1	1	2	2	2	4
호주	1	1	1	3	6	4	4
세르비아	1	0	2	2	3	-6	3

	승	무	패	득	실	차	승점
네덜란드	3	0	0	5	1	4	9
일본	2	0	1	4	2	2	6
덴마크	1	0	2	3	6	-3	3
카메룬	0	0	3	2	5	-3	0

	승	무	패	득	실	차	승점
파라과이	1	2	0	3	1	2	5
슬로바키아	1	1	1	4	5	-1	4
뉴질랜드	0	3	0	2	2	0	3
이탈리아	0	2	1	4	5	-1	2

	승	무	패	득	실	차	승점
브라질	2	1	0	5	2	3	7
포르투갈	1	2	0	7	0	7	5
코트디부아르	1	1	1	4	3	1	4
북한	0	0	3	1	12	-11	0

	승	무	패	득	실	차	승점
스페인	2	0	1	4	2	2	6
칠레	2	0	1	3	2	1	6
스위스	1	1	1	1	1	0	4
온두라스	0	1	2	0	3	-3	1

별다른 이변 없이 강팀들의 순항이 거듭됐던 2006년 대회와는 크게 대조를 이루는 조별예선 결과가 나왔다. 예선 탈락 국가 중 가장 놀라움을 자아내게 했던 팀은 A조에 속한 프랑스였다. 프랑스는 첫 경기 우루과이와의 대결에서 0-0 무승부를 거둔 뒤 멕시코에게는 0-2로 패했다. 멕시코전에서 아넬카는 경기 도중 자신의 교체 아웃을 명령한 도메네크 감독에게 욕설을 퍼부었고, 그로 인해 남아공과의 최종전을 뛰지 못하게 되었다. 그러나 프랑스 선수들은 도메네크 감독이 아닌 아넬카를 지지하며 훈련까지 보이콧하는 파문을 일으켰다. 하나의 팀으로 단결하지 못한 프랑스는

결국 마지막 경기에서도 남아공에게 1-2로 패하는 등 2002년 월드컵 못지않은 졸전을 거듭하며 1무 2패라는 최악의 성적으로 조별리그에서 탈락하고 말았다.

남아공은 개막전에서 멕시코를 상대로 1-1 무승부를 거두며 월드컵 시작 이래로 이어져온 개최국의 첫 경기 무패 기록을 이어나갔지만, 16강 진출에는 실패하며 월드컵 역사상 최초로 1라운드에 탈락한 개최국이 되었다.

F조의 이탈리아 역시 프랑스와 크게 다르지 않은 길을 걸었다. 이탈리아는 월드컵 유럽 지역예선에서 아일랜드, 불가리아 등과 함께 속해 있으면서도 10전 7승 3무, 무패의 기록으로 본선에 진출했지만, 예선에서의 성적은 본선에서 어드밴티지를 주지 못한다는 새삼스러운 사실을 뼈저리게 느끼게 되었다.

첫 경기에서 파라과이와 1-1로 비긴 이탈리아는, 뉴질랜드를 상대로 편안한 승리를 거둘 것으로 보였지만 오프사이드 오심으로 인해 실점을 내주는 등 불운과 좋지 않은 경기력이 겹치며 1-1로 비겼다. 뉴질랜드의 골 장면에서 사이먼 엘리엇의 프리킥은 윈스턴 리드의 머리에 맞았고 그 순간 스멜츠는 이탈리아 수비수들보다 한 발짝 이상 앞서 있었으나 부심은 침묵했고 이에 뉴질랜드는 환호했다.

이탈리아로서는 여기까지도 최악은 아니었다. 마지막 경기 이전까지 뉴질랜드는 2무, 슬로바키아는 1무 1패였으므로, 이탈리아는 마지막 상대인 슬로바키아를 상대로 비기기만 하더라도 다득점에 의해 뉴질랜드를 제치고 조 2위로 16

강에 진출할 수 있었다. 그러나 후반 21분, 콸리아렐라의 슈팅이 스크르텔을 맞고 나오고 후반 39분에는 콸리아렐라의 득점이 오프사이드로 오인되어 취소되는 등 불운이 겹치며 2-3으로 패배하였다.

콸리아렐라의 슈팅이 스크르텔을 맞고 나오는 장면(좌)과
콸리아렐라가 오프사이드로 범한 것으로 간주된 장면(우)

이탈리아가 1라운드에서 탈락한 것은 1974년 월드컵 이후 36년만이었고, 3점 이상을 내주며 패배한 것은 1970년 월드컵 결승전에서 브라질을 상대로 1-4로 패한 이후 40년 만이었으며, 월드컵에서 1승도 거두지 못한 것은 역사상 처음이었다. 더불어, 전 대회 결승에 진출했던 두 팀이 나란히 무승으로 1라운드에서 탈락한 것 역시 월드컵 역사상 처음 있는 일이었다.

B조에서는 아르헨티나가 3전 전승을 거두며 쉽게 16강에 진출했다. 그러나 첫 경기에서는 오심이 영향을 주었는데, 나이지리아 진영의 문전에서 아르헨티나의 사무엘이 나이지

리아의 치네두 오바시를 껴안고 움직임을 봉쇄했고, 그 빈 공간으로 에인세가 헤딩슛을 꽂아 넣었다. 경기종료 후 FIFA 심판위원회는 그 장면에서 아르헨티나의 파울을 선언하지 않은 심판의 오심이었다고 밝혔다. 오심은 한국 대 아르헨티나의 경기에서도 나왔는데 후반 30분에 골을 넣은 아르헨티나 곤살로 이과인은 오프사이드 선상에 있었음에도 불구하고 득점이 인정되었던 것이다.

이과인의 오프사이드 장면

대회 내내 계속된 응원석의 부부젤라 소음은 공인구 자블라니와 더불어 이번 월드컵의 또 다른 골칫거리였다. 부부젤라 소음의 최대 피해자는 아르헨티나의 데미첼리스였는데, 후방에서 압박을 받고 있던 상황에서 볼을 처리하려던 데미첼리스는 부부젤라의 소음 때문에 이청용이 배후에서 달려들고 있다는 것을 주지시키려는 주변 동료들의 외침을 듣지 못했고, 그로 인해 이청용에게 실점을 내주는 빌미를 제공했다.

2010 월드컵의 골칫거리였던 부부젤라

한국은 아르헨티나에게 1-4로 대패하기는 했지만, 그리스에게 확실한 승리를 거뒀으며 마지막 경기에서는 나이지리아를 상대로 쉽지 않은 승부 끝에 무승부를 기록하며 1승 1무 1패로 조 2위를 차지하였다.

C조에서는 첫 경기에서 만나 무승부를 기록했던 미국과 잉글랜드가 조별리그 최종전에서 각각 슬로베니아와 알제리를 1-0으로 꺾으며 1승 2무로 16강에 합류했다. 미국과 슬로베니아의 경기에서도 판정 논란이 있었는데, 전반 41분, 미국의 로비 파인들리의 얼굴에 공이 맞은 것을 심판이 핸드볼 파울을 범한 것으로 오인하여 옐로카드를 내민 것이다. 문제가 더 커진 것은 그것이 파인들리의 대회 두 번째 경고였다는 것. 결국 그는 경고 누적으로 인해 다음 경기 출전이 금지되었다. 미국이 2-0으로 뒤지다가 2-2로 따라잡은 직후였던 후반 41분에는 미국의 도노반이 프리킥을 올린 것을 에두가 득점으로 연결했을 때 슬로베니아 선수가 파울을 범했음에도 불구하고 미국의 에두에게 파울을 선언하면서

골을 취소시켰다. 인저리 타임에는 슬로베니아 선수가 들것에 실려 나가 시간이 지연되는 바람에 시간이 더 주어지리라고 예상됐지만, 심판은 기존에 정해졌던 추가시간에 맞춰 칼같이 경기종료를 선언했다.

D조의 독일은 첫 경기에서 호주를 4-0으로 대파했지만, 그 다음 상대인 세르비아에게 0-1로 패하면서 86년 월드컵 조별리그에서 덴마크에게 패배한 이래 24년 만에 조별 라운드에서 패배의 쓴 맛을 맛보게 되었다. 마지막 상대인 가나와의 대결에선 외질의 결승골에 힘입어 승리를 거두었고 2승 1패의 성적으로 16강에 진출할 수 있게 되었다. 가나는 이 경기에서 패하기는 했으나, 세르비아가 호주에게 덜미를 잡힌 덕분으로 골득실에서 호주에 앞서게 되었다. 결국 가나가 조 2위로 16강에 진출하며 이 대회에서 조별예선을 통과한 유일한 아프리카 국가로 남게 되었다.

G조에서는 브라질이 여전히 강력함을 과시하며 선두로 나섰다. 그러나 이들 역시 월드컵을 뒤덮은 오심 논란으로부터 자유롭지 못했다. 브라질과 코트디부아르의 경기에서는 브라질의 루이스 파비아누가 두 차례나 핸들링 반칙을 범했음에도 심판이 그의 플레이를 인정하여 골이 터지는 어처구니없는 일이 벌어지기도 했다.

핸드볼을 범하고 있는 파비아누

후반 43분에는 브라질의 카카와 코트디부아르의 케이타가 몸싸움을 벌이던 도중 케이타의 시뮬레이션 액션에 심판이 속아 카카가 두 번째 경고를 받고 퇴장당하는 일도 있었다. 브라질의 3-1 승리로 끝났지만 석연찮은 점이 많았던 경기였다. 포르투갈은 코트디부아르와는 무승부를 거두었지만, 약체 북한을 상대로 7-0의 대승을 거두었고, 마지막 경기에서 브라질과 비기며 브라질에 이은 조 2위로 16강에 안착했다.

E조에서는 네덜란드가 3승을 거두며 여유있게 조 1위를 확보했으며, 일본은 네덜란드에게 패하기는 했지만 카메룬과 덴마크에게 차례로 승리를 거두어 2승 1패로 16강에 진출했다.

2008년 유로컵의 우승팀인 스페인은 H조에 속했는데, 첫 상대인 스위스를 상대로 점유율에서는 63%:37%로 우세, 슈팅 숫자에서는 24:8로 앞섰지만, 결국 골은 한 골도 넣지 못하면서 0-1 패배를 당하고 말았다. 스페인의 이 패배는 1998년 대회에서 나이지리아에게 패한 후 12년 만에 당한 조별리그에서의 패배였다.

스페인은 알론소와 부스케츠같은, 기술적이지만 전방으로 가담하는 빈도가 적고 전방에 진출했을 시에 공격 무기가 많지 않은 선수들로 미드필드진을 채우는 등 공격에 많은 인원을 참여시키지 않으며 팀조직의 밸런스를 최대한 유지하려고 했다.

이 때문에 찬스를 만들어낼 수 있는 위협적인 공격 전술이 부재했고, 순간적인 침투를 통해 공간을 공략할 수단도 없었다. 물론 챠비를 중심으로 하여 볼을 지속적으로 소유하고, 많은 인원이 수비에 가담하여 실점을 내주지 않는 방법론을 정교하게 구성해냈기에 동점 상황에서나 리드를 잡고 있는 상황에서는 유리함을 유지할 수 있었지만, 불운하게 선제골을 실점할 경우 이를 역전해낼 만한 방법이 많지 않았다. 그 다음 상대인 온두라스를 상대로는 승리를 거두었지만, 객관적인 전력에서 워낙 큰 차이를 보였던 데다 그나마도 결과적으로는 비야의 개인 능력에 의존한 두 골 덕분에 승리했다.

마지막 상대인 칠레에게는 2-1로 승리하기는 했지만, 중원 싸움에서도 칠레에게 압도당했을 뿐더러 전반 36분 칠레의 에스트라다의 퇴장으로 1명의 수적 우위가 있었음에도 후방 지역에서 볼을 돌리기만 하는, 노골적으로 수비적인 자세를 고수하는 '패싱 카테나치오'의 형태를 띠며 1골 차의 리드를 지키는 소극적인 플레이를 펼쳤다.

2010년 스페인 대표팀의 포메이션. 8강까지는 토레스가 퍼스트톱에 서고 비야가 좌측, 이니에스타가 우측에 섰다.

조별리그 첫 경기에서 우승국 스페인을 침몰시킨 스위스는 16강에 진출하지는 못했지만 이번 대회를 통해 월드컵 최장시간 무실점 기록을 새롭게 갈아치웠다. 이전 월드컵에서 무실점 탈락의 대기록을 세운 스위스[63]는 전 월드컵을 포함하여 599분 연속 무실점 기록을 세웠다.

---

[63] 스위스는 지난 2006년 대회에서 16강 진출에도 불구하고 무실점·무패로 탈락 -우크라이나와의 16강전에서 0-0 승부차기로 패배- 하는 불운을 겪은 바 있다.

남아공 월드컵은 사상 처음으로 아프리카에서 개최된 대회였던 만큼, 그 열기는 남아공에 국한되지 않고 전 아프리카로 퍼져나갔다. 심지어 남아공의 만델라 전 대통령이 이번 대회는 남아공만의 월드컵이 아닌 아프리카 전체의 월드컵이라고 말할 정도였다. 그러나 아프리카 팀들 중 16강에 오른 팀은 가나 한 팀 뿐이었고 나머지 국가들은 개최국 남아공을 포함하여 모두가 조별리그에서 탈락했다.

16강

우루과이 2-1 한국	가나 2-1 미국
네덜란드 2-1 슬로바키아	브라질 3-0 칠레
아르헨티나 3-1 멕시코	독일 4-1 잉글랜드
파라과이 0-0 일본(승부차기 5-3)	스페인 1-0 포르투갈

스페인과 포르투갈은 16강전에서 맞붙었다. 이 경기에서 스페인은 조별리그보다는 나은 모습을 보여주었고, 볼을 계속해서 소유하며 분위기를 끌어왔다. 그러나 결정적인 찬스까지 얻어내진 못했다.

후반 17분, 스페인의 비야는 페널티 에어리어 내에서 챠비의 센스있는 힐패스를 받아 슈팅을 날렸고, 비록 이것이 에두아르두의 선방에 가로막혔지만 리바운드된 볼을 다시 잡아낸 뒤 재차 슈팅을 시도하여 끝내 득점에 성공했다. 리드를 빼앗긴 포르투갈은 그세시야 동점을 만들기 위해 공세를 폈지만, 스페인은 나머지 시간 내내 볼을 오래 소유하면서 포르투갈에게 공격할 틈을 주지 않았다. 결국 스페인이

1-0 승리를 지켜내며 8강에 진출했다.

독일과 잉글랜드의 경기는 16강에서 가장 주목 받은 경기 중 하나였는데, 경기가 끝난 뒤 가장 주목을 끈 것은 정작 선수들이 아닌 심판들이었다. 클로제와 포돌스키의 연속골로 독일이 2-0으로 앞서나갈 때만 해도 싱거운 경기가 될 것 같았지만, 39분에 제라드의 크로스를 받은 업슨이 헤딩으로 한 골을 만회하고 곧이어 램파드의 슈팅이 크로스바를 맞고 골문으로 들어가면서 분위기는 뜨겁게 달아올랐다. 그러나 그 분위기에 찬물을 끼얹는 사건이 벌어졌으니, 우루과이 출신인 라리온다 주심이 램파드의 슛이 골라인을 넘지 않았다고 판단, 득점으로 인정하지 않는 치명적인 오심을 저지른 것이다. 이 장면은 1966년 월드컵 결승에서의 허스트의 슈팅에 대한 논란을 다시금 떠올리게 만들었다.

골라인을 명백히 넘은 램파드의 슈팅

억울하게 동점골을 잃은 잉글랜드는 후반 시작과 동시에 공세를 취하며 모험적으로 나섰지만, 이것이 도리어 상대방에게 역습 기회를 허용하는 것으로 작용하고 말았다. 후반 21분과 24분, 3분 사이에 뮐러가 연속골을 터뜨리며 경기는 4-1이 되었고, 잉글랜드는 더 이상 무언가를 해볼 기력을 상실해버렸다.

오심은 아르헨티나와 멕시코의 경기에서도 거듭되어, 아르헨티나의 선제골 과정에서 로세티 주심과 부심이 모두 테베즈가 오프사이드 위치에 있는 것을 놓치는 실수를 저질렀다.

오프사이드 위치에 있는 테베즈

비록 이과인과 테베즈가 한 골씩을 더 추가하며 아르헨티나가 3-1 승리를 거두기는 했지만, 논란의 오프사이드 골이 터지기 전까지 양 팀의 경기 내용이 팽팽했음을 감안하면 오심이 경기의 흐름에 심각한 영향을 주었다고 말할 만 했다. 경기가 끝난 뒤 멕시코 선수들은 집단으로 심판진에게 항의했으며 한 선수는 조롱의 의미로 주심과 유니폼 교환을 제안하기도 했다.

거듭된 오심에 대한 비난 여론이 심해지자 FIFA는 라리온다와 로세티 주심을 남은 경기에 배정하지 않기로 결정하는 강수를 두기도 했지만, 이미 지나간 오심들을 되돌릴 수는 없었다.

슬로바키아를 상대하게 된 네덜란드는, 스네이더르가 1골 1어시스트를 기록하며 두 골 모두 관여한 덕분에 후반 종료 직전 PK로 한 골을 따라잡은 상대의 추격을 뿌리칠 수 있었다. 파라과이와 일본의 지루한 시합은 파라과이의 승부차기 승리(5-3)로 끝났고, 브라질은 경기 내내 칠레를 압도하더니 결국 3-0 대승을 거두었다. 가나는 기안의 '버저비터 골'로 미국에게 2-1 승리를 거두었다. 우루과이는 멀티골을 넣은 수아레즈의 활약 덕에 한국을 2-1로 꺾었다.

8강까지 계속된 남미 팀들의 강세도 남아공 대회의 커다란 화젯거리였다. 남미는 브라질, 아르헨티나, 파라과이, 우루과이까지 총 4팀을 8강에 올려놓는 저력을 발휘했다.

8강

| 우루과이 1-1 가나(승부차기 4-2) | 네덜란드 2-1 브라질 |
| 독일 4-0 아르헨티나 | 스페인 1-0 파라과이 |

1974년과 1994년, 그리고 1998년 대회에서 그랬었던 것처럼 네덜란드와 브라질 사이에서 또 한 번의 명승부가 탄생되었다. 경기의 도입부는 브라질의 우세로 흘러갔다. 전반 8분, 펠리페 멜루가 대지를 가르는 스루패스를 찔러주자 이를

받은 호비뉴가 골을 넣으며 승기는 브라질로 기우는 듯 했다. 더욱이 이번 대회 들어 수비 중심의 플레이를 해 온 브라질이기에 이 선제골의 의미는 컸다. 선제골을 넣은 브라질은 전반 내내 여유 있는 경기 운영을 펼쳤는데, 네덜란드는 그런 브라질을 어떻게 공략해야 할지 해법을 찾지 못했다.

하프타임 이후에도 네덜란드는 활로를 잘 찾지 못하는 듯 보였다. 하지만, 첫 번째 골을 어시스트했던 브라질의 멜루가 경기 흐름을 한순간에 뒤바꿔 놓았다. 후반 7분, 네덜란드 미드필더 스네이더르가 올린 크로스를 걷어내려던 멜루의 헤딩이 빗맞으며 자책골로 기록된 것이다.

1:1 동점이 되자 다급해진 브라질은 공격적인 자세를 취하기 시작했으며, 카카가 두어 번 위협적인 슈팅을 날리기도 했다. 그러나 추가골을 넣은 쪽은 네덜란드였다. 후반 22분, 로번이 코너킥 찬스에서 올린 크로스가 디르크 카윗의 머리에 맞은 뒤 스네이더르에게 연결되었는데 그가 그 볼을 헤딩슛으로 연결하며 브라질의 골네트를 뒤흔든 것이다. 여기에 브라질의 멜루가 역전골을 허용하고 5분 뒤, 로번을 발로 밟으며 퇴장을 당하며 분위기는 더욱 한 쪽으로 쏠리게 되었다. 리드를 내준 데에 이어 수적 열세에 놓인 브라질은 템포를 올리고 롱볼 위주의 공격을 가하여 최대한 볼을 전방으로 보내는 파상공세를 펼쳤고, 수비진들까지 모두 공격에 나서며 동점골을 넣기 위해 사력을 펼쳤다. 그러나 브라질의 많은 공격 시도는 모두 무위로 돌아갔고, 결국 경기는 네덜란드의 승리로 마무리되었다.

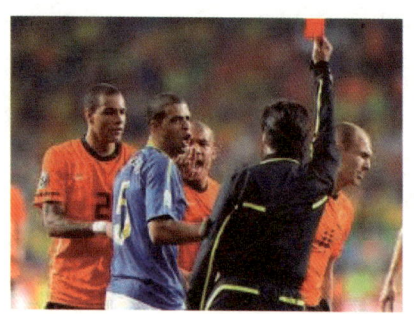
혼자서 승패를 좌우한 멜루

스페인은 조별리그와 16강전에서 그랬듯이 8강에서도 힘든 경기를 펼쳤다. 오히려 결정적인 찬스를 잡은 것은 파라과이였는데, 전반 40분 발데스가 스페인의 골대 바로 앞에서 패스를 받아 골을 넣었지만, 같이 공격에 가담했던 카르도소가 오프사이드 판정을 받으면서 골이 취소됐다.

후반 11분, 파라과이의 코너킥 상황에서 피케가 페널티 에어리어 안에서 카르도소의 팔을 잡아 넘어뜨리면서 파라과이에게 페널티킥이 주어졌다. 그러나 키커로 나선 카르도소의 슈팅은 가운데로 몰렸고 스페인의 골키퍼 카시야스는 이를 놓치지 않고 막아냈다.

카르도소가 페널티킥을 실패한 직후인 후반 13분, 이번에는 파라과이의 알카라즈가 공을 몰고 들어오던 비야를 넘어뜨리면서 스페인이 페널티킥을 얻어냈다. 키커로 나선 알론소가 페널티킥을 성공시켰지만, 알론소가 슈팅하기 전에 스페인 선수들이 페널티 에어리어로 진입했다는 이유로 골은 취소되고 재차 페널티킥을 차게 되었다. 알론소는 다시 페널티킥을 시도했지만, 이번엔 볼의 방향이 빌라르에게 읽히면서 실축을 범하고 말았다.

양 팀의 공방이 이어지던 후반 38분, 페드로의 슈팅이 불운하게도 골포스트를 맞고 나왔다. 그러나 볼이 비야의 앞으로 굴러왔고, 비야는 침착하게 슈팅을 날렸다. 볼은 다시금 골포스트를 맞았지만 이번엔 결국 골라인 안으로 흘러 들어갔다.

16강에 이어 8강에서도 결승골을 넣은 비야

이후 파라과이는 남은 시간 동안 동점골을 넣기 위해 사력을 다했지만, 카시야스의 잇따른 선방이 스페인을 구해내면서 경기는 1-0으로 마무리 되었다.

독일은 아르헨티나를 상대로 4-0의 대승을 거두었으며, 우루과이는 가나와 승부차기까지 가는 접전 끝에 승리를 거두었다. 토마스 뮐러와 함께 이번 대회에서 가장 큰 스포트라이트를 받은 선수는 우루과이의 루이스 수아레스였다. 수아레스는 가나와의 8강 연장전 종료 직전 상대 선수의 슈팅을 손으로 막아내며 퇴장을 당했지만, 그 반칙으로 얻은 페널티킥을 가나 공격수 기안이 실축했고, 우루과이는 승부차기로 승부를 이어갈 수 있었다. 그 때문에 수아레즈는 우루과이를 벼랑 끝에서 구해낸 영웅으로 떠올랐다.

손으로 볼을 막아내고 있는 수아레즈

수아레스는 경기 후 인터뷰를 통해 "마라도나의 손이 '신의 손'이 아니라 내 손이 진짜 '신의 손'이다." "연습 중에도 골키퍼 역할을 맡는 경우가 많았다. 그 동안 연습과 훈련을 반복해 온 성과"라는 식으로 호기를 부리며 더욱 유명세를 탔다.

4강

| 스페인 1-0 독일   네덜란드 3-2 우루과이

우루과이는 공격의 주축을 담당하고 있던 수아레스가 핸드볼 사건으로 인해 출전하지 못하게 된 것을 비롯해 수비수 푸실레가 경고누적으로 결장, 포를란은 부상으로 제 컨디션을 유지하지 못하는 등 전력에 큰 차질이 생긴 상태였다.

 이 때문에 우루과이는 제 실력을 발휘하지 못했고, 경기의 주도권은 자연히 네덜란드에게 있을 수밖에 없었다. 전반 18분, 판 브롱크호르스트가 약 30m 거리에서 왼발 중거리슛을 날렸고 이것이 우루과이의 무슬레라 골키퍼의 머리 위를 지나 정확히 골대에 꽂혔다.

 선취골을 허용한 우루과이였지만 그대로 상대에게 승리를 내줄 마음은 없어보였다. 전반 40분, 아레발로의 패스를 받은 포를란은 먼 거리에서 과감한 슈팅을 날렸는데 이것이 스테켈렌뷔르흐가 막을 수 없는 골대 구석으로 향하면서 1-1 동점이 되었다. 그렇게 전반전이 종료되었다.

양 팀의 공방이 계속되던 후반 중반, 네덜란드가 스네이더르와 로벤이 터트린 연속골로 3-1로 앞서나가게 되었다. 우루과이는 두 골 차로 점수 차가 벌어지자 다급하게 교체카드를 사용하기 시작했다. 33분에는 레프트윙이었던 알바로 페레이라 대신 장신의 퍼스트탑인 아브레우를, 39분에는 포를란 대신 페르난데스를 투입하며 적극적인 공세를 취했다. 이것이 결국 결실을 맺어, 인저리 타임에 얻은 프리킥 찬스에서 가르가노가 찬 볼을 수비벽 옆으로 돌아들어간 막시 페레이라가 받아 절묘하게 감아 차면서 3-2로 추격했다.

네덜란드 측은 남은 시간 동안 필사적인 수비로 추가골을 저지했고, 그렇게 경기는 그대로 종료되었다. 네덜란드가 자국 역사상 세 번째로 월드컵 결승에 진출하게 되는 순간이었다.

또 하나의 준결승전은 스페인과 독일의 맞대결로 펼쳐졌다. 독일은 스페인의 패스 줄기를 차단하는 데에 어려움을 겪으며 주도권을 내주고 끌려가는 경기를 했다. 전반 31분에 트로쵸프스키가 중거리슛을 날릴 때까지 독일의 슈팅이 단 한 개도 없었을 정도였다. 스페인은 챠비와 알론소, 부스케츠, 이니에스타 등의 기술적인 우위에 힘입어 주도권을 잡았기는 했으나 독일의 최종 수비라인을 공략할만한 공격 수단은 마땅하지 않았다. 비야는 체격과 신체 능력에서 우위인 독일의 수비수들 사이에서 어려움을 겪었으며, 라모스와 카프데빌라의 측면에서의 영향력은 제한적이었다. 결국 양 팀의 전반 공방은 0:0으로 마무리되었다.

후반 27분, 양 팀의 균형을 깨는 골이 터져 나왔다. 스페인 챠비의 코너킥을 받은 푸욜이 헤딩슛으로 연결시키며 독일의 골문을 가른 것이다. 그 한방으로 경기는 끝났다. 독일이 90분 간 시도한 슈팅은 5개로 스페인(13개)과 두 배 이상 차이가 났다. 그나마 유효슈팅은 고작 2개에 불과했다.

⚽ 결승

> 스페인 1-0 네덜란드

 네덜란드와 스페인이 맞붙은 2010 월드컵의 결승전. 초반에는 스페인이 다소간 우위를 보였다. 전반 4분, 챠비의 프리킥을 라모스가 강하게 헤딩하며 네덜란드의 골문을 위협했고, 그 다음 순간에는(비록 오프사이드가 선언되기는 했지만) 페드로가 비야를 향해 좋은 스루패스를 날려주었으며, 10분에는 라모스가 강력한 슈팅을 날렸다.

 그런데, 전반 14분에 네덜란드 반 페르시가 스페인 카프데빌라에게 거친 백태클을 가한 것을 시작으로 양 팀의 플레이는 순식간에 거칠어졌다. 2분 뒤에는 스페인의 푸욜이 비슷한 백태클을 시도하며 로번을 쓰러뜨렸으며, 21분엔 네덜란드의 '파이터' 반 봄멜이 이니에스타에게 달려들며 태클을 가한 댓가로 경고를 받았다. 곧이어 라모스가 카윗을 넘어뜨렸다. 28분에는 네덜란드의 데 용이 스페인 사비 알론소의 가슴팍을 발로 걷어차는 퇴장성 파울을 범했지만, 심판 하워드 웹은 관대하게 옐로카드로 마무리했다. 41분에는 스네이더르가 부스케츠에게 거친 태클을 범했다. 파울이 난무하는 가운데, 양 팀은 특별한 소득 없이 0-0으로 하프타임을 맞이했다.

후반에도 잦은 더티 플레이가 경기의 진행을 방해했다. 후반 8분, 브롱크호르스트가 라모스의 진로를 막고 넘어뜨리면서 옐로카드를 받았고, 2분 뒤에는 헤이팅가가 비야를 걷어차 부상을 입히면서 또 한 장의 옐로카드를 수집했다.

골이 쉽게 나지 않는 가운데, 양 팀은 좋은 기회를 서로 한 번씩 놓쳤다. 후반 16분, 스네이더르의 패스가 스페인의 포백을 무너뜨렸지만, 볼을 받은 로번이 일대일 상황에서 카시야스를 넘지 못하며 득점에 실패했다. 이어서 후반 23분엔 페드로와 교체되어 들어온 나바스가 브롱크호르스트를 제치고 크로스를 날린 것이 헤이팅가의 발을 맞고 비야의 앞으로 떨어지며 완벽한 득점 찬스가 만들어졌지만, 비야의 슈팅은 골키퍼 스테켈렌뷔르흐의 몸에 맞고 밖으로 벗어나고 말았다.

델 보스케는 사비 알론소를 빼고 세스크 파브레가스를 투입하며 보다 공격적으로 나왔지만, 결국 득점은 터져 나오지 않았고, 1994년 미국 월드컵에 이어 사상 두 번째로 결승전에서 연장전을 치르게 되었다.

연장전 전반, 양 팀에게 여러 번의 찬스가 찾아왔지만 골은 터지지 않았다. 연장 후반으로 경기가 넘어갔고, 스페인에서는 비야를 토레스와 교체하는 변화를 주었다.

연장 후반 4분, 이니에스타가 챠비와 2대1 패스를 주고받으면서 페널티 에어리어로의 진입을 시도할 때, 헤이팅가가 그를 손을 써서 넘어뜨리면서 경고 누적으로 퇴장당하며 네덜란드는 수적 열세에 몰렸다. 그리고 경기 종료가 임박한 연장 후반 11분, 파브레가스의 킬패스가 네덜란드의 수비진을 무너뜨렸고, 그 공을 이어 받은 이니에스타가 자신 있게 슈팅을 시도하면서 네덜란드의 골네트를 갈랐다. 네덜란드는 얼마 남지 않은 시간 동안 동점을 만들기 위해 노력했지만 스페인은 끝까지 집중력을 잃지 않았고, 결국 한 골 차의 리드를 잘 지켜내며 우승컵을 안았다.

에필로그

우승에 환호하는 스페인 선수단

이로써 스페인은 비유럽 지역에서 개최된 월드컵에서 우승컵을 차지한 최초의 유럽팀이 되었으며, 2008년 유로컵에 이어 2010월드컵마저 우승하며 1972년과 1974년에 유로컵과 월드컵을 연달아 우승한 서독에 이어 역대 두 번째 유로컵 챔피언이 월드컵을 우승한 사례로 남게 되었다.

그러나 만족스럽지 못한 부분도 있었다. 스페인은 7경기 8골을 기록하여 역대 월드컵 우승국 중 최소골을 기록했으며, 결선 토너먼트 4경기에서는 모두 한 골씩만을 넣고 승리하였다. 또한, 사상 최초로 조별리그 첫 경기에서 패배하고도 우승한 팀이 되었다.

물론 이것은 스페인만의 문제는 아니었다. 월드컵에 나선 대부분의 팀들이 수비적인 자세를 취했으며, 득점에 대한 의욕을 보이는 팀은 손꼽을 정도로 적었다. 스페인은 역대 최소골 우승팀이었지만, 경기당 득점률로 보면 남아공 월드컵에 참가한 32개 팀 중 14위를 기록했다. 그 말은 곧, 총 18개의 팀들이 스페인보다도 부족한 득점력에 시달렸다는 이야기였다. 그나마 스페인은 볼을 소유함으로써 공격을 만들어나가려 했던 반면, 대부분의 팀들은 견고한 수비에만 관심을 가졌을 뿐 확실한 공격 전술을 만드는 데에는 관심이 없어보였다. 오프사이드 룰의 완화와 이와 관련된 잦은 오심 역시 많은 팀들이 앞으로 나서기를 주저하게 만든 요인 중 하나였다. 실제로 남아공 월드컵의 경기당 득점은 2.27골에 그쳤는데, 이보다 경기당 득점이 적었던 대회는 20년 전인 1990 이탈리아 월드컵(2.21골) 밖에 없었다. 스페인의 우승은 남아공 월드컵이 얼마나 소극적이고 지루한 대회였는지에 대한 증거 그 자체였으며, 월드컵에 만연한 수비 지향적인 풍조의 심각성이 어느 정도인지를 일깨워주었다. 생기라곤 찾아볼 수 없었던 1990년 월드컵이 축구계에 위기감을 던져주었듯, 2010년 월드컵 이후에도 변화의 필요성이 대두되었다.

기록 및 수상

- 총 득점 : 64경기 145골(경기당 2.27골)
- 총 관중 수 : 3,178,856명(경기당 49,670명)
- 최다 득점 팀 : 독일(7경기 16득점)
- 최저 득점 팀 : 알제리, 온두라스(3경기 0실점)
- 최다 실점 팀 : 북한(3경기 12실점)
- 최저 실점 팀 : 스페인(7경기 2실점)
- 골든볼 : 디에고 포를란(우루과이)
- 실버볼 : 베슬러이 스네이더르(네덜란드)
- 브론즈볼 : 다비드 비야(스페인)
- 골든글러브[64] : 이케르 카시야스(스페인)
- 최우수 신예상 : 토마스 뮐러(독일)
- 골든부트 : 토마스 뮐러(독일) - 5골
- 실버부트 : 다비드 비야(스페인) - 5골
- 브론즈부트 : 베슬러이 스네이더르(네덜란드) - 5골
- 페어플레이상 : 스페인

---

64) 이 대회부터 야신상 대신 이전의 명칭인 골든 글러브로 돌아왔다.

⚽ 베스트 팀

- 골키퍼 : 이케르 카시야스(스페인)
- 수비수 : 카를레스 푸욜(스페인), 세르히오 라모스(스페인), 마이콘(브라질), 필립 람(독일)
- 미드필더 : 챠비 에르난데스(스페인), 안드레스 이니에스타(스페인), 바스티안 슈바인슈타이거(독일), 베슬러이 스네이더르(네덜란드)
- 공격수 : 디에고 포를란(우루과이), 다비드 비야(스페인)

•2014 월드컵지역 예선 결과

지역별 진출국 현황

개최국	남미	북중미	아시아	유럽	아프리카
브라질	아르헨티나	미국	이란	벨기에	코트디부아르
	콜롬비아	코스타리카	일본	이탈리아	나이지리아
	칠레	온두라스	한국	독일	카메룬
	에콰도르	멕시코65)	호주	네덜란드	가나
	우루과이66)			스위스	알제리
				러시아	
				보스니아	
				잉글랜드	
				스페인	
				포르투갈	
				프랑스	
				그리스	
				크로아티아	

⚽ 탑시드 및 시드 배정

1포트 (탑시드)	브라질	아르헨티나	콜롬비아	우루과이	스페인	독일	벨기에	스위스
2포트 (유럽)	네덜란드	이탈리아	잉글랜드	러시아	보스니아	포르투갈	크로아티아	그리스
3포트 (아프리카 ·남미)	코트디 부아르	나이지리아	카메룬	가나	알제리	칠레	에콰도르	프랑스
4포트 (아시아· 북중미)	이란	일본	한국	호주	미국	코스타리카	온두라스	멕시코

---

65) 북중미-오세아니아 대륙간 플레이오프에서 뉴질랜드를 상대로 승리를 거두고 진출
66) 남미-아시아 대륙간 플레이오프에서 요르단을 상대로 승리를 거두고 진출

발문

당신이 알고싶어 하는 월드컵

- 온사이드 필진 Dutchman

해외 클럽 경기에 대한 접근이 지금보다 어렵던 시절에도 월드컵을 소재로 한 책들은 여러 권 출간되었다. 또한 국내 선수들의 해외 무대 진출 이후 증대된 관심에 따라 관련된 정보를 찾기 용이한 지금에 와서도 축구 관련 출판물 소재로서의 월드컵이 갖는 비중은 변함없다. 월드컵이 축구에 흥미를 느끼는 계기가 되며, 축구 팬이 된 이후에도 지속적인 관심거리가 된다는 소리다. 하지만 정작 과거 월드컵에서 펼쳐졌던 경기들에 대해 말해주는 책을 찾긴 어렵다. 축구에 관심을 갖는 독자들에게나, 이미 축구 팬이라고 할 만한 독자들이 월드컵 관련 서적을 찾는 것은 당연함에도 말이다.

월드컵은 다른 무엇이기 이전에 축구 경기 대회다. 경기가 없는 월드컵이란 그저 무대에 지나지 않는다. 오스트리아 빈의 황금빛 무지크페라인은 많은 클래식 팬들의 메카지만, 오케스트라가 오르지 않는 좌석이라면 그건 아무 것도 아닐 것이다. 무지크페라인을 드나드는 사람들이 바라는 건 빈 필하모닉이지, 텅 빈 무대가 아니기 때문이다. 음악 한 소절 울리지 않는 무대 위에서 연주회장의 설계에 담긴 음향학적 고려를 말하는 걸 듣고 싶어 할 이가 얼마나 될까? 물론 무지크페라인이야말로 빈 필하모닉의 음향을 가장 잘 살려주는 무대일 것이며, 같은 의미에서 월드컵이 없었다면 축구는 지금만큼 범세계적으로 대중적인 스포츠가 되지 않았을지도 모른다. 하지만 이것이 중요하고 그렇지 않고를 떠나 사람들이 즐기는 그 자체가 될 수는 없다. 사람들은 월드컵에서 펼쳐진 축구 경기에 대한 이야기를 듣고 싶은 것이지 특정 대회의 다사다난했던 개최지 선정 과정을 기대하지 않으며, 월드컵 스타들의 개별 경기 속 활약을 바라는 것이지, 어느 감독과 불화가 있어서 출장을 하네 마네 운운했던 개인사를 바라지 않는다. 그런 것들도 책을 읽는 재미 중 하나가 될 수 있고, 그 중 일부는 특수한 맥락 하에서 중요할 수도 있겠지만 기본적으로는 곁가지에 불과한 것이다. 그러나 우리가 구해볼 수 있는 많은 책들은 대개 그 곁가지에만 충실할 뿐이고, 대부분의 사람들이 월드컵에 대해 알고 있는 바도 이와 크게 다르지 않다. 월드컵 결승 무대에 두 번이나 올라 두 번 모두 골을 기록한 것이 펠레, 브라이트너, 지단이라는 사실을 아는 사람은 많지만 대회별 그들의 구체적인 활약상이 어떠했는지 아는 사람은 많지 않다. 78년 월드컵 아르헨티나의 우승이 심판 매수 의혹에 말미암은 것이라는 것을 아는 사람은 많지만, 그리고 그 일부는 무패를 하고도 탈락한 브라질의 억울함과 결승에서 상대인 네덜란드가 질 수 밖에 없게끔 경기가 이루어졌다는 것을 알고 있지만, 당시 아르헨티나가 팀으로서 얼마나 우승에 근접할 수 있었던 팀인지 알고 있진 못하다.

모두가 역대 월드컵의 개별적인 경기 양상까지 꿰고 있어야 할 이유는 없다. 심지어 축구 팬이라도 그건 마찬가지다. 월드컵에서 어떠한 선수들이 어떠한 활약을 보였는지 이전에 한 줄로 요약 가능한 기록들이나 재미나고 기이한 일화들을 기억하기 십상인 것도 사실이다. 하지만 바로 그렇기에, 월드컵에 관심을 가질 법한 이들을 위한 책이라면, 그리고 축구 팬들을 위한 책이라면 월드컵의 유래와 역사, 위상의 변천 과정 따위의, 정말 우리가 축구를 좋아하게 된 이유와는 하등 관계없는 것들에 앞서 월드컵이 마련해온 경기들을 소재로 삼아야하고, 그 경기에서 선수들의 활약이 어떠했는지를 논해야한다. 그게 바로 사람들이 월드컵에 대해, 책까지 구입해가며 가장 알고 싶을만한 것이기 때문이다.

그런 의미에서 이 책은 바로 월드컵에서 있었던 경기들을 말하고 있다. 축구 팬인 저자 자신이 여러 책들을 구해보며 느낀 아쉬움이 집필 동기가 되었고, 따라서 저자가 직접 옛 시절 경기들을 하나하나 살펴보고 선수들의 활약을 뜯어보며 쓴 책이다. 기존 월드컵 관련 서적에 아쉬움을 느낄 법한 이가 그 혼자가 아니리라 생각하기에 축구에 관심을 갖는 사람들에게 이 책을 권하고 싶다. 또한 저자 개인의 주관적인 인상 비평으로 흐를 것을 지양하기 위해 구체적인 양상 위주로 써 내려간 부분 부분에서는 서술의 타당성에 대한 숙고가 드러난다는 점 역시, 그 동기에 부응할법한 것이며 이 책을 추천할 이유가 될 것이다.